# Para orar imitando a Jesús

Por José María Lorenzo Amelibia

# Para orar imitando a Jesús

Por José María Lorenzo Amelibia

## Importante: leer esta introducción antes de comenzar

Este libro no es de lectura, tampoco es de oraciones. Simplemente pretende servir un poco de guía para lograr una oración sencilla al estilo de la de Jesús. ¿Cómo oraba Jesús? Pasaba las noches en oración; nos enseñó a orar con el Padre Nuestro. Y... el Evangelio nos muestra su estilo de orar. Para mí, su más significativa plegaria es la de Getsemaní, en el Huerto de los Olivos; repetía y volvía a repetir: "Padre, si es posible, pase de mí este cáliz, pero no se haga mi voluntad, sino la tuya". Las siete palabras de Jesús en la cruz, también verdadero modelo de oración. Y con frecuencia en el Evangelio aparecen frases cortas de Jesucristo cuando se dirige al Padre, verdaderas oraciones.

Aquí tienes más de once mil frases entresacadas de varios libros de espiritualidad leídos a lo largo de mi vida. El modo de orar con ellas puede ser de esta manera: La noche anterior leo, medito un poco y profundizo en cada una de las diez o doce que me servirán como motivo de oración. Al día siguiente las utilizo en el tiempo específico de meditación y también durante el día. Conviene repetir varias veces cada frase, muy consciente: dejarla resonar en el alma... y apoyado en ella, pedir, adorar, dar gracias, sentir compunción, reparar, contemplar, meditar... según convenga. Sin querer pasar a la siguiente, pero tampoco forzar el detenimiento.

También, además de orar con su apoyo, se pretende en muchas sentencias, que vayan formando criterio en nuestra persona. Son frases que directamente no contienen oración, pero podemos pedir al Señor que se graben en nuestra alma como verdadero criterio para obrar en consecuencia.

Viene bien imprimir, para cada día en papel, diez o doce de estas breves sentencias para poder recordarlas fuera de casa. Pueden servir incluso para hacer hábito de oración continua y vivir en contacto con el Señor la mayor parte del día.

Puede el libro introducirse incluso en el teléfono móvil, y en cualquier momento, mientras se pasea o se aguarda o se traslada uno en el tranvía, de vez en cuando mirar una frase y repetirla con amor. Ayuda a la oración continua.

En la repetición profunda de estos textos se puede el alma detener en verdadera contemplación.

Ojalá te puedan aprovechar. Me uno a tu oración. José María Lorenzo Amelibia

# Bloques

1.- Del libro Jesucristo Vida del alma de Columba Marmión
2.- Para lograr paz y alegría (Contra la tristeza) y El Camino a Cristo de Elena
3.- Dones del Espíritu Santo
4.- De Tissot, Job, Benito Baur y Finkler
5.- Eremitorios, Guardini y Varia
6.- Del Peregrino ruso, Ruysbroeck, Baptiste y Loyola
7.- El Santo Abandono de dom Vital de Lehodey. Ideas de Un Carmelita Descalzo. Saint Jure. Raich. Philipon
8.- La gracia de Bustos, Esquerda y otros
9.- Meditaciones entresacadas de Sor Isabel de la Trinidad
10.- Papas Francisco, Benedicto y Juan Pablo II
11.- De la Imitación de Cristo
12.- De Encíclicas de papas
13. - Corazón de Jesús. De Santa Gertrudis, Margarita Maria de Alacoque y Juan Brébeuf
14.- Meditaciones Cura de Ars, Retana, Alfonso Torres, Federico Suárez, Hubaut, Gea escolano, Adam, Chautard
15.- Meditaciones Santa Catalina de Siena, Sales, Ángela Foligno y Genoveva Torres
16.- Puntos de meditación sobre el Espíritu Santo. Santísima Trinidad 164
17.- Jaculatorias clásicas
18.- Aviento y Navidad. Cuaresma y Pascua
19.- Sobre el Cántico Espiritual, Pieter Van der Mer, Prudencio Arróniz
20.- Santos: Pablo de la Cruz, Juan Eudes, Agustín, Clemente, Newman, Follereau
21.- Del Catecismo de la Iglesia Católica
22.- Eucaristía Eymard
San Manuel González
Fortea
Tejada
Foucauld
Aldama
Liagre
Turrado
   23.- Cántico de las Criaturas de San Francisco de Asís
Lerga.
     Arintero.
Kempis.
De Retiros
Espiritualidad rusa.

Häring
Quintín Huarte
Teresa Azpíroz
Newman
24.- Versículos del Nuevo Testamento que he meditado con más frecuencia


# 1.- Del libro Jesucristo Vida del alma de Columba Marmión

A esas puras criaturas, Dios les dará el dulce nombre de hijos y hará que lo sean.
Toda la santidad consistirá en recibir de Cristo y por Cristo la vida divina;
Él la posee en toda su plenitud, y ha sido establecido como único mediador.
La santidad es un misterio de la vida divina, comunicada por el Hijo
y recibida por cada una de ellas «en la medida de su predestinación particular» (Ef. 4,7).
Cristo es la vida del alma, porque es fuente y el dispensador de esa vida.
¡Oh Padre Santo, que estás en los cielos, nosotros somos tus hijos, puesto que quieres llamarte nuestro Padre;
Sea tu nombre santificado, honrado y glorificado, y tus perfecciones alabadas en la tierra.
Reproduzcamos en nosotros mismos, por nuestras obras, el esplendor de tu gracia;
Ensancha tu reino; acreciéntese sin cesar ese reino;
Sea verdaderamente tu Hijo el rey de nuestras almas;
Que manifestemos esta realeza en nosotros mismos por el cumplimiento perfecto de tu voluntad;
Como Jesús, «procuremos sin cesar unirnos al Padre realizando siempre su voluntad» (Jn 8,29)
En Jesús florecen todas las virtudes, para gloria de su Padre y provecho nuestro.
Contemplemos esta disposición radical y primordial de Cristo a vivir todo entero para su Padre.
En Jesús, toda su humanidad es arrastrada por el empuje divino hacia su Padre.

Tú nos has rescatado, hemos triunfado de la muerte y eludido la eterna reprobación.
¡Oh Jesucristo!, a Ti la alabanza, el honor, la gloria y la bendición eternamente» (Ap 5, 11-12).

¡Ah, si conociésemos el valor infinito del «don de Dios»! (Jn 4,10)
Fe en los inmensos méritos de Jesús, pero una fe viva y práctica.
Entonces, nada pediríamos que no fuera en su nombre.
«En Cristo tenemos la redención... según las riquezas de su gracia, que nos
ha comunicado (Ef. 1,8).
Para Ti sea toda alabanza, oh Cristo, y que por Ti suba hasta el Padre.
Nuestra vida será un cántico ininterrumpido de alabanza, de acción de
gracias a Dios.
«Aquel que se sienta en el trono y al Cordero, bendiciones y honra y poder y
gloria por los siglos de los siglos» (Ap 5,13).

En Cristo lo tenemos todo, y fuera de Él no hay salud ni santificación posible.
Jesucristo, verdadero Dios y verdadero Hombre, es el centro de la creación y
de la redención.
Y por Él se nos da toda la gracia y se tributa toda la gloria al Padre.
Contemplar a Cristo, para reproducir en nosotros al Hijo de Dios y sus
virtudes.
Las almas buscan en Jesús la fuerza necesaria para remontar los obstáculos
y agradarle;
Buscar siempre lo que es agradable a su Padre.
Esas almas entran plenamente en el plan divino; avanzan con rapidez.
Las almas por sí mismas nada pueden: «Sin mí nada podéis» (Jn 15,5)
Sacad, sobre todo, las aguas de la fuente eucarística, el sacramento de vida.
Estas son las fuentes que el Salvador hizo brotar del pie de la Cruz.
Acudamos a esas llagas con alegría, porque son fuente de vida, que se
trocará en cielo.

No sólo hemos sido hecho cristianos, sino parte de Cristo.
¿Comprendéis bien, hermanos míos, la gracia que Dios nos hizo?
Admirémonos, saltemos de júbilo, porque formamos parte de Cristo.
Nuestra santidad se mide por el mayor o menor grado de nuestra unión con
Dios.
Los dones de Entendimiento y de Ciencia perfeccionan el ejercicio de la
virtud de fe.
Y por ahí llegamos a una penetración de las cosas sobrenaturales que a
veces causan asombro.
Una especie de instinto espiritual nos permite adherirnos mejor a la verdad
revelada.
La acción del Espíritu Santo nos perfecciona mediante el don de Inteligencia
o, de Ciencia.
Los dones constituyen un tesoro a causa de su carácter sobrenatural. Ser
conscientes.
El Espíritu Santo es Dios con el Padre y el Hijo, y nos ama y quiere nuestra
santificación.
Sus inspiraciones no llevan otra mira que la de moldear nuestra semejanza
con Jesús.

Inefable bondad la de nuestro Dios, que nos provee de cuanto habremos menester para llegar a Él.

Oh amor infinito, que procedes del Padre y del Hijo, concédeme el Espíritu de adopción;

Enséñame a portarme siempre como verdadero hijo de Dios;

Quédate conmigo, y ande yo siempre contigo para amar como Tú amas;

Sin Ti nada soy; de mí nada valgo; así y todo, mantenme siempre a tu lado.

Creer con fe práctica que nos impulse a recurrir a Él.

Creer en su divinidad, en su poder, en su bondad. Sea este nuestro homenaje.

Inspirados en **Pablo maestro de vida espiritual**

El verdadero creyente acepta el sufrimiento sabiendo que le prepara el Reino.

Los que se dejan llevar del Espíritu de Dios viven plenamente la filiación divina.

La sabiduría divina consiste en una vida penetrada por entero del amor a Dios y a los hermanos.

Contemplar las profundidades de Dios, las infinitas riquezas de su gracia.

Avanzamos todos hacia nuestra tierra prometida: hacia la paz de Dios.

Dios nos pide la cooperación de una humilde fidelidad por nuestra parte.

Acercarnos a este pan y este cáliz con corazón limpio.

Cristo, la cabeza de un organismo nuevo que vive la resurrección.

Revestirse de Cristo es asimilarlo e identificarnos con su realidad.

El testimonio de la Iglesia, el nuestro, la resurrección de Cristo.

La resurrección de Cristo lleva consigo la nuestra: si admitimos la primera, también la segunda.

Nuestro destino como el de Cristo: en su resurrección comienza la nuestra.

En el grano de trigo en tierra vemos cómo la muerte puede ser fuente de vida.

El creyente debe todo ánimo y alegría solo a la resurrección de Cristo.

El cristiano refleje en su vida la gloria de Cristo.

La vida de Cristo está marcada por la persecución, el fracaso y el abatimiento, pero Jesús resucitó.

El cristiano vive los pasos de Jesús.

Nuestro hombre interior se renueva de día en día.

El creyente vive una luz nueva desde la hora en que fue iluminado por la gracia bautismal.

La angustia ante la muerte se resuelve en el deseo de la unión con Cristo.

Después de la resurrección, Él pasa a ser el Señor y ellos los testigos.

Subir de la creación a Dios, es la manifestación de Dios, de su poder.

Gracia, toda gratuidad de nuestra salvación.

Armonizar nuestra vida con el plan de Dios, verdadero gozo al contemplar este ideal.

El hombre ha recibido un corazón nuevo, un nuevo espíritu.

La resurrección es el verdadero objeto de nuestra esperanza.

Dios al entregarnos a su Hijo nos otorgó un cúmulo infinito de gracia y gloria.

Interesa ganar a Cristo, encontrarse unido con Él.

Estamos cogidos por Cristo, nos hallamos metidos en esta aventura.

Estamos seguros de que la gracia de Dios nos ayudará a alcanzar nuestro fin.

La gracia obra en lo más profundo de nosotros mismos.

Pablo nos exhorta a la alegría y a la paz, a cuanto sea verdadero, honesto y justo.

Por el Evangelio el Misterio ha sido revelado a todos los hombres y todos están invitados a entrar en él.

El verdadero creyente posee un deseo: "Tener íntima experiencia de Cristo y del poder de su Resurrección" (Fil 3, 10)

Cantar desde lo íntimo de nuestro corazón en acción de gracias.

Con alegría pascual recapitular todo en Cristo.

Recapitular en Jesús resucitado la humanidad nueva.

Soy  miembro del Cristo total; no puede un miembro desinteresarse de la vida del cuerpo.

Sobrellevarse unos a otros unidos en paz.

El Señor no ha hecho otra cosa sino mostrar las riquezas de su bondad, paciencia y longanimidad.

El sufrimiento es condición para la gloria, el mismo Jesucristo dio ejemplo

**Inspirados en Vive tu vida de Arami**

La gracia santificante no es fugaz como el relámpago, sino estable como el sol.

La vida: vegetativa, sensitiva, intelectual; el cristiano en gracia posee además la vida sobrenatural.

Sea capaz de conocerte como Tú te conoces, amarte como te amas, vivir tu vida divina; y lo consigo por la gracia.

El hierro rusiente no ha perdido su naturaleza y está transformado en fuego.

Transformado enteramente en Dios y convertido por la gracia en una cosa con Dios.

Abandonarnos en Dios como el niño en brazos de su padre.

En el cura de Ars su espiritualidad consistía en considerar a Dios como buen Padre, y ser él buen hijo.

Someterme a la voluntad del Padre, ¿hay algo mejor?

El hombre tiene el mayor apego a su voluntad: por la resignación inmola este bien en aras de la voluntad divina.

La muerte de Cristo es tu vida; por ella te dio la gracia y salvó.

Júntate a este amigo: ámale apasionadamente como los santos.

Nos lo enseña Pablo: con cristiano morimos, sepultados, resucitamos.

¿Trabajas? Cristo es el que trabaja, porque tu trabajo va a unirse al de Jesús de Nazaret. ¿Oras, sufres?

Dios en mí: esta verdad debe originar una intimidad real.

Que mis delicias sean ahora lo que va a ocurrir en la eternidad.

Saber que Él está en el Sagrario… y en tu corazón… ¡qué ayuda!

Guárdate, cierra tu alma ahora a todo lo demás que no sea Él.

Dios en el fondo de nuestra alma, presente, escuchándonos, es nuestra fuerza.

Somos dos para vivir, para sufrir, trabajar, disfrutar, amar…

Platicar a menudo con Él en el Sagrario y en el templo de mi alma.

Yo te acompaño siempre, en el fondo de tu corazón y te hablo y doy fuerza.

La gracia es nuestra alegría:

Dios en mí. Tesoro total y constante.

Por mi parte vivir en compunción de corazón y en amor permanente

Dolor por haber ofendido a Dios: "me levantaré e iré al Padre".

Ars decía: los bienaventurados solo pueden gozar de sus rentas; nosotros aumentarlas.

Ofrecer a Dios el sacrificio de su Hijo, su pasión, muerte y resurrección.

La paciencia y dulzura ha de ser parte de mi celo.

Alma santa, sacrosanto altar de Dios, cielo y mansión deseada de Dios.

A nosotros cuadra la alegría del Señor.

En un corazón que ama a Dios luce perenne primavera. Ars.

## Confianza

Que nada me altere ni turbe; confianza en el Señor: Él me guía me sostiene en lo grato y en lo ingrato.

Si me encuentro entre el oleaje movedizo, conservaré mi amor confiando en Ti.

Rendición incondicional de todo el ser en abandono confiado en la grandeza de Dios.

La prosperidad no me engríe ni la adversidad me abate. Confianza.

La esperanza, aun en la prueba, consuela, anima y fortalece. Confianza en Dios.

Pedir al Espíritu Santo confianza en este Dios que ha venido a salvarnos.

Salva, a tantos que se alejan de Ti.

Dios es amor y el que permanece en el amor, en Dios permanece, y Dios en él. Confianza. Jn.

Exponerle mis deseos, mis Planes… Luego abandonarme a su voluntad. Confiar.

Acerquémonos, pues, confiadamente al trono De gracia, a fin de recibir misericordia

Y hallar gracia para el oportuno auxilio. Heb. 4,16 r

Hemos de confiar siempre en Dios que nos dará la otra vida feliz que no tendrá fin.

Pedirle su gracia al Señor para practicarlo y para vivirlo.

Amar a María con tierno amor. Madre amable. Confiar en ella.

Confiar en Cristo. Sus acciones tienen un valor y mérito infinitos.
Dar nuestro consentimiento: cuando quieras, como quieras, confiamos.
"Coloca en nuestras almas la amorosa confianza que nos conduzca al Cielo.
Sé tú nuestra esperanza". De una canción a la Virgen María.
Ayúdame, Espíritu Santo, a confiar en La providencia, aunque no vea nada.
Hacerme semejante a ti en el corazón. Confío.
Ayúdame a amar afectivamente a todos.
"Tened confianza; yo he vencido al mundo". (Jn. 16,33)
Confianza en el Espíritu Santo, nos ayuda a no caer en la increencia.
"Méteme, Padre eterno, en tu pecho, misterioso hogar. Dormiré allí, pues
vengo deshecho del duro bregar". (Miguel de Unamuno)


# 2.- Para lograr paz y alegría (Contra la tristeza)  y El Camino a Cristo de Elena
**Muchas frases de este apartado no son meditables, sino consejos para mantener la paz y la alegría**


Tengo inteligencia buena, fuerza de voluntad y decisión.  Repetirlo varias veces.
Ver el problema propio como en una película ajena; mirarlo delante de Dios.
Yo dominaré mis problemas; jamás ellos me dominarán.
La felicidad está en nosotros mismos, en la manera de enfocar los problemas. 9-2-16
Cuando llega el pensamiento negativo de tristeza, ser consciente de él; míralo tranquila. Enseguida desaparece
Ser conscientes de nosotros mismos, en la vida en la paz, tranquila y actividad.
En todas las etapas de la vida sufrimos dolores y frustraciones y hemos de ser felices.
Hacer un esfuerzo suave para distraerme de las tristezas que de vez en cuando me sorprenden.
Observa tu interior con paz; si hay alboroto, detente a observarlo unos segundos.
Haz después esta jaculatoria: "Hágase, Señor, tu voluntad y confío en Ti". Repetirla varias veces al día.
Cantar (El que canta sus males espanta.) A mí me ayudan los cantos espirituales, a otros los suyos favoritos.
Hacer ejercicio físico y trabajo manual. Poner atención en ello.

Ver con serenidad el momento presente durante unos segundos;
Ser consciente de él, por muy negro que sea. Después, seguir en tu actividad.
Practicar algún sacrificio voluntario. Ayuda siempre y más en tiempo de

tristeza.

Ejercicio físico diario. Al menos paseo con respiración rítmica.

Si no tienes tiempo, aprovecha los traslados habituales.

Proponte cada mañana hacer lo que haces.

Si te viene a la memoria tu desgracia, cambia suavemente tu pensamiento.
18-2-16

Don Germán Aldama sufrió mucho en su vida. Cuando le preguntaban qué tal solía responder: "Fastidiado, pero contento". Saber ser feliz.

Es bueno ser consciente de la tristeza, asumirla, sin darle importancia y derivar a la actividad actual. 25-2-16

Bloquear las emociones es un grave error; es bueno ser consciente de ellas.

Sirva la tristeza para fomentar la reflexión tras una pérdida o un fracaso;
Ayuda y evocar comportamientos de cuidado en otros.

Negando la tristeza, empeora y también impedimos el abrazo cariñoso

Una comprensión así nos recuerda, que no estamos solos en el mundo.

Entregarte a tu trabajo y actuar como si no tuvieras tristeza.

Has atenuado la emoción y eso te ha permitido seguir avanzando. 6-3-16

Las dificultades son oportunidad para nuevos caminos. Fijarse en lo positivo.

Debemos aprender a aceptar sufrir pérdidas y que no se cumplan nuestros deseos". 13-3-16

Paradoja: la búsqueda de la felicidad en todos los aspectos de la vida, aumenta nuestras posibilidades de frustración.

Es preciso la autodisciplina: pensamientos positivos; asumir el estado de tristeza; comunicar semanalmente con amigo el resultado de la semana.

Y la frustración invoca a su vez a la tristeza, lo último que estábamos buscando.

El premio por acoger esa emoción que tanto tiempo llevaba negando fue una liberación de tensión.

Enfrentarte consciente a ese momento duro de la tristeza; así no te bloqueas.

Hablar de ello solo con una persona espiritual de confianza e inteligente o con el Confesor.

Muchas veces he oído que la tristeza es un mal muy grande. Pero… Jesús estuvo triste...

El desahogo reiterativo acaba por envenenar nuestra alma.

Una vez desahogado, lucha y practica tus obras normales. Control, eso sí.

Es muy buena cosa ocuparse en obras exteriores, y variarlas cuanto sea posible.

Inhibirse y entregarse con ilusión al trabajo diario.

La paz reside en lo más profundo del alma; incluso en la aridez y en el disgusto.

Procurar crear en nuestro alrededor un clima de serenidad y paz.

La felicidad se encuentra dentro de nosotros mismos; baja hasta el fondo de tu alma.

Cuando una persona proclama ser feliz, se extiende en otras la onda de dicha y plenitud.
Pensar hoy varias veces al día en lo positivo que tengo: salud, familia, medios...
La tristeza, por fortuna, no es tan contagiosa como la alegría y, por supuesto, menos duradera.

Es bueno desear la felicidad, pero sin desazón por encontrarla, porque de lo contrario, se alejará.
Es bueno ocuparse en obras exteriores, para distraer el alma del objeto triste,
Descubre todos los sentimientos, que nacen de la tristeza a una sola persona de tu confianza.
Lo más absurdo es no buscar remedio; mirarse a sí mismo como un bicho raro.
La tristeza es una emoción peligrosa. Y tiene gran cantidad de capas o grados. A veces se elimina con un paseo rápido y con respiración rítmica.
Si la tristeza permanece, a pesar de nuestros esfuerzos, acudir al médico.
El psiquiatra y el sacerdote ayudan a eliminar la depresión.
La persona creyente, ayudada por un director espiritual tiene muchas ventajas.
Hacer con paz lo contrario de aquello a lo que te inclina la tristeza.
Pensamientos positivos.
Hacer ejercicio físico y trabajos manuales.
Personas muy sencillas han ayudado a mantenerse felices con su optimismo contagioso.
Una inyección de sentimientos optimistas viene bien en cualquier tipo de sociedad.
Incluso puede durar meses ese optimismo infundido por personas singulares.


**Medios espirituales. Ideas para orar. Distribuir unas pocas frases cada día. Muchas frases son criterios. Pedir fuerza para conseguirlo. Grabarlos en el alma. Repetir.**

En Cristo tenemos esperanza e ideal de vida.
Confianza plena en Dios porque "Sabemos que a los que aman a Dios, todas las cosas les ayudan para el bien".  (Romanos 8:28)
¡Todo!, también lo duro y desagradable.
Cuando estamos tinieblas, si nos mantenemos muy unidos a Dios, llegamos a conservar en el fondo la paz.
Todas las cosas que nos suceden vienen de la mano de Dios.
Él no quiere el pecado, pero permite el sufrimiento para purificarnos. Confiar.
En el fondo, fondo de nuestra alma siempre hay paz. Ser consciente.
Estar unos momentos tranquilos en junto al Señor en el fondo del alma. 15-2-16
Conformarnos con la voluntad de Dios.

Sí; hemos de trabajar por estar mejor. Pero lo hemos de hacer con paz. 22-2-16

Después de que pase la prueba, el alma queda purificada.

Nada vas a tomar como venido del acaso o por la maldad de los hombres. Pensar que Dios nos quiere.
Que Dios tiene providencia sobre tu vida.
Y todo lo dispone o lo permite con el único fin de que sea mayor algún día nuestro gozo en la unión con El.
La Providencia de Dios actúa tanto cuando nos ocurren cosas agradables como adversas.
    Que sea Dios quien guíe nuestros pasos, no nuestros problemas
Cuanto más tengamos que sufrir aquí, si lo hacemos unidos al Señor, menos nos queda en el purgatorio. Esperanza.
"Dios me recogió en su morada, y me escondió en lo más secreto de Él en el día de la prueba."
Vamos a sentirnos dentro de Él. Es nuestro refugio y protección.
Permanecer recogidos unos segundos varias veces al día en nuestro interior junto al huésped Divino.
Recogerse varios momentos  en oración. Hablar con Él algo y confiados.
Tengo sed de Ti, Señor, cuando me siento triste y solo.
Confío y espero. Ayúdame.
Tengo sed de Ti, Señor, cuando me canso de todo y cuando mi egoísmo no me deja disfrutar con los demás. Confío y espero. Ayúdame.
«Todo lo puedo en Aquel que me conforta»; sin Dios sólo queda la absoluta impotencia. Confianza en Él.
Orar sobre todo cuando me encuentro apagado, triste y sin ganas.
La esperanza cristiana es una virtud humilde y fuerte que nos sostiene.
La esperanza  hace que no nos ahoguemos en las tantas dificultades de la vida.
La esperanza,  humilde, sencilla, te da una gran alegría, o paz, nunca decepciona.

Tengo sed de Ti, Señor, cuando no me bastan las cosas del mundo.
Sáciame Tú que eres el único que llena el corazón.
No desfallecer ante las dificultades y a confiar siempre en la fidelidad de Dios. Él, "Dios con su misericordia, os consolará y os hará plenamente felices". 16-3-16
Dios trabaja con nosotros en nuestra santificación, justo es que Él lleve la dirección de la obra.
Confianza cuando no nos salen las cosas.
Todo sufrimiento hace madurar mi alma en mi camino hacia la eternidad.
Como a María los de la pasión.
Que nosotros siempre estemos al pie de la cruz con el deseo de ayudar a quienes nos necesitan.
Cuánto cuesta, Señor, adoptar el criterio de la cruz. Pero él nos lleva a la resurrección.

"Me hiciste, Señor, para Ti y mi corazón andará inquieto hasta que descanse en Ti" San Agustín.

Hacer lo que podamos para que sobre todas estas aflicciones triunfe el amor Divino.

Si queremos nuestra santificación, debemos no seguir jamás nuestra voluntad, sino siempre la de Dios.

«Hacer lo que Dios quiere, querer lo que Dios hace».

La voluntad de Dios de beneplácito es la que hemos de considerar en todo lo que nos sucede.

En la enfermedad y en la muerte, en la aflicción y en la consolación, en la adversidad y en la prosperidad.

Aceptarla, aunque luchemos buscando situaciones mejores.

Ver la voluntad de Dios es en las tribulaciones: las quiere emplear, para curar nuestras almas.

También son verdadero purgatorio.

Encaminar la oración hacia la confianza en Dios solo. Me abandono en tus brazos de Padre.

 -Tomar el crucifijo en la mano. Besarlo. Estrecharlo.

Decir jaculatorias como éstas: "Mi amado es para mí y yo soy para mi amado".

"¿Quién me separará del amor de Cristo?"

La Eucaristía sea muy atenta. Desahogo confiado en Jesús.

Orar también al caminar por medio de jaculatorias.

Generoso es el Señor. Oscura la fe. Andar en la noche también es Pascua.

"Si Él me guía por valles de tinieblas, ningún mal temeré".

Cuando me encuentro triste, me entrego al Señor y acepto el momento presente.

Cuando uno se encuentra triste o deprimido, hacer actos de esperanza.

Continuar en todo momento la oración. Hablar con Dios.

Cierto que nosotros hemos de buscar la paz, más que la alegría.

Y permanecer recogidos en nuestro interior junto al huésped Divino.

Aunque una madre se olvidare del fruto de sus entrañas, Tú, Señor, jamás te olvidarás de mí.

Pensar: el sufrimiento de esta vida es purgatorio para purificarnos, el gozo y la paz, anticipo del cielo, agradecimiento.

Dios nos pone problemas y sufrimientos para que nos elevemos a Él confiados:

este mundo es paso a la eternidad.

En Ti pongo, Dios mío, mi corazón, porque eres Padre y guardas de nosotros mejor que de los pajarillos.

El alma tiene que ser calentada con la presencia eucarística.

Sin la visita del Maestro, sólo puedes esperar desilusiones y malestar perpetuos; con Él, paz y esperanza.

Señor, no te encuentras en la lejanía del hombre, sino en lo más profundo de su ser.

Vamos a sentirnos dentro de Él. Es nuestro refugio y protección
Continuar en todo momento la oración. Hablar con Él.
Y permanecer recogidos en nuestro interior junto al huésped Divino que
habita en nuestro corazón.
Poco a poco la tristeza se va esfumando.
Buenos frutos de haber superado la tristeza, dos: misericordia y penitencia.
Los males, son seis: angustia, pereza, indignación, celos, envidia e
impaciencia. Con paz rechazarlos.

«Si alguno está triste -dice Santiago-, que ore»: la oración a Dios: nuestro
único gozo.
¡Oh Dios de misericordia! ¡Dios mío bondadosísimo ¡Salvador de bondad!
Confío y ayúdame.
No pido nada y vivo cada día como Dios me lo da, sin preocuparme del
mañana. Foucauld.
Me tengo prohibido pensar en el porvenir, Dios está hoy con nosotros.
Foucauld.
El amor de adoración es poder abismarse en lo que se ama y mirar todo lo
demás como nada. Foucauld.
Enfervorizar el corazón con jaculatorias y actos de amor, pues la tristeza es
una pasión de suyo fría y árida.
Frecuencia de la Sagrada Comunión: este pan celestial robustece el corazón
y regocija el espíritu.
¿Qué remedio hay contra la tristeza?  La comunión y trato íntimo con Jesús.
(Eymard)
Jesús viene para combatir directamente la tristeza.
No hay una sola alma que comulgue con deseo sincero, y se quede triste
en la Comunión. (Eymard)
Recordar a los dos de Emaús. Iban tristes, pero en cuanto distinguieron
a Jesús, quedó todo solucionado. (Eymard)
Sentirse amigo de Dios; ya no me apenan mis pecados pasados.
La presencia del Señor ha de ser el gran motivo de nuestra alegría.
Quedaos a sus pies paladeando vuestra dicha junto a su bondad.
¡Gustemos sin temor de su bondad! (Eymard)

Y no dudes de que Dios, después de haberte probado, te librará de este
mal. 8-5-16
Orar, hablar con Dios con el corazón o pronunciar palabras que muevan a
la confianza y al amor a Dios
Frases de amor y de confianza, como ésta: - ¿Cuándo me consolarás? -

¿Quién me separará del amor de mi Dios? - ¡Oh Dios de misericordia! Mi
gozo, mi esperanza.
Hablar de ello solo con una persona espiritual de confianza e inteligente.
Buscar el trato de personas espirituales, y conversar con ellas.
Para ser feliz y avanzar en la virtud, solucionar el problema del dolor: llevar la
cruz con Jesús; luchar con paz para aliviarla. 12-5-16

Y no dudar: el Señor, después de haberme probado, me librará de este mal. Y seguiré en mayor confianza y esperanza.

Él reposará sobre mi pecho. ¿Cuándo me consolarás? ¡Oh Jesús!, viva Jesús, y vivirá mi alma.

¿Quién me separará del amor de mi Dios? «¡Oh Dios de misericordia! ¡Salvador de bondad! Mi gozo, mi esperanza.

La frecuencia de la Sagrada Comunión es excelente, porque este pan celestial robustece el corazón y regocija el espíritu.

Abandonarse en las manos de Dios, y disponerse a sufrir con paciencia los momentos de tristeza que vengan.

Él está cerca de nosotros, Él está contigo.

Si nos producen tristeza comportamientos ajenos, pensar que han podido obrar de buena fe: comprensión.

Pensar en hacer felices a cuantos nos rodean y ayudarles en sus problemas.

Desear en todo momento agradar a Jesús con nuestros obsequios, será nueva fuente de alegría serena.

Buscar el trato de personas espirituales, y conversar con ellas.

Descansar en las manos de Dios, disponerme a padecer esta enojosa tristeza con paciencia.

La felicidad más profunda se alcanza en nuestra relación íntima y sincera con Dios.

Confiar mucho en Dios. En Él vivimos, nos movemos y existimos.

El cristiano es aquel que permite que Dios lo revista de su bondad y misericordia.

Jesús nos quiere donar una alegría que nadie nos podrá quitar. Es duradera, aun en los momentos oscuros. Papa Francisco

**Benedicto. Pensamientos sobre la alegría**

A Él sea la gloria y a nosotros la confesión humilde de nuestra nada y la adoración obediente.

Sólo Él nos da la verdadera vida, y nos libera de nuestros temores y resistencias, de todas nuestras angustias.

Cada día el Señor nos ofrece alegrías sencillas: la alegría de vivir, de la belleza de la naturaleza,

/ la alegría de un trabajo y del servicio, / la alegría del amor sincero y puro. Motivos para la alegría: los hermosos momentos de la vida familiar. Agradecimiento.

/ la amistad, el descubrimiento de las propias capacidades, / la consecución resultados, el aprecio… Agradecimiento.

La posibilidad de expresarse y sentirse comprendidos, / la sensación de ser útiles para el prójimo. Agradecimiento.

Y, además, la adquisición de nuevos conocimientos mediante los estudios/. El descubrimiento en viajes y encuentros/, la posibilidad de hacer proyectos para el futuro. Agradecimiento. Y muchos más.

Dios es la fuente de la verdadera alegría/, porque Dios es comunión de amor eterno/, que se difunde en aquellos que Él ama y que le aman.

Dios nos ha creado a su imagen por amor/ y para derramar sobre nosotros su amor.

Dios nos ha creado para colmarnos de su presencia y su gracia/. Dios nos hace partícipes de su alegría.

Yo soy amado, tengo un puesto en el mundo/, soy amado personalmente por Dios.

Y si Dios me acepta, me ama y estoy seguro de ello/, entonces sabré con claridad y certeza que es bueno que yo exista.

Este amor infinito de Dios para con cada uno de nosotros se manifiesta de modo pleno en Jesucristo.

En Él se encuentra la alegría que buscamos.

San Pablo quiso decir cuando escribía a los cristianos de Filipos: «Alegraos siempre en el Señor; os lo repito, alegraos.../

El Señor está cerca» (Flp 4,4-5).

Es la alegría del encuentro con el Señor;/ es sentir el amor de Dios que transforma toda la existencia/ y traer la salvación.

La alegría cristiana es abrirse a este amor de Dios y pertenecer a Él.

Jesús Resucitado dijo: «Alegraos» / (Mt 28,8-9). Es la alegría de la salvación que se nos ofrece.

Cristo es el viviente/, es el que ha vencido el mal, el pecado y la muerte.

El mal no tiene la última palabra sobre nuestra vida, sino que la fe en Cristo Salvador/, es el que vence.

La alegría es signo de su presencia/ y de su acción en nosotros.

Un Salmo dice: «Sea el Señor tu delicia, y él te dará lo que pide tu corazón» (Sal 37,4).

Encontrar y conservar la alegría espiritual surge del encuentro con el Señor.

Buscar la alegría en el Señor/: la alegría es fruto de la fe/, es reconocer cada día su presencia, su amistad.

Sabed que jamás os abandonará. Dirigid a menudo vuestra mirada hacia Él.

La contemplación de un amor tan grande da a nuestros corazones una esperanza/ y una alegría que nada puede destruir.

Buscar al Señor, encontrarlo, significa también acoger su Palabra/, que es alegría para el corazón.

La Liturgia en particular, es el lugar por excelencia donde se manifiesta la alegría que la Iglesia recibe del Señor.

«Este es el día que hizo el Señor: sea nuestra alegría y nuestro gozo» / (Sal 118,24).


En la noche de Pascua, la Iglesia canta «¡Exulte el coro de los ángeles.../ Goce la tierra inundada de tanta claridad...”

Santa Teresa del Niño Jesús, escribió: «Jesús, mi alegría es amarte a ti»

El amor produce alegría/, y la alegría es una forma del amor.

La beata Madre Teresa de Calcuta decía: «La alegría es una red de amor para capturar las almas.

Dios ama al que da con alegría/. Y quien da con alegría da más».

La fidelidad y la perseverancia en el bien llevan a la alegría, aunque ésta no sea siempre inmediata.

Para entrar en la alegría del amor, estamos llamados también a ser generosos, con los más necesitados.

Que toda vuestra vida esté impulsada por el espíritu de servicio/, y no por la búsqueda del poder, del éxito material y del dinero. Es un gozo duradero...

Cumpliendo los mandamientos encontramos el camino de la vida y de la felicidad.

Volved al Señor, reconciliaros con Él, experimentaréis la alegría de su amor/ que perdona y vuelve a acoger.

Es posible vivir de verdad con alegría incluso en medio de tantas pruebas de la vida/, especialmente las más dolorosas y misteriosas.

Mientras la fe me de la fuerza estaré siempre alegre/. Un católico no puede por menos de ser alegre...

Beata Chiara Badano (1971-1990), experimentó cómo el dolor puede ser transfigurado por el amor y estar habitado por la alegría.

Comprendió que la clave de su paz y alegría era la confianza en el Señor/ y la aceptación de la enfermedad como expresión de su voluntad para su bien y el de los demás.

A menudo repetir: «Jesús, si tú lo quieres, yo también lo quiero».

Quisiera alentaros a ser misioneros de la alegría.

No se puede ser feliz si los demás no lo son/. Por ello, hay que compartir la alegría.

Id a contar a los demás vuestra alegría de haber encontrado aquel tesoro precioso que es Jesús mismo.

No podemos conservar para nosotros la alegría de la fe; tenemos que transmitirla para que ésta pueda permanecer en nosotros.

Os escribimos esto, para que nuestro gozo sea completo» (1Jn 1,3-4).

Los cristianos son hombres y mujeres verdaderamente felices, porque saben que nunca están solos.

Llevad a los que sufren, a los que están buscando, la alegría que Jesús quiere regalar.

Llevadla a vuestras familias, a vuestros lugares de trabajo/ y a vuestros grupos de amigos, allí donde vivís.

Y recibiréis el ciento por uno: la alegría de la salvación para vosotros mismos/, la alegría de ver la Misericordia de Dios que obra en los corazones.

«¡Siervo bueno y fiel, entra en el gozo de tu señor!» (Mt 25,21).

María nos acompaña en el Magníficat/: «Proclama mi alma la grandeza del Señor/, se alegra mi espíritu en Dios, mi salvador»

Es llamada «causa de nuestra alegría» porque nos ha dado a Jesús.

La alegría es un elemento central de la experiencia cristiana.

## Para después de la crisis

Permanecer a la escucha de la voz del Espíritu Santo; así la oración se convierte en la respiración diaria. (Benedicto XVI)

Descienda, Señor, sobre nosotros la fuerza del Espíritu Santo para que podamos cumplir fielmente tu voluntad.10-1-16

Tú, Señor, lees en lo escondido. (Mt. 6,6). Cierro la puerta de mis sentidos, entra en mi morada. Escúchame.

La cruz establece en mí una semejanza mayor con Cristo.

Te amo, Señor, ayúdame a llevar con paz mi cruz.

Señor, Que el móvil de mis acciones sea tu gloria, tu amor, tus intereses.

El secreto de la felicidad es aceptar la voluntad de Dios.

"El corazón de las almas interiores está en medio del sufrimiento y humillaciones como una roca en medio del mar".

Vivir el momento presente, no el pasado. "Ved los lirios del campo…"

"No estéis ansiosos". El pasado, ya fue. El futuro, está en la Providencia.

Aceptar las cruces que el Señor nos impone en la enfermedad o en circunstancias familiares.  Confianza.


Abrir las compuertas de mi corazón a Jesucristo para que el Señor entre en mí.

Mi esfuerzo suave cada día está en conseguir el amor de Dios, por ahí además logro gran paz.

Al ver mi propia miseria me arrojo a los brazos de Dios y me veo abismado en gratitud y amor.

Estoy en Dios como la esponja en el agua, si crezco, más me lleno de tu Divinidad.

Mirar a Dios dentro de mí mismo y mirarme a mí dentro de Él.

Eso es el recogimiento interior, vivir con Dios y en Dios.

Ofrézcoos mi vida obras y trabajos en satisfacción de todos mis pecados. (Del acto de Contrición antiguo)

Cuando estéis tristes y desolados, amad con Jesús desolado. Eymard.

Uno sufre cuando está crucificado con Jesús, pero a la par que llora, está siempre alegre. Eymard.

La cruz nos lleva a Jesús, nos une con Jesús y nos hace vivir de su amor. Eymard.

La cruz de Jesús es nuestra herencia, pero su amor es nuestra fuerza. Eymard.

Sed magnánimos en amar para poder elevaros por encima de vuestras cruces. Eymard.

Id a Nuestro Señor por el corazón, ¡y por el abandono en sus manos! Eymard.

Qué contento está Dios de un alma que en medio de la desolación exclama: Eymard.

Tener para Ti, Jesús, y mis hermanos unos ojos que siempre os miren, unos oídos que siempre os escuchen, un corazón que siempre os ame.

Nuestro desafío es comunicar la alegría de la fe y de la experiencia del amor de Dios. (Benedicto)

La soledad es el tributo que pagamos a nuestro ser individuo.

La soledad la palia el amor, el fervor, la amistad, la fe... pero no la suprime.

Hundirme con amor intenso en las profundidades divinas.

Que sepa permanecer imperturbable ante los problemas de esta vida.

Todo es relativo; sólo Dios es permanente y absoluto.

Y la única solución es hacer de este "mal" un bien:
Responder con "más amor", y colocar en Dios toda la esperanza.
Que sepa permanecer imperturbable ante los problemas de esta vida. Todo es relativo; sólo Dios es absoluto.

Notar la prueba de amor hacia nosotros al dejarnos penetrar en sus misterios.
Me siento del todo acogido por Ti. Sella, Señor, mi amistad contigo para siempre.
Revestirse de Cristo es participar del amor del Padre y del Espíritu Santo.
Revestirse de Cristo es dejarse arrastrar por el Hijo en el amor hacia el Padre.
Revestirse de Cristo es adentrarse en el misterio de la Santísima Trinidad.
Revestirse de Cristo es ser posesión de Jesús.
Purifícame, Señor, todo lo que se ha vuelto demasiado grande, ha de volver a la sencillez.
La fe en Dios se ha de traducir en amor.
La gracia penetra en el alma, como el fuego que transforma al hierro.
Símbolo de Dios inmenso: Río profundo y caudaloso, suave y poderoso de aguas limpias.
Contemplar símbolo del Creador. Mar inmenso, contemplarlo en mi imaginación.
Símbolo de Dios dador de gracia: Agua pura y cristalina, fuente transparente, fuerza que regenera y purifica.
Símbolo del Creador de la gracia santificante, bautismo. Espíritu Santo y agua; Tierra y Cielo; Cristo e Iglesia.
El amor es un constante fluir como una fuente que a la vez está quieto en sí mismo.
La verdadera oración: adoración en espíritu y en verdad.
Dejar ahora que el Señor se apodere del todo de mi alma.
Aplico mi memoria, mi vista, mi sentimiento entero a este Dios que me ama.
Jesús, has hecho en mí el gran don de pasar de una fe oscura en la Eucaristía a una fe luminosa. Gracias.
Me atrae el Sagrario; ya no puedo pasar sin la Comunión, sin la dependencia amorosa de mi amado. Gracias.
Ser pobre, saber vivir la pobreza de la enfermedad, de la ancianidad; pedir fortaleza.

El alma enamorada de Jesús es mansa, blanda, humilde, paciente...
Se ama lo que se espera; se espera lo que se ama; este círculo aumenta la caridad, la esperanza.
La caridad es paciente; el que ama, tolera.
No se queja de tener que sufrir.
A veces no sé caminar, Señor, dirige en tu presencia mis pasos.
Nuestra primera ocupación en la Tierra ha de ser amar a Dios.
Amar a Dios con la mayor actualización posible. Recordar esto a menudo.
Jamás manifiestes ni te precies de ser abnegado.

Dios nos visita a veces con grandes secretos o regalos. Agradece y date a los demás.

Mi alma debiera estar metida en el horno dichoso de Dios.

Callado, quieto, atento: solo con Dios, amando y dejándome amar.

Sólo el hombre reconciliado con Dios puede estar también reconciliado consigo mismo y con los demás.

A sólo Dios entregar el amor total; y a las criaturas, por Dios.

Aun cuando nadie quisiera o pudiera ayudarme, puedo seguir adelante poniendo mi corazón en Dios.

Al ver mi propia pequeñez me arrojo a los brazos de Dios y me veo abismado en gratitud y amor.

Sentirme junto al Señor, ofrecerme dócil a sus insinuaciones; atento.

Ahora mismo se están celebrando muchas misas: me uno a ellas con fervor

Vivir para la Misa, vivir la Misa, vivir en Misa, centrarme en la Eucaristía.

Poner ya junto a la Hostia grande mi Hostia pequeña para que Jesús disponga de mí y me ayude.

Pongo ya en la patena cada sufrimiento que me toca pasar y me uno a la pasión de Cristo.

Señor, yo tengo sed de Ti, sediento estoy de Dios, pero pronto llegaré a ver el rostro del Señor.

Corazón de Jesús por amor nuestro abrasado, haced que nuestro corazón se en vuestro amor inflamado.

Corazón de mi amable salvador, haz que arda y crezca siempre en mi tu amor.

El cristiano ha de vivir crucificados con Cristo; participamos de su cruz.

No basta con visitar a Jesús; lo más importante es vivir en Él.

Vivir en Jesucristo es el primer paso del amor adulto.

El Espíritu Santo me introduce en la cámara del Rey.

Sentirnos en Adviento, respirando el amor de Dios, como el aire en nuestros pulmones.

Señor, no te encuentras en la lejanía del hombre, sino en lo más profundo de su ser. Profundizar.

La resurrección quita el miedo y entraña una fuerza de vida: donde parece que está muerto aparece resurrección.

Somos criaturas para la vida no para la muerte.

"Perdona, Señor, perdona a tu pueblo y no entregues tu heredad al escarnio, para que no seamos dominados" Joel

Solamente Dios. Solamente la cruz. (Hnº. Rafael).

Contemplar la cruz de Jesús. Seguir sin mirar a los lados. El amor no permite detenerse.

Nada tan hermoso como fijar mente y corazón en nuestro Creador y Padre:

Vivir en fidelidad a Ti, Señor, sentirme amado de Ti. 14-2-16

Vivir en fidelidad a Ti, Señor, sentirme amado de Ti, y descubrir así la alegría más santa.

He de buscarme a mí dentro de Dios: Él me envuelve, empapa y transforma. Esto me da gran paz y gozo".

Que nada me altere ni turbe; confianza en el Señor: Él me guía me sostiene en lo grato y en lo ingrato.

Nadie es más feliz que el hombre justo y religioso; nada le sucede fuera de la voluntad de Dios.

La felicidad la encontramos en el fondo del corazón, en Dios. Bajar a menudo a ese centro.

Mis contrariedades, fracasos, enfermedades los pongo en tus manos fuertes. Jesús, vencedor de todo. Sé que lo aprovecharás para el bien de tu Reino.

Mis éxitos, alegrías, satisfacciones y esperanzas las pongo en tu corazón resucitado.

Sé que lo aprovecharás para el bien de tu Reino.

Nuestra cruz siempre será la cruz del Resucitado, con una esperanza infinita.

Gracias quiero darte por amarme. Gracias quiero darte yo a Ti, Señor.

Hoy soy feliz porque te conocí. Gracias por amarme a mí también. (canción eucarística)

Yo quiero ser, Señor, amado, como el barro en manos del alfarero.

Toma mi vida, hazla de nuevo yo quiero ser un vaso nuevo

## El Camino a Cristo de Elena

Cristo une al hombre caído, débil y miserable, con la Fuente del poder Infinito.

El corazón de Dios suspira por sus hijos terrenales con un amor más fuerte que la muerte.

Al darnos a su Hijo ha vertido todo el cielo en un don para nosotros. Pongámonos en perfecta relación con Aquel que nos ha amado con estupendo amor.

¡Bienaventurado aquel cuya transgresión ha sido perdonada, y cubierto su pecado!

El arrepentimiento verdadero induce al hombre a reconocer su propia maldad, sin hipocresía.

El corazón humilde y arrepentido, apreciará algo del amor de Dios y del coste del Calvario.

## 3.- DONES DEL ESPÍRITU SANTO

**Sabiduría** - «Es un conocimiento sabroso de las cosas espirituales,
**Sabiduría**, Un don sobrenatural para conocer o estimar las cosas divinas por el medio del Espíritu Santo.
**Sabiduría**, un conocimiento sabroso, íntimo y profundo de las cosas de Dios.
**Sabiduría**, "Danos por el mismo Espíritu saborear..." tener, no ya sólo conocimiento, sino gusto...

**Sabiduría**, como una experiencia espiritual de la obra divina que el Espíritu Santo se digna realizar en nosotros;

**Sabiduría**, es la respuesta al «Gustad y ved cuán suave es el Señor» (Sal 33,9).

**Sabiduría**, nos hace preferir sin vacilación a Dios por encima de las alegrías de la tierra.

**Sabiduría**, nos hace exclamar al alma fiel: « ¡Qué deliciosas, ¡Señor, son tus moradas!

Da al hombre luz y fuerza para buscar la salvación en el amor de Dios. (Häring)

Hace que el hombre encuentre gusto en Dios y solo a Él se aficione. (Id.)

Un día pasado en tu casa vale por años pasados lejos de Ti» (ib. 83, 2-11).

Mas es preciso que huyamos de todo cuanto nos arrastra a los deleites ilícitos de los sentidos.

El don de sabiduría le da el gusto, el conocimiento afectivo de las verdades reveladas.

Danos el rasgo de perfección a nuestras virtudes con tu don de Sabiduría.

Danos el instinto del don de Sabiduría y poder saborear son simpatía las cosas divinas.

El don de Sabiduría es fuente de todas las virtudes;

El don de Sabiduría mueve a cualquier hombre bueno según la medida de su amor.

Algunas veces el don de Sabiduría enciende el amor...

El espíritu de Sabiduría penetra nuestro espíritu, el alma y el cuerpo.

El espíritu de Sabiduría es origen y gracia de todos los dones y virtudes.

El espíritu de Sabiduría nos hace gustar de los dones de Dios,

Y lo buscamos en todos los ejercicios.

Por el espíritu de Sabiduría percibimos que somos tocados por la luz incomprensible de Dios.

El espíritu de Sabiduría nos infunde todos los dones y la unidad fecunda de Dios.


**El don de Entendimiento** nos hace **ahondar** en las verdades de la fe.

San Pablo dice que el «Espíritu que sondea las profundidades de Dios, las revela a quien le place» (1Cor 2,10).

**Entendimiento**, **ahonda** más en el misterio que el simple asentimiento de que le hace objeto la fe;

**Entendimiento**, abarca las grandezas de los misterios, y nuestra vida sobrenatural.

**Entendimiento**, Un texto de las divinas Escrituras, un día brilla como una luz hasta las más íntimas reconditeces de la verdad.

Por el don de **Entendimiento**, conseguimos ahondar más profundamente, en el sentido íntimo de la revelación.

Don de entendimiento, iluminación del espíritu mediante una luz superior. (Arintero)

Que el don de entendimiento nos lleve hacia la verdadera contemplación.

Que el don de entendimiento nos lleve traspasar las cosas sensibles.

Que el don de entendimiento nos lleve a vivir la fe.

Que el don de entendimiento nos lleve a invocar al Espíritu Santo y ser fieles a la gracia.

El don de entendimiento; afina nuestro espíritu en unidad, manifiesta la vida y comunica caridad.

El don de entendimiento comunica resplandor y baña de claridad al alma.

La gracia habita en nuestro entendimiento que nos llena de los dones de Dios.

El don de entendimiento se inclina y hace que la divina esencia anegue la naturaleza en descanso.


El don de entendimiento nos enseña a conocer nuestra excelencia y nobleza y todas las virtudes. (Lehodey)

El don de entendimiento nos da el conocimiento para vivir sin error en la vida eterna. (Lehodey)

El don de entendimiento nos ayuda a andar en espíritu y percibir las cosas del Cielo y Tierra. (Lehodey)

El don de entendimiento nos enseña a contemplar la hermosura del Amado. (Lehodey)

Si nos mortificamos, el don de entendimiento nos enseña a percibir con gusto las cosas de Dios. (Lehodey)

Entonces se manifestará la unidad que tenemos en Dios. (Lehodey)


El don de entendimiento ayuda a penetrar los misterios de la fe.

Fruto de este don, la alegría. (Häring)

Que el don de entendimiento nos lleve a traspasar las cosas sensibles. (A. Torres)

Penetrar con intuición santa las cosas reveladas; eso es don de entendimiento.

Penetrar hasta las profundidades de la divinidad, hasta donde Tú lo quieras.

Dame conocer y profundizar en el misterio de la inhabitación de la Santísima Trinidad en mi alma.

Da a mi alma conocer y profundizar en el misterio de la Eucaristía: Cuerpo y la Sangre de Cristo.

Da a mi alma conocer y profundizar en el misterio de la Redención: el Hijo de Dios nos salva.

Da a mi alma conocer y profundizar en el misterio de la Virgen María, madre de Dios y madre nuestra.


Por el don de **Consejo,** el Espíritu Santo responde a aquel suspiro del alma: «Señor, ¿Qué quieres que haga?» (Hch. 9,6)

Ese don de **Consejo,** nos previene contra toda precipitación o ligereza, y, sobre todo, contra toda presunción.

**Consejo,** «Todo don perfecto de arriba viene, del Padre de la luz» (Sant 1,17).

**Consejo,** «Nada puede hacer el Hijo por sí, fuera de lo que viere hacer al Padre» (Jn 5,10).

El alma de Jesús contemplaba al Padre, y el Espíritu de Consejo le descubría los deseos del Padre.

**Consejo,** «Siempre hago lo que agrada a mi Padre» (ib. 8,29).

El don de **Consejo** es una disposición mediante la cual los hijos son capaces de juzgar las cosas a la luz de unos principios superiores a toda sabiduría humana.

Por el don de **Consejo** nos descubre el Espíritu Santo normas por las que debe regirse el hijo de Dios.

Por el don de consejo me llamas entre los escogidos a la diestra de tu unidad.

Que el don de consejo nos preserve del peligro de una falsa conciencia.

Que el don de consejo nos ayude a resolver tantas situaciones difíciles.

Que el don de consejo nos ayude a una docilidad hacia los mandatos de Dios.

Con su don de **Fortaleza,** el Espíritu Santo, nos sostiene en esos trances particularmente críticos.

No hay por qué temer; nos asiste el Espíritu de Fortaleza: «Permanecerá y habitará en vosotros» (Jn 14,17).

**Fortaleza,** Como los Apóstoles en Pentecostés, seremos también nosotros revestidos de la «fuerza de lo alto» (Lc 24,49),

Cumplir generosos la voluntad divina, y obedecer, si es preciso, «a Dios antes que a los hombres» (Hechos 4,19)

**Fortaleza,** para sobrellevar con denuedo las contrariedades que nos salgan al paso a medida que nos vamos allegando a Dios.

**Fortaleza,** a fin de que «el Espíritu les diera la fuerza que necesitaban para adelantar en la perfección» (Ef. 3,16).

"No temas, que «yo estaré contigo» (Ex 3,12).

**Fortaleza,** tendremos a nuestra disposición la misma fortaleza de Dios.

Ésa es la fortaleza en que se forja el mártir, la que sostiene a las vírgenes.

Aquel es fuerte y vence las ocupaciones inquietas del corazón; y se posee con gran virtud por el don de fortaleza.

El don de **Ciencia** nos hace ver las cosas creadas en su aspecto sobrenatural como sólo las puede ver un hijo de Dios.

**Ciencia,** el hijo de Dios ve la creación con la luz del Espíritu Santo y se reflejan sus eternas perfecciones.

**Ciencia,** nos hace conocer los seres de la creación y nuestro mismo ser desde un punto de vista divino;

**Ciencia,** nos descubre nuestro fin sobrenatural y los medios más adecuados para alcanzarlo.

**Ciencia,** nos da intuiciones que previenen contra las mentidas máximas del mundo y las sugestiones del demonio.

Que el don de Ciencia nos guíe acerca de lo que hemos de creer y no creer.

Que el don de Ciencia nos inspire el modo más acertado de conducirnos con los hermanos para la vida eterna.
Que el don de Ciencia nos ayude a desprendernos de las cosas de la tierra.
Que el don de Ciencia nos llene de compunción de nuestros pasados errores.
Que el don de Ciencia nos ayude a oponernos al espíritu del mundo.
Que el don de Ciencia nos ayude a preocuparnos de la pureza de corazón.
Nos darás, Señor, un conocimiento sabroso y experiencial que nos llene el alma.
El don de ciencia discierne lo que pertenece a la fe.
El don de inteligencia la hace penetrar en las profundidades ocultas de los misterios de la fe;
Consigue el alma el tercer don de Ciencia, y con él, se hace entendido
Bajo la acción del Espíritu Santo juzgar de las cosas creadas en orden a nuestro fin sobrenatural. ¡Eso es don de Ciencia!

Los dones de **Piedad y de Temor de Dios** se completan entrambos mutuamente.
El don de **Piedad,** regula la actitud que hemos de observar en nuestras relaciones con Dios:
**Piedad,** mezcla de adoración, de respeto, de reverencia hacia una majestad que es divina;
**Piedad,** mezcla de amor, de confianza, de ternura, de abandono y de libertad en el trato con El Padre.
**Piedad,** imprime en nosotros, como en Jesús, la inclinación a relacionarlo todo con nuestro Padre.
**Piedad y temor de Dios.** En vez de excluirse uno a otro, pueden ir hermanados.
El Espíritu Santo se encargará de enseñarnos el modo de armonizarlos.
**Piedad y temor de Dios,** que nos mueve a arrojarnos confiados en los brazos bondadosos del Padre celestial.
**Piedad y temor de Dios.** El Espíritu Santo concilia entre sí estos dos sentimientos, al parecer encontrados.
El don de Piedad es tranquilizador para las almas tímidas en sus relaciones con Dios…
Él cuida de fomentarla en nosotros, pero moderándola y fusionándola en virtud del don de Piedad

El don de **Temor de Dios** Cómo Cristo, el Hijo de Dios, puede estar transido de temor de Dios.
Hay dos clases de temor: al castigo, temor servil, falto de nobleza; a veces puede ser provechoso.
El otro, nos hace evitar el pecado porque ofende a Dios, imperfecto si va mezclado con temor de castigo.
**Temor de Dios.** Prefacio de la Misa, este temor santo que se traduce en adoración.
«Santo es el temor de Dios y existirá por los siglos de los siglos» (Sal 28,10).

**Piedad y temor de Dios.** La humanidad de Jesús, verla llena de reverencia ante el Verbo al que está unida.

**Piedad y temor de Dios.** Es la reverencia que pone el Espíritu Santo en nuestras almas.

**Piedad y temor de Dios.** Con sentimiento de amor y de ternura, hijos de sobre: nos permite llamar a Dios ¡Padre!

Obrar con una seguridad sobrenatural, como un instinto divino para percibir las cosas celestiales.

Los dones del Espíritu Santo, nos hacen dóciles y desarrollan nuestra condición de hijos de Dios.

«Los que se dejan conducir por el Espíritu de Dios, esos tales son hijos de Dios» (Rm 8,14).

Al dejarnos guiar por ese espíritu de amor se da una recompensa anticipada por nuestra fidelidad.

Al dejarnos guiar por ese espíritu de amor es grande la dulzura y suavidad.

Esos frutos los enumera ya San Pablo, y son: caridad, paz, longanimidad benignidad, fe, continencia, gozo, paciencia, bondad, mansedumbre, modestia y castidad (Gal. 5, 22-23).

«Mi Padre resultará glorificado si vosotros dais abundante fruto» (Jn 15,8); Esos frutos, nos unen. «Si alguno permanece en mí y yo en él, ese dará abundante fruto» (ib. 5).

«Si alguien tiene sed venga a Mí y beba, el que cree en Mí, como dice la Escritura, ríos de agua viva fluirán de sus entrañas».

El Espíritu Santo es el manantial de esos ríos de aguas vivas de la gracia que sacia nuestra sed hasta la vida eterna.

San Pablo que todas las almas fieles que creen en Cristo «beben en un mismo Espíritu» (1Cor 12,33).

Si somos de Cristo, nuestros pensamientos están con él y los más gratos son para él.

Todo lo que tenemos y somos lo hemos consagrado a él.

Deseamos vehementemente ser semejantes a él, tener su Espíritu.

Solamente la gracia de Cristo, por medio de la fe, puede hacernos santos.

"Pondré mis leyes en su corazón, y también en su mente las escribiré" (Heb. 10: 16).

Es la fe la que nos hace participantes de la gracia de Cristo y nos capacita para obedecerlo.

Cristo cambia nuestro corazón.

Habita en vuestro corazón por la fe.

Debéis mantener la comunión con Cristo por la fe y la sumisión continua a su voluntad.

Si Cristo obra en vosotros, manifestaréis el mismo espíritu y haréis obras de justicia y obediencia.

El único fundamento de nuestra esperanza es la justicia de Cristo.

Orad con más fervor; creed más plenamente.

A medida que desconfiemos de nuestra propia fuerza, confiaremos en el poder de nuestro Redentor.

Tenéis que darle todo: el corazón, la voluntad, la vida.

Daros a él para obedecer todos sus requerimientos.

Cristo sea vuestra fuerza, vuestra justicia, vuestra eterna ayuda.

Que os dé poder para obedecerle.

Conságrate a Dios todas las mañanas; haz de esto tu primer trabajo.

Sea tu oración: "Tómame ¡oh Señor! como enteramente tuyo.

Pongo todos mis planes a tus pies.

Úsame hoy, Señor, en tu servicio.

Mora, Señor, conmigo y sea toda mi obra hecha en ti.

Somete todos tus planes a Él, para que Él lo oriente según su Providencia.

Sea puesta mi vida en las manos de Dios.

Y sea cada vez más semejante a la de Cristo.

Necesitamos velar, luchar, orar, para que ninguna cosa pueda inducirnos a elegir otro maestro.

Tengamos los ojos fijos en Cristo, y él nos preservará.

Confiando en Jesús estamos seguros.

Nada puede arrebatarnos de su mano.

Mirándolo constantemente, "somos transformados en la misma semejanza, de gloria en gloria. (2 Corintios 3: 18.)

De día en día era su corazón atraído hacia Cristo, hasta que se olvidó de sí mismo.

El poder del amor de Cristo transformó su carácter.

Cuando Cristo habita en el corazón, la naturaleza entera se transforma.

Cristo y su amor, ablandan el corazón, someten el alma y elevan los pensamientos a Dios.

Su condición de Hijo de Dios es fuente de donde emana el valor divino de todos sus actos.

«Fue entregado a la muerte a causa de nuestros pecados y ha resucitado para nuestra santificación» (Rm. 4,25)

Señor, creo en Ti, mas aumenta mi fe; eres mi única esperanza.

Te amo sobre todas las cosas, pero acrecienta mi amor, para solo busque tu voluntad...»

Por el sacramento de la Eucaristía, es como principalmente se intensifica ese amor.

El amor es un peso que arrastra al alma hacia una mayor generosidad y fidelidad de Dios.

Se ama, si no la cruz misma, al menos la mano de Jesús.

Según sea nuestra fe y nuestro amor, así serán las gracias de la Eucaristía.

Nuestra disposición de ánimo debe ser abandonar todas las cosas en las manos de Dios.

La vida del alma, la santidad sobrenatural, consiste en esa unión con Cristo.

Cristo es alimento de nuestra inteligencia al comunicarnos toda verdad.

Debemos permanecer en su amor, acatando reverentes su santísima voluntad.

«Si guardáis mis preceptos, permaneceréis en mi amor",

Con Cristo Jesús, saldremos vencedores del poder de las tinieblas.

Dirijamos, pues, a Dios toda nuestra vida;

La caridad de Dios que poseemos con la gracia debe ser el motor de toda nuestra actividad.

Iluminación especial de la inteligencia y voluntad para resistir la tentación o realizar una obra difícil.

Vivir esa variedad armoniosa que hace a Dios «admirable en sus santos» (Sal 67,36).

Catecismo: 27 El deseo de Dios está inscrito en el corazón del hombre, porque el hombre ha sido creado por Dios y para Dios;

Y Dios no cesa de atraer hacia sí al hombre.

Y sólo en Dios encontrará el hombre la verdad y la dicha que no cesa de buscar:

La razón más alta de la dignidad humana consiste en la vocación a la comunión con Dios.

Cristo está siempre vivo, siempre activo; une nuestros miembros a los suyos;

Cristo purifica, eleva, santifica, transforma en cierto modo nuestras facultades. Amamos a Dios con el corazón de Cristo, le alabamos con sus labios.

Nuestra vida es su vida.

La presencia divina de Jesús impregna todo nuestro ser, cuerpo y alma con todas sus potencias.

Dilatemos nuestros corazones por medio del deseo y de la confianza.

Cristo mismo es nuestra acción de gracias, nuestra Eucaristía;

Él es quien suple todas nuestras flaquezas, y todas nuestras miserias.

¡Qué ilimitada confianza despierta en nosotros la presencia de Cristo!

El nacimiento de la cabeza es a la vez el de su cuerpo místico.

Todo hombre, por este misterio puede disfrutar de un nuevo nacimiento en Cristo.

«Acompañemos, mientras aquí vivamos, a Cristo por medio de la fe y del amor».

El don de temor nos llena de reverencia ante su divino acatamiento;

El don de piedad hace compatible con esa reverencia la ternura propia de un hijo hacia su padre;

El don de ciencia presenta al alma con nueva luz las verdades de orden natural.

Los dones del Espíritu Santo son disposiciones muy reales: prestarles mucha atención.

Por ellos el Espíritu Santo, que mora en el alma del bautizado le guía en sus relaciones con el Padre.:

«El Espíritu Santo fortalece nuestra flaqueza...

El mismo ruega por nosotros con gemidos inenarrables». (Rm 8,26)
Para escuchar a Dios, vivir penetrados por la fe, reverencia, humildad, confianza, y amor generoso.
La adoración es la actitud que cuadra mejor al alma delante de su Dios.
«El Padre gusta de aquellos que le adoran en espíritu y en verdad».

Si bien llegamos a ser hijos de Dios, no dejamos por eso de ser criaturas suyas.
«El acto por el cual amamos a Dios es específicamente el mismo que el acto por el cual amamos al prójimo». Santo Tomás
Porque siendo Dios la hermosura y la bondad misma, el agradecimiento nos impele a amarle;
Del dolor se sirve Dios muchas veces en la vida espiritual para acrecentar nuestro amor,
En esos trances tiene el alma que hacerse mayor fuerza, y ésa es una señal de la firmeza de su caridad.
Dejémonos penetrar íntimamente por la acción divina.
Con su acción, la gracia de Dios obra libremente en nosotros, y nos hace «llegar a la plenitud de la edad de Cristo».
¡Oh Cristo Jesús, ven y vive en tus siervos, con tu espíritu de santidad,
Ven con la plenitud de tu poder, con la realidad de tus virtudes,
Ven con la perfección de tus caminos, con la comunicación de tus misterios,
    Cristo Dios es la Patria adonde nos dirigimos.
    Cristo Hombre es el camino por el que nos salvamos.
    (San Agustín. Sermón   123, c.3)


# 4.- De Tissot, Job, Benito Baur y Finkler

### I Tissot

**El fin.**
La vida interior: que no sea un edificio sin cimientos, porque pronto se caerá.
Podemos si no nos vigilamos caer en la incoherencia de pensar de una manera y vivir de modo distinto.
Es frecuente en nuestra vida interior que haya división.
Sin darnos cuenta pensar de manera muy distinta al obrar.
Hemos de formar bien nuestra cabeza.
La razón, la fe, la espiritualidad.

Hemos de trabajar en la vida interior: que no sea un edificio sin cimientos, pronto caería.
En la planta, tres elementos necesarios: raíz, tallo y flor.
En mi vida: la raíz, la razón; el tallo, la fe; las hojas y flor, la espiritualidad.
Podemos caer en la incoherencia de pensar de una manera y vivir de modo distinto.

Es frecuente en nuestra vida interior que haya división y pensar de manera muy distinta al obrar.

Hemos de formar bien nuestra cabeza; Tissot nos ayuda en su "Vida Interior".
Pensar en la finalidad de nuestra vida, el camino y los medios.
Hemos sido creados para Dios, dar gloria a Dios, para gozar de Dios por siempre.
Hemos de desarrollar la vida del cuerpo y la del alma.
Desarrollar mi ser hasta llegar a Dios.
No desmayar porque la vida del cuerpo se vaya desmoronando.
Mi ser se va construyendo en el caminar diario.
Entre Dios y yo y las criaturas hay unas relaciones necesarias.
Todo ha sido creado por Dios para Sí mismo. Es el fin de la creación.

**Él es el principio y el fin: es el Señor.**
La gloria de Dios es la única razón del ser de las cosas.
Dios me ha creado para su gloria; para Él: es nuestro fin.
Vivo algún tiempo en este mundo, para vivir por siempre con Dios.
En mi vida y en mi muerte debo alabar a Dios.
Dios es amor y todo lo ha creado necesariamente por amor a Sí mismo.
Dios ha querido unir mi felicidad a su honor y gloria.
La gran comunicación de Dios con el hombre es la Encarnación.
El resultado final, la Iglesia eterna.
Somos llamados a la dignidad de hijos de Dios.
La gloria divina es la esencia real de los seres.
Dios me ha elevado para hacerme partícipe de su propia felicidad.
Poco se predica de
Lo enteramente esencial es la gloria de Dios.
La satisfacción propia es dependiente de la gloria de Dios.
No puedo concebir, incluso en este mundo, mi satisfacción, sin la gloria de Dios.
Gloria de Dios, felicidad del hombre: dos páginas de la misma hoja.
La felicidad nace completa de la gloria de Dios.
Dios quiere ser la fuente de mi felicidad.
Mi uso de las criaturas ha de ser ordenado a la gloria de Dios.

La gloria de Dios es el fin esencial: mi felicidad, fin anejo.
Mi unió a Dios es el modo de glorificarlo.
Las criaturas son medios e instrumentos para procurar la gloria de Dios.
Seamos sensatos y utilicemos así las criaturas.
Me han de ayudar a realizar mi vida según Dios.
Toda criatura implica gloria a Dios y paz a los hombres.
Los placeres de la vida han de servir para estímulo de cumplir la voluntad de Dios.
El placer es como la gota de aceite para la máquina.
El placer es tanto más intenso cuanto el deber más importante.
El placer es un instrumental, no un fin en sí.

Vivir para gozar del placer es trastornar el plan divino.

La satisfacción personal es para cumplir mejor el deber.
En lo humano: 1) vida física; 2) vida de espíritu, moral e intelectual.
Necesaria la salud y el intelecto; más aún, los conocimientos y la virtud.
La utilidad divina, lo primero;  después, la nuestra.
Desarrollar todo lo nuestro para la gloria de Dios.
Todo debe elevarme hacia Dios.
Primero la gloria de Dios; después mi satisfacción.
"Buscad primero el Reino de Dios y su justicia y todo lo demás se os dará por añadidura".
Yo, para Dios; yo soy de Dios.
Ver una a una las siete peticiones del Padre Nuestro.
1ª petición.  Santificado... es el fin de todo; la gloria de Dios.
2ª petición. Venga a nosotros... nuestra satisfacción y fin personal; el Reino.
Ç
3ª petición. Hágase tu voluntad... El camino es la voluntad de Dios.
4ª petición. El pan nuestro... Los medios para seguir: los del cuerpo y del alma.
5ª, 6ª y 7ª petición. Vencer los obstáculos: perdón del pecado.  Peligros: la tentación. Y  el mal en general.

**La organización:**
Construir la unidad de nuestro ser.
Y para obrar es preciso: conocer, querer y hacer.
Conocer a Dios y lo que sirve para la gloria de Dios.
Las criaturas son medios para la gloria de Dios.

**Mis obligaciones:**
Ver a Dios en todo, y todo según Dios.
Permanecer en la verdad.
Cuando veo  las criaturas en Dios, veo la verdad.
Mi corazón ante todo hacia el amor de Dios y a mis semejantes.
Mi voluntad: estimar, apreciar la gloria de Dios y derivar hacia el bien.
Expresado todo en verdadera caridad total.
Dios amado en sí mismo y en las criaturas.
Y por Dios, amar a mis semejantes y toda la obra de Dios.
"Todo es vuestro, vosotros de Cristo y Cristo de Dios".
Y llegamos así a la mayor libertad.
¡Mi piedad auténtica: ver,  buscar, amar a Dios!
Conocer, servir y amar a Dios, y al prójimo por Dios.
"Haciendo la verdad en la caridad y así crezcamos en todas las cosas en Cristo Jesús2. (Ef. 4,15)
"La caridad centro de la piedad y vínculo de la perfección".
La fe que obra por la caridad. (Gal. 5,6)
"No amemos de palabra ni de lengua, sino de obra y de verdad". (I Jn. 3,8)
Amar es el centro punto central de mi vida.

Amarás con todo tu ser; y cuando Dios dice todo, es todo.
Amarás con toda tu mente = conocimiento.
Amarás con todo tu corazón = amar.
Amarás con toda tu alma y fuerza = acción y libertad.
Si me falta algo de esto, piedad truncada.
Mi piedad ha de ser un hábito, una forma de vid.
Y la devoción, guardar los mandamientos con prontitud y gusto. (Sales)
Luchar contra pereza y rutina.
Dilata, Señor, y corazón para correr gozoso.
Gozo de ir por este camino: conocimiento, amor y servicio.
La caridad, vínculo de toda perfección. (Cor. 13)
Todo tiene para Dios un valor inmenso.
La piedad no es cuestión de gustos y sentimientos, sino de entrega.
Gran utilidad para avanzar, la imaginación, el sentimiento y el afecto.

Los sentimientos y afectos dan aliento e ilusión grande.
Pero si se pierden, no desanimarse.
Glorificar a Dios = dedicar mis recursos a conocerle, amarle y servirle.
He recibido cinco talentos; devolverlos junto con lo producido.
Dios es glorificado en la eternidad de sus Personas.
Yo me uno a esta gloria intrínseca.
Unir mi piedad siempre al conocimiento, servicio y amor de Dios.

Crezcamos en Jesucristo por medio de todo, haciendo la verdad en la caridad.
Haced que viva, porque la vida es la que os glorifica.
Vivir para Dios, la noble ambición de las almas.
Dios nos asocia a su poder de dar vida: física, moral, sobrenatural.
Entender la vida para su gloria.
¡Qué unión entre el dar y el recibir aquí!

Nuestras vidas se compenetran.
Comunicar mi crecimiento de vida... también con la oración.
Vivir con Dios, y hacer vivir para Dios.
Amarme en Dios, amar al prójimo en Dios.
Que yo crezca, para ayudar a otros a crecer.

**El desorden.**
El desorden espiritual nos hace viajar, pero en dirección contraria.
Si me apodero para mí de las criaturas, desorden.
Si me detengo en las criaturas, sin elevarme, desorden.
Si busco solo el placer por el placer, desorden.
El placer, sí, gozarlo: es para dar fuerza al alma: como la gota de aceite en la máquina.
Si descanso en las criaturas sólo por placer, desorden.
Al apegarme a las cosas fuera de Dios, robo a Dios una parte de su vida.

Nace de aquí el interés propio, el amor propio.

Dios quiere es sacrificio de alabanza completo.

Dios quiere mi unión total: no tolera que me detenga en las cosas creadas.

El mal no está en mi satisfacción sino en el modo; porque ha de ser buscando su gloria.

Lo que en mí va contra la gloria de Dios es perversión.

El pecado es el único mal que se opone al único bien.

Toda criatura a la que amo exclusivamente para mí es vanidad.

Lo que es para mí una necesidad final es esclavitud.

¿Cuál es el origen de mis tristezas e inquietudes? Que busco mi placer.

Si el orden hacia Dios es la vida, el desorden es la muerte.

Purificar mi alma; siempre el respeto al plan de Dios. Ex toto.

Purificar el alma de toda división o reparto.

Ver las etapas de purificación: purgativa, lucha contra el pecado.

Iluminativa y unitiva: avanzar hacia la perfección.

Fuga del pecado, primer estadio para el retorno a la vida.

Retornar al amor a Dios con penitencia del pecado.

El placer ocupe su puesto, para ayuda a cumplir el plan de Dios.

Hacer los sacrificios necesarios para evitar el pecado grave.

El pecado no debe tomar asiento en mi corazón.

## El crecimiento.

Dominar mi espíritu de manera que me domine ni siquiera el pecado venial.

Dominar el placer de manera que ni siquiera caigamos en la imperfección.

Ir dominando nuestra naturaleza corrompida hasta enderezarla.

La imperfección es cierta dominación de lo humano sobre lo divino.

La imperfección es la transgresión de un consejo que no obliga bajo pecado.

Es preciso examinarnos en la cuestión de caprichos, inclinaciones, manías, apreciaciones terrenas.

También es imperfección la transgresión no culpable de preceptos por olvido u otras causas.

Nuestra flaqueza humana es causa de muchas imperfecciones.

A veces se vive en estado de imperfección y en un desorden continuo. Peligro.

Usar con preferencia las cosas para el bien propio, también imperfección.

Lo mismo detenerse en sí mismo olvidando a Dios.

Nuestras malas inclinaciones contrarias al puro amor.


## La perfección.

Ante todo corregir el desorden y establecer el orden.

Que el conocimiento, servicio y amor a Dios sea lo primero. Ex toto.

¡Cuidado!, porque muchos quieren fabricar una perfección a su gusto.

La perfección se consigue cuando con facilidad se conoce, sirve y ama a Dios y al prójimo.

Estar dispuestos al mayor sacrificio para cumplir la voluntad de Dios.

La perfección no está en el sacrificio, pero el sacrificio es necesario para la perfección.

Error buscar el sacrificio por sí mismo o aumentarlo creyendo que ahí está la perfección.

Hacer los sacrificios necesarios para cumplir o ayudarnos a cumplir la voluntad de Dios.

Quitar el miedo al sacrificio necesario para la perfección.

¿En qué estado me encuentro? ¿Cuál es mi móvil ante el sacrificio?

Buscar la utilidad divina antes que la humana que ha de subordinarse.

El interés de Dios y el mío no son incompatibles.

No busco el consuelo: lo acepto gozoso.

¡Pero, cuánto busco mi satisfacción, mi egoísmo, e ignoro la gloria de Dios!

Pedir que Dios sea glorificado y alegrarme de que lo sea.

El mal está en juzgar las cosas desde mi punto egoísta o de mi placer.

No ver el mal es la gran desgracia: ser ciego del alma.

### Enderezamiento

Miraré si he de rectificar las ideas sobre mí mismo, las criaturas y el uso que de ellas hago.

Formar criterio de las ideas de gloria de Dios, uso de las criaturas, mi fin...

Reiterar todas las mañanas mis determinaciones sobre esto.

Formar hábito de servir, amar, dar gloria a Dios, por encima de todo.

### Las cumbres. Vida mística.

Sobre la perfección ordinaria está la santidad.

Elegir las criaturas más útiles para la santidad.

Preocupación mayor por la gloria de Dios y el olvido de mí mismo.

Inclinarse por la indiferencia sobre afecciones propias: salud, enfermedad, riqueza, pobreza...

El cuerpo no perece, es transformado, dominado, aceptado.

Olvido de sí mismo; morir poco a poco al apego, satisfacciones...

El sol de Dios brilla para iluminar los objetos grandes y pequeños.

Recordar el tercer grado de humildad: elegir en caso de igualdad lo más costoso.

Anonadarnos a nosotros mismos para vivir del todo en Dios.

### Purgatorio.

Purificación total del ser humano antes de entrar en el Cielo. (Sales)

El purgatorio nos conduce al grado de pureza absoluto.

Unidad de mis ideas, aspiraciones, esfuerzos y vida... para nuestro fin.

El fruto de la unidad es la fuerza.

Voluntad, pasiones, fuerzas concentradas.

Deposito en Dios mi unidad y mi fortaleza.

El ansia de amar y servir a Dios domina mi unidad.

### La paz y la libertad.

Cuando Dios llegue a ser en nosotros lo único necesario, será el único Señor.

Me voy emancipando de toda servidumbre.

No me importan las criaturas, el sacrificio ni la propia felicidad.

Soy libre de todo esto y descanso en Dios que es la paz.

Igualdad de ánimo en las cosas agradables y desagradables.

La paz es la última palabra de la felicidad.

Realizad la unidad en vosotros; amad y buscad a Dios.

Aquí está como el centro de la circunferencia

Permaneced en el centro, y vuestra ocupación será santificante.

Contra un alma centrada en Dios, nada puede el mundo entero.

"Mis ganancias son pérdidas al poner mis ojos en Cristo."

## 2ª parte de Tissot, el Camino. La voluntad de Dios.

La voluntad de Dios es el camino hacia la entrada en el Reino de Dios.

Dos entradas: o bien entro en el Reino de Dios, o bien viene a mí.

Entraré en él para alabar a Dios.

Y dice Jesús: "El Reino de Dios, en medio de vosotros está."

La voluntad de Dios manifestada es el decálogo y el cumplimiento del deber.

La voluntad de beneplácito: todo movimiento o acción íntima de Dios en su Providencia.

Dios nos comunica su voluntad por su Palabra en las Sagradas Escrituras y por la voz de la Iglesia.

Dios nos manifiesta su voluntad por el decálogo y el cumplimiento de nuestro deber.

Dios nos manifiesta su voluntad por los consejos evangélicos.

Dios nos manifiesta su voluntad por la voz de la conciencia y de la Iglesia.

Hemos de poner nuestra acción en la ejecución del deseo de Dios.

Conocer nuestro fin y nuestro camino para abrazarlo. ¡Gloria de Dios!

Alejarnos de las vanas ilusiones de nuestro interés personal.

Seguir el espíritu de los mandamientos: huir del fariseísmo.

Amar del deber: el yugo del amor divino.

Saber hallar la sustancia divina bajo los accidentes humanos.

Cumplir a voluntad de Dios tanto en lo grande como en lo pequeño.

La vocación es la forma de vida que Dios quiere para cada uno de nosotros.

Trabajar por despojarse de sí mismo para más amar.

## El espíritu de piedad.
La voluntad de beneplácito de Dios es acoger las circunstancias como permitidas por Él para nuestra santidad.

Ir a Dios, acogerlo, unirnos a él, para cumplir su voluntad y hallar la bienaventuranza.

En los brazos de Dios voy dando mis pequeños pasos.

Dios nos tiende la mano cuando nos hace andar por los caminos de la vida.

Dios tiene cuidado en su Providencia de cada uno de nosotros.

Me sigue en todos los detalles de mi vida para conducirme.

Nuestro mayor progreso cuando nos dejamos llevar por Él.

"Todo contribuye al bien de los que aman a Dios".

Dios obra constantemente en nosotros por medio de las causas segundas.

En todo esto consiste la voluntad de Dios de beneplácito.

Hemos de reconocer, acoger y recibir su acción.

La idea de Dios: realizar en mi ser la caridad, el amor.

Su deseo: colocar en nuestra vida la piedra que conviene en aquel momento.

Dios contacta en nuestras almas por medio del consuelo y de la prueba.

Ponernos en sus manos. El objetivo, desprendernos de lo criado y elevarnos a Él.

Dios nos prueba a fin de desprendernos de nuestros apegos y caprichos.

Dios me consuela para animarme en el caminar hacia mi fin.

Dios combina en el caminar nuestro el placer con la prueba.

No me envía el consuelo para entretenerme puerilmente sino para avanzar.

No obra el Señor como verdugo ni como niño, sino como Padre.

Seguir su plan: tomar ánimo y purificarme; todo con agradecimiento.

La aguja se introduce en la tela para para hacer pasar el hilo. Aplica.

Después de nuestra conversión el Señor suele utilizar grandes consuelos para ayudarnos.

Después desaparecen para que no nos apeguemos al consuelo: servirle por ser quien Es.

Nos envía el Señor luces para conquistar nuestra inteligencia.

Se apagan las luces y llegan las tinieblas para despojarnos. Confianza.

Nos envía el Señor celo para su gloria, para la salvación de las almas.

Facilidad para obrar la virtud. Pero con frecuencia nos deja solos.

Nos desanimarnos ante la prueba, la sequedad ni la dificultad: la abundancia de consuelo nos haría daño.

**Piedad pasiva.**

Dejar el camino libre y abierto a Dios y acoger su voluntad de beneplácito.

Aceptar, dejar hacer, acoger: piedad pasiva.

Mi espíritu reconoce; mi corazón acoge; mis sentidos soportan.

Aceptar el consuelo y las pruebas como operación divina.

Mantenerse tranquilo sin agitación.

Al alma que se entrega a Dios la invade, penetra y anima.

Y descansamos con Dios en paz aceptando.

Vivimos en estado de espera, de suave alerta al momento de Dios.

Con indiferencia, atención, calma y energía.

Aprender a escuchar a Dios, esperar con atención y calma, sin interrogarle.

De tiempo en tiempo, acto de aceptación.

Cuando es necesario, Dios nos muestra algunas particularidades.

Sin curiosidad por fiscalizar la acción de Dios; confianza.

Dificultad de aceptar el consuelo, por el apego que suele darse. Sí aceptarlo.

El hábito del placer crea en el alma temperamento muelle.

Nada pedir, nada rehusar.

**Gracias**.
Aceptar el sacrificio con agradecimiento, con un ¡gracias!
Dios mío, cuando se presente la prueba, gracias.
De la brecha profunda salta una fuente de gozo, paz y serenidad.
Otro resultado del "gracias" es hacer al alma invulnerable al dolor.
Contemplar  las cosas desde el aspecto que más nos disgusta y aceptarlo.
Descansar en la voluntad de Dios que me prueba y me sorprende tranquilo.
Si me mantengo firme ante la prueba y con paz, nada puede alterarme.
Paladear el acíbar; mirarlo de frente hasta que no me cause impresión.
Evitar la alarma de la imaginación con sufrimientos raros.
"¿Quién podrá separarme del amor de Cristo?

**Concurso de las dos voluntades**.
Unión del movimiento humano con el movimiento divino.
Dios obra en nosotros por su voluntad de beneplácito el querer y el ejecutar.
Sea tu acción, concurrente con la de Dios.
Mi parte de acción es la piedad activa.
La correspondencia a la acción de Dios es la piedad pasiva.
"Nadie puede venir a mí, si el Padre no lo atrae".
Electrizado por Dios soy levantado al cumplimiento del deber.
Si a la prueba contesto con un "gracias" cordial, nos inunda y arrastra la luz de Dios.
Verdadero desposorio entre nuestra voluntad y la de Dios.
Este desposorio no es perfecto, se renueva y avanza.
El desposorio humano, dos en una sola carne.
El desposorio místico, dos en un mismo espíritu.
"Si Dios no edifica la casa, en vano lo hacen los albañiles" S. 126
Sería vanidad levantarnos antes del amanecer... Antes de una acción sentaos para aceptar.
No os angustiéis; no os apresuréis tanto: que Dios da su voluntad.
"Levantaos después de que estar en reposo": primero aceptar, después obrar.
Ni puro naturalismo, ni puro quietismo: cristianismo.
El naturalismo tiende a suprimir la gloria de Dios; el quietismo,  a suprimir la acción del hombre:
El cristianismo, une gloria de Dios y correspondencia del hombre.
La aceptación, el "gracias",  la gran llave que abre el camino de la piedad.
La acción de Dios en necesaria, permanente, eterna.
La acción del hombre: pasajera y caduca, pero hay que unirla a la de Dios.
Dejarnos dirigir por la operación divina.
En la piedad activa está el cumplimiento de los mandamientos y de los deberes propios.
Dentro de los deberes, el principal: el amor al prójimo, derivado del amor a Dios.
Las vías místicas extraordinarias no pueden ir en contra o al margen de la voluntad manifestada.

Mirando hacia atrás, vemos la extensibilidad de las resoluciones humanas al margen de Dios.

¿Por qué estar tan preocupado de mí mismo y tan poco de Él?

¿Por qué tanto afán en agitarse y tan poco cuidado en corresponder?

Lo que Dios me envía está puesto a la medida de mi alma y de mis posibilidades.

Dios sabe muy bien lo que nos es necesario. ¡Yo, qué poco!

Se cumple bien la voluntad manifestada cuando somos conducidos por la voluntad de beneplácito.

Vivir abierto a la voluntad de Dios y mantenerme apoyado en él.

No inquietarnos por el presente ni por el porvenir, buscando solo la luz de Dios.

Aceptar el castigo al amor propio y a otras cosas que suceden al desorden.

Agradecimiento por la humillación y arrepentirse de la falta.

Detestar el pecado y reponer a Dios por él.

Gracias, Señor, en el gozo y en el dolor.

## Mortificación

Para ir creciendo son necesarias la mortificación, la abnegación y práctica de la humildad.

Si no hacemos lo que debemos, pagamos lo que debemos.

Y Dios obra con nosotros en misericordia y amor.

La gran misericordia de Dios con nosotros se da con la redención.

Unirnos a Cristo Redentor: cumplimos en nuestra carne lo que falta a la pasión de Cristo.

Para remediar e bienestar y vigor perdidos, es necesaria la mortificación.

Porque toda nuestra fuerza de acción ha de ser conservada para Dios.

Cuando nos dejamos dominar del halago del placer, perdemos nuestra libertad.

Un instinto profundo nos dice que la pena es instrumento de reparación y de expiación.

"Mortificad vuestros miembros que son terrestres". (Col. 3,5)

Dios se reserva el poder dirigirnos por el consuelo o la prueba.

La mortificación falsa hiere sin discernir, bajo el impulso del genio del mal.

La idea del sacrificio por sí mismo es diabólica; pero nada de lo divino degrada.

"Heriré y sanaré". (Deut. 32, 39) cuando el sacrificio es útil para la vida.

Muchas penitencias son fáciles: sobriedad en alimentos y vida, paciencia, ordenar...

Mantenerse a gran distancia del sensualismo, de la crueldad y del justicialismo.

Ordenar las pasiones, sencillez, aceptar contrariedades, humillaciones, enfermedad.

Querer la curación y poner remedios, con paz y mansedumbre.

Mortificación del deber cumplido.

Sacrificios para luchar contra el mal temperamento.

Aceptar con paz la muerte: aunque sepas que es camino del Cielo, repele a la naturaleza.

Agilizarse con pequeñas penitencias voluntarias y dar las "gracias" por las que vienen sin buscarlas.

Santa locura de la cruz, manantial de reparación.

Ser pararrayos de la justicia divina.

El mal está en adherirnos a fines distintos de los que llevan a Dios.

Prácticas de abnegación para apartar el mal, el afecto fuera del fin, de nuestro corazón.

No consiste todo en desasirnos, romper lazos: ir contra lo malo.

Un segundo fin de la abnegación consiste en desarrollar la energía moral.

Olvidar comodidades y victoria de caprichos para formar el carácter cristiano.

Conviene formar un reglamento personal sobrio, ajustado y práctico, acomodado a nuestras situaciones.

Abundan en la vida los ejercicios de abnegación: soportar los defectos ajenos, sacrificarse por otros...

Aceptar las propias miserias, las contrariedades y adversidades.

**La humildad.**

La humildad corrige el defecto de mirase siempre a sí mismo.

La humildad me hace reconocer la nada que soy.

La humildad es sincera: tiene horror a las excusas, hipocresías y mentiras.

Conoce los talentos recibidos y sabe atribuir sus frutos al autor de ellos.

Quien niega los dones y cualidades recibidos no es humilde.

"Así luzcan vuestras obras de tal manera que Dios se glorificado".

Todo para Dios, nada para mí; todo para su gloria.

Y mi reputación buena sea para honra de Dios.

A medida que nos miramos menos a nosotros mismos, somos más aptos para ver a Dios.

"Nada para mí, nada según mi yo". Todo para Dios, todo según Dios.

La humildad es nuestra única grandeza.

La humildad dilata nuestro pobre corazón humano y lo hace capaz de los dones de Dios.

María, la más grande de las criaturas, la más humilde.

Recibir todo de Dios, nada de sí mismo; y referirlo todo a él, sin quedarse con nada.

Humildad, santidad, unidad. Nuestra voluntad se va conformando a la suya.

"Vivo yo; ya no yo: vive en mí Cristo". (Gal. 2,20)

Este camino de justicia va creciendo como la luz del sol mañanera.

**Los ejercicios de piedad.** P.431...

En los ejercicios de piedad hemos de procurar unidad y vida.

Los ejercicios de piedad han de ayudarnos a despojarnos de lo "humano" y revestirnos de lo divino.

Son aliento del alma y luz en cuanto dan testimonio de la Luz.

Son medios, no fin en sí; en ellos no está la piedad.

Nuestra disposición interior es el hambre de Dios, la necesidad de Dios.
Nuestros ejercicios servirán para despertar, saciar, ampliar el hambre de
Dios.
La palabra de Dios y la lectura espiritual servirán de buenísimo ejercicio de
piedad.
Huir del fariseísmo en la práctica de los ejercicios de piedad.
Hacer un ramillete de ejercicios de piedad que se acomoden a mi manera de
ser.
Por supuesto siempre entrarán los ejercicios de piedad obligatorios.
Elegir los más apropiados a nuestro estado, nuestra vida y manera de ser.
No aislarlos del conjunto de la vida como si fueran compartimientos estancos.
Han de ayudarnos para vivir en contacto con Dios durante el día, hacia una
oración continua.
La meditación, la oración personal, visita al Santísimo Sacramento, han de
influir en todo.
Nada de costumbres rutinarias ni aislamiento en los ejercicios de piedad.
Nuestra oración sea viva, no formalista.
El aislamiento mantiene las distracciones y el pensar solo en nosotros y en
nuestras cosas.
Durante el día vivir centrado en Dios, y la oración será más fácil: lo uno
influye en lo otro.
Trabajamos con Dios, así como oramos o le amamos.
Esperar de Él la dirección de nuestro trabajo.
En nuestras ocupaciones mirarle como en la oración y en la oración hablarle
de nuestras ocupaciones.
Buscar en nuestros ejercicios la miel de la vida devota. (Sales)
Buscar cómo elaborar la miel de la gloria divina.
Sinceridad para abrir en nosotros las vías de la gracia: ella fortificará nuestra
debilidad.

**El examen de conciencia**
Los ejercicios han de estar unidos y puede centra su unidad el examen de
conciencia.
Que yo vea dónde estoy, adónde me dirijo, qué dirección llevo.
Mirar, sí, los mandamientos, los propios deberes, los pecados capitales...
Penetrar en nuestro secreto interior: nuestras pasiones, afectos, dónde está
nuestro corazón.
Las cuerdas del corazón ajustarlas para lo más nuestro: la gloria de Dios.
Golpe de vista ¿dónde estoy? ¿Cuál es el estado de mi alma? ¿Qué
impresión domina mi corazón?
Fijarnos dónde esta nuestro corazón, con la alerta percepción simultánea.
Temores, censuras, alabanzas, ruidos de la última conversación.
Cobardías, comodidades, fracasos, tristezas, alegrías, paz...
Disipación, sensualidad, desaliento, rutina curiosidad, inquietud.
Zozobra, amor de Dios, celo, amor humildad.
¿Aceptación con generosidad? ¿Cómo voy?
Si me corrijo, si me enderezo, si pierdo el tiempo,

Poco a poco ir llegando ir llegando hacia detalles, hacia el fondo de la santidad.

Mirar nuestras disposiciones interiores siguiendo el trabajo de la gracia.

Mirar la disposición del corazón y analizar la situación concreta.

Enderezar nuestra conducta por la compunción constante.

Mirar en Dios su grandeza, su bondad, su amor y fomentar el arrepentimiento.

El alma se dilata en el amor al contemplar a Dios y la propia miseria.

El golpe de vista y una pronta resolución hacia Dios.

El examen general, particular y habitual de golpe de vista. Previsión por la mañana.

Desde el centro del alma observamos todo mejor: ¿En qué situación estoy respecto a Dios?

¿Estoy abierto o cerrado a la acción de Dios?

Fijar el examen particular a comienzo de año: observar los tres momentos diarios.

Enlazar estos exámenes con las confesiones.

El examen es también el ojo de los ejercicios de piedad.

Cualquier ejercicio de piedad comenzarlo siempre por la presencia de Dios.

Mantener durante el dia el recuerdo de Dios.

Si me pregunto ¿dónde está mi corazón?, busco a Dios y practico la alerta percepción.

Poco a poco se va apartando la atención de las cosas sensibles.

Todo el que desea adelantar debe examinar sus hábitos y sus intereses. (Sales)


**La gracia**.

Dios Infinito; nosotros limitados; no hay proporción; la gracia lo soluciona.

La gracia es como una emanación sobrenatural de Dios.

La gracia nos eleva y habilita para el contacto íntimo con Dios.

La gracia actual une nuestra acción a la de Dios.

La gracia es un movimiento sobrenatural; nos ayuda en el servicio de Dios.

La gracia es una luz y fuerza  sobrenaturales.

La gracia es como rayo de sol que hace crecer las plantas en el alma.

La gracia activa al alma impulsando a la persona a la acción.

La gracia santificante nos pone en un estado divino.

La gracia nos hace puros y semejantes a Dios.

La gracia es el don de la vida divina incompatible con el pecado mortal.

La gracia nos hace justos, da la vida de Dios y según Dios.

La gracia es la savia sobrenatural que nos alimenta y hace crecer.

El alma, excitada por la gracia actual, se engrandece en la gracia santificante.

Jesucristo Salvador es la fuente de la gracia santificante, fruto de su sangre divina.

Los canales de la gracia están abiertos constantemente.

Todo nuestro bien consiste en elevarnos hacia Dios: fruto de la gracia santificante.

Dios es nuestra fuerza, refugio y apoyo por la gracia santificante.
Nuestro fin: conocer, amar, servir a Dios: para ello, la gracia santificante.
Vivir eternamente felices, cara a cara a Dios: Nuestro espíritu
Por nosotros mismos, imposible concebir el Bien presente: nuestra
suficiencia viene de Dios. (2 Cor. 3,5)
Querer el bien de Dios, amar el bien de Dios: para ello, la gracia santificante.
"Nadie puede llegar a decir "Señor Jesús", si nos es por el Espíritu Santo" (1
Cor. 12,3)
"La caridad ha sido derramada en vuestros corazones por el Espíritu Santo
que se nos ha dado". (Rom. 5,5)
"Porque es Dios el que produce en vosotros así el querer como el obrar" (Fil.
2,13)
Mi cuerpo obra naturalmente por el alma; y el alma sobrenaturalmente por la
gracia.
Es una vida nueva la vida sobrenatural. Agradecimiento.
Soy tan incapaz por mí mismo de una obra sobrenatural como de mi propia
creación.

## Mi debilidad

¿De qué envanecerse? Esta vida nueva es dada por la Vid, de la cual somos
los sarmientos.
Si presumo de mí mismo, me separo del tronco.
Conocer mi debilidad: que sepa hasta qué punto cuento conmigo mismo;
¡para nada!
Ve mi pobreza en mis decisiones, en mi actividad, en mi voluntad.
Me agito mucho y no adelanto.
Mi fuerza consiste en conocer mi debilidad.
Pero "todo lo puedo en Aquel que me conforta" (Fil. 4,12)
No asombrarse de los propios fracasos y confiar en Dios.
La oración, la fuerza en la debilidad: salir de mí e ir a Él.
Sentir mi miseria y sentir su bondad.
Es necesario orar siempre y no desfallecer.
Sí, Dios mío: pediré, buscaré, llamaré.
Dios se hace de rogar porque quiere que yo esté cerca de Él para darme sus
dones.
Los sacramentos y la oración, fuentes de gracia.
Fe en Dios, fe en la gracia, fe en la fuerza de los santos.
La Virgen María de mi piedad, fuerza: "Yo soy la Madre del Amor hermoso".
Saludar con frecuencia y con cariño a la Virgen María: Ave María.
Oh María, volved hacia mí esos tus ojos misericordiosos.
Ella empleó bien los dones de Dios y puede enseñarnos.
María está en la intimidad divina, encumbrada sobre todas las criaturas:
Vuelve a nosotros tus ojos misericordiosos.
Pertenezco a la familia de Dios: Dios Padre; María, Madre.
Nos refugiamos bajo tu amparo, Santa Madre de Dios: no desprecies
nuestras súplicas.

Y de todos los peligros, líbranos siempre: oh Virgen gloriosa y bendita.
Hablar de Jesús, vivir para Jesús, en Jesús y por Jesús.
Jesús une lo divino y lo humano: que vivamos siempre unidos a Él.
Unidos con Cristo: Camino, Verdad y Vida.
Jesús es la Piedra Angular, la verdadera Vid, la Luz del mundo.

**Resumen**.
Gloria de Dios; fin de mi vida; gracias por todo; examen de golpe de vista.
¿Dónde está mi corazón?
Crecer por todos los medios en Vos y por Vos, mi fin y mi descanso.
Vivir el mandamiento Nuevo: amaos los unos a los otros...
Alabad al Señor en todo tiempo, y dirige, Señor, en tu presencia mis pasos.
Que permanezca toda mi vida en conformidad con la Providencia.
Que me regocije en vuestra gloria, dócil a la gracia, fiel a los medios de santificación.

## Algunas ideas de Tissot para profundizar más

La gloria de Dios es todo el fin de mi vida: ella es mi todo, ella es todo mi yo.
"Teme al Señor y guarda sus mandamientos; esto es todo el hombre." (Ecles. 12, 13).
No concibo mi satisfacción verdadera, aun en este mundo antes de la gloria de Dios ni sin ella.
Conceded a mi ser que se dilate de la gloria y de felicidad que le habéis dado.
Estoy obligado a aspirar a Él porque formalmente me manda que lo busque.
Y me manda que lo busque, ante todo, en primer lugar.
Ver a Dios en todo, ver todas las cosas según Dios y para Dios:
He aquí el deber absoluto de mi espíritu.
Es necesario que en todos mis pasos tenga a Dios presente ante mi espíritu.
Sea Él quien los dirija todos en la rectitud (Prov. 3, 6)
Santificado sea tu nombre:
La santificación del nombre de Dios. Pero esto, ¿qué otra cosa es sino su gloria?
La santificación del nombre de Dios es la gloria de Dios por sí mismo.
Es la alabanza que le es debida por todas las criaturas;
El bien primero, esencial, fundamental, lo único necesario.

El reinado de Dios, mi participación en los bienes de Dios son mi satisfacción final en este mundo y en el otro.
Lo que pido es entrar a participar de los bienes de Dios aquí abajo y allá arriba.
Mi alma necesita alimento que conserve sus fuerzas y su vida; esto es: el pan de cada día.
El pecado es el obstáculo que nos aparta del fin.
Mantenme, Señor, en tu gracia.
Dios es la verdad substancial y sus ideas son la verdad de las cosas.

Poseer la verdad es, pues, ver a Dios y la idea de Dios;
Ver a Dios en sí mismo y verle en las cosas.
Ver a Dios en sí mismo. Verle aquí abajo, en la luz velada de la fe.
Verle allá arriba, en los resplandores de la gloria;
Aplicar mi espíritu a su conocimiento.
Ver a Dios en las cosas.
Cuando en las criaturas veo a Dios y lo que conduce a Dios, veo la verdad.
Debo estimar, apreciar, amar, como mi único bien esencial, la gloria de Dios.
Mis preferencias deben ser según las criaturas me sirvan para glorificar a
Dios.

La caridad es, pues, Dios amado; amado en sí mismo y amado en todas las
cosas.
El amor es el deseo del bien, la voluntad del bien; y el bien es Dios.
Es el Bien soberano, principio de todo bien; la Bondad suprema, causa
primera de todo lo que es bueno.
Amar a Dios en sí mismo y por sí mismo, aplicar a su dilección las fuerzas de
mi voluntad.
Nutrir mi corazón con la sustancia de su amor.
La caridad se hace en mí en la medida en que mi corazón entra en el Amor
de Dios.
La caridad es, además, Dios amado en las criaturas.
La caridad me hace entrar en la plenitud de Dios y de todas las cosas.
Lo que constituye el fondo de las cosas, su esencia, es lo que en ellas
conduce a Dios.

La tierra tiene su plenitud en la posesión de Dios (Salmo 103, 24)
Debo, pues, buscar ante todo y en todo, la gloria de Dios;
Debo servir a Dios y servirme de todas las cosas para Dios.
Servir a Dios; esto es, dedicar y referir a su honor mis fuerzas de acción.
Servir a Dios, ofrecerle mi trabajo y mis ocupaciones.
En mí nada que no esté dedicado a su servicio.
Servirme de todas las cosas para Dios;
A este fin buscar, escoger y emplear las criaturas en tanto en cuanto me
ayuden a glorificarle.
Preferir lo que más contribuye a la gloria de Dios.
Relegar a segundo término lo que sea menos útil para este fin.
Apartar lo que sea un obstáculo...
Considerar, estimar y utilizar todas las cosas con la mira puesta en Dios, es
la piedad.
Tener en el espíritu la verdad, en el corazón la caridad, en la acción la
libertad, es la piedad.
La piedad es el conocimiento, el amor y el deseo de la gloria de Dios en todo.
La piedad es conocer, amar y servir sólo a Dios por Él mismo, y lo demás por
Dios.
Gloria de Dios en el conocimiento, amor y servicio de su Majestad;

Dormiré y descansaré en una paz inalterable,/ porque Vos, Dios mío, habéis asegurado mi confianza (Salmo 4, 10)
Referir a Él mi ser todo entero.

Que mi vida sea un verdadero, constante y completo crecimiento;
¡Que mi ser alcance la plena capacidad de alabanza a Dios!
Haced que viva, porque la vida es la que os glorifica (Is. 38, 19)
Puedo por medio de consejos, alientos y ejemplos, ejercer una influencia moral; ayúdame.
Con palabras, enseñanzas y escritos dilatar la vida de la verdad en las personas; ayúdame.
Con todo el movimiento de mi actividad atraer al bien, educar y santificar a otros. Ayúdame.
Vivir para Dios, hacer vivir para Dios, es amarme a mí mismo.
    Vivir para Dios es amar al prójimo y es también amar a Dios.
Estos tres amores se funden en un solo amor: en los tres siempre la gloria de Dios se procura.

¡Que Dios me haga la gracia de vivir y de hacer vivir para Él!
Toda responsabilidad debe efectuarse y cumplirse para honra de Dios.
Dios es quien traza a cada uno, al criarle, el programa de su vida.
Y Él debe ser, Él solo, el término de mi movimiento y de mi descanso.
Obligación esencial, absoluta, de referir todo a Dios.
Dios quiere el sacrificio de alabanza completo, universal, el holocausto perfecto (Is. 61, 8) [150].
Quiere mi unión a Él; y esta unión superior, suprema, sin ninguna adherencia.
Enderezamos nuestra salvación, mirando su gloria como a último fin.

Dios está realmente en su lugar, en la cumbre de mi vida.
Ni sé ni conozco otra perfección que amar a Dios de todo corazón.
Enderezar mis intenciones de tal suerte que vayan todas a Dios y a su gloria.
Pedir ante todo que Dios sea glorificado.
Y regocijarse sobre todo de que lo sea.
Crear en mí el gran hábito de ver, amar y buscar a Dios, lo primero y, ante todo.
Prontitud y la facilidad en ver, amar y escoger, aquello que procure la gloria de Dios.
Mis miradas son atraídas más arriba;
Estoy tan dispuesto al dolor como al gozo, al desprecio como al honor.
Estoy tan dispuesto a la privación como a la abundancia, a la muerte como a la vida.
Todas estas cosas, en sí mismas, me son iguales;
Una sola cosa me interesa, la mayor gloria de Dios.
Un inmenso deseo de la gloria de Dios: estos sentimientos deben ser su alimento diario.

Después, fidelidad sencilla y constante en las cosas pequeñas.
Elección generosa de lo más perfecto en las circunstancias de alguna importancia.
Él solo el objeto de mis preocupaciones.
Él solo el término de mi amor, Él solo el fin de mis esfuerzos.
Cuanto más yo desaparezco en Él, más quedo absorbida en su gloria.
"Bienaventurados", dice el alma, "los muertos que mueren en el Señor."

Pido al Señor espíritu de fe, amor de Dios, celo, y pureza de intención,
La conformidad con la voluntad de Dios, la humildad, la abnegación, la mortificación. Asimilarlo.
Realizad la unidad, ved a Dios, amad a Dios, buscad a Dios;
La gloria de Dios y la paz del hombre; como en Belén.
Mi mayor progreso se realiza cuando Dios me lleva en sus brazos.
La acción de su beneplácito es el principal instrumento de mi progreso.
Avanzo así con los grandes pasos de Dios:
Él me lleva muchísimo más que lo que yo ando.
¡Permaneced, permaneced en el centro de su Corazón!
Así vuestra vida cristiana tendrá el mismo efecto que vuestra oración.

No debo ver más que sólo a Dios, ante todo.
Amarle a Él sólo, buscarle y servirle a Él sólo, ante todo.
Dejarme llevar en los brazos de Dios.
Dejad el camino abierto a Dios, entregaos a Él.
Dios me toma, me lleva, me conduce, me traza el camino.
Él me sostiene, me da la fuerza y la vida.
Lo que su acción exige de mí es la quietud, como el niño que es llevado en brazos de su madre.
Al alma que se entrega a Dios, la invade, la penetra,
La anima con su soplo, la llena de su vida.
Al alma que se abre a Dios, Dios la conduce a los verdaderos actos de la santidad.

Actos de aceptación para restablecer en mi alma un poco la calma.
"Dios es", "el que obra en nosotros... no sólo el querer sino el ejecutar." (Filip. 2, 13)
¡Oh Maestro mío! ¡Concededme esta gracia de saber esperar y seguir vuestro movimiento!

Concededme esta gracia de saber permanecer en Vos a fin de obrar por Vos.
Dadme la sinceridad para corresponder a vuestra acción.
Dadme que viva de Vos, para Vos y en Vos.
Dadme la sincera y viva correspondencia de mi acción a vuestra acción.
Cumplir en mi carne lo que resta que padecer a Cristo (Col. 1, 24)
Expía y repara primero por aquellas personas que le más próximas.

Golpe de vista: en el acto veo mi interior.
Corrijo y enderezo si hay algo que corregir y enderezar,
Si todo va bien, me humillo y doy gracias a Dios.
Siempre elevar mi alma hasta el conocimiento, amor y servicio de Dios.
Pedir a Dios que traspase mis carnes con la aguja de su temor (Salmo 118)
¿Cuándo sabré dejar a la gracia que ponga la paz en mí, y me dé fuerzas?
Para salir de mí es necesario sentir mi miseria;
Para ir a Él es necesario sentir su bondad.
En Vos debo yo crecer y ser edificado para la eterna gloria del Padre.
En Vos debo consumarme en la unidad.
Para Vos, Padre, ante todo, y para Vos sólo, crezca en Jesucristo.
Que me regocije en la gloria de vuestro nombre. Amén. AMDG

## II Sobre Job

Hay que recuperar para nuestra oración el lamento, el quejido, la aflicción.
La queja no excluye la esperanza y puede llegar a expresar un amor intenso por la vida.
"Antes te conocía de oídas, ahora te han visto mis ojos"
Haz que agradecido a tu acogida sepa lanzarme a tu Reino con el fin de ganar almas para la salvación.
Mi esfuerzo suave varias veces al día por conseguir el amor de Dios, por ahí logro gran paz en mi alma.
Pido también gozarme en los bienes que posee el mismo Dios;
No mirar más que el bien de mi Amado.
Tú, Jesús, nos comunicas en el silencio la vida del Padre, ayúdame a hacer tu voluntad.

Hermanos míos, tened por sumo gozo cuando os halléis en diversas pruebas,
/ sabiendo que la prueba de vuestra fe produce paciencia. (Sant. 1,2-3)
¿No podremos mirar el sufrimiento como una misericordia de Dios hacia nosotros?
No podemos dejar de respirar, así tampoco dejar de pensar en Él, respirar por Él, aspirar a Él.
Por algo permite Dios que a sus verdaderos hijos les sobrevengan grandes tribulaciones.
Él respondió: cuando te parece estar más abandonada, entonces eres más amada de Dios.
Dios trae consigo al alma tal alegría que el alma no sabe pedir más.
Las pruebas de la humillación pueden llegar a hacer que digamos como Pablo: "Superabundo gaudio".
Yo me inmolaré con Jesús en la Misa y después queda Jesús en la Eucaristía como sacrificio permanente.
No quiero oro ni plata: aunque me dieras el mundo entero, nada quiero fuera de Ti.

"Sé bien a qué atenerme sobre el amor misericordioso de Dios", dice santa Teresita.

Si la enfermedad me abate y la sequedad me abruma, permaneceré en vuestra presencia.

Salga de sí el alma, quiera y espere en todas las cosas puramente a Dios.

Que esperemos siempre a Dios y si llega otra cosa, con Él.

Dirigirnos a Dios con amor, porque a Él le seguimos con amor e intención sobre todas las cosas.

Tendrá el hombre a Dios por blanco en todas las cosas para tenerle presente.

Proponga para sí a Dios como Salvador, Redentor y Creador.

Dirigirnos a este Dios con amor, porque a Él seguimos sobre todas las cosas.

Salga de sí el alma, quiera y espere en todas las cosas puramente a Dios.

Dios se da a Sí mismo por la gracia y así moramos en la unidad de nuestro espíritu en una paz divina.

Somos llevados a una devoción tan amante que deseamos ser fijados con clavos en la Cruz de Cristo.

Capaz de una fe nueva recibida como un regalo, como una gracia.

Mi muerte, el principio de una comunión perpetua y gozosa.

Unidos al Hijo de Dios vivo exhibir la imagen del mismo… de una paciencia llena de fortaleza.

La cruz de nuestro Jesús eche profundas raíces en el corazón.

Entonces dirás: "Ni sufrir ni morir, sino una perfecta conversión a la voluntad de Dios."

Jesús es la fuente de agua viva que apaga la sed de amor, justicia y libertad.

Sólo el poderoso de verdad puede ejercer plenamente la fuerza del amor.

Dame la felicidad de permanecer siempre en tu presencia.

Concédenos disfrutar de tu gran amor en la tierra.

Yo soy de Dios, oh dulce pensamiento que anega el alma en celestial amor.

El mismo Dios morar gustoso quiere en mi pobre y frío corazón.

Dux vitae mortuus, regnat vivus.  El dueño de la vida, muerto, reina vivo.

Permanecer a la escucha; así la oración se convierte en la respiración diaria. (Benedicto XVI, 16-5-12)

La oración aumenta en nosotros la necesidad de fiarnos y abandonarnos cada vez más en Él. (Benedicto)

Yo en Dios y Dios en mí.

Señor, enséñame a gozar de tu presencia en cada momento; estar sereno bajo tu mirada de amor.

Repetir muy despacio en oración, con paz: Dios en mí… yo en Dios… (Notar esta presencia en el alma)

Cuando sientes el peso agobiante de la cruz, da gracias al Padre porque te está vistiendo con vestido sobrenatural de la hermosura.

Mi alma no tendrá reposo hasta que se vea anegada en el mar de la Divinidad.

Que demos fruto en abundancia, no he de contentarme con una perfección a medias.

El orante habrá de aprender a "*esperar en desnudez y vacío la llegada de su Bien*" (San Juan de la Cruz).

Dios en mí, como el sol ilumina y entra por todas las ventanas.

Dios en mí, como el sol que calienta y ablanda la cera y endurece el barro, Dios actúa dentro de nuestras almas.

Dios en mí, como el sol que calienta al agua y la convierte en vapor.

Dios penetra íntimamente en el alma del justo. Somos templos vivos de Dios.

Job se refugia en el Dios que lo acusa. Job confía en el Dios que lo ha decepcionado y desesperado…

Job confiesa su esperanza y toma por defensor a aquel que lo somete a juicio.

Job se adentró a lo desconocido de Dios, a lo incierto.

En medio de su aflicción y dolor una secreta mano guiaba su camino.

Job se lanzó "a lo imposible, hacia un enigmático futuro. En ese esfuerzo encontró al Señor"

En su lucha con Dios sale cojeando, pero feliz.

Ante él se abre un mundo nuevo.

La presencia de Dios provoca un gozo incontenible, algo sucede en los entresijos del ser humano...

Del encuentro profundo con Dios siempre nace un envío, para el que iremos recibiendo suficientes ánimos.

Aceptar la pura gratuidad de Dios, que Dios es Dios, siempre libre. Vivir en la pura gratuidad del amor.

## III Benito Baur O.S.B

Dios nos ha destinado a huir de los placeres del mundo y a ser partícipes de la naturaleza divina.

Estamos destinados por Dios a convivir su vida divina.

Ver a Dios en todo.

Confiarse a Dios en todo.

Amar a Dios en todo.

Vivir para Dios: esta es nuestra verdadera dignidad.

El amor es el modo más perfecto de glorificar a Dios.

Somos perfectos en la manera en que amamos a Dios.

Se manifiesta el Señor en nosotros como Dios celoso que no tolera otros dioses.

El amor divino destruye en nosotros todo lo ajeno a su voluntad.

Nos viene la purificación por grandes humillaciones, malas interpretaciones…

El amor propio no debe encontrar ningún apoyo.

Vencer el amor propio es vencerlo todo.

Hay que ofrecerse a Cristo en nuestra mística interior.

Salir de misa convencidos de que nos hemos inmolado con Cristo.
Nuestra celebración eucarística dure todo el día.
Perfecta entrega en manos de Dios, a su adoración y a su servicio.
Fomento en el alma de acción, estado y disposición de amor a Dios.
Estamos en comunión vital, íntima con Dios.
Compartimos su feliz vida trinitaria.
El amor nos une con Dios.
El amor transforma nuestras facultades espirituales.

## IV  Finkler y Márquez

No apartar la vista de aquel que me sedujo y me llama a la perfección.
Finkler
Las personas sencillas tienen mayor facilidad para conocer a Dios tal como
es.
Dios atrae a las almas como la lámpara a las mariposas durante la noche.
Finkler
 Orar: abrirnos siempre a la sorpresa de un Dios siempre nuevo que nos
hace nacer otra vez.
Gedeón se inclina vencido, ante las señales de Dios.
Gedeón se postra en señal de adoración al Dios vivo.
Abandonarse en manos de Dios y aceptar en desnudo el viaje a la otra orilla.
Dejamos nuestra seguridad y nos fiamos de Él.
Aceptar, ser feliz de que nuestra vida le pertenezca...
De Él venimos y a Él vamos; confianza.
Partirse eucarísticamente con Él en el altar diario de la vida.

Orar no es conservar la vida es perderla.
Ir perdiendo el miedo a morir, porque "el amor es más fuerte que la muerte".
Hoy circulan formas de oración que tienen la triste virtud de adormecer,
evadir, descomprometer...
La oración nos despierta y nos hace lúcidos para mirar de frente la historia
real y poner la vida en juego.
Aprender a sonreír en todo momento, especialmente en la dificultad; la
alegría ahuyenta la melancolía y "danzar" descongestiona.
Simeón un hombre anciano, que no tiene miedo a morir, y la perspectiva de
la muerte es para él la paz.

Dios se hace niño: en la simplicidad y sencillez está el diálogo con Dios.
El hombre busca a Dios con lealtad y deseo sincero se hace más fácil la
unión
Más purificado el corazón del hombre de todas las cosas terrenas: más se
volverá un hombre espiritual para Dios.
Buscad a Dios en la meditación, en la oración, en la experiencia y no en el
estudio.

El esfuerzo ha de ser del corazón, que busca únicamente ver, admirar, contemplar, maravillarse...

El verdadero amante tiene un solo deseo: estar enteramente disponible al servicio del amado por encima de todas las cosas.

Sumergirnos en nuestra propia intimidad, delante de Dios y de lo que Dios es para nosotros.

Dios se manifiesta al alma en esa intimidad; con nuestra atención recorremos el mundo en busca de él.

Permanecer únicamente en actitud interna y externa de escucha, de espera..., El proceso de adentrarse en la intimidad más profunda de uno mismo consiste en un esfuerzo de recogimiento.

Recogerse es retirarse del mundo exterior, el cual percibimos con nuestros cinco sentidos.

Rezar, contemplar y vivenciar íntimamente la presencia de Dios en nuestra vida.

Gozar por anticipado la bienaventuranza del cielo en la tierra.

Aquel que ama a Jesús recibe de él más aún de lo que necesita para volver a recobrar la paz interior.

El tiempo mejor empleado es aquel que pasamos en la intimidad amorosa de Dios.

En la medida en que crecemos en el amor de Dios, ese mismo amor nos fortalece y nos anima a perseverar.

Convertirse a Dios todos los días; que tengan fe y perseveren en la búsqueda del gran tesoro.

Al cabo de algún tiempo buscan estrechar los lazos del amor que ya los atan fuertemente al Señor.

Al ocuparnos de los atributos de Dios, no perdamos de vista al propio Dios.

Elevar el corazón a Dios con el simple y amoroso deseo de estar con él y esperar.

Esperar con atención los sutiles movimientos amorosos de nuestra alma.

Controlar la mente y la imaginación para desear sólo a Dios, que nos ama y nos atrae misteriosamente.

Quien ama a Jesús recibe lo que necesita para volver a recobrar la paz interior.

Cultivar un estado permanente de sana alegría de vivir.

Para ello equilibrio de trabajo, descanso, ejercicio y oración. O sea, reglas de higiene humano espiritual.

El verdadero contemplativo es necesariamente una persona alegre, como todo aquel que ama.

Estar permanentemente alerta contra los ataques del demonio: intenta desviar al hombre del camino que lo lleva a Dios.

La sabiduría de la cruz hasta las últimas consecuencias. Vivir con Jesús en la cruz.

Si te sientes distraído, fija tu atención sobre el objeto de la distracción y toma conciencia de ella; después, seguir orando.

El discreto y amargo sentimiento de no ser humilde puede significar un buen comienzo de humildad.

A la curiosidad de saber si ya soy o si todavía no soy humilde corresponde generalmente una respuesta negativa.

La eventual convicción de que ya soy bastante humilde es casi siempre pura ilusión narcisista y tal vez presunción.

Preocuparse más de los otros que de sí mismo es expandirse, es crecer existencialmente.

Nuestro amor a Jesucristo nos exige que entre él y nosotros no exista absolutamente nada que estorbe.

El Señor es para nosotros mucho mejor de lo que es la mejor de las madres del mundo.

Lo que Dios nos pide es que nos dejemos amar por Él.

La mayor alegría de Dios -si es que podemos hablar así- es la de ocuparse de los hombres, sus hijos muy amados.

Abrirse a Dios que se manifiesta en este momento de la historia como liberación del pecado.

Dejar que Dios pronuncie su Nombre sobre nosotros.

Dejarse mirar por Él y acoger en esa mirada nuestro propio nombre, nuestra misión.

Zarza ardiente: siempre lo tenemos todo por descubrir, sólo cabe adorar, nunca querer dominar el misterio. (Moisés)

Las propias ruinas, lugar privilegiado de oración.

Entiéndase por ruinas la manera que tenemos de percibir nuestras crisis, nuestros fracasos, la enfermedad, el dolor...

Esas ruinas son una ocasión inigualable para que Dios reconstruya nuestra existencia hacia Él.

Puede el hombre encontrarse con Dios en pleno dolor, en la llaga que supura, en la incomprensión y el fracaso.

Orar en su enfermedad, en el torbellino de sus complejos, en su limitación.

Toda mi historia humana es, en gran medida, una carne llagada que Dios quiere curar.

El hundimiento de nuestras seguridades, ha sido un lugar excepcional de iluminación y fuente de conversión.

## V Ideas de Finkler

El genuino discípulo de Cristo contagia siempre su propia manera de ser y de manifestarse en todo cuanto dice o hace.

Funcionar como verdadero contemplativo: con toda nuestra potencialidad.

Orar y contemplar es más sublime que trabajar: es lo que comenzamos en la Tierra y continuaremos en la Eternidad.

Si somos amigos de Cristo hemos de sacar tiempo para encontrarnos muy a menudo con Él.

Procurar dedicar espacios a la oración sin hacer ninguna otra cosa: estar con Jesús.

Dios ocupa todos los espacios disponibles de nuestra persona.

Concentrar nuestra atención únicamente en Dios.

Amar la maravilla que descubrimos en vez de tratar de comprenderlo.

Entregarse a Jesucristo con un intenso deseo amoroso de estar con Él.

Dame paciencia para orar; quítame el ansia de tener prisa en la oración.

Preocuparnos de eliminar cualquier acto contrario a la voluntad de Dios.

Esforzarse en renunciar a cosas incluso buenas si no son necesarias para dedicarnos a Dios y al servicio de nuestros hermanos.

Con espíritu de oración dar valor a las obras de misericordia.

Para una oración eficaz: humildad, mucha humildad.

Nuestra pequeñez e insuficiencia nos lleva a confiar ciegamente en nuestro Creador y Padre.


La idea del inmenso amor de Dios por nosotros eclipsa el sentimiento de la propia pequeñez.

La oración contemplativa tiene un inmenso poder sobre el corazón de Cristo.

Amar las maravillas que descubrimos más que tratar de comprenderlas.

La bondad auténtica actúa siempre con manifiesta benevolencia.

Dice Jesús que, si no nos convertimos y nos hacemos como niños, no entraremos en el Reino de los Cielos.

El discreto sentimiento de no ser humilde puede significar un buen comienzo de humildad.

Grandes pecadores arrepentidos se han transformado en fervientes amantes del Señor.


Solo los verdaderos convertidos pueden transformarse en auténticos contemplativos.

La aceptación humilde de la maravillosa transcendencia de Dios ayuda a crecer en el dolor de los propios pecados.

Estar consciente de la constante presencia del Señor en nuestra vida y abrirnos por completo a ella.

El que lo ama vive constantemente en su presencia.

Aprender a orar es reaprender a ser simples y puros como en nuestra infancia.

La contemplación transforma a la persona con mucha mayor eficacia que la fuerza de la voluntad.

El Señor está muy presente en el alma del que se deja amar por él.

Deseo de querer ser únicamente suyo.

Intentando realizar el anhelo más íntimo de unión con el Otro crece en el enamoramiento.

Disfrutar de la constante alegría interior de ser del Señor, de estar siempre con él

Sentirse en sus manos, ir siempre acompañado por él.

## 5.- Eremitorios, Guardini y Varia (a) Clara de Asís, b) Eucaristía Lourdes, c) Hans Küng, d) Del salmo 21, e) Mario Arbeláez, d) Distintas personas).

### I De Eremitorios

El Amor tiene que reinar en el corazón para poder llegar a vencer al enemigo.

El alma ha de pertenecer totalmente al amor y ya no puede tratar más que con el amor.

"Me levanto a media noche para darte gracias por tus justos juicios" (Sal 118,62).

"De noche me acuerdo de tu nombre, ¡oh Yavé! (ib. 55).

"Deséate mi alma por la noche, y mi espíritu te busca dentro de mí" (Is. 26,9).

Estarme a vuestros pies y no deciros sino esto: os amo.

En ti todo el día espero a causa de tu bondad, Yavé.

Acuérdate de tu ternura, Yahvé, de tu amor, pues son eternos" (Sal 24, 5-6).

Él quiere que le ames como merece: por sí mismo, por su amabilidad trascendente.

Deberías amarlo, aunque nada te reportase, porque es el Bien sustancial.

Sé ante los hombres testigo de que es digno de ser amado.

Desconfiar del perdón es injuriar al corazón paternal de Dios.


La compunción se ha de iluminar siempre con las claridades de la gloria.

La compunción es la principal constante del espíritu eremítico,

Y se da con el sentimiento vivísimo de la trascendencia de Dios.

La verdadera compunción, lejos de agostar esa alegría, aviva su llama.

Mediante la fe en la misericordia divina y las certezas de la esperanza:

"Yo te alabo, Yavé; estabas irritado contra mí, pero se aplacó tu ira y me has consolado".

Es compunción del amor la que nace de esta unión.

"Soy Yo; Yavé es mi nombre, que no doy mi gloria a ningún otro" (Is. 42,8).


"Sed santos, porque Yo, Yavé, soy santo" (Lev 20, 26).

"Yo soy el primero y el último y no hay otro dios fuera de mí" (Is. 44,8).

Yo soy Yahvé... Yo soy Dios desde la eternidad y lo soy por siempre jamás" (Is. 43,11-12).

Has de mantener en ti el pesar de haber desagradado al Amor.

La perfección de Dios te irá desasiendo de cierta complacencia hedonista

Y te hará amar la soledad y el silencio donde sólo está El.


Te complacerás en recogerte en un silencio de la Vida y del Amor.

Preferirás callarte en su presencia, porque está por encima de toda alabanza.

El silencio es su alabanza.

No es que se entibie nuestra contrición, pero atempera su amargor en el alma amante.

La Majestad de Dios se muestra en la obra de la Creación (Is. 45,11-12).

El carácter filial del temor nos mantiene en el abismo de nuestra nada por debajo de nuestro Padre de los cielos.

"¡Ay de mí, perdido soy! Soy hombre de impuros labios" (Is.)

Has de mantener en ti el pesar de haber desagradado al Amor que se volcaba en ti.

Dios mismo con todo su esplendor es quien debe ocupar lo mejor de los pensamientos.

¡Su dicha será la tuya! ¡Saber que nada ni nadie puede añadir a la beatitud de Dios, ni turbarla nunca!

Al fuego purificador de unas pruebas los teólogos declaran equivalente a las del Purgatorio.

Su Santidad no le permite a Dios unir a Sí un alma cargada con la más pequeña deuda.

El perdón de Dios... todo tiene que ser lavado, reintegrado en la inocencia.

"Purificaré en la hornaza tus escorias y separaré el metal impuro" (Is 1,25).

Sintiendo hondo la trascendencia de Dios, el gusto por la contemplación se desarrolla.

Cuando la Belleza de Dios se descubre al alma toda criatura palidece.

"Yavé será tu eterna lumbrera y tu Dios será tu luz" (Is 60, 19).

Frecuenta a Jesús sin descanso, ya que es tu Todo.

"En tus voluntades hallo mis delicias, y no me olvido de tu palabra" (Sal 118,16).

"Guíame por la senda de tus mandamientos, que son mi deleite" (v. 35).

"Me deleito en tus mandamientos, que es lo que amo (v. 47).

"Abro mi boca y aspiro, ávido de tus mandamientos" (v. 131)

"El Padre... nos ha escogido en J. C., desde antes de la creación del mundo, para ser santos e inmaculados en su presencia.

"Que mi gozo sea en vosotros y vuestro gozo sea perfecto" (Jn 15,11).

"Nadie puede arrebatarnos esta alegría porque brota "de nuestra comunión... " (Jn 1, 4).

La mansedumbre es la inalterable paciencia dentro y fuera.

Es la sonrisa sincera que brota de un corazón roto pero sumiso.

Aun para un alma generosa, el único atractivo de la cruz es su relación con Jesús.

Aprende a no airear las pruebas corrientes.

Si Cristo es de veras tu amigo, Él te basta.

En la fe, en el amor, vive ya lo que vivirás eternamente.

Desarraigo del amor propio.

Rectificar todo deseo de buscarse a sí mismos al practicar el bien.

En todas las cosas buscar más el beneplácito divino que el propio provecho.

Es necesario purificar la intención para librarnos del amor propio al practicar el bien.

Recta intención: cuando se hace el bien o se deja el mal porque así lo quiere Dios.

«Recto es aquel que se eleva plenamente a las cosas superiores
Y acata sin reserva la voluntad de Dios». San Gregorio.
 Es necesario deshacerse de cuanto pueda turbar la paz del corazón.
La paz favorece en gran manera la comunicación amorosa con Dios.

Dios es uno: nada mejor que la simplicidad de corazón para encontrarle.
Y porque es amor eterno, el mejor modo de conquistarle es el deseo y el amor.
Sólo el amor de Dios lleva al hombre a la verdadera esperanza.
Cuando falta amor, ni siquiera la penitencia, es capaz de crear la confianza.
La mortificación de la naturaleza, aumenta la vida divina en el alma,
Y nos elevamos a Dios por el desprendimiento de las criaturas.

Quien ama de veras se hace más humilde, más agradecido, más mortificado.
La caridad en nada se busca a sí misma, mientras que el amor natural sí.
El hombre ama tanto a Dios que ningún otro amor se le puede comparar.
El amor es un apetito sabroso del corazón, que fluye hacia Dios, bien sumo.
Consecuencia de este amor ferviente es el apetecer la tranquila soledad.
La naturaleza del amor es como el fuego, que no tiene límite en su operación. Siempre tiende a crecer, mientras haya combustible.
El amor de Dios y su aumento no tiene medida ni término.
¿Cuándo te amaré perfectamente? Oh Señor,
¿Cuándo te abrazaré personalmente con los brazos de mi alma?
Oh Señor, ¿cuándo mi alma se sumergirá y absorberá totalmente en ti?

Oh Señor, deseo poseerte totalmente y me ofrezco a ti por.
Quiero siempre descansar en ti inseparablemente.
Conserve la memoria libre de imágenes para la amorosa comunicación con Dios.
 Conservaré todas las potencias de mi alma recogidas para la unión con Dios.
Acostumbrarse a levantar el corazón a Dios frecuentemente con amor y breves oraciones.
Tan pronto como uno se eleva hacia El desciende la llama del amor divino hacia Dios.
Para ver a Dios es necesario lavar previamente el corazón con lágrimas de arrepentimiento.
La entrega total crea libre acceso a Dios.
Y da libertad para pedir cuanto Dios puede dar, incluso a Dios mismo.
El temor filial imprime en el corazón una paternal reverencia hacia Dios.
 El temor filial crea el gozo y deseo de someterse por completo a la voluntad divina.
El temor filial infunde asimismo un noble pudor ante Él.
El temor filial se abandona al beneplácito de Dios.
El temor filial favorece el dejar de entibiarse en su amor, perder su intimidad.

El temor filial transforma en amor el sufrimiento.

El temor filial es la congoja del corazón de las penas las cambia en dulzura.
« ¡Qué grande es tu bondad, Yahvé!
Tú la reservas para los que te temen» (Sal 31,20).
Procure abandonarse al beneplácito divino, con o sin devoción sensible.
Vuele con afecto hacia la unidad del amor divino,
Desea permanecer con Dios para siempre.
Desde que la gracia nos atrae, cualquier cosa fuera de Dios nos parece poco.
Ansía disfrutar de Dios sólo,
Amor increado de donde nace en nosotros el amor debido a las criaturas.

Que disfrutar del amor increado, a través del amor creado, venga a ser como fulgor irresistible entre Dios y nosotros.
Se llama amor práctico porque opera en nosotros una sensación de gracia, devoción y amor.
 El amor práctico nos induce a practicar con diligencia obras virtuosas.
El amor pacífico se despoja de todos los intermedios y se transforma en amor esencial.
El amor pacífico permite ser actuado por el Espíritu de Dios.
El amor pacífico vive tranquilo en Dios y Dios en él.

El amor pacífico, su alimento no es otro que Dios mismo.
El amor pacífico es un constante fluir como una fuente.
Quienes saben abnegarse nada guardan como propio.
Quienes saben abnegarse si son ricos, tienen el corazón.
Quienes saben abnegarse jamás se precian o vanaglorian de ello.

## II Inspirados en Guardini

La fe brota de la gracia creadora que viene de Dios.
La fe es la marcha viviente hacia Aquel en quien se cree.
La fe vivida es salir de sí para ir hacia el Ser Sagrado que es Dios.
El desenvolvimiento supremo de la fe es la cariad. Creer = amar y sentir.
Quien Ama admite un ser que está por encima de él.
La palabra de Dios es comprendida cuando el corazón y la inteligencia han sido tocados.
La actitud amante dilata la mirada de la fe.
Y cuanto más se afirma esa mirada, más crece el amor.
Entregarnos a Él, y adoptar la actitud serena del que no teme por sí.
Después de la muerte y resurrección resplandecerá la luz sobre las tinieblas.
Aun sin darnos cuenta la vida celeste mora en nosotros y crece por la gracia de Dios.
Siento en mí una fuerza que me guía y me sostiene: la fe y la gracia de Dios.

## III Varia.

## a) Santa Clara de Asís

"Si sufres con Él, reinarás con Él".
¿Por qué voy a tener miedo a la última etapa de mi vida, llena de serenidad y amor?
   "Si con Él lloras, con Él gozarás".
   "Si mueres con Él en la cruz de la tribulación, poseerás las moradas eternas en el esplendor.
Y tu nombre, inscrito en el libro de la vida, será glorioso entre los hombres".
¿Por qué dejarme llevar del miedo, de la preocupación, de la amargura, cuando estoy tan cerca de Dios?
Pronto habitaré para siempre en la casa del Padre.

## b) Meditación eucarística en Lourdes el 14 septiembre 2008

Y vosotros habéis aceptado dejaros atraer por Él.
Lo contemplamos, lo adoramos, lo amamos.
Buscamos amarlo todavía más.
Adoramos a Aquel que está al inicio y al final de nuestra fe.
Aquel, por medio de quien "se hizo todo" (Jn 1,3);
Por quien hemos sido creados, para la eternidad.
El que nos ha dado su propio Cuerpo y su propia Sangre,
Él está aquí, ante nosotros, ofreciéndose a nuestras miradas.

Señor, acógenos a todos en tu Amor infinito, que es eterno de la Santísima Trinidad.
La Hostia Santa proclama este poder infinito del Amor manifestado en la Cruz gloriosa.
La Hostia Santa proclama el anonadamiento de Quien se hizo pobre para darnos su riqueza.
La Hostia Santa es el Sacramento vivo de la presencia eterna del Salvador de los hombres.
Ofreceos a Quien nos lo ha dado todo, que vino no para juzgar al mundo, sino para salvarlo.
Reconoced en vuestras vidas a Quien está aquí presente, ante nuestras miradas.
Aceptad ofrecerle vuestras propias vidas.
María aceptó entregarle todo, ofrecer su cuerpo para acoger el Cuerpo del Creador.
Todo ha venido de Cristo, incluso María; todo ha venido por María, incluso Cristo.
Virgen Santa, ayúdanos a contemplar, adorar, amar a Quien nos amó tanto.
Oímos aquí, diciéndonos a cada uno de nosotros: "Ven, déjate llamar por el Maestro".

Él está aquí y te llama. Él quiere tomar tu vida y unirla a la suya. Déjate atraer por Él.
No mires ya tus heridas, mira las suyas.
Mira la distancia infinita que ha abolido tomando tu carne, subiendo a la Cruz.

Presencia real, presencia que sobrepasa nuestros pobres labios,
Nuestros pobres corazones, nuestros pobres pensamientos.
La Eucaristía es también Jesucristo futuro, Jesucristo que viene.
Cada vez que lo comemos, lo anunciamos, hasta que el vuelva.
Por eso lo recibimos con infinito respeto.
 "Si Cristo permanece en nosotros, ¿de qué tenemos necesidad? ¿Qué nos falta? (N. Cabasillas)
Si permanecemos en Cristo, ¿qué más podemos desear?
Él es nuestro huésped y nuestra morada.

### C) Hans Küng

Para Jesús, amar quiere decir perdón, y amor, servicio.
Amar es mutuo servicio: del de arriba y del de abajo.
Amar quiere decir reverencia, renuncia voluntaria sin contrapartida.
No solo no tener otro Dios fuera de Él, sino amarlo con todo corazón.
No solo no robar, sin renunciar al derecho de represalia.
Amar no significa una espera meramente pasiva.
Todo hombre se encuentra ante Dios y ante el hombre como un mendigo como un pobre pecado que espera misericordia.
Prestar pura y simplemente al Dios incomprensible una confianza absoluta y sin reservas.  Hans Küng.
La eternidad, contemporaneidad viva.
 Su omnipresencia, sublime señorío.
Su espíritu, potencia superior a toda realidad.
Su justicia, misericordiosa y salvífica.
Su incomprensibilidad, como ser completamente distinto, el Otro.
Imprescindible que se manifieste en la acción.
El celo de Dios, que no tolera otros dioses: nada que ver con la envidia.
La cólera, consecuencia del amor: aversión al mal y exigencia de arrepentimiento.
No es como lo humano, sino amor a la Justicia.
Dios Padre sale al encuentro del hombre.
Dios, Padre de los perdidos.
Exige abandonarse confiados a su Providencia.

## d) Del Salmo 25

A ti, oh Dios, levantaré mi alma. Dios mío, en ti confío;
4 Muéstrame, oh Dios, tus caminos; Enséñame tus sendas.
10 Todas las sendas de Dios son misericordia y verdad,.
11 Por amor de tu nombre, oh Dios, Perdonarás también mi pecado,
15 Mis ojos están siempre hacia Dios, Porque él sacará mis pies de la red.
16 Mírame, y ten misericordia de mí, Porque estoy solo y afligido.

### e) Mario Arbeláez

Mi sueño máximo, experimentar, vivir en la presencia de Dios por siempre,
Amarlo como Él me ama, servirlo como Él me sirve, ser todo de Él;
Deseo tener un amor que salve a los demás, que bendiga a los demás y un perdón que libere,
Quiero vivir en la verdad y en la alegría total, y proyectarlo a todo el universo.
Deseo ser uno en el Dios verdadero, para llenar de vida a todos los que me rodean.
Trabajo en no ver en los otros lo malo y lo imperfecto, sino en verlos como Dios los ve.
Jesus venció la muerte y esta no debe atemorizar,
Jesus resucitó y es así como todos debemos vivir en la resurrección,
Debemos mirar a Dios nuestro padre - madre y vivir como sus hijos en la abundancia de su amor.
La verdad que Dios es bueno y nos ama sin limitación.
Su resurrección es un llamado a la libertad, a la felicidad. Esto es grande y maravilloso.

### f) De distintas personas varia.

Solo Dios llena del todo. Garrido.
Fiarnos de Dios, esa es la verdadera donación. Garrido.
Verme arraigado en Cristo más y más.
Encerrarme en mí mismo para vivir con Dios y entregarme a su servicio.
Dejarme tomar por mi familia: la Santísima Trinidad.
Estoy contigo, Señor.
Cúrame de esta llaga que tanto me duele.
Sácame la espina de esta angustia.
Tú me sondeas, me conoces y me amas.
El progreso en la santidad consiste en la manera de participar en la Eucaristía
El centro de la vida cristiana es acoger con reconocimiento la ternura y la bondad de Dios, Jacques Philippe
Acoger la revelación de su amor misericordioso, y dejarse transformar por dicho amor. Jacques Philippe.
Que mi vida sea una subida al Padre y un retorno al mundo.
El que se adhiere al Señor se hace un espíritu con Él.

Aprender la sabiduría divina, escondida, vivirla en la oración y después como fruto de ella.

Señor, tu bondad y tu misericordia me acompañan todos los días de mi vida.

Guía, Pastor santo, tus ovejas, a tus hijos incontaminados.

Subir al monte santo: liberación de la vida cotidiana.

Subir al monte santo: contemplar la inmensidad de la creación y su belleza.

Subir al monte santo: me da altura interior y me hace intuir al Creador.

Moverme en y desde Jesucristo en su interior, en comunión con mi Familia. (Miña)

"María ha escogido la mejor parte, que no le será quitada" (Lc 10,41-42).

Crecer en el amor de Dios, ese mismo amor nos fortalece y nos anima a perseverar.

Al ocuparnos mentalmente de los atributos de Dios, no perdamos de vista al propio Dios.

## De JML

Alumbra, Señor, nuestras almas para que no nos engañemos y caminemos con seguridad hacia Ti.

Despertar el hambre de Dios; come al Hijo de Dios aviva la fe, la esperanza y el amor.

Muestro a Ti mi esperanza y pido la salud de mi alma.

Perseverar como la Cananea, no desmayar.

Unirme a Ti eternamente, unidos ahora y en toda la eternidad.

Llegar a Ti con calor encendido, con ilusión, con ansia espiritual.

Necesidad de tu gracia, me consuela, alienta y alivia; es dulce para mi camino.

Me humillo ante Ti por mi poca devoción: dame compunción de corazón y recogimiento interior.

Me uno al fervor de tus santos para recibirte con su deseo.

Me uno alabanza de todos los pueblos, de toda la Iglesia.

Perdóname, Señor, eres buen Padre, aunque yo sea mal hijo.

Abrasa, Señor, mi pecado con el fuego de tu caridad.

Te ofrezco mis cualidades y cosas buenas, ¿qué menos puedo hacer?, Tú me las has dado, son tuyas.

Eres, Dios y Señor nuestro, fuente de gracia y de bondad. Adorar.

Sacudir mi pereza e inacción, dame tu fuerza, Señor.

Eres, Dios nuestro, pan de vida, esplendor de luz eterna, gracia que purifica.

Sed santos, llorad vuestros pecados.

Que no desmaye en mi camino, dame la medicina de tu consuelo.

Que merezca llegar a la meta: sé fuerza y medicina para mi alma.

Fe el Santísimo Sacramento, temor, amor y reverencia.

Lleguemos a Dios con humildad y reverencia, y compunción de corazón.

Insistir antes de la confesión en el dolor y propósito de enmienda; renovación de mi conversión.

Muy atento a Dios, su presencia, con pureza de intención.

Subir como Zaqueo al árbol de la mortificación para hospedar a Jesús.

Postrado adorar a Dios, sentir su presencia, ofrecerme.
Como la Cananea tocar a Jesús con fe viva y confianza.
Como Lázaro, Marta y María solicitud y afecto a Jesús en nuestro prójimo.

Convertirse a Dios todos los días con fe y perseverancia en la búsqueda del gran tesoro.
Dios me acompaña en mi camino. Él es quien mi camino camina.
Dios me acompaña en mi camino. Él me empuja.
Dios me acompaña en mi camino: Él comprende mis reacciones.
Aunque el mundo me abandone, Tú me acompañas.
Amar al que sufre, al que me hiere, al que me ignora.
El misterio es nuestra vida íntegra en Cristo íntegro.
La Resurrección de la carne es la plenitud de nuestra vida de resucitados en Cristo.
Cristo envuelve al hombre completo en todas sus circunstancias.
En la realización del misterio de Cristo nos vamos transfigurando en su misma imagen.
La participación de Dios nace de nuestra trasformación en Cristo.
El amor para que sea transformado y purificado, pasa por el dolor y la muerte. Es preciso morir para resucitar.
"Ponerse totalmente a disposición de Cristo". Mendizábal
"Dedicarse para siempre al oficio de cumplir su voluntad". Mendizábal

El conocimiento que nos da el amor nos comunica la gracia de los dones divinos al mismo Dios.
Estoy solo, y viene a morar conmigo".   Hermann Cohen
Hermann Cohen llevaba la Eucaristía comulgaba o llevaba el Sacramento sin con una emoción viva y fuerte, parecida a la embriaguez.
Recogimiento a los pies de Jesús, en el silencio del amor.
 Dios me ha hecho un gran favor dejándome llegar a avanzada edad donde el alma y la carne se sincronizan. Anorgi
Sentirme sumergido y rodeado Dios, empapado de Dios y viva una vida de amor.
Haz que siempre te amé con amor nuevo; no de rutina.
Estamos envueltos en el Amor de Dios y convocados a unas actitudes de amor, de visión positiva, de compartir". Iñaki Tejada
La cruz establece en mí una semejanza mayor con Cristo.
Te amo, Señor, ayúdame a llevar con paz mi cruz.
Ten compasión, Dios nuestro, de todos nosotros, y de una manera especial de los olvidados de tu amor; de los que han perdido de fe.
Buscamos no los gustos de Dios, sino al Dios de los gustos. (Félix Beltrán)
La gracia de Dios no envanece, pero tampoco humilla: nos hace ser buenos. (Félix Beltrán)

Virtud humana y cristiana: tratar con gente diferente y afecto sin sexo ni caricias.
Virtud humana y cristiana: solidaridad y sinceridad.

Virtud humana y cristiana: naturalidad sin complicaciones y no guardar rencor después de una discusión

Virtud humana y cristiana: alegrarnos del triunfo ajeno ser creativo y positivo.

Virtud humana y cristiana: pasarlo bien con poco, saber repartir las tareas.

"Ambicionar solo amar más Dios, y aventajar solo en humildad, sufriendo con paz las humillaciones".

Del poemario de Javier: "Quiero tu amor grande, aunque después mi corazón llore con sangre".

En sí es oración, deseo, petición, aceptación y paz.

"Dios está en el centro de mi alma; me da paz y gozo. Irradiar fuerza y bondad".

Mi petición al Señor varias veces por conseguir el amor de Dios, por ahí logro gran paz en mi alma.

Dejar a mi mente que se entretenga conscientemente en Jesús, mi Esposo; Dejarme tomar por mi Familia Trinitaria que vive dentro de mí.

Cristo llena las almas cristianas. El alma cristiana, vida llena.

La vida cristiana es un sacrificio a Dios y una transformación interior.

Que vuestro espíritu, inflamado por el Espíritu, se convierta en fuego ardoroso para Jesús.

En todos los momentos, alegres o no, mantenerse contentos por la esperanza de lo eterno.

La alegría no debe ser destruida por la tribulación, oponer la paciencia serena.

Para el amante de la Eucaristía, el misterio no es prueba de fe, es un poderoso estímulo.

Tener los mismos sentimientos que Cristo Jesús. (Fil. 2, 5)

Con emoción, convicción y decisión. / Reproducir en mi vida la de Jesús.

Las cruces son divinas: Son reflejo para el cristiano de la cruz de Jesús.

Él es la luz del mundo. Él es quien guía al Pueblo.

Profundizo en el pensamiento que anega mi alma, como finca donde ha llovido mucho, en amor celestial: gozo, adoro y agradezco.

Vamos a poner todo de nuestra parte para estar cada vez más en contacto con Dios.

Principal una frase que aumenta mi entusiasmo de fe, tomado de la secuencia de Pascua.

"Dux vitae, mortuus, regnat vivus" = "El dueño de la vida, muerto, reina vivo".

En nosotros mismos se halla el Reino de Dios, se edifica y se embellece perfeccionándose.

Haz avanzar, Señor, en cada acto mi unión a Ti.

Practicar el examen del golpe de vista; y esto mismo me servirá para vivir en "alerta percepción".

Gracias a Dios por su muerte y resurrección, nos ha unido a su misma resurrección, nos ha salvado.

Doy gracias a Dios: me ha hecho llegar a avanzada edad:
Aquí el alma y la carne se sincronizan mejor que en la juventud. Anorgi
Haz que siempre te ame con amor nuevo; no de rutina.
Te amo, Señor, ayúdame a llevar con paz mi cruz.
Ayúdame a que cada acción mía sea un acto de amor profundo.
Que cada acción mía crezca en amor sobre la anterior.

La iniciativa del perdón parte siempre de Dios. No de uno mismo.
Ten compasión, Dios nuestro, de una manera especial de los olvidados de tu amor y fe.
Te prometo aprovechar todas las ocasiones que me ofrezcan para darte gusto en todo.
Y cuando hay que escoger entre dos cosas, me inclinaré por la que más sea de tu agrado". (Edith Stein)
Col. 3:16 La palabra de Cristo more en abundancia en vosotros, enseñándoos y exhortándoos unos a otros en toda sabiduría,
Cantando con gracia en vuestros corazones al Señor con salmos e himnos y cánticos espirituales.
Si sufro, miro a Jesús.
Mi fe, sea, Señor, de hombre espiritual.

Con pureza total de intención en mi misión.
Espíritu Santo, derrama en mí una fe enérgica y suave;
Que así pueda confirmar en ella a otros más jóvenes y débiles.
Tu presencia para mí sea activa y viva.
Tu presencia para mí no sea solo pensada, sino sentida.
Tu presencia para mí sea viva, activa, acogida, querida.
Podemos mirar el sufrimiento como una misericordia de Dios hacia nosotros.
No puedo dejar de respirar, así tampoco dejar de pensar en Él, aspirar a Él.
Retirarse algunos instantes para purificarse y animar el celo junto al Tabernáculo.
Contemplar la verdad es un bien. Comunicarla todavía mejor. Alumbrar vale más que esconder la luz bajo el celemín.
Las pruebas de la humillación pueden llegar a hacer que digamos como Pablo: "Superabundo gaudio".

He hallado el Cielo en la Tierra porque el Cielo es Dios.
Los hombres iluminados con la luz divina son quietos, simples, estables:
Tendrá, pues, el hombre a Dios por blanco en todas las cosas para tenerle presente
Dirigirnos a este Dios con amor, porque a Él seguimos sobre todas las cosas.
Salga de sí el alma, quiera y espere en todas las cosas puramente a Dios.
Este amor sensible es digno de desearse, un deseo ardiente de Dios.
Conocemos a Dios de oídas cuando nos limitamos a repetir lo que otros dicen de Dios.
Que siga siempre tu elección, tu gracia, tu búsqueda amorosa.

Mirar la grandeza de Jesús Dios y Hombre; agradecerle;
Él infundió y desarrolló la gracia en mi alma.
Ir a Él; incorporarme a Él; vivir en Él. Acudo con fe a Jesús: lo abrazo;
Él no es un ser frío que no se compadece.
Mirar la grandeza de Jesús Dios y Hombre: le pido fuerza; le pido luz y
consuelo;
Me quedo junto a Él para más amarle.

Encerrarme en mí mismo, en lo más profundo del corazón para adorar,
amar, contemplar al Dios.
Dejo ahora todo y estoy en reposo sereno junto a Jesús. Tú me amas y yo te
amo.
Me has hecho pasar, Señor, de una fe oscura a una fe luminosa y con mayor
sentimiento.
Te agradezco y ayúdame a potenciar estos momentos para una mayor
entrega a tu Reino.
Intensifico la "escucha", el oído, la contemplación, la vista...
Eres Tú, Jesús, el mismo que caminaba por los senderos de Palestina.
Te busco, Señor: Tú eres el Absoluto; eres mi Dios y yo soy tu criatura y tu
hijo.
Deseo, Jesús, seguir hacia delante; dadme para ello el don de abnegación y
el don de penitencia.
Vivir en consecuencia con mi fe; quitar el miedo a seguir de cerca a
Jesucristo.
En Jesucristo habita la plenitud de la divinidad y nos da la vida en
abundancia.
Jesús está lleno de gracia; descansar en Él, contemplarle. Colaborar con Él.

Conocemos de oídas cuando seguimos haciendo de la oración un
cumplimiento de nuestros deseos.
Dios nos hace entrar ya desde la tierra en su familia, nos admite en su hogar
y nos permite conversar familiarmente con Él.
Dadme, Señor, el don de la conversión, con un cambio de mí hasta el
subconsciente. 22-11-15
Ha sido necesario el salto al vacío, en fe y esperanza, para hacerse capaz de
Dios.
Conocer a Jesús para más amarle. Mi vivir es Cristo.
Dios crea amando; el amor de Dios hace lo que ama.
Cualquier cosa, Señor, que hayas dispuesto para mí la acepto y yo te amaré.
El Señor e bueno y compasivo y te está ayudando. Sigue confiando.

La caridad y el amor acaban por acercarnos en este mundo a Dios.
¡Cuán preciosa es esta absoluta dependencia en que nos encontramos
delante de Dios!
Todo nos es querido cuando pensamos en Dios.
Te amaré sin pedir nada a cambio: recibe este ofrecimiento.

Me abandono a tu bondad; te encuentro lleno de ternura conmigo aun en medio de la prueba.

En el amor a Dios y cumplimiento de su voluntad está nuestra felicidad: Él es el centro de la Historia y de mi vida.

Las espinas a veces nos oprimen; Jesús nos ayuda y da su felicidad si le somos fieles.

Cristo es el centro de nuestro corazón;

No hay ambiente que no pueda ser tocado por su fuerza.

Quiero conocerte y amarte; progresar cada día hasta llegar a la plenitud.

No ama a Cristo quien no ama a la cruz; mirar la cruz como acto supremo de amar. (San Pedro Damián)

Entregaos a Jesús para entrar en la inmensidad de su gran corazón.

Abnegarse hasta decir: Ya no vivo yo, Cristo vive en mí. No se haga lo que yo quiero. (Benedicto)

Dejarnos conquistar por Cristo (Benedicto)

Para ser pastor es preciso un profundo arraigo en la amistad a Jesús: (Benedicto)

La pasión de Jesús se transforma en un acto de un amor que se entrega totalmente. (Benedicto)

En virtud del sacramento habéis recibido todo lo que sois.

Actuáis en nombre de Cristo, "in persona Christi". (Benedicto)

Cristo os ha puesto bajo su especial protección;

Estáis escondidos en sus manos y en su Corazón.

Sumergíos en su amor, y dadle a él vuestro amor. (Benedicto)

Cuando vuestras manos fueron ungidas con el óleo, fueron destinadas a servir al Señor .

Ya no pueden servir al egoísmo; deben dar en el mundo el testimonio de su amor.

Jesús nos ha mirado con amor a cada uno de nosotros, y debemos confiar en esta mirada. (Benedicto)

Jesús calla. Calla, pero actúa. (Benedicto)

Se necesita la adoración silenciosa a Jesús escondido en la Hostia.

En ella encontrarán consuelo y luz sobre todo las personas probadas. (Benedicto)

Sea testigo de la sabiduría eterna, contenida en la palabra revelada. (Benedicto)

En realidad, se crece en la madurez afectiva cuando el corazón se adhiere a Dios. (Benedicto)

La confesión del pecado siempre debe ir acompañada por la confesión de la alabanza.

Contemplando a Cristo, vivid una vida modesta, solidaria con los. (Benedicto)

Comienzo el día con la señal de la Cruz y me consagro en este breve acto al Señor.

Propósito sincero hoy de no apartarme del Señor, de seguirle y amarle.

Dios es digno del todo de nuestro pensamiento, amor.
El Cielo está ya en mi alma por la inhabitación de la Santísima Trinidad.
Lo mundano es pajero y estéril; todo pasa: morar en el silencio interior con paz.
Buscar con paz la belleza del paso de las horas, sin estrés, con paz y calma.

# 6.- Del Peregrino ruso, Ruysbroeck, Baptiste y Loyola

## a) Del Peregrino ruso

Descubrí lo que significa el hombre interior oculto en el corazón.
La verdadera oración: la adoración en espíritu.
El Reino de Dios dentro de nosotros está.
La intercesión del Espíritu Santo.
Entendí el sentido de estas palabras: Vosotros estáis en mí.
Dame tu corazón.
Revestíos del Señor Jesucristo.
Los desposorios del Espíritu en nuestros corazones.
La invocación: ¡Abba, Padre! y otras muchas cosas.
Todas las cosas que me rodeaban aparecíanme bajo un aspecto encantador: árboles, hierbas, aves, tierra, aire, luz.
Todas oraban, todas cantaban la gloria de Dios.
«El conocimiento del lenguaje de la creación», y veía cómo es posible conversar con las criaturas de Dios.

## Quiero creer

Porque, Señor, yo te he visto y quiero volverte a ver quiero creer.
Te vi, sí, cuando era niño y en agua me bauticé, y, limpio de culpa vieja,
sin verlos te pude ver. Quiero creer.
Devuélveme aquellas puras transparencias de aire fiel, devuélveme aquellas niñas
de aquellos ojos de ayer. Quiero creer.
Limpia mis ojos cansados, deslumbrados del cimbel, lastra de plomo mis párpados
y oscurécemelos bien. Quiero creer.
Ya todo es sombra y olvido y abandono de mi ser. Ponme la venda en los ojos. Ponme tus manos también. Quiero creer.
Tú que pusiste en las flores rocío, y debajo miel, filtra en mis secas pupilas dos gotas frescas de fe. Quiero creer.
Porque, Señor, yo te he visto y quiero volverte a ver creo en Ti y quiero creer.

## c) Ruysbroeck

Experimentan la unidad interior y tranquilidad de ánimo. (Ruysbroeck)

Solo el amor de Dios no se muda: así era ayer, así es hoy y así lo hallaremos mañana. Ruysbroeck

El Salvador quiere ser enteramente vuestro con tal de que queráis ser plenamente de Él. Ruysbroeck.

Luz de la gracia de Dios; conversión a la voluntad de Dios;/ conciencia limpia de pecado.

Dios comunica su gracia: antecedente o preveniente y santificante, y con ella merecemos la vida eterna.

Dios es un resplandor que ilumina el Cielo, la Tierra y a todos de buena voluntad.

Dios, luz común; y nace del Paraíso una espiga fructificante que es la gracia de Dios.

Ninguna obra puede aprovechar al hombre si no trae su origen en la gracia.

Esta espiga de la gracia se ofrece a todos, pero no se ingiere en todos.

Mueve Dios a cada uno de los hombres según lo necesitan; y los a recibir la gracia.

Infunde en el alma una luz muy sublime de la vida de la gracia, aunque el alma no pueda merecerla.

De esta luz nace otra que pertenece al alma, donde luego nace la caridad.

Se engendra la caridad y el amor divino, de lo cual nace la pureza de conciencia.

Primero infunde Dios su luz al alma, y por esta misma luz el hombre dedica y ofrece a Dios la voluntad con una libre conversión.

De esto nace la perfecta caridad que procede de la contrición y pureza de conciencia.

Infunde y derrama a cada uno de los corazones que te aman, nueva gracia.

Dios nos creó por su inmensa bondad; se hizo hombre por su incomprensible caridad.

El Padre conoce, crea, modera y rige todas las cosas en los Cielos y en la Tierra.

Caridad y paciencia: sufriremos con igualdad de ánimo todo: por dentro y por fuera.

El Verbo quiso hacerse hombre y recibir en sí la naturaleza humana desterrada.

Podemos llamar hermano a Cristo, Hijo de Dios: humilde, que eligió por madre a una Virgen pobre.

Se sometió e inclinó al poder altísimo del Padre: sus obras en honra y alabanza del Padre.

Escogió y llamó para sí a los pobres y despreciados, admitiéndolos a su mesa.

Fue humilde y dispuesto para todos en cualquier necesidad.

La caridad: contenía en Cristo las fuerzas superiores de su alma.

Apacentaba a todos los capaces de verdadera doctrina con milagros.

Trabajó con fidelidad por nuestra causa;/ su caridad dimanó de la fuente inexhausta del Espíritu Santo.

Tolerancia e igualdad de ánimo en las cosas adversas.

Jesús sufrió hambre, sed, injurias, desprecio, palabras y obras indignas.

Jesús fue preso entregado, mofado y escupido, herido y oprimido, azotado y clavado en la cruz.

Contemplar la misericordia de Dios y nuestra necesidad; la divina largueza y nuestro deseo.

Envía sus rayos y resplandor a las profundidades de nuestro corazón.

Con humildad te ofrecemos piadosas quejas y ruegos, así crecen nuestros deseos de servirte y amarte.

Cada día, nuevos favores, más abundante gracia, por la operación oculta de Cristo en el Sacramento.

Por la virtud del mismo Dios merece el hombre tener a Dios por merced y premio.

Salgamos a Dios, a nosotros mismos, y a los prójimos por la caridad.

La caridad siempre camina a lo alto, al Reino de Dios, de donde manó sin medio.

La Justicia que nace de la caridad, tiene en su ánimo alcanzar las buenas costumbres y todas las virtudes.

La justicia también mantiene al hombre en presencia de la verdad eterna de Dios.

La caridad contiene al hombre y le conserva en la presencia del divino amor.

La obediencia es una pronta voluntad de ánimo sumiso y flexible para todas las virtudes.

Siempre observa y sigue lo que es de honra de Dios y concuerda con los preceptos divinos.

Desnudaos del hombre viejo y revestíos del hombre nuevo, creado según Dios en justicia y santidad verdaderas.

Ser paciente en todas las cosas; resignar la propia voluntad en la de Dios e incluso en la de los hombres

La humildad constituye al hombre en la consideración del Poder y Majestad divina.

La humildad, para estribar en su Dios y no estimarse a sí mismo en algo.

La humildad es una interior sumisión del corazón delante de la dignidad altísima de Dios.

Viéndose despreciado y pequeñuelo nace de aquí una gran reverencia a Dios.

Al humilde siempre le parece que es defectuoso en la veneración que ha de dar a Dios.

El humilde ha de ser moderado en la comida, modesto en la conversación.

El humilde a nadie escandaliza; observa esta virtud en los ejercicios interiores y exteriores.

Por la humildad se hacen pedazos las redes del mundo y del demonio.

Tolerar todo lo que manda Dios así en el tiempo como en la eternidad.

La paciencia adorna y arma al hombre contra la ira y ayuda a resistir contra las tentaciones.

La paciencia produce la mansedumbre, porque nadie puede ser blando y manso si no es paciente.

Esta blandura o mansedumbre hace gozar al hombre de paz y tranquilidad de ánimo.

El que es manso sabe sufrir con moderación las palabras ásperas, los semblantes y obras crueles y conserva la paz.

Por la mansedumbre la fuerza irascible queda sin moverse en cierta tranquilidad.

Por la mansedumbre la conciencia persevera tranquila y quieta.

Por la mansedumbre la parte concupiscible se levanta y erige en las virtudes.

Por la mansedumbre la parte racional se baña en gozo.

No puede ser piadoso aquel que no es manso.

Esta piedad mueve al hombre a llevar semblante y gestos amables.

Esta piedad mueve al hombre a que responda suave y amigablemente.

Esta piedad mueve al hombre a que haga buenas obras a aquellos que están con el ánimo ofendido.

La piedad produce compasión para condolernos con los hombres.

La piedad produce compasión, al contemplar la pasión de Jesús.

Que el hombre se mire a sí mismo y considere cuán poco aprovecha en la virtud y mire a Jesús en la cruz.

Esta compasión vence el odio: una llaga lastima el corazón y causa común amor para todos.

De la compasión de ver a Jesús en la cruz en los tormentos, nace la liberalidad.

Le damos a Cristo amor, alabanza, gracias, honor y reverencia.

Nadie puede tener liberalidad y largueza sobrenatural, sino el que es misericordioso...

Ruega a Dios que use de su liberalidad con todos para que le conozcan y se conviertan a la verdad.

Esta liberalidad engendra destreza y diligencia para con las virtudes

De la diligencia nace la sobriedad y la templanza: pido esta virtud.

Dadme, Señor, ser cuidadoso y serio en contener el cuerpo y el alma en Justicia.

Si la criatura quiere conocer al Creador es necesario que esté arrebatada sobre sí y elevada en Dios.

Una templanza tranquila y honestidad de vida y con esto, gran paz.

La pureza de corazón: que cualquiera se convierta a Dios en cualquier tentación.

Quien trabaja por las virtudes, adornará y dispondrá su alma, a manera de Reino.

Para salir al encuentro del Esposo, acudir a Su Majestad en esta vida

Para salir al encuentro del Esposo, tenga a Dios en todas las cosas como fin.

Para salir al encuentro del Esposo: Ninguna cosa junte a sí por encima de Dios.

Para salir al encuentro del Esposo: descanse solo en Dios con todo cuidado.

Tendrá, pues, el hombre a Dios por blanco en todas las cosas para tenerle presente.

Que solo le espere como Señor del Cielo y de la Tierra y de todas las criaturas.

Para salir al encuentro del Esposo: Proponga para sí a Dios como Salvador, Redentor y Creador.

Dirigirnos a este Dios con amor, porque a Él seguimos sobre todas las cosas.

Salga de sí el alma, quiera y espere en todas las cosas puramente a Dios.

Que esperemos siempre a Dios y si llega otra cosa, con Él.

Dirigirnos a Dios con amor, porque a Él le seguimos con amor e intención sobre todas las cosas.

Que solo le espere y le intente como Señor del Cielo y de la Tierra. Y de todas las criaturas.

Si te has apartado, es necesario que vuelvas a salir al encuentro de Cristo dándole alabanzas.

Que salgas al encuentro de Cristo con la abnegación de ti mismo para no buscarte.

Seas discreto en tus actos y esperes todas las cosas de Dios.

Dios se ha de tener por meta en todas las cosas, ni se han de poner dos fines en la intención.

Ha de descansar el alma en Dios sobre todos los dones que ella misma puede ofrecer.

Llamamos Nuncios del alma a la intención, amor y deseo que guían a Dios.

Debemos salir al encuentro de Cristo con recta intención en todos los actos y virtudes.

Con la fe, intención y amor salimos al encuentro de Cristo, habitamos en su Majestad.

"Mirad, que viene el Esposo: salidle al encuentro".

El alma sin afectos mundanos vive ya para Dios ejercitándose como virgen prudente.

Toma el vaso de su corazón el aceite de la caridad con la lámpara de la conciencia limpia.

El ejercicio interior, la lumbre de la gracia.

Desnudez del cuerpo: libre de afectos, imaginaciones y ocupaciones.

Correr así a la unidad de la Divinidad, hacia la felicidad del Cielo.

Correr hacia la unidad como principio y conservación de la vida y de nuestra esencia.

Correr hacia la unidad como una vida y Reino:

Se adornan como en habitación eterna en la caridad.

Con perfecta imitación de vida y costumbres de Cristo, llevamos la cruz con Él.

Se hermosea con las tres virtudes teologales: fe, esperanza y caridad por la gracia.

Esperamos la alabanza y gloria de Dios y así que descansamos solo en su Majestad.

El alma se levanta y apetece descansar en Dios, con paciencia, humildad y esperanza.

Cuide referir y dirigir todas las acciones y toda su vida con sencilla y recta intención.

Descansar en aquella unidad, donde el espíritu que ama está adherido felizmente con Dios.

Cuando el espíritu está unido y descansa en Dios provienen toda la gracia y los dones.

Dios se da a Sí mismo por la gracia y así moramos en su unidad y en una paz divina.

La divina gracia es un interior impulso del Espíritu Santo que impele interiormente nuestro espíritu.

Dios está dentro de nosotros más que nosotros mismos y nos mueve para todas las virtudes.

Estando Dios dentro de nosotros obra desde la unidad de nuestro espíritu.

La gracia de Dios en nuestra alma es semejante a una luz encendida y encerrada en un vaso.

La venida de Cristo nos impele y lleva hacia el Cielo y nos pide hacernos uno con Dios.

El contacto de Dios nos da fuerzas supremas.

El contacto de Dios causa un alto grado y estado de vida interior.

El Espíritu de Jesús nos impele a salir de nosotros mismos a orar y ayudar.

No resistamos al Espíritu.

Derrama el Señor los rayos de su luz e ilumina y calienta todas las cosas.

Cristo, Sol eterno, ilustra la parte ínfima del hombre.

Acelera el estío y causa muchos frutos y regalos

Y produce el vino fuerte con que se alegran los hombres.

Es necesario que veamos que habita en el Cielo y tengamos el corazón elevado a Dios.

Que estemos totalmente libres de las cosas alegres o tristes, de las prósperas o adversas.

Cristo, Sol de la Gloria, ilumina al corazón libre y absuelto de todas las cosas.

Cristo penetra y enciende con su resplandor la materia que puede arder.

Cristo enciende los corazones elevados; visita al alma atenta. ¡Sal fuera!

Consigamos esta unidad que da paz, como un vínculo que une cuerpo y alma.

De esta unidad nace una compunción para que está dentro de sí mismo.

La interior compunción impele al hombre; sin que se dé cuenta de dónde le viene la fuerza.

De esta vida interior nace el amor sensible que penetra el corazón del hombre.

Este amor sensible es un gusto digno de desearse, un deseo ardiente de Dios.

Este amor interior desprecia con facilidad todas las cosas para conseguir lo que ama.

El amor produce la devoción y honra a Dios;

Quien lo tiene lleva en su pecho el amor sensible a su Majestad.

Esta devoción mueve al culto de Dios.

Esta devoción purifica el cuerpo y el alma de todas aquellas cosas que nos pueden dañar.

La devoción muestra y comunica el verdadero camino de la salvación.

Debemos alabar a Dios y darle gracias porque somos devotos, y nadie sino el devoto puede hacerlo mejor.

Gracias porque acomodó la Tierra para nosotros, y a los ángeles; porque se hizo hombre para librarnos del pecado.

Gracias porque vivió con nosotros, nos enseñó, padeció u murió por nuestra causa.

Gracias porque nos perdonó el pecado, porque nos abrió el Cielo.

Gracias porque nos comunicó su gracia, mora por siempre con nosotros.

Gracias porque nos dio los sacramentos, nos dejó su Cuerpo y Sangre como alimento.

Gracias porque nos dio la Sagrada Escritura, las cosas necesarias para la vida.

Con toda nuestra alma le alabamos, con el corazón y con obras.

De nuestra acción de gracias y alabanza nace el dolor por nuestra falta de fidelidad.

El calor hace hervir al agua; así obra el Espíritu Santo, hervimos en alabanza y acción de gracias,

Baja el agua… y vuelve a subir con calor. Hervir de amor a Dios.

El sol de verano sube a más altos grados, así Cristo sube a nuestros corazones y brotan frutos de alabanza…

Viene Cristo al resplandor y eficacia del Sol,/ que duplica su actividad en verano:

Nos infunde su consolación interior y virtudes: Salid…

Casto deleite del corazón, rodeado y abrasado por Cristo, cálido con su consuelo.

Este consuelo hace que no pueda el hombre contener su alegría interior.

Algunos cuando están embriagados por este gozo prorrumpen en cánticos y alabanzas a Dios.

Señor, no soy digno de que me concedas estas cosas, pero necesitamos de tu inmensa bondad.

Gustará de estos consuelos, pero en ningunas flores descansará, y volará a morar con Dios.

Calienta el estío, cuando Cristo, Sol divino, se sublima en nuestros corazones.
Calienta el estío, cuando fuera de todos los dones y consuelos, se exalta Cristo en nosotros.
Y está fijo en nuestros corazones.
Volvemos al fondo de nuestro interior de donde manan todos los dones.
Cristo, exaltado así en nosotros está dispuesto a atraer a Sí todas nuestras fuerzas
Jesús eleva y adorna el afecto e ínfima porción del hombre.
Y nos dice: "Salid vosotros a mí y con el modo que yo os traigo y pido".
Y esta traída es un interior convite y petición de que se junte el corazón a la unidad sublime.
Este convite es para el corazón lo más gustoso que jamás sintió.
Este convite es una irradiación del Sol eterno, y excita el corazón con tanto gozo y lo dilata.

Esta llaga espiritual causa gozo y dolor al mismo tiempo.
Esta llaga espiritual pide la unidad y de aquí a la herida de amor. (Es la llama de Amor Viva de San Jn. de la Cruz.)
Derrama Cristo los rayos de luz divina, con cuyo incendio consume y seca.
Nace una impaciencia ardiente que, mientras dura, le puede servir de quietud y consuelo.
En este estado se infunden palabras sublimes y saludables, la impaciencia de lo eterno.
Este incendio interior es una impaciencia que no quiere sujetarse a la razón hasta gozar del Amado.
Una impaciencia e incendio de amor que excede al corazón del hombre.
Es tan grande el ardor de amor que no se halla más fervoroso en toda la vida del hombre.
El que así ama a veces apetece morir para unirse con el amado.
Levantados los ojos a lo alto contempla el palacio celestial, abundante de gloria.
De aquí suelen los ojos humedecerse y nacer deseos ansiosos.

Llega un súbito resplandor de singular claridad y el espíritu en un momento se eleva.
Desaparece luego esta luz y vuelve a sí el hombre y también el mismo Dios obra esto.
Perciben una luz que viene de Dios, y corazón y virtud apetitiva se elevan hacia la misma luz.
Viene un gozo y júbilo que no puede explicarse con palabras.
Algunas veces mana Dios con tanta suavidad que los corazones hierven con un incendio de amor:
Parece como que nadan cual peces en el agua.
Y esto por el andar regalado de los dones de Dios, y por un incendio de fervor delicioso.
Ser fuertes y aguardar la venida de Cristo;

Prudentes contra las insinuaciones diabólicas.
Aumentar la alabanza a Dios y acumular para sí nuevas virtudes.

No elegirán morir, sino antes aumentar la alabanza a Dios.
Guardarán los frutos de las virtudes para el tiempo determinado de Dios, hasta la eternidad.
Andarán por el camino del amor a cualquier parte que el amor los guíe,
Podrán contemplar las cosas divinas y volar a los arcanos secretos de Dios.
Si notas la ocultación de Cristo, sin su luz y ardor, puede ser una nueva operación del Señor.
Todo incendio e impaciencia de amor, aquí se amansa:
Y del estío ferviente pasas al otoño de frutos abundantes.

Te mueves a una conmiseración de ti mismo:
La compunción y alabanza y acción de gracias, con gozo abundan en tu interior.
Se apagan los incendios de amor de otras veces:
Y llega de nuevo la acción de Dios, en medio de cierta quiebra en tu naturaleza.
Hacer un interior gozo de toda aflicción y desconsuelo, ofreciéndose todo en las manos de Dios".
Lo más gustoso al que ama con fervor a Dios es sentirse de su propiedad.
Humilde obediencia en obrar y resignación paciente en tolerar: / aquí está el grado de seguridad perpetua.
Consigue el equilibrio: ya recibas cosas dulces o amargas, luz o tinieblas, acéptalas con ánimo.
Ofrecer de buena gana al Señor sin contrariar la voluntad.
Ejercitar con buena voluntad todo, y ofrecerlo a Dios. Nunca hay algo de mayor precio.
Carecer de buena gana de todo consuelo, según pueda ser honorífico a su Majestad.
Con la vida y la paciencia se logran cosas mejores, las virtudes se multiplican.
Caminar en las virtudes sin interrupción: este grado es aprobado por Dios.

La resignación y abnegación de la voluntad es necesaria a todos los que quieren salvarse.
Hemos de poner cuidado en aprender a descansar en Dios, en la unidad de su Majestad.
Miremos a Cristo que manifiesta en su vida.
Es el sol resplandeciente que nació en el Cielo de la Santísima Trinidad.
Sol que derramó la plenitud de la gracia y de todos los dones y bienes.
Azucena inolvidable de los valles de donde los buenos sacan la miel de suavidad.
El Sol Eterno se humilló y entrego su Cuerpo y Vida al poder de sus enemigos.
Fue desamparado de sus amigos como si no fuese conocido.

Y sufrió miseria, tormentos y afrentas.

Si quieres conseguir la divina iluminación, sufre con paciencia las tinieblas y miserias.

Si quieres conseguir la divina iluminación, resígnate a la voluntad divina y renuncia a la tuya actual.

La venida de Jesús es fuente de plenitud de gracia de donde manan tres ríos: Estos tres ríos son operaciones de Dios, fuerzas por las que Dios obra con su gracia.

El primer río ilustra el espíritu y corre todas las fuerzas del alma.

El primer río causa unidad de espíritu y es vínculo de toda nuestra vida interior.

El primer río levanta la memoria y libera de pensamientos peregrinos.

El primer río ayuda a advertir que estamos penetrados y fijos en unidad de mente y espíritu.

Esta unidad nos inclina y nos lleva hacia la unidad del Padre, Hijo y Espíritu Santo.

El segundo río es una claridad espiritual: influye en el entendimiento y le ilustra.

La luz no reside por completo en nuestra potestad; Dios la manda callar o hablar.

Su vida es en el espíritu y sobre los sentidos, donde Dios revela todo cuanto les agrada.

Aquí manda Dios al hombre que está adornado con esta luz que salga y que camine y ande en la misma luz.

El hombre considerará su vida, pues fue creado a imagen y semejanza de Dios.

El segundo río ayuda a contemplar, según el modo de la criatura la altísima naturaleza de Dios.

Mirar la naturaleza sublime de la Divinidad como se halla en ella.

El segundo río nos lleva a contemplar la naturaleza sublime de la Divinidad y otras cosas estupendas.

El segundo río nos lleva a contemplar al Padre en su Omnipotente virtud y potencia,

Creador, conservador y motor. Principio, fin y causa de todas las criaturas.

El segundo río nos lleva a considerar al Verbo Sempiterno, Sabiduría infinita.

El segundo río ayuda a mirar al Espíritu como caridad, liberalidad y misericordia y benevolencia.

El segundo río nos lleva al abrazo que penetra a la unidad del Padre, Hijo y Espíritu Santo.

Dios está en todas y cada una de las cosas: nos admira su comunicación.

Aquella esencia incomprensible de la Divinidad es una fruición común de Dios y de los santos.

Por Él y en Él son todas las cosas y de su Majestad depende el Cielo y la Tierra.

Contempla las maravillas y riquezas de Dios Omnipotente y las excelencias de su naturaleza divina.

El tercer Río: un fervor inspirado que inflama como fuego la voluntad del hombre/

Y consume todas las cosas / y las reduce a la unidad.

Este gozo excita y causa en la voluntad un amor sutil y espiritual sin trabajo.

La divina gracia fluye a manera de fuente / y sus Ríos hacen que manen las fuerzas del alma en todas sus virtudes.

La misma fuente de gracia pide un reflujo perpetuo al mismo principio de donde empezó a manar.

Por el primer Río, que es una simple luz queda la memoria trasladada sobre las especies de los sentidos / y constituida en unidad de espíritu.

Por el primer Río, que es el ardor inspirado, queda la voluntad encendida en un amor quieto, y enriquecida. p.196-97

El que está firme en el amor debe salir a recibir a Dios y atribuirá todas las cosas a la liberalidad divina.

Mire a Dios en su gloria y en su abundancia con todo lo que ha recibido de Él.

Dios es fuente de todos los regalos;

El flujo va a todos los que le aman;

El reflujo, cuando vuelve a Dios nuestro bien obrar.

Dios se muestra muy rico, liberal e inmensamente bueno y pide que le amemos y honremos.

Dios quiere ser amado de nosotros, pero nuestro amor es finito; renovar nuestro amor para amarle más.

Todos los espíritus bienaventurados hacen una llama de amor.

El amor determina a amar con perfección, deshacerse en amor.

La segunda salida, El hombre, ilustrado de Dios, saldrá con misericordia a guiar al pecador hacia Dios.

Pide a Dios con ruegos que comunique su caridad y misericordia a los gentiles e infieles.

La tercera salida, hacia los detenidos en el purgatorio, rogará misericordia a la clemencia de Dios.

Algunas veces es llamado para rogar por algún pecador o algún alma detenida en las penas.

Y se quieta y descansa el impulso del Espíritu Santo, que le impele a orar.

La cuarta salida contemplará la concordia y unión de amor que hay entre ellos.

Y rogará a Dios que permita perseveren en ellos sus dones.

Y se los comunique para que perseveren estables en el amor.

Poseerá en paz la unidad de su espíritu como la unidad de Dios en la cual descansa.

Los hombres iluminados con la luz divina son quietos, simples, estables:

Experimentan la unidad interior y tranquilidad de ánimo.

Tienen sabiduría infusa por Dios; conocen clara y distintamente la verdad, su paz es grande.

Pasean por el Cielo y la Tierra: tienen cuidado incluso de las cosas leves; Piensan con bondad de los demás.

Permanece el ejemplo de Cristo que fue enviado al mundo para nuestra salud y conversión.

Cristo se dio a todos amando, enseñando, consolando, repartiendo, perdonando.

Se entregó por todos los que se habían de salvar en cualquier tiempo.

Todas las cosas de su Majestad eran comunes para nosotros: Cuerpo, Alma, Madre, Discípulos, Túnica…

Sus seguidores gozan de gran paz en unidad de espíritu

Y están ilustrados con Sabiduría divina, fidelidad y benevolencia.


En la Eucaristía nuestra naturaleza recibe su naturaleza,

La Humanidad gloriosa de Cristo, abundante de gozos.

Quisiera yo que todo el hombre se deshiciese con el deseo y gozo casto en la recepción del Santísimo Sacramento.

El alma recibe y se junta con Aquel que es más hermoso que los hijos de los hombres.

Hacemos conmemoración de la pasión en la misma recepción de este Santísimo Sacramento.

Por el Espíritu Santo se inclina Dios a cada una de las criaturas y les reparte sus dones

Dios no admite tiempo alguno, ni lugar ni movimiento; es inmutable.

En esta unidad nuestro espíritu se mueve por virtud de Dios, así naturalmente como sobrenaturalmente.

Dios Todopoderoso ocupa la unidad esencial de nuestro espíritu como Reino suyo.

Dios y todos sus dones piden y vuelven a pedir que nos encaminemos a su Majestad.

Un interior tocamiento de Cristo que toca y mueve lo más interior de nuestro espíritu.


No hay río sin fuente ni fuente sin manantial, así la gracia de Dios mana e inflama.

Bulle y nace del fondo de la divina opulencia que nunca ha de faltar con piedad.

Nadie hace ni obra sino solo Dios que obra por su muy libre.

Cristo habla interiormente al espíritu: Sal por los ejercicios según la razón.

Se levanta el espíritu con amor, en la misma unidad donde corre al manantial vivo.

Con esta virtud de amor gozamos de Dios sin medio.

Desfallece toda la luz, porque aquella claridad de Dios es inmensa y ciega a toda vista creada.

Entrar en el interior, aunque tropiece como ciego, y gozar con fruición más que entender.

El contacto interior de Dios causa en nosotros hambre y deseo de Él.

De Dios manan ríos de todos sus regalos que llenan de suavidad el paladar interior.

El contacto de Dios conserva nuestro amor firme y estable.

Este flujo y reflujo de amor hace que rebose la fuente de la caridad.

El contacto de Dios nos da lo más interior de su esencia, la gracia y la virtud.

El espíritu ansioso y hambriento siempre está apeteciendo comer y beber a Dios.

Él mismo se hace amor y las fuerzas se unen en unidad de espíritu.

Hay una introversión con íntimo deseo y hambre de gustar a Dios.

La vida contemplativa se abre en nosotros con un divino modo de luz divina.

Empieza aquí en gracia y en adelante durará en gloria por toda la eternidad.

El Señor interiormente nos enciende, instruye y mueve en su venida.

Salgamos al encuentro de Cristo nuestro esposo y nos unamos:

Él es nuestro eterno descanso.

Venimos de lo profundo y bajo y necesitamos de todas las cosas.

Cristo viene a nosotros desde lo interior a lo exterior;

   Y nosotros venimos a Él desde lo exterior a lo interior.

La vida y esencia que somos en Dios es vida sin medio ni diferencia.

Nuestro espíritu recibe la claridad divina y es morada de Dios.

Dios viene a nosotros y está con nosotros y vive con nosotros

Y no hay en Él accidente ni mudanza alguna.

El espíritu posee a Dios en la naturaleza desnuda,

Porque vive en Dios y Dios en él.

Nuestro espíritu se zambulle y entra en la divina esencia;

Y persevera allí y posee en potencia la eterna bienaventuranza.

Nuestro espíritu recibe la impresión de su eterno ejemplar, como un espejo conserva la imagen.

Nuestro espíritu obra a manera de Dios, y recibe la impresión de su eterno ejemplar.

Esta esencial unidad persevera en Dios,

Depende de su Majestad y hace reflexión en Dios como su eterna causa.

Estamos adornados con esta excelencia y nobleza en la unidad de nuestro espíritu y muy unidos a Dios.

Nuestro espíritu es semejante a Dios por la gracia;

Llevamos su imagen, y quedamos sumergidos en su caridad.

Estamos unidos a Dios en el mismo conocimiento de su esencia:

Unión gozosa y sosegada.

Aquí no hay otra cosa sino Dios y el espíritu unido con Dios sin medio.

Quien se aparta del pecado es recibido de Dios en el ápice de su espíritu:

En su esencial esencia.

El que vive sin pecado vive en cierta semejanza y gracia de Dios, y le es propio el mismo Dios.

El Señor viene a nosotros por su gracia.

Y nosotros nos llegamos a Dios por las virtudes y ejercicios de amor.

Siempre Dios da nuevos dones y nos sube a grado más alto de vida.

Dios determina siempre visitarnos, con una nueva venida de su generación sublime.

Quiere visitarnos con excelentes dones para que subamos a mayor semejanza y claridad.

La voluntad del divino Esposo, que habitemos en la unidad esencial de nuestro espíritu.

Que hagamos nuestra morada activamente en la misma unión.

En cada uno de nuestros actos visitemos esta unión y semejanza.

Salir así al encuentro de los dones de Dios, con la unión de la esencia, y de nuestras acciones.

Ofrecer a Dios alabanza, honra y todas las virtudes, y hallar a Dios en su fondo y centro.

La simple intención: nada mirar sino a Dios y todas las cosas en orden a Dios.

Aquel simple ojo que ilustra todas las acciones del hombre, y toda la vida y la conserva pura.

Abrazar la esperanza y la caridad, porque es la que confía en Dios y se hace fiel a su Majestad.

Pisar la naturaleza pecadora y atraer la paz.

Conservar bien la paz, la esperanza, la confianza en Dios;

Y moremos en la unidad de nuestro espíritu.

Salir al encuentro de Dios sin medio

Y descansar en Él en el fondo de nuestro corazón.

Vivir en nuestro espíritu en gracia, en quietud suprema, en la simplicidad y esencia.

El alma por la caridad descansa en el amado, sobre la semejanza.

Si se ejercita en el temor de Dios, se le concede también el espíritu de piedad.

Conoce el alma lo que ha de hacer y omitir, dónde ha de dar y dónde ha de recibir.

El alma es obediente al Padre y discreta al Hijo, liberal y piadosa al Espíritu Santo.

Siempre se postrará con humildad a los pies de Nuestro Señor Jesucristo.

Así tendrá en todas las horas grande aprovechamiento en la semejanza y virtudes y no podrá errar.

Está más atento a las obras que a las mismas razones;

Y une más con el ejercicio de los sacramentos.

Recibe de Dios el espíritu de fortaleza para vencer las adversidades.

Libre de imágenes, se hace dueño de sí mismo y llega con presteza a la unidad.

Se convierte a Dios sin impedimento alguno, con devoción interior.

Asistiendo delante de Trono de la Santísima Trinidad, le llena Dios de consuelo.

Dejar a mí mismo y todas mis cosas para poder hallar a quien conozco y vive en mí.

Esperar la unión hasta que me parezca que agrada a Dios.

Es grande quien obedece el orden y consejo de Dios.

Es grande quien se deja a sí mismo y a todas las cosas.

Por amor vencer la propia voluntad y decir: "Hágase en todo tu voluntad y no la mía".

Por aquella abnegación de su voluntad según la humanidad, todos nosotros nos salvamos.

La voluntad de Dios con gozo llena al hombre humilde que ama a Dios.

Dios conoce nuestros corazones, y algunas veces suele probar al hombre.

Dios prueba al hombre para ver si puede negarse a sí mismo y vivir para Dios.

Permite Dios nuestras grandes miserias de manera que nos parezca estamos desamparados.

Y que siempre busquemos la honra de Dios, aun envueltos en penas y dolores.

Paciencia aun en medio de las adversidades, es más acepto a Dios que hacer cosas grandes.

El espíritu se exalta más con la aflicción que con la grande operación habiendo semejante caridad.

Obrando con esta resignación conseguimos en espíritu la ilustración divina.


Por este don resplandecemos conforme a su Majestad: porque la caridad nos une a Dios.

Retenemos la unidad con Dios y disfrutamos de la quietud divina en la fruición del amor.

Apetece el alma amar más que lo que puede,

Y como y como no le bastan las fuerzas parece que le falta el amor.

Nos llegamos en las virtudes y semejanza de Dios.

Y poseemos a Dios en quietud y unidad de amor.


Corramos hacia este Sol visible que permanece sin mudanza y comunica su claridad.

Adoremos el poder del Padre, le daremos honra y reverencia y así seremos elevados.

Daremos también alabanzas y gracias a la inmensa caridad divina

Rogaremos a la Divina Misericordia que convierta a los pecadores y haga que aprovechen en la virtud.

Repartiremos a todos los necesitados los tesoros de la bondad divina.

Ofreceremos a su Majestad todo el ministerio de Jesús que ejercitó en toda su vida.

Salgamos al encuentro de Dios y seamos semejantes a su Majestad con la caridad común.

Somos tocados para que en cada hora crezcamos en las virtudes y seamos más renovados.

Todos los espíritus amantes aspiran a Dios,
Pero nunca su Majestad puede ser comprendido por nuestro deseo.
Nuestro espíritu agotado en el obrar se hizo en su modo el mismo amor.
Vivimos una bulliciosa vena de amor sensible;
Y esto es la ilustración divina dentro de nosotros.

Dios transforma y penetra de modo fruitivo nuestro espíritu con una luz incomprensible.
La amorosa inclinación de nuestro espíritu causa en nosotros un amor fruitivo;
Un amor que carece de fondo.
Estar juntos y unidos en amor fruitivo con el Espíritu de Dios,
Estar unidos sin medio, salir al encuentro con Dios.
Luego que nos anegamos en Dios, nos llenamos de sus inmensas riquezas.
De estas riquezas mana un abrazo y plenitud y de él fuerza,
De estas riquezas manan el gusto espiritual y en el fondo del corazón cierta claridad.
El alma se une y junta con Dios haciendo una estabilidad firme:
El alma trasciende y se llega a cierta quietud santa.
Con tal fuerza que aumenta el deseo para darse al Señor.
Con gran deseo ofrecemos a Dios nuestras virtudes,
Vivimos la caridad, crecemos en sed de amor.
Percibimos el resplandor de la ilustración divina.
El amor consigue la semejanza y quiere y apetece unirse con Dios
Dios viniendo a nosotros nos pide acción y la fruición, las dos cosas:
Acción y quietud. El hombre interior posee las dos.
Anegarnos en Dios y en la vía fruitiva.
Dios se da a Sí mismo y todos sus dones.
El entendimiento es tocado e iluminado y se le proponen todas las cosas y abrásase en hambre y sed de Dios.
El tocamiento de Dios causa la perpetuidad del amor en el obrar;
El hombre justo se llega con íntimo amor.
El hombre justo camina a Dios con inclinación fruitiva y permanece en Dios.
Y sale a todas las criaturas con amor.
El hombre justo recibe a Dios con todos sus dones;
El hombre justo con la fuerza de Dios  puede comunicarse y darse a la justicia.
El hombre justo permanecerá amando, deseando, dando gracias y alabanzas a Dios Padre.
Su alma se aplica a Dios por amor, como quien está hambriento y no puede saciarse.
Debemos cuidar de adornarnos de virtudes y buenas costumbres;
Y ofrecernos con todos nuestros actos con amor.
Nos anegamos en su amor y corremos al encuentro de Dios;

Y salimos fuera y nos volvemos a lo interior sin medio. 5-4-15 Pascua de Resurrección.


## d) De Sor J. Baptiste.

**Ideas de "Fe en el amor de Dios".**

He de bogar a velas desplegadas por el camino del amor; porque soy amado de Dios.
El corazón lleva la mejor parte en el trato con Dios. Me convenzo de esto.
Dios me da gracia para amarle; yo he de ejercitar esta gracia. "Ámame, que yo te amo", parece que oigo su voz.
Espero y, mientras espero, estoy a salvo;  y espero este don de la esperanza.
Entrar en el misterio de la intimidad divina para no salir más de ella.
Tratar a Dios incluso cuando estoy ocupado, o paseo, o practico lo que no exija mi plena inteligencia.
Que el amor de Dios me encienda y necesite desahogarme, hablar de Él, escribir.

La esperanza teologal nos hace desear a Dios como nuestro Bien confiando en la bienaventuranza.
Necesitamos conocer bien su Corazón, y estar seguros de Él y de su tierno amor.
Yo quiero y debo ser hostia de alabanza cantando.

 "Padre, si es posible pase de mí este cáliz, pero no se haga mi voluntad, sino la tuya"
La fe en el amor de Dios es el mayor consuelo aquí abajo.
"Cuando flaqueo, entonces soy más fuerte" (2 Cor. 12,10)
Entro por el camino de la humildad que atrae sobre mí vuestra gracia.
Conozco mi pequeñez y encuentro en ella un empuje que me arroja a tus brazos.

La única manera de servir a Dios en verdad consiste en servirle por amor.
La fe en el amor de Dios sería vana si no nos llevase a amar a Dios.
El Padre envía a su propio Hijo para reconquistar este amor.
La gracia santificante es de hacer que el alma obre por amor.
A Pablo los sacrificios le parecen fáciles por el amor que dentro llevaba.
El Maestro nos encarece el amor al prójimo porque Él mismo los ama.
Para amar a ciertas personas necesito creer que Dios las ama.
Cuanto más viva sea mi fe en el amor de Dios, más generoso será mi amor al prójimo y el perdón.
Amaban nuestros santos, porque vieron en todos hijos del Padre Celestial, redimidos por Cristo.

Todo el negocio de la felicidad en esta vida y en la otra, es negocio de amor.
De Vos solo deseo ser amada y a Vos solo deseo amar.
Solo en amaros se encuentra la hartura de mi corazón.
Solo el amor me ha de llevar a la santidad. Su efecto, unirme a Vos.
El primer carácter del amor que Dios nos tiene es ser eterno y gratuito.
Nuestra flojedad en entregarnos a Dios, sea objeto de compunción.
Las razones que Dios tiene para amarnos las encuentra dentro de Sí mismo.
El amor eterno y gratuito que Dios nos tiene está siempre activo.
Luchar aunque parezca una situación sin salida: Dios siempre está cerca.
Dios se siente honrado en un acto de suprema confianza.
Todo lo espero de Dios, Padre de quien me sé amado.
No temo la muerte: mi corazón tiene sed de las aguas de la Vida.

El amor de Dios nos sostiene por encima del abismo de la nada, de donde nos ha sacado.
Los beneficios de Dios son proporcionados a su amor, es decir, infinitos.
Descubrir la acción de Dios en cada circunstancia, en cada paso de nuestro camino.
Rendir a Dios el culto de adoración, acción de gracias, satisfacción e impetración.
En la eternidad, las facultades del alma, en la luz divina, disfrutarán del gozo eterno.
La esencia de la felicidad de los bienaventurados es el cara a cara divino.
Amarle sin miedo de desagradarle jamás, esta será mi dicha eterna.

Entrar en la intimidad de su misterio, admirar en adoración las maravillas de la de la vida trinitaria.
Solo el amor de Dios no se muda: así era ayer, así es hoy y así lo hallaremos mañana.
Tomar lo que Dios nos da y alabar a Aquel que lo da. Él quiere de nosotros, humildad.
Creer en su amor. descubrir su bondad. "Permaneced en mi amor".
Creer en Él, y esta fe se convierta en alma de nuestra vida espiritual. ¡Amarle sin retorno!
Presentarle nuestros corazones, ávidos de penetrar los secretos del suyo.
Reconocemos el amor de Dios en su creación, justificación, encarnación, redención, Eucaristía.
La creación de Dios, movido por una incomprensible y gratuita benevolencia.
Dios nos ama y quiere ser amado; sabe que el amor hace felices a quienes aman.

Quiere Dios tener criaturas, a fin de derramar sus tesoros sobre ellas.
Desea hijos que en el Cielo le hagan eterna compañía.
Dios pone su gloria en manifestarnos su bondad; en comunicarnos su amor y su bienaventuranza.
Dios nos ha creado porque nos ama; y nos ama, porque nos ha creado.
Desde siempre nos lleva en su corazón, en su pensamiento, en su Verbo.

Nos guarda para siempre en sus brazos, con más solicitud que el niño en el regazo de madre.

Dios nos envía su influjo vita, porque su Providencia es amor.

¡Cuán preciosa es esta absoluta dependencia en que nos encontramos delante de Dios!

Todo nos es querido cuando pensamos en Dios.

En todo lo que vive, en todo lo que respira y se mueve hay algo divino.

En todo cuanto se admira en la naturaleza, vemos un signo sensible, para recordar su amor.

"Yo mismo seré tu recompensa". ¡Sí, Dios mío!

Nos admite en su hogar y nos permite conversar familiarmente con Él.

El amor dará a nuestros sacrificios el valor principal y aun cierta suavidad.

Id al sacrificio por amor: os conducirá a un amor que crecerá sin cesar.

Solo por amor se han de gobernar los intereses de Dios, su Reino en las almas.

En el Verbo Encarnado se han hecho luminosos los motivos para creer en el amor.

Quiero que las almas se habitúen a unirse más y más conmigo;

Que me den su corazón por morada.

Todo amor que no arranca de la pasión del Salvador es frívolo y peligroso. (Sales)

Buscamos en el fondo del abismo en el que nos había hundido el pecado para levantarnos hacia Él.

Dios entró en el mundo para liberarnos del pecado y nos ha liberado con su muerte y su resurrección.

Cuando el dolor llama a nuestra puerta es Jesús crucificado quien llama.

La prueba nunca nos deja como nos halló: nos acerca más a Dios o nos aleja de Él. Sor J. Baptiste

Necesito amarrarme a la fe: ¡Si al menos sintiera que Jesús me ama…! (Foucauld)

Vuestra acción crucificante para conmigo redundará en gloria vuestra y verdad bien mío.

Entre gemidos os doy gracias porque me tratáis como a vuestro divino Hijo.

Porque eras agradable a Dios fue necesario que la tentación te probara.

Vuestra fe en el amor es el aleluya que sube desde el destierro.

Dios lo ha permitido sirviéndose de las causas segundas para ponernos a prueba.

El amor puede servirse de menudas pruebas, de pequeños sacrificios en un martirio de alfilerazos.

Tengo tal sed de Él que nada me resulta duro con tal de poseerlo.

Jesús ha venido a salvar a los que estaban perdidos./ En ello está el sabor de la misericordia.

Cuando el hombre se halla aniquilado por su pobreza, queda en total dependencia de Dios.

Las mismas faltas, lejos de perjudicar al alma, son de inmenso provecho.

Vuestra flaqueza exponerla sencillamente a Dios, para que se digne bajar a nosotros.
Almas pequeñas, después de vuestras faltas diarias, volved a Él vuestros ojos.
Cuando desconfías de ti y confías en Dios, Él obra en ti maravillas de santificación.
Humildad, en caso de necesidad ella sola puede sustituir a las demás virtudes.
Absorta por el pensamiento de ser amada de Dios, encuentro en ello mi cielo.

"Sé bien a qué atenerme sobre el amor misericordioso de Dios", dice santa Teresita.
Si la enfermedad me abate, el aburrimiento me asedia, la sequedad me abruma, permaneceré en Vos
Cuando me llames de esta tierra de destierro, conservaré mi confianza y contaré con Vos.
Te hago ofrecimiento de mí misma: ofrécelo, Virgen María, a Jesús.


## e) Ignacio de Loyola

Nada tan maravilloso en la creación como la formación de un santo.
Al leer, se paraba a pensar en lo leído y lo comparaba con su experiencia del mundo…
Nos es sustraída la consolación por nuestras faltas;
O para darnos a entender que depende de Dios.
Dios y el ángel bueno siempre dan alegría;
El ángel malo, tristeza y desolación o falsas alegrías sin paz.
Ignacio quedó con el entendimiento ilustrado, que le parecía como si fuese otro hombre y con otro intelecto.
Se sentía hombre nuevo, con entendimiento nuevo y todas las cosas le parecían nuevas.
Se preguntaba lo que he hecho por Cristo, lo que hago y lo que debo hacer por Cristo.

Queda así con la mirada y el corazón puestos en Jesucristo para no apartarlo ya de Él.
No quiero ni deseo y es mi determinación deliberada solo lo que sea de vuestro mayor servicio y alabanza.
Conocimiento interno de Dios que se ha hecho hombre para que más le ame y le siga.
Conocer más a Jesús para más amarle; mi vivir es Cristo.
Un mismo divino ideal de santidad brota de Dios y corre por todas las criaturas.

El camino de la verdad enseña el ser de las criaturas, su verdadero valor.

El camino del amor enseña el amor que Dios ha puesto en cada criatura y en todas juntas.

Hablar de cosas espirituales: encontró una viejecita humilde que entraba en las cosas de Dios.

Desengañado de personas que tienen fama de espirituales, contentándose con lo que Dios le daba.

Buscar ocasiones para hablar de Dios.

Vivir y morir al estilo de Cristo, y así trabajar para implantar su Reino en la Tierra.

Dios mío qué bueno sois para sufrir a uno tan malo como yo.

Señor, si los hombres os conociesen, no os ofenderían, sino os amarían.

¿Qué cosa más dulce para él que morir por amor y honra de Jesucristo por su prójimo?

Sembrar la palabra de Dios y dar a entender qué enorme cosa es el pecado mortal.

Todos hacían oración a primera hora de su camino,/ y ocupaban las demás en santas conversaciones.

De vez en cuando se tomaban una cuarentena de oración y penitencia.

Estudiar para obrar el bien, se abrasa la voluntad en amor de Dios.

Después de año y medio de preparación, Ignacio celebró la primea Misa.

Eran personas enamoradas de Jesús que trabajaban por salvar almas y por Él morían.

Llevadme a vuestra santa gloria, pues tanta pena vivir sin veros, después que tanto os comunicáis. (Javier)

Si acertaba a entrar en una iglesia cuando se celebraban oficios cantados, parecía que se enajenaba de sí.

Amar a Dios en todas las cosas y todas las cosas en Dios.

Parecía estar hecho a propósito para estar siempre con Dios/,

Y Dios le encontraba siempre que quería.

El dominio de sí mismo lo anteponía a cualquier tipo de penitencia.

Su mayor sentimiento estético, la atracción a la música sagrada.

## 7.- El Santo Abandono de dom Vital de Lehodey. Ideas de Un Carmelita Descalzo. Saint Jure. Raich. Philipon

### Vital de Lehodey

Todo cuanto acontece contra nuestra voluntad es en conformidad según su Providencia.

En las desgracias que nos hieren es preciso ver a Dios.
"Yo soy el Señor, nos dice por boca de Isaías, yo soy el Señor y no hay otro";
"Yo soy el que formó la luz y creó las tinieblas, que hago la paz y creo los males".

"Yo soy quien hace morir y quien hace vivir, el que hiere y el que sane".
Conduce a la tumba y saca de ella; el Señor hace al pobre y al rico, abate y levanta".
¿Sucederá algún mal -dice Amós- que no venga del Señor?".
"Los bienes y los males, la vida y la muerte, la pobreza y las riquezas vienen de Dios".
¿Cómo podré ver en ese mal proceder la mano de Dios, puesto que, lo prohíbe? Pido entenderlo.
Dios no puede querer el pecado, pero permite para nosotros esas consecuencias.

Hemos de creer, fiados de su palabra infalible, que Él obra en toda clase de acontecimientos;
Nada sucede en ellos sino por su voluntad.
Para probar a los justos y a los santos, Dios permite la malicia del demonio y los malvados.
Job pierde hijos y bienes y dice: "El Señor me lo dio, el Señor me lo quitó;
Se ha hecho lo que le era agradable; ¡bendito sea el nombre del Señor! ".
La fe en la Providencia exige que el alma se remonte hacia Dios.
"Si el justo es perseguido es porque Dios lo quiere;
Si un cristiano por seguir su religión empobrece, es porque Dios lo quiere.
¿Qué me sucederá si soy fiel a mi deber? Lo que Dios quiera."
Dios aborrece la falta, pero quiere la prueba que de ella resulta para nosotros.
"Si quieres que esté en tinieblas, bendito seas, y si quieres que esté en luz, también seas bendito";
"Si te dignares consolarme, bendito seas; y si me quieres atribular, también seas bendito".

Colocarnos en la situación que El mismo nos haya deparado, sin pretensiones.
Para hacer posible el abandono, establecerse con antelación en la santa indiferencia.
Le queda persistir en mortificación cristiana, que es trabajo de toda la vida.
Es necesario que nuestra voluntad esté desasida de todos estos géneros de bienes.
Desasida de la salud, del reposo, del bienestar,
Desasida de sus propios quereres, y del cariño de los demás.

Necesidad de estar siempre y por completo desprendidos, buscando a Dios y su voluntad.

"Todo cuanto acontece contra nuestra voluntad no sucede sino, según su Providencia,

Y el orden que Él tenía determinado, y las leyes que ha establecido." Así habla San Agustín.

La Providencia exige que en cualquier ocasión el alma se remonte hacia Dios.

"Si el justo es perseguido es porque Dios lo quiere"

"¿Qué me sucederá si soy fiel a mi deber? Lo que Dios quiera."

Nuestras pérdidas, nuestras aflicciones, nuestras humillaciones atribuirlas a Dios.

Los hombres pueden ser su causa inmediata,

Y Dios aborrece la falta, pero quiere la prueba para nosotros.

La Providencia tiene distintas miras que nosotros, sobre el fin y sobre los medios.

Querríamos encontrar el cielo aquí abajo, o ir a él por camino de rosas, pero no.

Pedir fuerza a Dios para saborear un poco la humillación, las contrariedades,

Pedir fuerza a Dios para saborear la prueba en todas sus formas.

Dios no se propone darnos el paraíso en la tierra, sino hacer que lo merezcamos.

Los elegidos, tendrán su salario en el cielo; mientras aquél llega, han de purificarse.

Dios trabajará por reproducir a Jesucristo en nosotros y hacernos reinar con Jesús glorificado.

Así, la cruz será el presente que El ofrecerá a sus amigos con más gusto.

"Considera mi vida toda llena de sufrimientos...

Persuádete que el más amado de mi Padre recibe mayores cruces". Teresa de Jesús.

Lenguaje divino y sapientísimo, mas, ¡qué pocos lo entienden!

Y ésta es la segunda causa de las equivocaciones.

Llamamos al Señor, y hacemos bien.

La muerte deja claros en nuestras filas y nos arrebata las personas con las que contábamos.

Desaparece nuestra salud, las dificultades se multiplican por dentro y por fuera.

Prefiere mantenernos sobre la cruz y ayudarnos a morir a nosotros mismos,

La unión y la conformidad con la voluntad de Dios se miden por el amor.

Para robustecer la debilidad de la naturaleza, la acción lenta y dolorosa de la prueba.

Cuanto más pese la tristeza sobre un alma, tanto más siente las llamas del divino amor.

En una palabra, «el dolor es el pan sustancial de que Jesús quiere alimentarla».

Las almas grandes, por alcanzar la unión con el Dios, atravesarían el fuego y el hielo.

Y hagamos lo que la Providencia exige, aceptemos de antemano la prueba.

Abandonémonos confiados a nuestro buen Maestro;
Y todo se convertirá en bien de nuestra alma.
El mayor obstáculo sería nuestra falta de confianza y de sumisión:
Él no quiere violentar nuestra voluntad.
El dolor es, pues, el alimento necesario del santo amor y por cierto muy sustancial.
El amor justifica la Providencia y la aprueba en todos sus caminos.

## Ideas de un carmelita descalzo

La eternidad no puede ser aburrida. Mi fervor debe ir en aumento cada día.
Quiero que mi alma esté sola con Dios en súplica y alabanza;
Y mirar a Dios con amor y humildad.
Estoy consagrado a Dios para este fin, es una dicha.
Y ojalá pudiera encontrar gente con quien poder hablar de Dios, como Teresa de Jesús.
Quiero estar envuelto en Dios, mirarle con mirada de fe y amor.
La felicidad perfecta es ver a Dios, entender a Dios, gozarse en contemplar a Dios.
Es como anticipo del Cielo: el alma se une al Sumo Bien de una manera inseparable.
Dios está en ti, en mí, dándonos su Vida, poniendo rayos de su Hermosura.

Que Él nos conceda la gracia de no perder tantos tesoros.
Y aun cuando vuelva la aridez, ser conscientes de que Él está en mí, amándome.
Dios nos ama, y nos ha escogido para llenarnos de su amor.
Unidos en este amor a Dios, vamos a seguir caminando hacia Él,
Sí caminar con los ojos bien abiertos para hacer el bien.

He de buscarme a mí dentro de Dios: Él me envuelve, empapa y transforma.
He de esconderme en Dios, retirarme de muchas cosas que me distraen y absorben.
Pongo mi corazón en Dios, y me doy cuenta, Señor, de que me llenas,
Me doy cuenta de que moras del todo en mí.
Estoy en Ti como la esponja en el agua, si crezco, más me lleno de tu Divinidad.
Los santos supieron morir a su amor propio y se pusieron en las manos de Dios,
Y Dios los transformó en amor divino.
Méteme, Señor, en la fragua de tu amor y obra en mí la maravilla de la santidad.
Señor, obras en mí tu infinito saber, tu infinito amar y tu infinito gozar.
Dadme gozar un poco de tu Ser, para que me anime a seguir y perseverar.

Me doy cuenta, Señor, de que me llenas, y de que moras del todo en mí.
Si crezco, más me lleno de tu Divinidad.

Mirar a Dios dentro de mí mismo y mirarme a mí dentro de Él.
Que no desprecie, Dios mío, tus llamadas y tu misericordia,
Que no dilapide la riqueza de tu gracia.
Que atienda a tus inspiraciones y seré de Dios y Dios será mío.
Cambiarás mi pobreza y fealdad en riqueza y hermosura.
Vivir a Dios y en Dios que supera toda comparación: todo es nada ante su hermosura.
El alma sale del apego a todas las cosas y sale del amor propio, el mayor obstáculo.
El alma no discurre ni habla, sino se ve envuelta en Dios, llena de Dios.
Cuando sientes el peso agobiante de la cruz, da gracias al Padre.
Te está vistiendo con el vestido sobrenatural de la hermosura.
Dios está obrando dentro de ti la obra de su amor, de las santidades, de la iluminación.
No te dejes guiar por la inquietud y sentimientos; te guíe la fe firme y confía en el Señor.
Ofrecerme a Dios como metiendo a Dios dentro de mí: dejarme amar y llenar de Dios.

Parece que me trata con dureza en las pruebas, pero está preparando mi alma.
Dejarme empapar de Dios, unirme a Dios aun cuando sea en mucha insensibilidad.
Ofrezco a Dios el no saber pensar y el no poder tener afectos, como sería mi deseo.
Dios está aquí oculto, escondido en mí; será mi gloria después y para siempre.
A este Dios infinito, para siempre tu felicidad, es a quien has venido a buscar.
Recoger todo lo bueno que entre por mis sentidos para admirar a Dios y amarle más.
Dios mío, que yo esté en medio de Vos, rodeado de Vos, empapado de Vos.

El alma que ama, es amada por Dios y es un Cielo en la Tierra, de esperanza.
Encontraré a Dios en Él mismo que es todo Bien y el sumo Bien.
La vida de Dios producirá en mí el gozo de la verdad, el mismo gozo de Dios.
Atraído por tu llamada, he venido a buscarte.
Hazme, Señor, llamadas de amor y dame gracia para que las siga.
Yo no sé cómo está Dios en mí, pero sé que está en mí y me conoce.
Y sé que obra esa maravilla misteriosa en mí.
Ese Dios adorado y admirado por los ángeles, está en mí.
La gracia es misericordia, largueza, generosidad del mismo Dios amoroso con el alma.
La gracia es el amor mismo de Dios en el alma.
La gracia deifica a los seres espirituales a quienes Dios se la da.
La gracia es la mayor claridad, la mayor excelencia, el mayor bien creado.
Dadme, Señor, que yo quiera querer con vuestra gracia.

Que la gracia me ayude a ser fiel a vuestra llamada.
Toma posesión de mí transformando mi alma con vuestra gracia.
La gracia es Dios que se vuela sobre sus criaturas y se pone a su disposición.
Que yo sepa, Señor, corresponder a tu gracia, a tu voluntad.
Dios viste al alma con la primera gracia y si el alma es fiel, le sigue dando s gracias.
Dios como se ha condicionado al querer o determinación del alma.

Cada alma tendrá el cielo que se haya labrado en correspondencia a la gracia.
Lo más importante es ponerse humilde en las manos de Dios.
Dios me llama para participar y vivir de su misma vida.
Con su gracia toma posesión de mí; y también con su gracia yo tomo posesión de Él.
Amo a Dios con ese amor especial que me empapa en su infinito amor y bondad.
Dios en su infinita grandeza se hace amorosamente mío y para mí.
Sal, alma mía, de esta pequeñez de tu amor propio y déjate remontar por los al Padre.
Tengo que ponerme en el vacío de lo mundano para que su gracia luzca en mí.
Por participación real de Dios el alma se dice que está deificada.
Dios ha puesto en el hombre ansias sobrenaturales de Cielo,
No pueden saciarle las cosas de la tierra.

Dios infinito en todas partes se le ha de encontrar y gozar en el fondo del alma.
En lo más profundo del alma habita el Señor.
Por eso allí siempre hay paz y calma. Sumo silencio.
Dios es el centro de infinito amor; comunica la santidad y abrasa en amor de cielo.
El calor siempre puede aumentarse hasta hacerse llama, hasta poner en ebullición…
La luz siempre puede intensificarse hasta ser como el mismo sol.
El amor de Dios no tiene límites. Tampoco el gozo que produce.
El alma que ama no puede decir que las penas que padece sean penas.
El alma vive como si la gracia de Dios le envolviera en odas sus fragancias y delicias.
El alma santa es una deliciosa resonancia de júbilo en deleitosa hermosura de bondad.
La santidad es vivir a Dios, participar de Dios, estar unidos a Dios y llenos de Dios.
Al vivir la vida escondida con Cristo en Dios, se aparta de lo mundano con recogimiento.
La oración es petición a Dios, pero petición de unión con Dios principalmente.

El recogimiento es el secreto de la vida de oración;
Logrado esto, se consigue la unión con el Señor.
Sea yo, mi Dios, tu jardín; sea tu huerto cerrado; tu paraíso lleno de frutos.
Mirando tus misterios, encienden el alma con una nueva luz y nuestra admiración.
El amor de Dios produce la santidad, estimula la gracia y fortalece la voluntad.

El alma unida a Dios en el mismo amor divino, compenetrada con Él.
Dios se compenetra y toma verdadera posesión de las almas.
Dios quiere informar con su gracia y amor a todas las almas.
La unión de amor es aumento de cruz y regalo. Observarlo y asumirlo.
La Sabiduría divina ilumina al alma y le enseña la hermosura de la cruz y de la expiación.
Cuando amamos Dios permanecemos más en Dios que en nosotros mismos.
"Ya toda me entregué y di, y de tal suerte he trocado que mi amado es…"
Dios es centro y descanso para las almas con quienes ha hecho unión de amor.
Dios abrasa a las almas en amor, y cuanto más se abrasan, más desean abrasarse.

Dejarlo todo y a uno mismo para recogerse del todo en Dios.
Salta de gozo el alma viendo que Dios la quiere.
Aspira a la caridad, a las virtudes, a la gracia de unión.
Dios es el centro del alma, y allí mora; y el alma está en el centro de Dios.
Dios desea hacer pronto esas maravillas en el centro del alma.
En el momento en que el alma abrace la cruz o se disponga a ella, Dios hace la unión.
Antes del desposorio espiritual han precedido la perseverancia en la oración y multitud de cruces.
Después queda el alma hecha una cosa con Dios.
Dios nos ha creado para la unión de amor con Él, no para cruces ni regalos.
El alma se siente vestida de Dios, bañada de Dios.
Yo seré más humilde viendo la misericordia de Dios que obra en mí.
Mi alma y todo mi será transformado con su gracia y endiosado en su misma felicidad.

### Carmelita La gracia deifica el alma

Quiero recogerme contigo en un amor confidencial para pedirte obres en mí tu obra de amor.
Que tu gracia sea mi vida y Tú seas la vida de mi alma.
Levanta mi alma al orden sobrenatural para vivir amor y esperanza de los bienes eternos.
Recogido contigo en amor, sepa expresar algo de tu soberana hermosura.
Te pido me enseñes a aislarme para que puedas realizar en mí tu obra de amor.

Deseo hablar de tu hermosura y tu grandeza y te pido enriquezcas mi alma con ellas.

Alma mía, recógete en humildad con tu Dios y la misericordia de Dios te acogerá.

Tú eres el infinito bien y creador de todo bien, Tú eres el incomprensible.

La obra de Dios, después de la Encarnación es la transformación de las almas en su amor.

Dios no está lejos, sino presente en la misma alma y muy íntima en ella.

Más íntimo aún que sus propios pensamientos y afectos y su propio entendimiento.

Dios me llena de Sí; me hace participante de su naturaleza y de sus perfecciones;

Me da su misma vida de modo callado y secreto.

Cuanto más íntimamente me recoja con Dios, más delicadamente obrará Dios en mí.

Dios es la vida de mi ser, corporal y espiritual.

Dios quiere levantarme a la vida sobrenatural y que se desarrolle hasta la perfección.

Me doy cuenta, Dios mío, de que estás en mí y yo en Ti.

Habla a mi alma, Señor, estas palabras que hacen santos; que yo esté atento.

Mostrar agradecimiento a tanto amor de Dios y a tanta bondad.

Quiero recrear mi alma y bañar mi espíritu en gozo y en luz: la gracia me hace hijo de Dios.

La gracia de Dios me envuelve y empapa en su amor y en su paz y me da fortaleza.

La gracia pone en mi alma esperanza sobrenatural de aspirar hacia la vida eterna.

Me deleito pensando cómo pone Dios la gracia en lo íntimo de mi alma.

Mi ser nuevo recibe como una segunda naturaleza que la levanta al orden sobrenatural.

La herencia del hijo de Dios es el cielo, es la vida gloriosa de Dios.

Dios Padre comunica su vida, engendra al Hijo; del amor de Padre y del Hijo, procede el Espíritu Santo. Me entrego…

Alma mía, vive e Dios la vida de Dios y vive con Dios en íntimo y callado amor.

Dios amoroso, tu Padre celestial me ha introducido en su compañía, comunicados u vida.

Vivir en Dios, la vida de Dios, vivir con Dios en amor callado.

Por la gracia está Dios en mí con amor especial;

Y quiere prepararme para que pueda recibir una gracia más profunda e íntima.

La gracia me ayuda a rectificar lo defectuoso y a iluminar las oscuridades del alma.

Con la gracia entraré en la posesión de Dios, bien de todo bien, júbilo de todo gozo.
Participar es recibir un ser inferior parte de la perfección de un ser superior.
Ser semejante Dios es participar de sus perfecciones y de su vida.
La gracia es el vestido de cielo dado por Dios: hermosea al alma y da derecho al Cielo.

Solo Dios puede tener todas las perfecciones infinitas, todas simultáneas: ser infinito y sumo bien.
Lo que Dios es y hace en Sí mismo, eso mismo hace en proporción con el alma.
Por la gracia somos imagen viva de Dios en nuestro íntimo ser.
Gran gozo sentirá el alma, inundada por las gloriosas cataratas de luz y delicias divinas.

### Inspirados en **Saint Jure en La Divina Providencia**

Dios regula todos los acontecimientos, buenos y malos.
La vida y la muerte, la riqueza y la pobreza vienen de Dios.
Todo que nos sucede aquí abajo contra nuestra voluntad es por designo de la Providencia de Dios. (Doctrina de San Agustín).
El acto moral del brazo que os golpea es culpa del pecador;
Y el físico es bueno en sí mismo y nada impide sea producido con el concurso de Dios
Y no nos hace sufrir el acto moral pecaminoso del prójimo, es culpa solo de él;
Es el dolor o la perdida de nuestro buen nombre. Enderezar nuestro criterio.
Dios quiere hacer de nosotros su imagen viva: Él nos dará el mejor golpe de cincel.
Para mí no conozco otra perfección que la de amar a Dios de todo corazón.
Lo más puro y exquisito de este amor es conformarse a la voluntad divina.
Cuanto más sumisos somos a los designios de Dios, más avanzamos hacia la perfección.
La sumisión plena a la voluntad de Dios es el sacrificio más glorioso a Dios.
La prosperidad no me engríe ni la adversidad me abate. Confianza.
Él permite nuestros problemas para su gloria y nuestro mayor bien.
Mantenernos serenos y recogidos en su presencia esperando su moción.
La esperanza, aun en la prueba, consuela, anima y fortalece. Confianza en Dios.
Si caigo, me levanto, me arrepiento y sigo junto al Señor. Pido y confío.
Pido al Señor me sirva de consuelo el haber cumplido su voluntad.
Sufrir con paciencia y Dios nos premia con tierna y ferviente devoción.
Unirme a tu voluntad y hacerme instrumento de tu gloria.

**María Dolores Raich. En Espíritu de renuncia.**

La fuerza de los instintos perversos cede con las pruebas y humillaciones de la gracia.

Se llega al amor por el conocimiento, vencimiento propio, la entrega y la renuncia.

La renuncia sea progresiva: aprender a desasirse, poco a poco y constantes.

Ir venciendo las malas inclinaciones que nos precipitan hacia el mal.

Dios generoso nos impone fructíferas cargas para probar nuestro amor y acercarnos a Él.

Los frutos de la Eucaristía dependen de nuestra entrega y pureza interior y de nuestro amor.

Dios atiende el tesón de cada alma en vencerse y en superar sus taras.

Buscar la intimidad con Dios con preferencia a todos los demás bienes.

Sus entrañas de Padre me conmueven y llenan de amor mi alma.

La soledad mística tiene por término al propio Dios y solo Él puede colmarla con su gracia.

Aprendamos a compartir nuestras renuncias con Jesús; vivirlas en el madero de la cruz.

Jesús quiere que suframos con Él para que nuestro dolor tenga eficacia redentora.

No cabe dureza si Jesús comparte en la cruz nuestra inmolación.

Nos gozaremos en la certeza de que no sufrimos solos, sino con Él.

## Philipon

La Santísima Trinidad es lo único necesario, el valor supremo que fija cada cosa en el lugar que le corresponde.

Jesús descubrió la Trinidad al mundo, y su Iglesia quedó iluminada para siempre.

El más inescrutable de los misterios se ha convertido para nosotros en el más familiar. Adorar.

Jesús descubrió

La Santísima Trinidad es mi vida, mi esperanza, mi única luz.

Como una llama eterna procede el Espíritu Santo del Padre y del Hijo.

Dios, Santísima Trinidad, no rompe la Unidad que se dilata… Padre, Hijo, Espíritu Santo.

Los Tres han decidido asociarnos a su intimidad divina… agradecimiento.

Nuestra vida espiritual no es más que una extensión de la vida de la Santísima Trinidad.

El título de Hijo de Dios es la llave de nuestra vida espiritual.

Nuestra mirada se sumerge en los abismos de la Santísima Trinidad.

La inefable Trinidad nos invita a perdernos en su Unidad.

Toca a nosotros perdernos como la pequeña gota de agua en el cáliz en una acción de gracias infinita.

Pasar por la tierra con la mirada fija en el cielo donde esperando el encuentro con la Santísima Trinidad.

Al alma que ha alcanzado esas cimas de unión divina, ¿qué le importa salud o enfermedad…?

La Santísima Trinidad se encuentra en el alma en su propia casa.

En la más sublime intimidad.

En las horas difíciles las Santísima Trinidad está con nosotros para ayuarnos a superarlas.

¿Qué son los títulos de nobleza comparados con participar de la naturaleza divina?

La fe desarrolla en el alma el sentido de Cristo, el instinto de Dios.

En fe caminamos hacia lo eterno.

Al alma que ha alcanzado las cimas de la unión divina, ¿Qué le importa salud o enfermedad…?

Un ala que mira a Dios no retrocede jamás.

Todos los hombres merecen ser tratados como personalidades espirituales, Todos, revestidos de la dignidad sublime de hijos de Dios.

Pasar nuestra vida en adoración servicio, amor.

El secreto de la santidad consiste en perderse para ir con Él a la Santísima Trinidad.

Un solo objetivo, la Santísima Trinidad; un solo camino, Cristo;

Un solo móvil, el amor; y como estrella, María.

Él ruega por mí; intercede por mí y por todos mis hermanos.

Cristo no cesa de actuar en nuestra más recóndita intimidad.

El fiat de la encarnación nos alumbró hasta el final, al pie de la cruz.

María espera de nosotros, como el apóstol Juan, que la elijamos como madre.

José vio al Mesías, lo nutrió, veló por él y vivió en su intimidad.

La Virgen María pasó por a tierra como una mujer sin importancia.

La Eucaristía opera la transformación del hombre en Cristo.

Nuestra semejanza con Dios se mostrará el día en que le veamos tal cual es.

Creer es ver todas las cosas con la mirada del Hijo de Dios.

Esperar es tender hacia la posesión de Dios con la certidumbre de que no nos abandonará jamás.

Todos los hombres de la tierra deberían ayudarse mutuamente a encontrar a Dios.

A través de la historia humana debemos preparar juntos la ciudad de Dios.

No estamos solos, formamos una familia, la de los hijos de Dios.

El Espíritu Santo nos transporta de golpe a la cumbre de toda la vida espiritual.

Venga a nosotros tu Reino: dilata al alma de un modo infinito.

El Espíritu Santo ilumina a las almas según su propia vocación en el Cuerpo Místico de Cristo.

Movido por el Espíritu del Padre y del Hijo, el cristiano avanza cada día con fortaleza.

Quisiera propagar al mundo ese fuego de amor con que Jesús vino a prender la tierra.

Una sola palabra resonará en el silencio de la eternidad, el Verbo.

La cima de la perfección es identificarse con la voluntad del Padre.

El que alimenta a las aves del cielo, ¿cómo va a abandonar a nuestras almas inmortales?

La santidad entraña un doble aspecto: separación del mal y unión a Dios.

La humildad predispone a la gracia. Dame Señor, ser humilde.

La convicción de nuestra condición de pecadores suele sernos más provechosa que las luces más sublimes.

Todo en el Universo está llamado a cantar el poder del Padre, la Sabiduría del Hijo y el amor que es el Espíritu Santo.

Pero, ¿quién piensa hoy en la gloria de la Santísima Trinidad?

¿Qué son todas las bellezas de la Tierra junto a la hermosura de la Santísima Trinidad?

Dios es Padre de una fecundidad infinita, fuente suprema de la Deidad.

Dios es Hijo, engendrado por el Padre, figura de su Sustancia, Resplandor de su gloria.

Dios es Espíritu Santo, Soplo de Amor del Padre y del Hijo.

## 8.- La gracia de Bustos, Esquerda y otros

Gracia, gratis: "Gratis quiere decir, sin merecerlo, sin un recibo o de una factura.

Gratis es lo que se da porque Dios así lo quiere. Agradecimiento.

Gracia de Dios nos convierte en agraciados, porque transforma lo que somos.

El refrán castellano, "es de bien nacidos ser agradecidos". Corresponder al don de Dios.

San Atanasio: "Dios se ha hecho hombre para que nosotros nos hagamos divinos".

La realización del hombre se identifica con la recepción de la gracia de Dios.

La realización es la vida divina que nos libera para el amor y la libertad.

Ranher. Experimentar la gracia es experimentar la presencia de Dios.

### Hugo Enomiya Lasalle

Entrar en sí y volver a la morada primera para ser hombre cabal, hombre en plenitud.

Elegir una palabra para repeler cualquier pensamiento que se quiera entrometer. Dios, amor…

Dejar que la mente descanse en la presencia de Dios, en su mismo Ser.

Abismarse: visión interior; contemplación sin imágenes, mirando a Dios.

Abismarse: dejándose llevar siempre por Él, receptivo.

Dios es el fin último de toda mística cristiana.

Abismarse en Dios: es visión interior, un estado en claridad extrema, vaciamiento…

Abismarse en Dios: en el silencio profundo, en la quietud clara e inexplicable.

Abismarse en Dios: como en algo que proviene de una esfera envolvente sin igual.

Abismarse: en la desaparición del yo en el silencio divino, en santa indiferencia.

Abismarse: no lo veo, pero percibo como presenten a Dios Padre.

Abismarse: Se da una quietud auténtica y profunda en Dios; y entonces mantenerse en quietud.

Abismarse: no existe algo más valioso que esta vivencia de unión mística.

Abismarse: a partir de esta experiencia, toda duda se desvanece. Dios...

La luz del Tabor... se su resplandor se transmite incluso al cuerpo.

Mirar y contemplar supone una adhesión incondicional y un seguimiento inmediato.

## De Juan Esquerda

Que brote en mi corazón el canto de amor y de paz universal.

Dios se ha tomado en serio la vida humana; por eso merece vivirse.

Para tener un corazón nuevo hay que gemir, esforzarse, colaborar con la iniciativa de Dios.

Amando, el hombre se hace canto de amor.

El Espíritu Santo renueva constantemente a cada hombre a modo de nueva creación.

Todo hombre encuentra su biografía en el corazón y en la vida del Señor.

El desposorio con Dios se hace reconociendo, respetando, admirando...

Y colaborando en la obra de artesanía que traza en nosotros.

El Cantar de los Cantares es la historia de los amores de Dios con cada persona y pueblo.

Los libros santos son una declaración del amor esponsal de Dios.

Los Cantares describen el proceso de la esposa hasta entregarse definitivamente al amor.

El desenlace, la esposa no ceja en su hambre y sed de Dios suscitada por el mismo Dios.

La Eucaristía, copa de bodas: sostiene la marcha de fe, esperanza y caridad hacia las bodas definitivas.

El mismo cuerpo es expresión del amor de donación, urgencia de unidad e indisolubilidad.

Dios nos ama tal y como somos, pero espera respuesta: participación en su amor divino.

El Señor se acerca a cada uno para llamarle, amarle, curarle alentarle.

Adoptar ante Dios una actitud de pobre, sin complejos ni autodefensas,

Porque Él ha tomado la iniciativa de declararnos su amor.

Entrar en el misterio de la intimidad divina para no salir más de ella.

Sensibles a la obra de artesanía que ha hecho Dios en cada uno: sensibilidad hacia el hombre.

Si siento ese amor esponsal hacia Dios,
También un profundo respeto hacia mis hermanos los hombres, hijos de Dios.
Dios es Amor, no una idea abstracta; es el Dios viviente.
Su presencia en lo más hondo del corazón humano es beso de amor; relación personal.
El tiempo depende de las prioridades personales: Dios es lo principal para nosotros.

Aprender a vivir de la limosna del amor de Dios.
Para entrar más adentro en el trato con Dios, estar dispuesto a dejar cualquier cosa por Él.
"Venderlo todo" para entra en la intimidad con Dios.
Él nuestro bien supremo.
Orar para esforzarnos más a amar, para hacer la voluntad de Dios en el servicio del prójimo.
Nuestras cosas nos interesan en el grado en que están dentro de los planes de Dios.
El silencio de Dios se hace palabra, su ausencia, presencia más profunda en Cristo.
Sentir la necesidad de Dios, de estar con Él; sentirme pobre pero amado.

Orar cantando, con gestos del cuerpo, con fórmulas e himnos,
Orar también con el silencio, concentración mental, con el afecto…
Estar con Dios sin prisas, sin atender a otros problemas.
Aun en la lejanía del destierro, aumentará el deseo de ver y encontrar a Dios.
Sentirme junto a Dios, como de tú a tú, participando en los secretos de su intimidad.
Llamarnos por nuestro nombre toca al Amado: no faltará a la cita.
La violencia de los opresores solo se vence con la "violencia" del amor de Cristo.
Si Él se esconde es para que se le llame con más insistencia y ardor
Si Él se esconde es para que se le retenga con más firmeza, dice San Bernardo.
La conversión y retorno a Jesús es un proceso de caridad y configuración con Él.
Purificados después de nuestras imperfecciones, encontramos al Señor con gozo. Gracias.

Dios escribe páginas maravillosas a través del anonimato. Dame, Señor, humildad.
Entrar desde el silencio de la oración en la entrega generosa al Reino:
Para extenderlo con decisión y amor.
La soledad más profunda solo la puede llenar la intimidad con Cristo.
Perseverar, empezando todos los días con las manos y el corazón abiertos.
Guardar lo bueno que nos da para el servicio y amor de los hermanos.
Nuestro desposorio con Cristo se concreta en la ayuda a los hermanos,

Y transparentar el rostro del Padre.
Si le dejamos a Dios mirar y todo nuestro ser se convierte en reflejo de su mirada de amor.
Cambiar mente y corazón para pensar, sentir y amar como Cristo.
A Dios le gusta nuestra actitud de abandono activo,
Como a la madre cuando lleva en brazos a su hijo.

La tierra está reseca como desierto sin agua, pero Dios se hace río, manantial, fuente sellada.
Agua que brota hasta la vida eterna.
Dios sopla su brisa de amor para responder con el aroma de nuestro ser,
Hacia Él y a favor de nuestros hermanos.
Abrir nuestros brazos a todos; somos escogidos de Dios para amar.
Agrandar junto a Él nuestra capacidad de amar.

## Preparamos Pentecostés

Cristo Esposo, entregado en manos del Padre, comunica el Espíritu Santo;
A la Iglesia, a mí como miembro.
Jesús en un Pentecostés, envía al Espíritu Santo. Vivirlo ahora.
Lo importante es vivir según el Espíritu, que es perdón,
Es también esperanza, unión con el Padre y por los hermanos.
La Iglesia miramos a María y nos hacemos madre con ella, con su ayuda.
Pentecostés con María una actitud de esperanza y fecundidad, a de los fracasos.
El Espíritu Santo nos alienta para amar, buscar la unión y comunión sin fronteras.

Quiere que la esposa viva de las mismas penas y alegrías que Él.
Cristo nos lega la copa de las bodas, la Eucaristía, como signo de la nueva Alianza.
Correr la misma suerte de Cristo; su pasión, muerte y resurrección;
Sufrir con Él para reinar con Él.
Jesús nos invita a un amor más profundo:
Compartir sus intereses, sus planes salvíficos, sus penas y gozos.
Tu mirada amorosa, Jesús, ha delineado mi fisonomía espiritual durante años. Sé Tú mi artífice.
Nada ni nadie puede suplir a Dios: me doy cuenta. Y te amo; gracias.

Cristo no abandona; siempre con nosotros.
Y yo quiero seguirte por encima de cualquier situación personal o social.
Mi respuesta, anunciar a Cristo y olvidarme de mí mismo.
Responder amando, sin herir a nadie, sin ningún tipo de complejo, olvidando humillaciones.
Contar cómo me ha tratado el Señor a lo largo de mi vida,
Ver su providencia, en medio de una vida anodina, pero relativamente feliz.

Ayúdame a mirar todo bajo el prisma del amor; todo. Así se suavizan las tensiones.

Volver al regazo de Dios, encontrarle en lo más profundo de nuestro ser.

Quiero encontrarte, Señor, en mi oración, en mi relación.

Mis cualidades, las de otros, son signo de amor de Dios

Nos exige donación a Él y a los hermanos.

Mi fuerza me viene del brazo de Dios, de su amor.

Cuando leo algo santo me viene sintonía que me ayuda en medio de mi caos.

Muchos detalles de mi vida los miro como providencia amorosa de Dios.

Ahora me doy cuenta de que "ardía mi corazón", como en los de Emaús.

Mirar la muerte con sentido esponsalicio, como nueva luz de la misericordia de Dios.

Me basta tu presencia, tu palabra, tu amor: de cualquier manera, como quieras comunicarte.

Estoy eternamente agradecido a Ti, mi Señor,

Porque nos concedes poderte amar con tu mismo amor.

Todo es gracia, es mensaje, es amor: cuando uno deja de apoyarse en sí mismo o en intereses egoístas.

Cristo ha asumido como propio nuestro caminar, nuestro pecado y nuestras responsabilidades.

Si en el corazón humano nace ese amor de donación, es un anticipo de la vida de Dios.

Anclarnos en el amor para que esto se haga realidad.

La muerte, como venida amorosa de Cristo, pierde el sentido trágico;

Y la aceptamos con el sí o el amén.

El amor de Dios no viene con mucho aparato, sino con el silencio de todos los días.

El Verbo de Dios nace en el silencio de nuestros corazones en un ambiente navideño.

"Mientras un profundo silencio lo envolvía todo, y en la media noche…

Tu Palabra Omnipotente de los Cielos se lanzó en medio de la tierra".

Otros "cantares" solo se han escrito en retazos de vida, casi siempre en el anonimato.

Lo importante es hacer de la propia existencia un canto de paz y amor.

### Audi Filia, de San Juan de Ávila

Se miden nuestros servicios por el amor;

El ofrecimiento, nuestra voluntad para hacer lo que Dios quiere.

Cuando menos pensamos nos visita el Señor, y nos libra;

Y nos deja más fuertes que antes.

Bendecir a Jesucristo crucificado siempre:

Cuando nuestra ánima se siente libre de males y consolada con bienes,

Creyendo que todo nuestro bien nos viene por Él.

*El reino de Dios dentro de vosotros está, por tener justicia, y paz, y gozo en el Espíritu Santo.*

No nos alcemos con la gloria de Dios

Esta humildad es de justos; y no sólo la hay en este mundo, más en el cielo.

"Si me preguntares cuál es el camino del cielo, responderte he que la humildad:

Y si tercera vez, responderte he lo mismo;

Y si mil veces me lo preguntares, te responderé que no hay otro camino sino la humildad". De San Agustín.

Aun del mismo humillarse suele nacer su contrario, que es la soberbia.

Adorad, pues, a este Señor con reverencia profunda como a principio de vuestro ser,

Y amadle como a continuo bienhechor vuestro.

Y cerrad la puerta tras vos, y juntándoos con nuestro Señor.

Gracias a Ti, porque en tu vida guardas la nuestra, y nos tienes juntos contigo.

Ofreciose a Si mismo, limpio, para limpiar a los sucios.

## 9.- Meditaciones entresacadas de Sor Isabel de la Trinidad

Escuchaba su voz en el fondo de mi alma y me sentía dispuesta a sufrirlo todo por su amor.

Le he encomendado el destino de mi vida; mi vocación.

Quisiera manifestarme siempre digna de mi amado esposo; demostrarle amor.

Estoy dispuesta a dar mi vida por salvar una sola de esas almas de Jesús.

Quisiera que todo el mundo aceptara su yugo tan suave y su carga tan ligera.

Jesús, deseo avanzar tanto en la perfección para ser más amada de Ti.

Quisiera pasar estos días junto a Él para consolarle del olvido e ingratitud de los hombres.

Jesús, mi amor, mi vida, mi esposo querido: te pido tu cruz.

Quiero conquistarle almas para demostrarle mi amor.

Es Él quien vive en nosotros.

Maestro adorado, Jesús, supremo Amor, os ofrezco mi voluntad para que se identifique con la vuestra.

Dadme esta alma; la quiero para mi Jesús.

Él es mi vida, mi supremo Amor.

El alma sabe amar, entregarse, sacrificarse.

Caminamos hacia la eternidad, como el río y el arroyo serpentean y desembocan en el océano.

Soy libre para conquistar el Cielo, esa bienaventuranza eterna.

Hay que prescindir del sentimiento humano; buscar solo a Dios y su gloria.

¿De qué nos servirán nuestra posición social, nuestra fortuna, nuestras riquezas?

Es necesario hacer penitencia para salvarse.

Existen penitencias obligatorias: la confesión, el ayuno.

Te he consagrado mi corazón, un corazón que piensa y vive exclusivamente por Ti.

Pecar mortalmente es también una ofensa contra la Bondad divina.

Perdón por mis ofensas, por mis pasados arrebatos, por mis malos ejemplos.

La muerte nos sorprende en el momento en que menos lo pensamos.

Voy a poseerte, Jesús, Amor supremo que he preferido a todas las cosas.

Estemos preparados. Así no temeremos la muerte, sino que la llamaremos a grandes voces.

Oh Jesús, si he vivido muchos años indiferente a la salvación de mis hermanos,

Al menos hace ya tiempo que mi único deseo es llevarte almas.

Orar con perseverancia, sin desaliento, aunque nos sorprenda la muerte sin haber sido escuchados.

Una palabra deslizada oportunamente puede producir gran efecto.

El camino del sacrificio, como medio más eficaz para salvar las almas.

Oh María, no podéis negarme la gracia: os pido la salvación del alma del pecador…

Comparezco ante Ti para rendirte cuentas de mi vida.

Haced, Jesús, que en adelante la confianza triunfe sobre el temor en mi alma.

Nunca nos separemos. Quiero cantar eternamente el himno de tus alabanzas.

Os agradezco, Señor, el haberme mostrado desde mi juventud la vanidad de las cosas de la tierra.

Gracias por haberme orientado hacia Ti.

Quiero pasar mi vida viviendo en Él, por Él y solamente con Él.

Jesús mío, en adelante no diré ni una sola palabra contra mi prójimo.

La humildad es fuente de gracias, Dios colma de favores a…

La humildad ofrece a nuestra oración la garantía de ser escuchada.

Ser humilde significa ser especialmente amado de Jesucristo.

Debemos humillarnos en todas las cosas... al ver nuestras faltas.

Jesús me quiere totalmente para Sí, para amar, orar y sufrir.

Tú estás ahí para ayudarme. Todo lo puedo contigo.

Vienes con frecuencia a mi alma y sigo con mis imperfecciones. Perdón.

Jesús, es necesario que seas Tú quien me llames, quien me sostengas.

Me quieres para Ti y me infundes fortaleza y valor.

La fortaleza ataca y resiste, cohíbe los temores atacando y modera las audacias resistiendo.

Ayuda a quien te ama hasta morir y no encuentra una palabra bastante eficaz para agradecer.

Las personas que comulgan diariamente tienen que aspirar a una vida de santidad.

Todo debiera conducirnos a Él; consumir de amor nuestros corazones.

Tú estás a mi lado para proteger a quien vive solamente para Ti.

La piedad tiene que estar dirigida por el amor, y no por el temor.
La piedad debe ser: lúcida, humilde, constante.
Encontramos en la Eucaristía una fuente de piedad.
Hallamos en ella una la luz y la fortaleza.

Alma mía, embriágate de felicidad; da gracias a Jesús; Él es quien te llama.
Durante la Misa Jesús se inmola; Jesús es víctima expiatoria.
Asistir a Misa con los mismos sentimientos que al Calvario.
El alma que se entrega a la oración reconoce la vanidad del mundo.
El alma adquiere fortaleza y valor; se eleva por encima de las cosas terrenas.
El alma progresa en el camino de la perfección.
Recogerse durante el día viviendo bajo la mirada de Dios.
Jesús mío, quiero devolverte amor por amor, sacrificio por sacrificio.

Guardad mi corazón, es vuestro; os lo he entregado. Ya no me pertenece.
Estos sufrimientos, por los pobres pecadores para que vuelvan a Jesucristo.
Dios mío, me ofrezco como víctima en unión de Jesucristo crucificado.
Quiero vivir y morir contigo como mi amado Esposo.
Quiero llevar la cruz siguiendo sus pasos e íntimamente unida a Él.
Nuestra arma defensiva será la fe.
Te doy al menos un corazón que te ama, un corazón que vive solamente por Ti.
Debemos buscar la soledad, esa soledad que amaba Jesús apasionadamente.
Haced que viva en íntima unión con Vos y que nada pueda distraerme de Vos.
El gran negocio, la única cosa necesaria es salvar mi alma.
Quiero no solamente salvar mi alma, sino también conquistaros otras.
Que, durante estos días santos, viva más íntimamente unida a Vos.
Que muera en tu gracia; que muera llevándote en mi corazón.

Entonces, Amado mío, te veré y te poseeré sin temor de perderte.
Tal vez muera pronto; que se cumpla tu voluntad.
Si en algún momento hubiera de ofenderte con pecado mortal: llévame contigo.
Mi corazón desfallece de agradecimiento y de amor.
Tengo a Jesús que me orientará y me dirigirá.

"Ven hija mía, amada mía, ven con tu Jesús para siempre, pues no has pertenecido al mundo".
"Él fue tu único amor, tu único bien en la tierra. Ven a poseerle ahora por toda la eternidad".
Otorgadme la gracia de hacer algún bien mientras en este mundo.
Vivir de una comunión a otra en vuestra comunión, en vuestra intimidad.
Recibiros todos los días: vivir de una comunión a otra en vuestra unión, en intimidad.
Me he consagrado enteramente al Señor; le he entregado todo mi ser.

Le he confiado el deseo que más amo: solo quiero lo que Él quiera.

Este año he vuelto a hacer los mismos propósitos de otras veces: la humildad, la renuncia a mí misma. En esto consiste todo.
Las características del desierto son la soledad y la aridez.
Jesús mío, iré a Ti que eres mi fortaleza, mi apoyo, mi vida.
Iré a Ti que iluminarás mi inteligencia y me inundarás con el agua de tu gracia.
Toma y recibe, oh Maestro a quien adoro, todos los tesoros que he recibido de Ti.
Que mi vida sea una oración continua; que nada, nada pueda distraerme de Ti.

También en el mundo puedo pertenecerte. Soy tuya.
Prometo a mi Jesús humillarme y renunciar a mi voluntad por su amor.
Arderá en mí siempre una lamparita,
Su llama será el amor que consume todo corazón cautivado por Jesús.
Todo procede de Ti y no me importa lo que me envíes.
Te doy gracias cuando Tú me pruebas, porque entonces te siento más cerca.
Qué dulce es ofrecerte algo a Ti que tanto me has favorecido.
Que permanezcamos estables en Él y que moremos donde Él mora, en la unidad del amor.
Que seamos, por decirlo así, la sombra de su ser.

La Trinidad: he ahí nuestra morada, nuestro propio hogar.
Permaneced en mí no solo momentáneamente, sino de un modo estable.
Es necesario penetrar cada vez más en el Ser divino mediante el recogimiento.
Para encontrar al Señor no es necesario salir; su Reino está dentro de nosotros.

Cuantos más grados de amor tuviere, tanto más profundamente entro en Dios.
El alma que aspira a vivir en intimidad con Dios, esté desprendida.
Las almas penetran en Dios mediante la fe viva.
La voluntad ha de estar dulcemente perdida en la voluntad divina.
Todo lo hago con amor. Todo lo sufro con amor. "Guardaré para ti mi fortaleza".

Jesús nos arrastra hacia Él. Nosotros atraeremos a Jesús hacia nosotros.
La fuerza de este amor inmenso nos atrae también hacia nuestro íntimo santuario.
Allí Dios imprime en nosotros como una imagen de su majestad.
Gracias al amor podemos ser inmaculados y santos en presencia de Dios.
(Ef. 1,4)
¿Quién es más santo? Quien más ama.

Nuestra actitud para recibir su gracia depende de la integridad con que tendemos hacia Dios.

Dios debe imprimirse en el alma como el sello en la cera.

Permanecer en silencio en presencia de Dios, mientras el alma se abisma en Él.

Subiremos en compañía del divino crucificado la cuesta del calvario.

En ese pequeño cielo que Él se ha hecho en el centro de nuestra alma, buscarle.

¿Cómo no realizar actos de adoración cuando nos sumergimos en su misericordia?


Estar inmerso en la humildad es sumergirse en Dios.

El humilde ni elevará a Dios demasiado alto, ni él mismo descenderá demasiado.

Una alabanza de gloria es un alma que mora en Dios, sin buscarse a sí misma.

Entregarse ciegamente al cumplimiento de la voluntad divina; querer lo que Dios quiere.

El sufrimiento es una cuerda que produce los más dulces sonidos.

Una alabanza de gloria es el alma que contempla a Dios en fe y simplicidad.

Una alabanza de gloria es el que vive en estado permanente de acción de gracias.

Seamos en el Cielo de nuestra alma alabanzas de gloria.


Cuando me haya identificado del todo con Jesús, cumpliré entonces mi vocación eterna.

Yo quisiera repetir continuamente: "Guardaré mi alma para Ti" (S. 58,10)

Mi regla también me dice: "En el silencio estará vuestra fortaleza".

El alma que se reserva algo para sí, no puede ser perfecta.

Vivir en la Tierra la vida de los bienaventurados.

El alma dirá con San Pablo: "Todo lo sacrifiqué por su amor" (Fl. 3,8)

El contacto con el Ser divino es que me hará santa e inmaculada en su presencia.

Este fue el ideal que tuvo el Creador: poder contemplarse en su criatura.


Que mi alma pueda descansar en la Jerusalén santa, dulce visión de paz.

Encontraré al divino Maestro, y la luz que le envuelve como un manto me envolverá.

¿Qué le importa al alma, envuelta en tan luminosas verdades, sentir o no sentir?

Debe estar dispuesta a participar de la pasión de su divino Maestro.

Él quiere asociar a su esposa a su obra de redención.

Ya no sufre porque sufre, el Cordero la conducirá a las fuentes de agua de vida.

Hay seres que en este mundo forman parte de esa generación pura como la luz.

El nombre del Padre, porque Él proyecta sobre ellos la belleza de sus perfecciones.

Todos sus divinos atributos se reflejan en sus almas.

Son como otras tantas cuerdas que vibran y cantan el cántico nuevo.

Almas vírgenes: libres de todo menos de su amor.

Despojadas de todas las cosas, tanto naturales como sobrenaturales.

Mis debilidades, mis aversiones, mi ignorancia… cantan la gloria de Dios.

El alma debe humillarse, sumergirse en el abismo de su nada, y penetrar en Él.

Adoración: es una palabra propia del Cielo, es el éxtasis del amor.

El alma que permanece absorta en estos pensamientos vive en un Cielo anticipado.

Se puede así exclamar: "Un río caudaloso riega la ciudad de Dios" (S. 45, 5)

La voluntad del Creador, siempre la misma: unir e identificar consigo a la criatura.

Por Él, para adorarle siempre, me he aislado, desprendido y despojado de mí misma, y de todas las cosas, tanto de los bienes naturales como de los sobrenaturales.

Las satisfacciones naturales y sobrenaturales honestas son invitaciones para recogerse y gozar de Dios.

Quedaré transformada en Él y podré exclamar: "No soy yo quien vive…"

Aunque me den la batalla, seguiré esperando.

Esa fe que… mantiene mi alma vigilante bajo la mirada del Divino Maestro.

Que crezca en Jesucristo abundando en acciones de gracias.

Mi alma anhela y suspira por los atrios del Señor.

Esta debe ser la actitud del alma que penetra en su morada interior.

Ser una continua alabanza de gloria de sus adorables perfecciones.

¡Ánimo! Él está siempre junto a ti.

Procuremos cada vez más esa unión de amor, esa unidad con Él.

¿No te parece que hoy nos invita a seguirle?

¿Quién podrá distraer mi corazón de Aquel a quien amo?

Entreguémonos a nuestro amado Jesús con generoso abandono.

Olvidémonos; no pensemos más en nosotras.

Reduzcamos todas las cosas al silencio para oírle a Él solo.

Entreguémonos a nuestro amado Jesús con generoso abandono.

No pensemos más en nosotras: vayamos a Él y desaparezcamos en Él.

Reduzcamos todas las cosas al silencio para oírle a Él solo.

¡Qué bueno es Dios, querida amiga, pues nos ha unido tan íntimamente!

Él está conmigo, y con Él se puede todo.

¡Qué dulce es perderse y desaparecer en Él!

Él es Omnipotente: que ordene todas las cosas según su beneplácito.

Cuando se obra con Él… se le puede escuchar en medio del bullicio del mundo.

Mientras Él quiera dejarnos aquí, amemos, amenos cuanto podamos.
El domingo resucitaremos también con Cristo. ¡Oh la fiesta de Pascua!
El sufrimiento nos despoja de todo: hasta de las dulzuras que encontramos en Él.
Es hermoso sufrir por aquel a quien se ama.

¿Para qué desear las dulzuras y consuelos? No son Él, y a Él solo buscamos.
Nunca he sentido tanto mi miseria; no me deprimo. Me sirvo de ella para ir a Dios.
Si Él se oculta de nuestra alma es porque sabe le amamos demasiado para abandonarle.
Que ofrezca sus dulzuras y consuelos a otras almas.

¡Vivir de amor! Es decir, vivir solamente de Él, en Él y por Él.
Si viera qué nostalgia siento a veces del Cielo…Deseo ir allá para vivir junto a Él.
Desaparezcamos en esa Trinidad santa, en ese Dios que es todo amor.
Que seamos santas para amarle con aquel amor con que los santos sabían amar.
Dios en mí y yo en Él. Esto es mi vida.
Es tan dulce pensar que, lo poseemos ya como los bienaventurados lo poseen en el Cielo.
Todo lo dejo en manos de Dios. "Piensa en mí que yo pensaré en ti".
Qué satisfacción produce sentir que Él, solo Él, y nada más que Él, está en nosotras.

Yo también te deseo el amor, esa palabra sintetiza toda la santidad.
Amémosle apasionadamente, pero con un amor profundo y sereno.
Permanezcamos junto a Él en silencio, recogidas, en olvido absoluto.
María, has encontrado a quien nunca podrás perder.
Todo lo poseo en Dios y he vuelto a encontrar en Él a cuantos he abandonado.
Qué dulce es permanecer allí silenciosa, como un niño en los brazos de su madre.
Cada día aprecio más la felicidad: aquí no hay nada, nada más que Él.
Ponto ante mi Jesús a todos cuantos llevo en mi corazón, y les encuentro de nuevo junto a Él.
Cuando te encuentres disgustada, díselo a Él que todo lo conoce y comprende.
Piensa algunas veces durante el día en Aquel que vive en ti y desea ser amado.

Mamá, aquel quien me has ofrecido es amor y caridad/ y me enseña a amar como Él ama.
Se le encuentra lo mismo en el sueño que en la oración,
Porque Él está en todos los lugares, y siempre.

¡Qué será el Cielo cuando se une tan íntimamente con las almas en la Tierra!
Vivo ya la realidad de este Cielo porque lo llevo dentro de mí.
Os ofrezco el Sagrario como lugar de cita:
Cuando se acuerden de mí que vengan aquí.
En Él amo, soy amada y lo poseo todo. Unión muy fuerte y profunda.
Bajo su mirada el horizonte aparece tan bello, tan amplio, tan luminoso…
Cuanto más desgraciada te veo, más ilusión siento por tu alma,
Pues el divino Maestro la desea para Sí.
Déjate prender en la red del divino Maestro. ¡Se está tan bien allí!
Permanece alegre en la paz del Señor y en su amor, siendo la felicidad de
los tuyos.
Abro la puerta y me parece se entreabre la puerta del Cielo.

Dice santa Teresa que el alma es como un cristal donde ser refleja la
divinidad.
Seamos totalmente suyas, como Él es totalmente nuestro.
El alma descubre a través de todas las cosas a Aquel a quien ama.
Quisiera ser un alma totalmente silenciosa y adorante.
Introdúzcame en el cáliz para que mi alma quede bañada en la sangre de mi
Cristo.

No existe un leño como el de la cruz para encender en el alma el fuego del
amor.
Adora en Él la voluntad de Aquel que hiere porque ama.
Cuanto Dios más exige, tanto más ofrece y da.
Él vive y actúa sin cesar en nuestra alma. Dejémonos modelar por Él.
Existe un deseo en el corazón de Cristo: borrar el pecado y conducir el alma
a Dios.
¡Qué dulce es consagrarse a Él en este tiempo en que tanto se le ofende!
Ahora solo me queda un deseo por cumplir: amarle, amarle siempre;/ celar
su honor como esposa.
¿Qué importa cuanto suceda al alma si ella tiene fe en Aquel que es su
amor?
Pensar que llevamos el Cielo dentro de nosotras; / ese Cielo del que siento
tanta nostalgia.

Qué maravilloso será cuando al fin se descorra el velo;
Y gocemos cara a cara de Aquel a quien únicamente amamos.
Mientras llega ese momento, vivo en el amor; me sumerjo en él; me pierdo
en él.
Estoy dispuesta a seguirle por todas partes.
Mi alma exclamará entonces con San Pablo: ¿Quién me separará del amor
de Cristo?
Permanezcamos allí en silencio, para escuchar a Aquel que tiene tantas
cosas que comunicarnos.
Si vieras qué dulce es amar al Señor y darle todo que pide,/ sobre todo
cuando nos cuesta.

La Eucaristía es la consumación; es Él en nosotros y nosotros en Él.

¿No es esto ya el Cielo en la Tierra?

Desearía permanecer junta a Aquel que conoce todo el misterio para que me lo enseñara.

La fe es el cara a cara en las tinieblas.

Unión más íntima que nunca en el silencio, en el alma de Aquel en quien soy su hermanita.

Esta es toda mi ambición: ser víctima del amor.

Tendré el consuelo de gastarme por Él, solo por Él.

Como Él está siempre conmigo, la oración y el diálogo nunca deben interrumpirse.

Le gusta tanto perdonarnos, transformarnos en Él, en su pureza, en su santidad infinita...

Hay que hacerlo todo con sencillez, amándole constantemente.

Unámonos para hacer de nuestras tareas diarias una comunión permanente.

Pasemos el día entregadas al amor, haciendo la voluntad de Dios,

Obrando bajo su mirada, con Él, por Él, en Él sólo.

Creo que estoy más cerca de Ti, que te amo más profundamente.

Solo tengo que amarle y dejarme amar siempre a través de todas las cosas.

Y pida al esposo me haga pura y una con Él.

Su cenáculo es el amor; ese amor que habita dentro de nosotras.

Toda mi ocupación consistirá en recogerme interiormente.

Qué bien conocieron los santos la verdadera ciencia,

La que nos despoja de nosotros mismos para elevarnos hacia Dios.

Él mora en nosotros para santificarnos. Vamos a pedirle que Él mismo sea nuestra santidad.

Él vive siempre, vive en el Sagrario, vive en nuestras almas.

Él permanece allí, vamos a acompañarle con el amigo acompaña a quien ama.

El Espíritu Santo eleva al alma a una altura tan admirable;

Altura que la informa y habilita para que ella aspire a Dios.

Dios nos llama a vivir inmersos en esas claridades divinas.

Sepultarme en el fondo de mi alma para desaparecer en la Trinidad que allí mora.

Permanezco con usted adorando el misterio.

Tú eres mi todo.

Un horizonte maravilloso, porque en mi vida solo existe Él y Él es todo el cielo.

Tú misma sentirás su presencia;

Y va a llenar el vacío de tu soledad revelándote los secretos de la unión.

He pasado un día divino junto al Santísimo Sacramento;

Te coloqué a mi lado, porque sabes que nunca me separo de ti. (A su madre, María Rolland).

En vez de pasar la Navidad entre mamá y Guita, la he pasado en absoluto.

Él es mi único ser a quien entregué cuanto poseía.

Si contemplo las cosas desde la tierra descubro la soledad y hasta el vacío.

Me alegra pasar ese día junto al Divino Esposo, ¡tengo tanta hambre de Él.

El Señor se ha acercado a usted con su cruz, exigiéndole es sacrificio más doloroso.

Ruego al Señor sea Él mismo su fortaleza.

Vivo en constante acción de gracias, uniéndome así a la alabanza eterna.

Ambas rivalizaremos por ver quién te ama más.

Solo aquel que produce la herida puede comprender nuestro.

Qué satisfacción produce velar con el Señor durante el silencio absoluto.

Soy buscada y soy amada. Esta es la verdad. Lo demás carece de sentido.

Gran poder ejerce sobre las almas el apóstol que permanece constantemente junto a la fuente de aguas vivas.

Que Él sea la vida de nuestra vida, el alma de nuestra alma.

Permanezcamos día y noche conscientes bajo el influjo de su acción divina.

Piensa que soy la prisionera del divino prisionero, y que en Él desaparecen las distancias.

Algún día estaremos más cerca en el Cielo, porque nos hemos separado del mundo por su amor.

Si le conocieras un poco, la oración no te aburriría.

La exposición del Santísimo me entusiasmó.

Le he pedio se instale en mí como Adorador, Reparador y Salvador.

¿Comprenderemos alguna vez cuánto hemos sido amados?

Pido al Señor que me haga comprender esa ciencia del amor.

Habita dentro de nosotras para salvarnos, purificarnos y transformarnos en Él.

¿No sientes la necesidad de amar intensamente para reparar?

Hagámosle en lo más íntimo un lugar solitario, y permanezcamos allí con Él.

¿Qué me importan las pruebas? Llevo dentro de mí a mi único Tesoro.

Pídale que la sumerja en la profundidad de su misterio;

Y la consuma en el fuego de su amor.

Qué consuelo produce pensar que el Señor, que ha de ser nuestro Juez habita en nosotros.

Este Cielo, esta casa de nuestro Padre, está en el centro de nuestra alma.

Puedes retirarte a esa soledad y ponerte a disposición del Espíritu Santo.

En el Cielo me regocijaré viendo a mi Cristo tan hermoso en tu alma.

Mi oración es impotente. Sin embargo, llevo en mí al Santo de des, al gran Intercesor.

Que Él te arraigue en su amor.

Seamos santas, hermanita, porque Él es santo.

Él la espera y quiere establecer con usted un diálogo admirable.

Piense en ese Dios que habita en su alma y de quien es templo suyo.

Pidámosle que nos haga sinceros en nuestro amor, que nos haga almas sacrificadas.

Él está en todas las cosas, y ellas son como una emanación de su amor.
Jamás sabremos cuánto nos ama cuando nos prueba.
La felicidad de mi divino maestro basta para hacerme feliz.
Ejercítate en el sacrificio y en la renuncia personal.
Vive siempre con Él dentro de ti; esto supone una gran mortificación;
Para estar constantemente con Él, hay que decidirse a entregárselo todo.
Para demostrar a Jesús tu amor, olvídate siempre de ti y haz felices a tus seres queridos.

Vive más de la voluntad que de la imaginación.
Cuando sientas tu fragilidad, piensa que el Señor la quiere para ejercitar tu voluntad.
Mientras tanto vivo en el Cielo de la fe, en el centro de mi alma y procuro complacer al Señor.
A veces pienso que Él obra conmigo como si no tuviera otras almas a quienes amar.
Deseo ser apóstol para glorificar a Aquel a quien amo.
Que haga de tu alma un pequeño cielo donde Él pueda felizmente descansar.

Procura eliminar de tu conducta lo que pueda herir la mirada divina.
Vive en Él donde quiera que te encuentres y en medio de tus ocupaciones.
Le encontrarás siempre allí, deseando comunicarte sus dones.
Si prefieres imaginarte a Dios junto a ti, en lugar de dentro de ti, sigue ese impulso,
Lo importante es que vivas con Él.
Es la Divinidad esa Esencia que los bienaventurados adoran en el Cielo.
El Espíritu Santo se transformará en una lira misteriosa;
Que, en silencio, al contacto divino, entonará un magnífico canto de amor.

"Al que busca y gusta a Dios en todo, nadie puede impedirle permanecer solitario entre la multitud".
Amar… es permanecer en Él porque el corazón vive en Aquel que es el objeto de su amor.
Hermanita, tienes que borrar de tu diccionario de amor la palabra desaliento.
Alégrate ante la idea de que el Padre nos conoció desde la eternidad.
El Cielo me atrae cada vez más;
Mi divino Esposo y yo solo nos preocupamos de este asunto.

Mi ilusión, que el Padre pueda reconocer en mí la imagen de Cristo.
El alma que tiene conciencia de su grandeza disfruta de la libertad de los hijos de Dios.
El secreto de la felicidad, desentenderse de nosotros mismos, negarse constantemente.
El amor de Dios debe ser tan fuerte que anule por completo nuestro amor propio.
Es pureza de intención que solo ve a Dios en todas las cosas.

El alma nada se apropia, todo se lo atribuye a Dios, como la Virgen María.
Que tu vida se desarrolle en una atmósfera donde se respire aire divino.
Hay que ser consciente de que Dios mora en nuestro interior.
Permanece edificada en Él, a gran atura, por encima de lo pasajero.
Vive apoyada en la fe: obra solo iluminada por la luz de Dios.
El Señor te ama y quiere ayudarte en las luchas que has de sostener.
Si caminas arraigada en Jesucristo, tu vida será una acción de gracias.

Es necesario contemplar a Dios crucificado por nuestro amor.
A la luz de la eternidad el alma contempla las cosas del mundo tal como son.
Le ruego que imprima en todas sus obras el sello del amor: es lo único que queda.
Cuanto más sufra tu fragilidad, más debe crecer tu confianza.
Más ama, el que más ve a Dios en todas las cosas.
Todo me habla de mi retorno a la casa del Padre.
Presiento que mi misión en el Cielo consistirá en atraer a las almas, ayudándoles a salir de ellas mismas.
Qué hermosa es la muerte para los que el Señor guardó para Sí y han buscado las cosas invisibles.
Ser alabanza y gloria de la Santísima Trinidad.
Nunca será un alma superficial si vive vigilante en el amor.

## Misivas espirituales:

Que en nuestras almas se consume la unidad con el Padre, Hijo y Espíritu Santo.
Dejémonos prender y conducir hasta su luz divina.
Permanece bajo su mirada: deshójate por Él.
Que comience con la belleza radiante que nos saciará.
Que se produzca en tu alma un profundo silencio, eco del que reina en la Santísima Trinidad.
Vivamos dentro de su Faz en profundo silencio, en eterno silencio.
Contempla con mirada simple el misterio escondido que existe en ti.
Que los Tres fusionen nuestras almas en la unidad de una misma fe y de un mismo amor.
Vengo a terminar de revestirme en Jesucristo (Rom. 13,14)

Ese amor omnipotente realizará en mí maravillas.
¿Cuál es mi lema? Dios en mí y yo en Él.
Es necesario mirarle siempre; hay que permanecer en silencio.
Cuando la reprenden, no solo debe aceptar dicha represión, recíbala con alegría y responda: gracias.
Voy a morir en pura fe; lo prefiero. Así me parezco más a mi divino Esposo.

**ELEVACIÓN:**

"¡Oh Dios mío, Trinidad a quien adoro! Ayúdame a olvidarme totalmente de mí para establecerme en Vos.
Inmóvil y tranquila, como si mi alma estuviera ya en la eternidad.
Que nada pueda turbar mi paz, ni hacerme salir de Vos, oh mi Inmutable.
Sino que cada momento me sumerja más íntimamente en la profundidad de vuestro misterio.

Pacificad mi alma; haced de ella vuestro cielo, vuestra morada predilecta,
Haced de mi alma el lugar de vuestro descanso.
Que nunca os deje allí solo, sino que permanezca totalmente con Vos, vigilante en mi fe.
En completa adoración y en entrega absoluta a vuestra acción creadora.
¡Oh mi Cristo amado, crucificado por amor! Quisiera ser una esposa para vuestro corazón.
Quisiera cubriros de gloria; quisiera amaros hasta morir de amor.
Pero reconozco mi impotencia.
Por eso os pido ser "revestida de Vos mismo".
Identificar mi alma con todos los sentimientos de vuestra alma.
Sumergirme en Vos, ser invadida por Vos, ser sustituida por Vos.

Para que mi vida sea solamente una irradiación de vuestra vida.
Venid a mí como Adorador, como Reparador y como Salvador.
¡Oh Verbo eterno, Palabra de mi Dios! Quiero pasar mi vida escuchándoos;
Quiero ser un alma atenta siempre a vuestras enseñanzas para aprenderlo todo de Vos.
Y luego, a través de todas las noches, de todos los vacíos, de todas las impotencias...
Quiero mantener mi mirada fija en Vos y permanecer bajo vuestra luz infinita.
¡Oh mi Astro querido! Fascinadme: que ya no pueda salir de vuestra irradiación divina.
    ¡Oh Fuego abrasador, Espíritu de amor! ...
Venid a mí para que se realice en mi alma como una encarnación del Verbo.
Quiero ser para Él una humanidad suplementaria donde renueve todo su misterio.
Y Vos, oh Padre, proteged a vuestra pobre criatura, "cubridla con vuestra sombra",
Contemplad solamente en ella al "Amado en quien habéis puesto todas vuestras complacencias".
¡Oh mis Tres, mi Todo, ¡mi Bienaventuranza, Soledad Infinita, Inmensidad donde me pierdo!
Me entrego a Vos como víctima.
Sumergíos en mí para que yo me sumerja en Vos...
Hasta que vaya a contemplar en vuestra luz el abismo de vuestras grandezas".

## Poéticas

Imagen del Salvador: eres mi única riqueza; ven pronto a mi corazón y protege mi flaqueza.

Junto a Ti, mi dulce amigo, el dolor se transfigura.

Amado Cristo, a tus pies dejo deslizar mis lágrimas.

Tras penosos sufrimientos, has muerto, Señor, por mí:

Tú sabes que mi esperanza solo es vivir para Ti.

Deseo siempre lo que Tú quieras: que tu voluntad sea pues la mía.

Señor, a quien adoro, a quien tanto amo: te bendigo a pesar de lo que sufro.

También lloraste una noche; y has llorado otras veces, dulce Amigo:

Acepta mis gemidos y mi llanto; santifica mis lágrimas ardientes.

Ahora sí que comienzo nueva vida. Mi alma está todavía transportada.

Estaba ciega, Dios abrió mis ojos; mi espíritu llenó de claridades.

Siempre que estoy, Señor, cerca de Ti, me parece encontrarme en el Cielo.

Quién pudiera gastar toda su vida viviendo junto a Ti, mi dulce Amor.

¿Cuándo llegará el momento en que mi hambre vengas a saciar?

Él vive en mí; yo soy su santuario.

Oh misterio insondable del amor: el Verbo Creador, Omnipotente,

El Dios inaccesible, Dios oculto, por nosotros los hombres se hace niño.

Oh misterio profundo, todo el Ser increado viene a mí.

Amar es permanecer tranquila a los pies del Salvador, como Magdalena.

Amar es ser apóstol: celar la honra del Dios vivo.

Amar es dar testimonio de Cristo nuestro Rey.

Yo quisiera, Señor, perderme en Ti: como gota de agua en el ancho mar.

La Santísima Trinidad me abrió entonces su seno, y en su abismo divino hallé mi centro.

Mi alma descansa en esa inmensidad.

Busquemos siempre el último lugar para imitar a Jesús nuestro esposo.

Tu luz será, Señor, mi luz; tu amor me inflamará de amor.

## Algunas ideas doctrinales

Preferencia amorosa del alma por Cristo.

Negación radical de todas las satisfacciones humanas y espirituales.

Unidad interior, retorno completo a Dios.

El alma morada de Dios. Unidad interior.

Toques sustanciales del Verbo en el alma. Práctica de las virtudes.

Unión del alma con Dios en la intimidad interior y en la actividad externa.

El hombre descubre en esta unidad la semejanza con Dios por la gracia.

Abismo sin fondo del amor.

Ningún placer del mundo, de los sentidos y del espíritu puede satisfacer el alma.

Deseos del alma de contemplar directamente el ser y la hermosura de Dios.

Súplica del alma al Esposo para que se esconda en su interior;
Y le comunique sus grandezas divinas.
Los brazos de Dios son el símbolo de la fortaleza divina.
En ellos la fragilidad del alma se transforma en fortaleza de Dios.
Contraste entre la sabiduría humana y la divina.
El alma en arrobamiento místico, perdida totalmente por su amado.

Para "entrar en la espesura" hay que penetrar primero en el sufrimiento y de la cruz.
Simplicidad o espiritualidad del alma; el centro más profundo del alma.
El amor como fuerza unitiva del alma con Dios; diversidad de grados en el amor.
Dios nos comunica la fortaleza y amor divino al alma para no desfallecer.
Y es recibir una gracia mística. 1-2-11

# 10.- Papas Francisco, Benedicto y Juan Pablo II

### Papa Francisco

Un corazón endurecido no logra comprender ni siquiera los más grandes milagros.
Su Palabra nos hace crecer, producir buenos frutos en la vida, como la lluvia y la nieve fecundizan la tierra.
Pero sobre todo es un «tiempo de gracia» (2 Co 6,2).
El cristiano es aquel que permite que Dios lo revista de su bondad y misericordia
Con la mirada fija en Jesús podemos percibir el amor de la Santísima Trinidad.
Estamos llamados a vivir de misericordia, porque a nosotros se nos ha aplicado misericordia.
Atravesando la Puerta Santa nos dejaremos abrazar por la misericordia de Dios.
Y nos comprometeremos a ser misericordiosos.
Dejémonos sorprender por Dios.
Él nunca se cansa de destrabar la puerta de su corazón para repetir que nos ama.
El gran río de la misericordia. Esta fuente nunca podrá agotarse.

Abandonemos toda forma de miedo y temor, porque no es propio de quien es amado;
Vivamos, más bien, la alegría del encuentro con la gracia que lo transforma todo.
Dirigir la mirada a Dios, Padre misericordioso, y a los hermanos necesitados de misericordia.

Jesús, la Misericordia hecha carne, que hace visible a nuestros ojos el gran misterio del Amor de Dios.

Poner al centro lo específico de la fe cristiana, Jesucristo, Dios misericordioso.

La alegría de Dios es perdonar, el ser de Dios es misericordia.

Debemos abrir el corazón, para que este amor, esta alegría de Dios nos llene de esta misericordia.

Ser prójimo de la persona que encuentro y tiene necesidad, incluso si es extraña u hostil. 10-7-16

Fidelidad a la memoria, fidelidad a la propia vocación, fidelidad al celo apostólico.

Fidelidad significa seguir el camino de la santidad.

La comunión es asimilación: comiéndolo a Él, nos transformamos en Él.

Pero esto requiere nuestro "si", nuestra adhesión a la fe.

Si, vivir en comunión real con Jesús nos hace ya pasar de la muerte a la vida.


Comiéndolo a Él, nos transformamos en Él.

Pero esto requiere nuestro "si", nuestra adhesión a la fe.

Vivir en comunión con Jesús sobre esta tierra nos hace pasar de la muerte a la vida.

El cielo comienza precisamente en esta comunión con Jesús.

Abrirse al encuentro con Dios.

Buscar la justicia y la paz, socorrer a los pobres, a los débiles, a los oprimidos.

Una fe que busca enraizarse, encarnarse de cara a la vida de su pueblo.

Nuestra esperanza está en estos centros del amor... ricos de calor humano.

Basarnos en la solidaridad y en el perdón entre nosotros.

En Jesús, en su "carne" está presente todo el amor de Dios, que es el Espíritu Santo.

Quien se deja atraer por este amor va hacia Jesús, y va con fe,

Y recibe de Él la vida eterna.

«Quien no vive para servir, no sirve para vivir».


El Espíritu Santo nos impulsa a salir de nosotros mismos, para testimoniar a Jesús.

Encuentren también consuelo en la fuerza de la oración, en Jesús.

En su presencia cotidiana y constante. Él no defrauda. (12-7-15)

"Tomar la Comunión" también significa tomar de Cristo la gracia de compartir con los demás".

Jesús sacia no sólo el hambre material, sino aquella más profunda, el hambre de Dios.

Yo busco a Jesús y le amo porque Él me ha buscado antes y he sido conquistado por Él.

Ver, tener compasión, enseñar.

Ver y tener compasión, están siempre asociados a la actitud de Jesús

Hagan ese camino de retorno hacia la gratuidad con que Dios los eligió.

Todo viene de Vos, todo es gratis, esa gratuidad.
Antes de irse a dormir, una mirada a Jesús y decirle: "todo me lo diste gratis.
Somos testigos agradecidos de la misericordia que nos transforma.

El testimonio es: decir lo que en la fe ha visto y oído, es decir a Jesús
Resucitado, con el Espíritu Santo que ha recibido como don.
Cercanía «del sol que nace de lo alto», y que seamos reflejo de su luz, de su
amor.
Nos hacemos por amor servidores por amor los unos de los otros.
Dejar actuar en sí mismo toda la potencia del amor que es Espíritu de Dios:
Y así dar paso a su fuerza creadora.
Jesús, ayúdanos a ir hacia el camino de la unidad o de esta diversidad
reconciliada. 29-6-15
No se puede creer en Dios Padre sin ver un hermano en cada persona.
El amor siempre se comunica, tiende a la comunicación, nunca al
aislamiento.7-7-15
Ella nos ayude a seguir al Señor, para ser fieles, /
Dejarnos renovar y permanecer sólidos en su amor.
Se dejaron degollar diciendo el nombre de Jesús, sabían que Dios no los
abandonaba
Dios me enseña a caminar, el Omnipotente se abaja y me enseña a caminar.
¿Cómo te voy a abandonar ahora, cómo te voy a entregar al enemigo?
Vivir siempre en la veneración y en el amor a tu santo nombre.
Tú nunca privas de tu gracia a los que has establecido en la roca de tu amor
Y la cercanía de Dios es ternura: me enseñó a caminar.
La Eucaristía: fuente de amor para la vida, escuela de caridad y de
solidaridad.
Mantener siempre elevado el 'tono' de nuestra vida, recordamos el fin,
Para este fin existimos, luchamos y sufrimos.
El Espíritu Santo nos obtenga amar al Señor Jesús con todo el corazón.
Vivir el amor recíproco y hacia todos, compartiendo alegrías y sufrimientos,
Aprendiendo a pedir y conceder el perdón.
Vivir la comunión con Dios y vivir la comunión entre nosotros.
Si queremos conocer el amor de Dios, debemos mirar al Crucificado".
El Crucifijo es el Misterio del 'aniquilamiento' de Dios, por amor. 16-3-16
 "El verdadero amor es amar y dejarme amar. Es más difícil dejarse amar que
amar.
Por eso es tan difícil llegar al amor perfecto de Dios. 18-1-15
Dejémonos sorprender por Dios.
Y no tengamos la psicología de la computadora de creer saberlo todo. 18-1-
15
Aprender a recibir de la humildad de aquellos que ayudamos.
Aprender a ser evangelizados por los pobres. 18-1-15
Aprender a amar y a dejarse amar.
Hay un desafío, además, que es el desafío por la integridad. Amar a los
pobres. 18-1-15

El mayor regalo que le podemos dar es nuestra amistad, nuestro interés, nuestra ternura, nuestro amor por Jesús. 18-1-15

Iluminados por la fe, la adhesión a Dios y a su designio de amor en Jesucristo. 23-1-15

Los pobres, los enfermos, los encarcelados, los prófugos: ellos son la carne viva de Cristo sufriente. 11-1-15

Redescubrir el coraje apostólico necesario para superar fáciles comodidades mundanas. 11-1-15

Llegar a ser para todas las personas un **icono viviente** del amor misericordioso y reconciliador de Dios. 14-1-15

**El amor de Dios que se nos da y que nosotros ofrecemos a los demás.**

No ama verdaderamente quien no recuerda "los días del primer amor. 30-1-15

El Evangelio es palabra de vida, libera a cuantos son esclavos de espíritus malvados.

Es deber de los cristianos difundir por doquier su **fuerza redentora**.

El Evangelio tiene la fuerza de cambiar la vida; es la Buena Nueva, que nos transforma. 3-2-15

¿Cuál es el centro de la **esperanza**? Tener "fija la mirada sobre Jesús". 3-2-15

Para encontrar a Dios hay que correr el riesgo de ponerse en camino. 11-2-15

Dejar que Dios o la vida nos ponga a prueba, ponerse en camino es correr un riesgo". 11-2-15

Ponernos siempre en camino, para buscar el rostro del Señor, que un día veremos. 11-2-15

Es la belleza de ser amados antes: los hijos son amados antes de que lleguen. Se les ama por ser hijos. 11-2-15

Saber amar sin límites, pero con fidelidad a las situaciones particulares y con gestos concretos. 14-2-15

Tendemos a la envidia y al orgullo a causa de nuestra naturaleza herida por el pecado. 14-2-15

¿Sé descansar de mí mismo, de mi auto-exigencia, de mi auto-complacencia?

¿Sé descansar de mis enemigos bajo la protección del Señor?

Quien se detiene da tiempo a Dios

"Dios ama a los demás, ama la armonía, ama el amor, Dios ama el diálogo, ama caminar juntos".

Todos podemos permanecer unidos a Jesús de manera nueva.

Caridad, paz, longanimidad, benignidad, fe continencia, gozo, paciencia, bondad, mansedumbre, modestia y castidad. (Frutos del Espíritu Santo)

Acoger a Dios y manifestarlo en el servicio al hermano. 12-5-15

La Santísima Virgen es la mujer de fe que dejó entrar a Dios en su corazón, en sus proyectos.

Él nos mira siempre con amor. Nos pide algo, nos perdona algo y nos da una misión.

Fija tu mirada sobre mí y dime qué debo hacer; cómo debo llorar mis mis pecados.  25-5-15

Quien sigue a Cristo se convierte necesariamente en misionero, y sabe que Jesús camina con él.

.

Cuando nos detenemos ante Jesús crucificado, reconocemos todo su amor que nos dignifica y sostiene.

Tener ese "pequeño valor" necesario para elegir a Dios cada vez. Nos ayudará.

Ponerse en camino con Él para hacer de la propia existencia un don de amor;

Amor para los demás, en dócil obediencia a la voluntad de Dios.

Una actitud de desapego de las cosas mundanas y de libertad interior.

Listos a "perder la propia vida", donándola para que todos los hombres se salven.

El camino de Jesús nos lleva siempre a la felicidad.

Habrá siempre en medio una cruz, pruebas, pero al final siempre nos lleva a la felicidad.

Cuando en la vida experimentamos pruebas, no debemos ponerle condiciones a Dios.

"Dejemos que la esperanza venza todos nuestros temores». (Francisco 25-1-17)

La esperanza es el ancla: la hemos tirado y nosotros estamos aferrados a la cuerda. (25-1-17 Francisco)

La esperanza es luchar, aferrado a la cuerda, para llegar allá.

Vivir de la esperanza, mirando siempre adelante con coraje.19-1-17

Para ser misericordioso, perdonar y donar.

El perdón muestra la gratuidad del amor.

Tres palabras hermosas: perdón, amor y alegría.

¿Cómo es mi corazón? ¿Es frío? ¿Es tibio? ¿Es capaz de recibir este fuego?

Señor, te doy gracias porque me amas; haz que me enamore de mi vida

Necesidad de cristianos que testimonien con alegría.

Los discípulos enviados por Jesús volvieron llenos de alegría…

Cerca de nosotros y nos precede la Virgen:

Dejémonos tomar de la mano por ella, cuando atravesamos los momentos más oscuros y difíciles.

Cuando Él vendrá y nos llevará a todos transformados sobre las nubes para permanecer con Él. 16-9-16

Dejémonos también nosotros llamar por Jesús, y dejémonos curar por Jesús.

Un corazón arraigado en el Señor, cautivado por el Espíritu Santo, abierto y disponible.

Dios viene a nuestro encuentro para que nosotros nos dejemos amar por Él.

La salvación implica la decisión de escuchar y dejarse convertir, y permanece como un don gratuito.

¡El amor de Jesús es invencible!

Señor ayúdame a abrir la puerta de mi corazón.

Dejar pasar a Cristo que nos empuja a andar hacia los otros, para llevarlos a Él.

Nuestra alegría deriva de la certeza que «el Señor está cerca» (*Fil* 4,5).

Jesús está cerca con su ternura, con su misericordia, con su perdón, con su amor. 9-12-15

No podemos encontrar a Jesús, si no lo encontramos en los demás.

Donde nace Dios, nace la esperanza. Donde nace Dios, nace la paz.

El primer deber de la Iglesia no es distribuir condenas sino proclamar la misericordia de Dios.

Dios es bueno. Y no sólo en sí mismo; Dios es bueno con nosotros.

Él nos ama, busca, piensa, conoce, inspira y espera.

Dejemos que Su mirada nos devuelva la alegría, la esperanza, el gozo de la vida.

Dejémonos mirar por Jesús, pero aprendamos también a mirar como Jesús.

Ver a Jesús en el otro purifica el corazón, liberándolo del egoísmo, de toda segunda intención.

Escuchar la suave voz de Dios que habla en el silencio.

La alegría del evangelio se experimenta, se conoce y se vive solamente dándola, dándose.

Porque la fuente de nuestra alegría «nace de ese deseo inagotable de brindar

# Papa Benedicto

"La misión fundamental del sacerdote consiste en llevar a Dios a los hombres. Sólo puede hacerlo si él mismo viene de Dios, si vive con Dios y de Dios". (Benedicto XVI)

El católico debe estar en búsqueda de Dios, en el diálogo con los demás.

Ayudarse a conocer a Dios de manera profunda.

La tierra se da para que haya un espacio abierto a Dios.

Él tiene poder para inflamar los corazones más fríos y tristes, lo vemos en Emaús.

La misión del sacerdote es un servicio a la alegría de Dios que quiere entrar en el mundo

Imitemos a María haciendo resonar en nuestra vida su "hágase en mí según tu palabra".

Ni ella (María) ni nosotros tenemos luz propia: la recibimos de Jesús.

Sólo Él nos da la verdadera vida, y nos libera de nuestros temores y resistencias.

No tengáis miedo de hablar de Dios y de mostrar sin complejos los signos de la fe.

Hace falta que os asociéis a mí como testigos de la resurrección de Jesús.

Luz de Cristo que, como canta la Iglesia en la noche de la Vigilia Pascual, engendra a la humanidad como familia de Dios. (En Fátima 12-5-1)

"Dios me ha creado para una misión concreta: una tarea que no ha encomendado a otro".

Vosotros seréis redentores en el Redentor, como sois hijos en el Hijo.
Junto a la cruz… está la Madre de Jesús, nuestra Madre.
La fe busca dar frutos en la transformación de nuestro mundo a través del Espíritu Santo.
Nuestro amor por el Señor es lo que nos impulsa a amar a quienes él ama.
A aceptar de buen grado la tarea de comunicar su amor a quienes servimos.
Pablo naufragó en Malta, y gracia a ello pudo llegar aquí la evangelización.
Los naufragios de la vida forman parte del proyecto de Dios para nosotros.
Proclamar el misterio de la cruz con su mensaje de amor divino que reconcilia.
Abandono, lleno de confianza, en las manos del Amor que sostiene el mundo.
Dejad que su voz resuene en lo más profundo de vuestro corazón.
Imitar el amor gratuito de quien se ofreció a sí mismo por nosotros en el altar de la cruz. (En Inglaterra Newman 9 del 10)

San Juan ve en el agua y la sangre que manaba la fuente de esa vida divina, el Espíritu Santo
Nos asociamos a su ofrenda eterna, completando en nuestra carne lo que falta a los dolores de Cristo. 17-9-10
Encontrar nuestra plena realización en ese amor divino que no conoce principio ni fin.
Dar amor, amor puro y generoso, es el fruto de una decisión diaria.
"Soy un eslabón en una cadena, un vínculo de unión entre personas.
No me ha creado para la nada".
"Haré el bien, haré su trabajo; seré un ángel de paz, un predicador de la verdad…" 19-9-10

Al hombre que ora, Dios le alumbra para que le encuentre y para que reconozca a Cristo.
Sólo una cosa permanece: el amor personal de Jesús por cada uno de vosotros.
Buscadlo, conocedlo y amadlo.
La verdadera felicidad se encuentra en Dios:
Poner nuestras esperanzas más profundas solamente en Dios.
Dios no solamente nos ama con profundidad e intensidad,
Además, nos invita a responder a su amor.

El Espíritu Santo, con delicadeza, nos atrae hacia lo que es real, duradero y verdadero. 19-8-8
Dios comparte a sí mismo como amor en el Espíritu Santo.
El amor es el signo de la presencia del Espíritu Santo.
Amor que supera el miedo de la traición;
Amor que lleva en sí mismo la eternidad;

El amor verdadero que nos introduce en una unidad que permanece.
Dios que se da eternamente; al igual que una fuente perenne,
Él se ofrece nada menos que a sí mismo.
Los dones del Espíritu que actúan en nosotros imprimen la dirección y
definen nuestro testimonio.
Los dones del Espíritu, orientados por su naturaleza a la unidad, nos
vinculan; Todavía más estrechamente a la totalidad del Cuerpo de Cristo.
Él, siempre a vuestro lado quiere que caminéis con él con sabiduría, valor y
amabilidad.
Bendecid al Señor Dios en todo momento,
Pedidle que os guíe y lleve a buen término vuestras sendas y proyectos.
La consolidación de la vida espiritual acrecienta la caridad
Y lleva naturalmente al testimonio.
Relación íntima con Cristo, basada en el amor de Aquél...
Que nos ha amado antes hasta la entrega total de sí mismo.  La fe.
Fiarse de Él, incluso en la hora de la prueba,
Seguirle fielmente incluso en el Vía Crucis, con la esperanza de la
resurrección.
Por medio de vosotros y mediante vuestro sufrimiento, él se inclina con amor
hacia la humanidad.
"Jesús, en ti confío": con la esperanza y el amor de quien se abandona en las
manos de Dios.
Construir sobre Cristo Quiere decir   construir con Alguien que siempre es
fiel.
Alguien que   dice: "Yo no te condeno. Vete, y en adelante no peques más".
Encended en vosotros el deseo de construir vuestra vida con él y por él.
No puede perder quien lo apuesta todo por el amor crucificado del Verbo.

Dejarse transformar por su Señor y para que cada fiel permita que Cristo viva
en él.
La acción del Espíritu, hace penetrar la riqueza del amor y la luz de la
esperanza.
Jesús recomienda la oración continua.
Ella es el lugar privilegiado de la comunión con Dios y con los hombres.
+Reconocer las propias culpas, aceptar las disculpas sin exigirlas y, en fin,
perdonar.
Tenemos un papel esencial, el de testimoniar la paz que viene de Dios y que
es un don.
Una alegría nueva: proseguir su misión, para aplicar el mensaje de
testimonio.
Es la Madre del verdadero Dios, que invita a estar con la fe y la caridad bajo
su sombra.
Él nos ayuda a derrotar nuestros egoísmos, a salir de nuestras ambiciones.
Sólo renunciando al odio y a nuestro corazón duro seremos libres, y una vida
nueva brotará.
Cristo es la vida del hombre, y en él se encuentra la fuerza para afrontar toda
prueba.

Que vuestra opción incondicional por Cristo os conduzca a un amor sin fronteras.

Tengo que recibirlo con amor y escucharlo con atención.

En lo más profundo del corazón, le puedo decir: «Jesús, yo sé que tú me amas.

Dame tu amor para que te ame, y ame a los demás con tu amor.

Jesús, yo sé que Tú eres el Hijo de Dios que has dado tu vida por mí.

Quiero seguirte con fidelidad y dejarme guiar por tu palabra.

Tú me conoces y me amas. Yo me fío de ti y pongo mi vida entera en tus manos.

Quiero que seas la fuerza que me sostenga, la alegría que nunca me abandone.

Mantener la alegría en nuestro camino, aun en los momentos oscuros.

El secreto de la santidad es la amistad con Cristo y la adhesión fiel a su voluntad.

«Cristo es todo para nosotros», decía San Ambrosio;

San Benito exhortaba a no anteponer nada al amor de Cristo.

Dios es vida, y cada criatura tiende a la vida.

Intensificar vuestro camino de fe en Dios, Padre de nuestro Señor Jesucristo.

Cristo mismo toma la iniciativa de arraigar, edificar y hacer firmes a los creyentes

Hasta conmovernos profundamente y transformar nuestro corazón.

Gracias por esta muestra de predilección que tiene con cada uno de nosotros.

Que podamos poner la fuerza de su vida, allí donde reina la muerte a causa de nuestro pecado.

En el origen de nuestra existencia hay un proyecto de amor de Dios.

Vivir arraigados en la fe, en una relación íntima con Cristo.

Él nos lleva a abrir nuestro corazón a este misterio de amor

Él nos lleva a vivir como personas que se saben amadas por Dios.

De esta amistad con Jesús nacerá el testimonio de la fe en los más diversos ambientes.

Comunicad a los demás la alegría de vuestra fe.

El mundo necesita el testimonio de vuestra fe, necesita ciertamente a Dios

En él encontramos la fuerza para seguir el camino que lleva a un mundo mejor.

Es necesario acogerlo como guía de nuestras almas,

Es necesario acogerlo como el «Maestro interior» que nos introduce en el Misterio trinitario.

Sólo podemos ser testigos de Cristo si nos dejamos guiar por el Espíritu Santo.

Dios tiene un rostro humano, Jesucristo, el «camino» que colma todo anhelo humano.

Ser testigos del Señor en todos los lugares de la tierra es una apasionante tarea.

Compartir la alegría de haber encontrado al verdadero amigo que nunca defrauda.

Cuanto más nos dejamos guiar por el Espíritu, tanto mayor será nuestra configuración con Cristo.

Tanto más profunda será nuestra inmersión en la vida de Dios uno y trino.

La misericordia es el vestido de luz que el Señor nos ha dado en el bautismo.

Sólo Cristo es verdadera esperanza del hombre;

Sólo confiando en él el corazón humano puede abrirse al amor que vence al odio.

"Yo considero que un día sin sufrimientos es un día perdido" Santa Alfonsa.

El encuentro con Cristo renueva la existencia personal y nos ayuda una sociedad justa.

Por nosotros se despoja de su gloria divina, se deja humillar hasta la muerte en la cruz.

Debéis ser fuertes con la fuerza que brota de la fe.

El misterio de la cruz está en el centro del servicio de Jesús como pastor.

Debéis ser fuertes con la fuerza del amor, que es más fuerte que la muerte.

Debéis ser fuertes con la fuerza de la fe, de la esperanza y de la caridad, consciente.

Mediante esta contemplación en adoración, él nos atrae y nos hace penetrar en su misterio;

Por medio del cual quiere transformarnos, como transformó la Hostia.

Creer quiere decir abandonarse a Dios, poner en sus manos nuestro destino.

Creer quiere decir entablar una relación muy personal con nuestro Creador y Redentor.

Creer quiere decir seguir la senda señalada por la palabra de Dios.

El único camino para subir legítimamente hacia el ministerio de pastor es la cruz.

Cuanto más da uno su vida por los demás, tanto más abundantemente fluye el río de la vida.

Jesús Dios viene a darnos amor y a pedirnos amor.

Lo único que Dios quiere siempre para todos es amor y vida.

Él nos espera siempre, y está siempre cerca de nosotros.

Dios se nos ha dado totalmente a sí mismo, es decir, nos lo ha dado todo.

El Espíritu Santo es la fuerza a través de la cual Cristo nos hace experimentar su cercanía.

Todo cristiano, a su modo, puede y debe ser testigo del Señor resucitado.

Dejaos atraer siempre de nuevo a la santa Eucaristía, a la comunión de vida con Cristo.

Dejarse penetrar por la vida de Aquel que es el Señor, de Aquel que es mi Creador y Redentor.

Cristo nos atrae a sí, nos hace salir de nosotros mismos para hacer de todos nosotros uno con él.

Sólo mediante un encuentro con Jesucristo la vida resulta verdaderamente vida.

El santo es aquel que está fascinado por la belleza de Dios /

Aquel que está fascinado por su verdad perfecta, que es progresivamente transformado.

Le basta el amor de Dios, que experimenta en el servicio humilde y desinteresado al prójimo.

Jesús llama a la puerta de nuestro corazón y nos pide entrar para siempre.

Lo acogemos con alegría: "Buen pastor, verdadero pan, oh Jesús, ten piedad de nosotros (...).

El ser humano está llamado a corresponder con todo su ser, sin que nada de él quede excluido.

Amor no es dependencia, sino don que nos hace vivir.

María está ante nosotros como signo de consuelo, de aliento y de esperanza.

Comprométete con Dios; y entonces verás que precisamente así tu vida se ensancha y se ilumina.

Tu vida, llena de infinitas sorpresas, porque la bondad infinita de Dios no se agota jamás.


Todos comemos el único pan: significa que entre nosotros llegamos a ser una sola cosa.

El Cuerpo y la Sangre de Cristo se nos dan para que nosotros mismos seamos transformados

Dejaos inflamar por el fuego del Espíritu, para que se realice entre nosotros un nuevo Pentecostés.18-8-05

Adentrándonos en el misterio eucarístico entramos en el corazón de Dios

En la fe nos transformamos en luz, abandonamos las tinieblas, la mentira, el engaño. 10-9-06

Transfórmate en una persona luminosa, en una persona de verdad y bondad,

En una persona en la que se refleje el esplendor del bien, de la bondad de Dios.

Jesús guía a los hombres a las fuentes de la vida.

La auténtica fuente es Jesús mismo, en el que Dios se nos da.

En la sagrada Comunión podemos beber directamente de la fuente de la vida.

El centro de la misión de Jesucristo y nuestra es el anuncio del reino de Dios.

Este anuncio en el nombre de Cristo implica el compromiso de ser sus testigos.

La edificación del reino de Dios se hace realidad cuando con Jesús llevamos a Dios al mundo.

Vivir en continua conversión y en el esfuerzo de "renovarnos en el espíritu".

Los ojos de Cristo son la mirada del Dios que ama.

La caridad de Dios es infinita y el Señor nos pide ensanchar nuestro corazón.

Quédate con nosotros, Señor, acompáñanos, aunque no siempre hayamos sabido reconocerte.


Como Príncipe de la paz, Él es el manantial de esa paz que supera todo entendimiento.

Jesús nos llamó a ser testigos de su victoria sobre el pecado y la muerte.

Los cristianos están llamados a dar, inspirándose en el ejemplo de Jesús.

El único Espíritu, nos impulsa a la práctica diaria del amor cristiano.
La amistad personal con Cristo nos llena de alegría verdadera y duradera,
Y nos hace disponibles para realizar el proyecto de Dios para nuestra vida.
Guiados por la luz del Señor resucitado, inflamados con su esperanza y revestidos de su verdad y amor:
Vuestro testimonio traerá abundantes bendiciones a quienes encontréis en vuestro camino.
Casi sin saberlo, la Palabra leída y meditada en la Iglesia actúa sobre vosotros y os transforma. 12-9-08.
Meditando la Palabra cotidianamente, entráis en la vida misma de Cristo, llamados a proclamarla.
La Eucaristía es fuente de unidad reconciliada en la paz.

## Frases meditables de las cartas de Jueves Santo de Juan Pablo II

La misión del Pueblo de Jesucristo, tiene una triple dimensión: de Profeta, de Sacerdote y de Rey.
"Tomado de entre los hombres, es instituido en favor de los hombres". (Hebreos)
Dar generosamente los frutos del amor y de la paz, para ofrecerles la certeza de la fe.
La solicitud de todo Buen Pastor es que los hombres "tengan vida, y la tengan abundante"
Para que ninguno se pierda, sino tenga la vida eterna.
La gran solicitud del Buen Pastor, que es la solicitud por la salvación de todo hombre.
Convertirse significa retornar a la gracia misma de nuestra vocación,
Convertirse significa meditar la inmensa bondad y el amor infinito de Cristo.
La oración señala el estilo esencial del sacerdocio; sin ella, el estilo se desfigura.
La Eucaristía significa caridad, y la recuerda, la hace presente y al mismo tiempo la realiza.

Con la Eucaristía "No sólo conocemos el amor, sino que nosotros mismos comenzamos a amar"
Convirtiéndonos en adoradores del Padre «en espíritu y verdad», maduramos en unión con Cristo.
El sacrificio eucarístico es "fuente y cumbre de toda la vida cristiana" (6).
Es un sacrificio único que abarca todo. Es el bien más grande de la Iglesia.
Que cada uno de vosotros pueda reavivar el carisma de Dios que lleva en sí por la imposición de las manos (cfr. 2 Tim 1, 6),
Gustar con renovado fervor el gozo de haberse entregado totalmente a Cristo.

Invitación a releer su propia vida y su vocación a la luz del misterio de la Redención.

Estar singularmente en amistad con el misterio de Cristo, con el misterio de la Redención.

«Oh Dios mío, prefiero morir amándoos que vivir un solo instante sin amaros... Os amo, mi divino Salvador, porque habéis sido crucificado por mí. . . porque me tenéis crucificado para vos» (Ars)

«El sacerdocio es el amor del Corazón de Jesús» (Ars)

Realizamos nuestra vocación en la medida en que vivimos fielmente la alianza de Dios con el hombre.

La vocación sacerdotal es una llamada especial al "officium laudis".

Cuando el sacerdote celebra la Eucaristía… siempre da gloria a Dios.

Conviene, pues, que el sacerdote ame la gloria del Dios vivo y proclame la gloria divina.

El sacerdote está llamado a unirse a Cristo, Verbo eterno y verdadero Hombre, Redentor del mundo.

El sacerdote acompaña a los fieles hacia la plenitud de la vida en Dios.

El amor por la gloria de Dios lo lleva a descubrir su pleno significado.

Su cometido es mostrar Dios al hombre como el fin último de su destino personal.

Profundizar en su vocación de dar gloria a Dios para tomar parte en la vida eterna.

Él se encamina así hacia el día en que Cristo le dirá: "¡Bien, siervo bueno y fiel!;...entra en el gozo de tu señor" (Mt25, 21).

# 11.- De la Imitación de Cristo

Dijo uno: Cuantas veces estuve entre los hombres, volví menos hombre. Lo cual experimentamos cada día cuando hablamos mucho.

¿Para qué quieres ver lo que no te conviene tener? El mundo pasa y sus deleites.

Está con él en tu aposento, que no hallarás en otro lugar tanta paz.

Date a la compunción del corazón, y te hallarás devoto.

No hay criatura tan baja ni pequeña, que no represente la bondad de Dios

Ruega, pues, con humildad al Señor que te dé espíritu de contrición.

Miserable serás dondequiera que fueres y dondequiera que te volvieres, si no te conviertes a Dios.

Todo su deseo se levantaba a lo duradero e invisible;   porque no fuesen abatidos a las cosas bajas con el amor de lo visible.

¡Si nunca hubiésemos de hacer otra cosa sino alabar al Señor nuestro Dios con todo el corazón!

En los cielos debe ser tu morada, y como de paso has de mirar todo lo terrestre.

Todas las cosas pasan, y tú también con ellas.

Si no sabes contemplar las cosas altas y celestiales, descansa en la pasión de Cristo.

Si del todo te ocupares en Dios y en ti, poco te moverá lo que sientes de fuera.

¿Dónde estás cuando no estás contigo?

Ten fuertemente con Jesús viviendo y muriendo, y encomiéndate a su fidelidad,

Que El solo te puede ayudar, cuando todos te faltaren.

Es menester llevar a Dios un corazón desnudo y puro, si quieres descansar y ver cuán suave es el Señor.

Los que están fundados y confirmados en Dios, en ninguna manera pueden ser soberbios.

Conviene al que ama abrazar de buena voluntad por el amado todo lo duro y amargo.

Conviene no apartarse de El por cosa contraria que acaezca.

Porque tu vida es nuestro camino,

Y por la santa paciencia vamos a Ti, que eres nuestra corona.

El que más recibió, no puede gloriarse de su merecimiento, ni desdeñar al menor;

Porque aquel es mayor y mejor que menos se atribuye a sí, y es más humilde, devoto y agradecido.

Apártame y líbrame de la transitoria consolación de las criaturas;

Porque ninguna cosa criada basta para aquietar y consolar cumplidamente mi apetito.

Dame fortaleza para resistir, paciencia para sufrir, constancia para perseverar.

Ven a Mí, cuando no te hallares bien.

Lo que más impide la consolación celestial, es que muy tarde vuelves a la oración.

Si te enviare pesadumbre, o alguna contrariedad, no te indignes, ni desfallezca tu corazón.

Por eso es vana la esperanza en los hombres; mas la salud de los justos está en Ti, mi Dios.

Bendito seas, Señor, Dios mío, en todas las cosas que nos sucedan.

El que te busca a Ti, Señor, y te busca con sencillo corazón, no resbala tan fácilmente.

Y si cayere en alguna tribulación,…, presto será librado por Ti, o consolado;

Porque no desamparas para siempre al que en Ti espera.

Oye mis palabras y no cuidarás de cuantas te dijeren los hombres.

Una cosa debes desear, y es que, en vida o en muerte, sea Dios siempre glorificado en ti.

El humilde conocimiento de ti mismo es más cierto camino para ir a Dios, que escudriñar la profundidad de la ciencia.

Apártalo (el pensamiento obsesivo) como mejor supieres de tu corazón…
Y si llegó a tocarte, no permitas que te abata, ni te lleve embarazado mucho tiempo.
Sufre a lo menos con paciencia, si no puedes con alegría.
Y si oyes algo contra tu gusto y te sientes irritado, refrénate,
Y no dejes salir de tu boca alguna palabra desordenada que pueda scandalizar a los inocentes.
Aún vivo Yo (dice el Señor) dispuesto para ayudarte y para consolarte
Más de lo acostumbrado, si confías en Mí y me llamas devoción.
Señor, bendita sea tu palabra, dulce para mi boca más que la miel y el panal.
¿Qué haría yo en tantas tribulaciones y angustias, si Tú no me animases con tus santas palabras?
Dame buen fin; dame una dulce partida de este mundo.
Acuérdate de mí, Dios mío, y guíame por camino derecho a tu reino. Amén.
Yo no puedo confiar cumplidamente en alguno que me ayude en mis necesidades, sino en Ti solo, Dios mío.
Tú eres mi esperanza y mi confianza; Tú mi consolador y el amigo más fiel en todo.

Todos buscan su interés, Tú buscas solamente mi salud y mi aprovechamiento.
A Ti, Señor, levanto mis ojos; en Ti confió, Dios mío, padre de misericordias.
Tú, Señor de todo, que de nada necesitas, quisiste habitar entre nosotros por este Sacramento.
Ofrécete a ti mismo para gloria de mi nombre en el altar de tu corazón, como sacrificio perpetuo,
Encomendándome a Mí con entera fe el cuidado de tu cuerpo y de tu alma.
Si quieres que venga a ti y me quede contigo, arroja de ti la levadura vieja, y limpia la morada de tu corazón.
El alma cuando recibe la santa Comunión, merece la singular gracia de la unión divina;
Porque no mira a su propia devoción y consuelo, sino sobre todo a la gloria y honra de Dios.
El sacerdote es medianero entre Dios y el pecador,
Orar y ofrecer el santo sacrificio hasta que merezca alcanzar la gracia y misericordia divina.

## 12.- De Encíclicas de papas

### Deus Charitas est

Ahora el amor ya no es sólo un mandamiento, sino la respuesta al don del amor.
Con el amor viene a nuestro encuentro.

El hombre puede convertirse en fuente de la que manan ríos de agua viva (cf. Jn 7, 37-38).

Para llegar a ser una fuente así, ha de beber de la originaria fuente que es Jesucristo.

En Jesucristo, el propio Dios va tras la oveja perdida la humanidad doliente y extravía

Jesús ha perpetuado este acto de entrega mediante la institución de la Eucaristía.

En la comunión sacramental yo quedo unido al Señor como todos los demás que comulgan:

«Puesto que uno es el pan, uno somos los muchos...

No puedo tener a Cristo sólo para mí;

Únicamente puedo pertenecerle en unión con todos los que son suyos o lo serán.

Siempre viene a nuestro encuentro a través de los hombres en los que Él se refleja;

Se refleja mediante su Palabra, en los Sacramentos, especialmente la Eucaristía.

El encuentro con las manifestaciones del amor de Dios puede suscitar en nosotros el sentimiento de alegría.

La alegría nace de la experiencia de ser amados.

La voluntad de Dios ya no es para mí algo extraño que los mandamientos me imponen desde fuera.

El amor al prójimo... una consecuencia que se desprende de la fe, la cual actúa por la caridad.

Quien ejerce la caridad en nombre de la Iglesia nunca tratará de imponer a los demás la fe.

Percibir el amor por el hombre, un amor que se alimenta en el encuentro con Cristo.

Quien es capaz de ayudar reconoce que, de este modo, también él es ayudado;

El poder ayudar no es mérito suyo ni motivo de orgullo.

Busca el encuentro con el Padre de Jesucristo,

Pidiendo que esté presente, con el consuelo de su Espíritu.

## Mystici Corporis Christi (Encíclica)

Hemos de alegrarnos cuando participamos de la pasión de Cristo: gocemos con júbilo.

Jesús concedió a su Iglesia el inmenso tesoro de la redención, sin poner ella nada de su parte.

La salvación de muchos dependa de la oración y entrega de los miembros del Cuerpo místico de Jesucristo.

Todos los carismas que adornan a la sociedad cristiana resplandecen en su Cabeza, Cristo.

Plugo [al Padre] que habitara en Él toda plenitud.

En Él habita el Espíritu Santo con tal plenitud de gracia, que no puede imaginarse otra mayor.

A Él ha sido dada potestad sobre toda carne;
En El están todos los tesoros de la sabiduría y de la ciencia.
Está tan lleno de gracia y santidad, que de su plenitud inexhausta todos participan.
(23) Cristo es autor y causa de santidad.
Porque no puede obrarse ningún acto saludable que no proceda de Él como de fuente sobrenatural.
Sin mí, nada podéis hacer.
Por los pecados cometidos nos movemos a dolor y con esperanza nos convertimos a Dios.
Siempre procedemos movidos por Él.
La gracia y la gloria proceden de su inexhausta plenitud.
Los miembros de su Cuerpo místico reciben del Salvador dones de consejo, fortaleza, temor y piedad.
A fin de que todo el cuerpo aumente cada día más en integridad y en santidad de vida.
Él es quien, apacigua los desordenados y turbulentos movimientos del alma.
Él es el que aumenta las gracias y prepara la gloria a las almas y a los cuerpos.
Y distribuye para cada uno las gracias peculiares, según la medida de la donación de Cristo.
Baste saber que mientras Cristo es la Cabeza de la Iglesia, el Espíritu Santo es su alma.
A otros los crea, a otros los llama, a otros los vuelve a llamar,
A otros los corrige, a otros los reintegra.
El Hijo del Eterno Padre bajó del Cielo para la salvación de todos nosotros.
Fundó y enriqueció de la Iglesia para procurar y obtener la felicidad de las almas inmortales.
Aquello del Apóstol: Todo es vuestro y vosotros sois de Cristo; y Cristo es de Dios.
Porque la Iglesia, fundada para el bien de los fieles, tiene como destino la gloria de Dios.
Cuantos somos creyentes, tenemos... el mismo espíritu de fe, nos alumbramos con la misma luz de Cristo.
Nos alimentamos con el mismo manjar de Cristo.
Y somos gobernados por la misma autoridad y magisterio de Cristo.
La fuente, de donde brota nuestra unión, es divinísima…
El interno soplo e impulso del Espíritu Santo en nuestras mentes y en nuestras almas.
La fe, sin la cual es imposible agradar a Dios: libérrimo homenaje del entendimiento y de la voluntad.
Hemos sido injertados con Él por medio de la representación de su muerte.
Igualmente lo hemos de ser representando su resurrección, y, si morimos con él, también con él viviremos.

La Eucaristía es verdadero banquete, en el cual Cristo se ofrece como alimento.

## Divinum illud munus del sumo pontífice León XIII

La fe católica nos enseña a venerar un solo Dios en la Trinidad y la Trinidad en un solo Dios.

La Iglesia acostumbra atribuir al Padre las obras del poder; al Hijo, las de la sabiduría; al Espíritu Santo, las del amor.

«De Dios son todas las cosas»; «de Dios»,

Por relación al Padre; el Hijo, Verbo e Imagen de Dios, es la causa ejemplar;

Por la que todas las cosas tienen forma y belleza, orden y armonía,

Él, que es camino, verdad, vida, ha reconciliado al hombre con Dios.

«Por Dios», por relación al Hijo; finalmente, el Espíritu Santo es la causa última de todas las cosas.

Puesto que, así como la voluntad y aun toda cosa descansa en su fin.

Así Él, que es la bondad y el amor del Padre y del Hijo, da impulso fuerte y suave:

Entre todas las obras de Dios *ad extra*, la más grande es el misterio de la Encarnación del Verbo;

En él brilla la luz de los divinos atributos: es posible pensar nada superior.

Dice el Evangelio que la concepción de Jesús en el seno de la Virgen fue obra del Espíritu Santo.

Porque el Espíritu Santo es la caridad del Padre y del Hijo, gran misterio de la bondad divina.

Por dicho acto la humana naturaleza fue levantada a la unión personal con el Verbo.

No por mérito alguno, sino sólo por pura gracia, que es don propio del Espíritu Santo.

«Padre»; inunda los corazones con la dulzura de su paternal amor:

Da testimonio a nuestro espíritu de que somos hijos de Dios.

El Espíritu Santo es el don supremo:

Al proceder del mutuo amor del Padre y del Hijo, con razón es don del Dios altísimo.

Dios se halla presente a todas las cosas y que está en ellas:

Por potencia, en cuanto se hallan sujetas a su potestad;

Por presencia, en cuanto todas están abiertas y patentes a sus ojos;

Por esencia, porque en todas se halla como causa de su ser.

Entre estos dones se hallan aquellos ocultos avisos e invitaciones:

Se hacen sentir en la mente y en el corazón por la moción del Espíritu Santo.

Merced a los dones, el Espíritu Santo nos mueve a desear y conseguir las evangélicas bienaventuranzas.

Son como flores abiertas en la primavera, cual indicio y presagio de la eterna bienaventuranza.

Los frutos del Espíritu Santo… llenos de toda dulzura y gozo.

Tanto más le debemos amar cuanto que nos ha llenado de inmensos beneficios.

(E. Santo) Los nombres más dulces de padre de los pobres,

Dador de los dones,

Luz de los corazones,

Consolador benéfico,

Huésped del alma,

Aura de refrigerio.

Suplica encarecidamente que limpie, sane y riegue nuestras mentes.

Y que conceda a todos los que en El confiamos el premio de la virtud,

Y el feliz final de la vida presente, el perenne gozo en la futura.

## Menti nostrae de Pío XII

El sacerdote es como otro Cristo, porque está sellado con un carácter indeleble, imagen viva de nuestro Salvador.

Comprended lo que hacéis, imitad lo que traéis entre manos;

La perfección de la vida cristiana tiene su fundamento en el amor a Dios y al prójimo;

Este amor ha de ser ferviente, diligente, activo.

El sacerdote tiene que asociar su actividad a la de Cristo, único y eterno Sacerdote:

Siga e imite a Aquel que tuvo como fin supremo manifestar su ardentísimo amor al Padre.

**Revestirse de Cristo** es entrar en una vida nueva que, debe conformarse a los del Calvario.

Esto exige un arduo y continuo trabajo, por el que nuestra alma se convierta como en víctima.

A fin de participar íntimamente en el sacrificio mismo de Cristo.

Debe ser ejercicio de piedad, que lo refiere todo a la gloria de Dios.

Debe ser acto de caridad, que inflame nuestras almas en el amor hacia Dios y al prójimo.

Que nos estimule a promover todas las obras de misericordia.

Que debe ser voluntad activa para empeñarse y luchar por hacer lo más perfecto.

Necesario es que el sacerdote procure reproducir en su alma todo cuanto sobre el altar ocurre.

Como Jesucristo se inmola a sí mismo, también su ministro debe inmolarse con Él.

Quema siempre el oloroso perfume de la oración; empuña la espada del espíritu;

Haz de tu corazón como un altar y ofrece sobre él tu cuerpo generosamente como víctima a Dios...

Jesucristo, en verdad, es sacerdote, pero sacerdote para nosotros, no para Sí.

Ofrece al Eterno Padre los deseos y sentimientos religiosos en nombre de todo el género humano.

Aquel sentimiento que tenía el Divino Redentor cuando se ofrecía en Sacrificio.

Que imiten su humildad.

Eleven a la suma Majestad de Dios la adoración, el honor, la alabanza y la acción de gracias.

Adopten la condición de víctima, abnegándose sí mismos y entregándose a la penitencia.

Detestando y expiando cada uno sus propios pecados.

Que nos ofrezcamos a la muerte mística en la Cruz juntamente con Jesucristo.

De modo que podamos decir como San Pablo: estoy clavado en la Cruz juntamente con Cristo.

En nuestras propias manos tenemos un tesoro grande: las riquezas de la sangre de Jesucristo.

Que así lleguemos a ser mediadores de justicia en aquellas cosas que tocan a Dios.

Renueven y enriquezcan a la Iglesia y a las almas todas.


## Mysterium Fidei

El Misterio Eucarístico es como el corazón y el centro de la Sagrada Liturgia.

La Eucaristía es la fuente de la vida que nos purifica y nos fortalece.

Que vivamos no ya para nosotros, sino para Dios, con el estrechísimo vínculo de la caridad.

El que quiere vivir tiene dónde y de dónde vivir: que sea un miembro hermoso, apto, sano;

Que se adhiera al cuerpo, que viva de Dios y para Dios;

Que trabaje ahora en la tierra para poder reinar después en el cielo.

Cristo es verdaderamente el *Emmanuel*, es decir, «Dios con nosotros».

Día y noche está en medio de nosotros, habita con nosotros lleno de gracia y de verdad.

Cuán preciosa es la vida escondida con Cristo en Dios y cuánto sirve estar en coloquio con Cristo:

La vida escondida con Cristo en Dios es dulce y eficaz para recorrer el camino de la santidad.

La Eucaristía contiene a Cristo, Cabeza invisible de la Iglesia, Redentor del mundo,

Jesús, centro de todos los corazones, *por quien son todas las cosas y nosotros por Él.*

Acercándose al misterio eucarístico, aprendan a hacer suya propia la causa de la Iglesia.

Aprendan a orar a Dios sin interrupción, a ofrecerse a sí mismos a Dios.

Como agradable sacrificio por la paz y la unidad de la Iglesia.

## Dives in misericordia

El amor "condiciona" a la justicia y en definitiva la justicia es servidora de la caridad.

El amor excluye el odio y el deseo de mal, en aquel que ha hecho donación de sí mismo.

«Con amor eterno te amé, por eso te he mantenido mi favor».

La justicia divina, revelada en la cruz de Cristo, es «a medida» de Dios.

Porque nace del amor y se completa en el amor, generando frutos de salvación.

El hombre alcanza el amor misericordioso de Dios, su misericordia.

En cuanto él mismo interiormente se transforma en el espíritu de tal amor hacia el prójimo.

El *amor misericordioso* indica también esa cordial *ternura y sensibilidad,* de las parábolas…

El perdón atestigua que en el mundo está presente el *amor más fuerte que el pecado.*

## Ecclesia de Eucharistia

Escribe san Efrén: «Llamó al pan su cuerpo viviente, lo llenó de sí mismo y de su Espíritu [...],

Y quien lo come con fe, come Fuego y Espíritu. [...].

Tomad, comed todos de él, y coméis con él el Espíritu Santo.

La Eucaristía «es la principal y central razón de ser del sacramento del sacerdocio,

Nacido efectivamente en el momento de la institución de la Eucaristía y a la vez que ella»

Todo compromiso de santidad ha de sacar del Misterio eucarístico la fuerza necesaria.

Todos los planes pastorales, han de sacar del Misterio eucarístico la fuerza necesaria.

En la Eucaristía tenemos a Jesús, tenemos su sacrificio redentor, tenemos su resurrección.

En la Eucaristía tenemos el don del Espíritu Santo, tenemos la adoración,

Tenemos la obediencia y el amor al Padre.

Si descuidáramos la Eucaristía, ¿cómo podríamos remediar nuestra indigencia?

32….No puedes vivir de espaldas a la muchedumbre: es menester que tengas ansias de hacerla feliz.

57. Frecuenta el trato del Espíritu Santo —el Gran Desconocido— que es quien te ha de santificar.

58…. Y métete en el costado abierto de Nuestro Señor Jesús hasta hallar cobijo seguro en su llagado Corazón.

169. Te acogota el dolor porque lo recibes con cobardía.

—Recíbelo, valiente, con espíritu cristiano: y lo estimarás como un tesoro.

182. Bebamos hasta la última gota del cáliz del dolor en la pobre vida presente. — ¿Qué importa padecer diez años, veinte, cincuenta..., si luego es el cielo para siempre, para siempre?

184. ¿Para qué has de mirar, si "tu mundo" lo llevas dentro de ti?

187. Paradoja: para Vivir hay que morir.

189. Todo lo que no te lleve a Dios es un estorbo. Arráncalo y tíralo lejos.

217. No serás feliz si no pierdes ese miedo al dolor.

Porque, mientras "caminamos", en el dolor está precisamente la felicidad.

223. ¡Qué poco vale la penitencia sin la continua mortificación!

232. ¿Motivos para la penitencia?: Desagravio, reparación, petición, hacimiento de gracias:

Por ti, por mí, por los demás, por tu familia, por tu país, por la Iglesia...

268. Acostúmbrate a elevar tu corazón a Dios, en acción de gracias, muchas veces al día.

—Porque te han despreciado. —Porque no tienes lo que necesitas o porque lo tienes.

Acostúmbrate a elevar tu corazón a Dios, en acción de gracias

Porque hizo tan hermosa a su Madre, Madre tuya.

Porque creó el Sol y la Luna y aquel animal y aquella otra planta.

Acción de gracias Porque hizo a aquel hombre elocuente y a ti te hizo premioso...

Dale gracias por todo, porque todo es bueno.

269. No seas atolondrado, no dejes de meterte en cada Sagrario cuando divises las torres de templos.

—Él te espera.

269. No seas tan ciego o tan atolondrado que dejes de rezar a María Inmaculada.


321. Alma de apóstol: esa intimidad de Jesús contigo, ¡tan cerca de Él, tantos años!, ¿no te dice nada?

322. Es verdad que a nuestro Sagrario le llamo siempre Betania...

326. — "Confige timore tuo carnes meas!" — ¡dame, ¡Dios mío, un temor filial!

402. No pidas a Jesús perdón tan sólo de tus culpas: no le ames con tu corazón solamente...

402. Desagráviale por todas las ofensas que le han hecho, le hacen y le harán...,

Ámale con toda la fuerza de todos los corazones de todos los hombres que más le hayan querido.

402. Sé audaz: dile que estás más loco por Él que María Magdalena, más que Teresa y Teresita...,

403. Ten todavía más audacia y, cuando necesites algo, partiendo siempre del "Fiat",

418. El secreto para dar relieve a lo más humilde, aun a lo más humillante, es amar.

423. Dios mío, te amo, pero... ¡enséñame a amar!

426. En Cristo tenemos todos los ideales: porque es Rey, es Amor, es Dios.

476. Cuando te "entregues" a Dios no habrá dificultad que pueda remover tu optimismo.

656. Calla siempre cuando sientas dentro de ti el bullir de la indignación
— Piensa: ¡qué caridad tienen conmigo! ¡Lo que se habrán callado!

729. ¡Oh, Dios mío: cada día estoy menos seguro de mí y más seguro de Ti!

870. No quieras ser mayor. —Niño, niño siempre, aunque te mueras de viejo.
—Cuando un niño tropieza y cae, a nadie choca...: su padre se apresura a levantarle.

872. No olvides que el Señor tiene predilección por los niños y por los que se hacen como niños.

878. Niño bueno: dile a Jesús muchas veces al día: te amo, te amo, te amo.

889. Para el que ama a Jesús, la oración, aun la oración con sequedad, es dulzura en las penas:
Se va a la oración con el ansia con que el niño va al azúcar.

894. Decir como los niños a Jesús, ante lo favorable y ante lo adverso: "¡Qué bueno eres!

959. El desprecio y la persecución son benditas pruebas de la predilección divina.

992. Da gracias a Dios, que te ayudó, y gózate en tu victoria.
— ¡Qué alegría más honda, esa que siente tu alma, después de haber correspondido!

999. ¿Que cuál es el secreto de la perseverancia? El Amor. —Enamórate, y no "le" dejarás.

## De varias Encíclicas pontificias:

Asimilar la realidad de la Encarnación y de la Redención para encontrarse a sí mismo.
La unión de Cristo con el hombre es la fuerza y la fuente de la fuerza.
Esta unión de Cristo con el hombre es un misterio, del que nace el «hombre nuevo».
«Con amor eterno te amé, por eso te he mantenido mi favor».
56 / «Aunque se retiren los montes..., no se apartará de ti mi amor, ni mi alianza de paz vacilará».57

Creer en el Hijo crucificado significa «ver al Padre»,
/significa creer que el amor está presente en el mundo
Y que este amor es más fuerte que toda clase de mal.
Algunos teólogos afirman que la misericordia es el más grande entre los atributos de Dios.
El auténtico conocimiento de Dios, Dios de la misericordia y del amor benigno.
En la Eucaristía tenemos a Jesús, tenemos su sacrificio redentor/
Tenemos su resurrección, tenemos el don del Espíritu Santo, /

Tenemos la adoración, la obediencia y el amor al Padre.
Cristo camina con nosotros como nuestra fuerza y nuestro viático.
Y nos convierte en testigos de esperanza para todos.

### 13. - Corazón de Jesús. De Santa Gertrudis, Margarita Maria de Alacoque y Juan Brébeuf

Estoy cierta de que, ya sea una muerte súbita o prevista, no me faltará la misericordia del Señor.
La adversidad es el anillo espiritual que sella los esponsales con Dios.
 "Esta es la más dulce alegría, la que más había deseado, porque voy a encontrarme con Cristo". (La muerte)
«Dios mío, hago o sufro tal cosa en el Corazón de Hijo y según sus santos designios,
Y os lo ofrezco en reparación de todo lo malo o imperfecto que hay en mis obras
Debemos entregarnos totalmente al amor, dejando que actúe por nosotros.
Amor, gloria y alabanzas sean dadas por siempre al Corazón de nuestro Salvador.
Sagrado Corazón mi amadísimo Jesús, que te regale de la abundancia de su puro amor.
Mi amor reina en el padecimiento, triunfa en la humildad y goza en la unidad.
Hemos de procurar penetrar dentro de este Corazón adorable, haciéndonos muy pequeños.
¡Oh Corazón divino!  A ti me adhiero y en ti me pierdo. Sólo de ti quiero vivir, por ti y para ti.
Hallo en el Sagrado Corazón de Jesús todo lo que me falta, porque está rebosando de misericordia.
Escondedme, dulce Salvador mío, en el sagrario de vuestro costado.
Fragua encendida del puro amor y así estaré seguro.

"El adorable Corazón de Jesús debe ser el santificador con los santos incendios de su puro amor."
"Basta amar al Santo de los Santos, para llegar a ser santos"
"No regateéis con Él, entregádselo todo, y Él hará que lo halléis todo en su Divino Corazón."
"Adaptar vuestra vida interior y exterior al modelo de la humilde mansedumbre del Corazón de Jesús."
"Puesto que quien ama es todopoderoso amemos y ninguna cosa se nos hará cuesta arriba."
"Guardad paz y someteos a las disposiciones que tome sobre vuestras almas. Al fin hallaréis la victoria y la paz en el Sagrado Corazón."
"Este Sagrado Corazón os rodea con su poder, como muro inexpugnable a los asaltos del enemigo."
Sagrado Corazón de Jesús en Vos confío.

Corazón de mi amable Salvador: haz que arda y crezca siempre en mí tu amor.

Corazón de Jesús en amor nuestro abrasado: haced que nuestro corazón sea en vuestro amor inflamado.

"¡Señor, mi corazón es vuestro! No permitáis le ocupe cosa sino Vos que sois apoyo de mi debilidad."

"Si queréis ser amado de Jesús habéis de ser manso como Él, y humilde como Él."

"Amadle a Él con todo el amor de que sois capaces y tributadle toda bendición y gloria."

"Vuestro Corazón ha de ser el trono de vuestro Amado, retornándole amor por amor"

"Amad y haced lo que queréis, porque quien posee el amor todo lo posee."

"El amor no quiere corazones divididos; lo quiere todo o nada. El amor os lo hará todo fácil."

"Vayamos con filial confianza, y arrojémonos en sus brazos, extendidos por el amor en la cruz para recibirnos".

"Digámosle: Dios mío, Vos sois mi Padre; tened compasión de mí, según vuestra misericordia."

"Haced las cosas todas en el amor y para el amor, porque el amor da mérito y realce a todas las cosas."

-Salve, Corazón de mi Jesús, sálvame
-Salve, Corazón de mi Salvador, libértame
-Salve, Corazón de mi Creador, perfeccióname
-Salve, Corazón de mi Maestro, enséñame
-Salve, Corazón de mi Bienhechor, enriquéceme
 -Salve, Corazón de incomparable bondad, perdóname
-Salve, Corazón Caritativo, obra en mí
-Salve, Corazón admirable y dignísimo, bendíceme
-Salve, Corazón pacífico, seréname
 -Salve, Corazón remedio de nuestros males, cúrame
-Salve, Corazón de Jesús, consuelo de los afligidos, consuélame
-Salve, Corazón todo amor, horno ardiente, hazme arder en tu amor

Dios mío, veláis sobre todos los que en Vos esperan y nada nos puede faltar.

He resuelto vivir en adelante sin cuidado alguno, descargando sobre Vos mis inquietudes.

Yo dormiré en paz y descansaré; porque Tú ¡Oh Señor! has asegurado mi esperanza.

¿Qué sería de mí si Tú no fueses mi fuerza? "Todo lo puedo en Aquel que me conforta" (Fil 4,13).

Estás siempre en mí y yo en Ti; por tanto, poseo siempre conmigo mi fuerza.

Diré a todos que tu misericordia está muy por encima de cualquier malicia humana.

Señor, hágase tu voluntad, no la mía.

Debo alabarte y darte gracias porque se cumplen en mí tus designios.

Acepto de buen grado esta adversidad en sí misma y en todas sus circunstancias.

Así que no me lamento del mal que habré de soportar;

Ni de las personas que lo causan, ni del modo en que me ha llegado.

Estoy convencido de que Tú has querido estas circunstancias y prefiero morir antes que oponerme.

Sagrado Corazón de Jesús, enséñame a olvidarme enteramente de mí, camino para entrar en Ti.

Enséñame qué debo hacer para llegar a la pureza de tu amor, del que me has infundido deseo.

Experimento una gran voluntad de complacerte,

Pero al mismo tiempo me veo en la imposibilidad de realizarlo sin tu luz y ayuda.

Une mi voluntad a la tuya con tanta fuerza que resulte una sola voluntad.

Que la mía sea recta, santa y sobre todo constante e inmutable como la tuya.

Oh mi Jesús y mi amor, tomad todo lo que tengo y todo lo que soy, y poseedme.

Transformadme toda en Vos, a fin de que no tenga el poder de separarme un solo momento.

Ante el santo Sacramento yo no podía recitar oraciones vocales... Allí nunca me aburría.

Consumirme en tu presencia como un cirio ardiente para darte amor por amor.

¡Ay, ¡Señor mío, seréis, pues, la causa de que se me despida!

## Santa Gertrudis

Que mi alma te bendiga, Dios y Señor, mi creador, que mi alma te bendiga.

Y, de lo más íntimo de mi ser, te alabe por tus misericordias

Te doy gracias, con todo mi corazón, por tu inmensa misericordia y alabo, tu paciente bondad.

Llena de gratitud, me sumerjo en el abismo profundísimo de mi pequeñez y alabo y adoro.

Me hiciste el don de tu amistad y familiaridad, abriéndome el arca de la divinidad.

En tu corazón divino, hallo todas mis delicias.

## Ideas de Santa Margarita María de Alacoque

El sagrado Corazón es una fuente inagotable,

No desea otra cosa que derramarse en el corazón de los humildes.

De este divino Corazón manan sin cesar tres arroyos: el primero es el de la misericordia.

El segundo es el de la caridad, en provecho de todos los aquejados por cualquier necesidad.

Del tercer arroyo manan el amor y la luz para sus amigos ya perfectos.
Los quiere unir consigo para comunicarles su sabiduría.
Ellos se entreguen totalmente a promover su gloria.
Este Corazón divino es un abismo de todos los bienes,
En él todos los pobres necesitan sumergir sus indigencias.
Es un abismo de gozo, en el que hay que sumergir todas nuestras tristezas,
Es un abismo de humildad contra nuestra ineptitud,
Es un abismo de misericordia para los desdichados
Y es un abismo de amor, en el que debe ser sumergida toda nuestra indigencia.
Dios mío, hago o sufro tal cosa en el Corazón de tu Hijo y según sus santos designios,
Y os lo ofrezco en reparación de todo lo malo o imperfecto que hay en mis obras
"Acepta lo que te manda el sagrado Corazón de Jesucristo para unirte a sí."
Por encima de todo, conservad la paz del corazón, que es el mayor tesoro.
Para conservarla, nada ayuda tanto como el renunciar a la propia voluntad y poner la voluntad del Corazón divino en lugar de la nuestra.

### De los apuntes espirituales de san Juan de Brébeuf, presbítero y mártir

1.- No moriré sino por ti, Jesús, que te dignaste morir por mí.
2.- ¿Cómo pagarte todos tus beneficios?
Recibiré de tu mano la copa de tus dolores, invocando tu nombre.
3.- Dios mío, ¡cuánto me duele el que no seas conocido,
El que esta región no se haya aún convertido enteramente a ti.

## 14.- Meditaciones Cura de Ars, Retana, Alfonso Torres, Federico Suárez, Hubaut, Gea escolano, Adam, Chautard

### Cura de Ars.

Ofrecer vuestras penas a Dios y renovad vuestro ofrecimiento
Los sentimientos de Dios hacia el pecador son de bondad y misericordia.
Dulce conversación del alma con Dios para reconocerlo como Creador y nuestro Bien.
Un pecador que ora ha de estar arrepentido de sus pecados y deseo de amar más a Dios.
Ha de darnos consuelo y seguridad que tratamos con un Padre muy bueno.
Examinar delante de Dios cuáles son las intenciones que nos inducen a obrar.
Oramos debidamente cuando la plegaria sale de lo hondo de nuestro corazón.

Echémonos a los pies de Jesús en la Eucaristía:
 Él ofrecerá de nuevo al Padre por nosotros los méritos de su pasión.
Vayamos en su seguimiento como los primeros cristianos siguiéndole en sus predicaciones.
Que a lo primeros impulsos de cólera sustituyan de inmediato los de bondad, dulzura y caridad.
Mateo en cuanto empezó a seguir a Jesucristo ya no le abandonó jamás.
Cuando oramos Dios nos envía amigos: ora un santo, ora un ángel para consolarnos.
Nos hace sufrir un instante para hacernos felices toda la eternidad.
La oración es la fuente de todos los bienes y de toda felicidad que podemos esperar.
La oración hace que hallemos menos pesada nuestra cruz.
Llamar a mis pensamientos y deseos y les digo: "Venid, adoremos a nuestro Dios".
Apenas nos demos cuenta de que nuestro espíritu se distrae, hemos de volver a Dios.
 No debemos aficionarnos a la vida, sino a Jesucristo, porque Él es nuestra recompensa.
Hay que renunciar a sí mismo y tomar la cruz: pues muchos serán los llamados y pocos los escogidos.
Corpus: Regocijaos cristianos: Dios va a comparecer entre vosotros.
¡Cuántos cristianos están en las tinieblas y no ven el peligro de precipitarse en el infierno!
Uno de los instantes más felices de la vida, aquel en que se nos da estar en compañía de tan gran amigo.
¡Si el Señor viese en nosotros esa misma humildad, el conocimiento de nuestra pequeñez!
Una obra agradable a Dios ha de ser interior y perfecta; humilde, constate y perseverante.
Durante el día elevar los ojos al Cielo y contemplar los bienes que Dios nos tiene preparados.
Quiero que hagas en tu corazón un lugar de retiro, donde permanezcas en mi compañía.
Si reconocéis vuestra nada y vuestra falta de méritos, Dios os concederá muchas gracias.
Quien desee servir a Dios y salvar su alma deber practicar la humildad en toda su extensión.
Cuando nos sintamos tentados, mantengámonos escondidos bajo el velo de la humildad.
Al orar, ¿poseéis aquella humildad que os hace consideraros indignos en la presencia de Dios?
El buen cristiano ama, medita e intenta penetrar las verdades de nuestra santa religión.

Comulgad como un pobre leproso, con mucha humildad. Eymard. 26-6-16
Santidad sacerdotal, objetivo prioritario. Oramos. 3-7-16

Comulgad para amar, comulgad por amor, comulgad para amar más. Eymard falta

Golpe de vista y alerta percepción. Examen particular sobre ello. 10-7-16

El recogimiento es la fuerza del alma concentrada en Dios, para luego embestir y expansionarse. Eymard

Conversad en vuestro interior… decid: Jesús es mi alegría y mi felicidad. Eymard

Amad el silencio, la soledad del alma en el santuario de Dios. Eymard

Recogeos en Dios y estaréis en vuestro centro. "

Fijad vuestro centro de vida y el lugar de vuestro descaso en Dios. "

Ejerced el celo por ser vuestro deber; pero aspirad a la vida interior. "

Habéis de respirar en Dios a todo pulmón; vivir de Él. "

Decía el Cura de Ars: "Nuestra única felicidad es amar a Dios y sabernos amados por Él".

## Retana

El hombre creado a imagen y semejanza de Dios, es decir, para amar.

Dejarse llevar por donde quiera el Espíritu Santo.

Muchas gracias se pierden en la Iglesia porque no las compartimos con nuestros hermanos.

Mi oración, Señor, sea un grito de amor a Ti, o suave y amorosa insinuación de amor.

El amigo de Dios se retira en Dios, expulsando las pasiones que le incitan al mal.

La oración vocal, dicha con atención, se hace luego mental y amorosa regustándola.

La repetición del nombre de Jesús lleva a la contemplación: Jesús, ten misericordia de mí.

Al orar continuamente se siente de manera permanente la presencia de Dios.

El hombre por naturaleza es un mendigo que todo lo recibe de Dios.

Vivir en el centro del alma donde habita la plenitud de Dios.

Piensa bien y te quedarás corto: es más rentable que el "piensa mal y acertarás".

La pureza de corazón es necesaria para la unión con Dios.

Dios presente en mí por la impresión de su imagen trinitaria en mi alma.

El Espíritu Santo nos da su consuelo si sabemos prepararnos.

Jesús quiere que acudamos a Él con nuestras frecuentes visitas y coloquios.

Jesús también visita nuestra alma en la comunión y cuando lo llamamos.

Procurar adelantar más en el amor divino; que el alma nunca languidezca.

Estar siempre velando para cuando llegue el Señor con su llamada…

El Espíritu Santo enriquece al alma con su venida y da los siete dones.

Dame tus dones para unirme del todo a Ti y entregarme al prójimo.

Los dones son para el alma lo que la vela para la barca, y las alas para el ave.

La cima de la vida espiritual, la adquisición del Espíritu Santo.

Un hombre en el que habita el Espíritu Santo conoce a Dios y sabe que es su Padre.

Los pensamientos durante la oración son tranquilos, puros, dirigidos hacia Dios.

Pon en descanso tu corazón y busca a Dios.

Vive siempre en Dios, arraigado en su vida, desde allí, ora.

Buscar es amar y amar es buscar.

El que vive en Dios nunca se siente más acompañado que cuando está solo.

Ama la soledad donde Dios te hablará al corazón para recordar su amor primero. (Os. 2)

No consiste el amor en sentir mucho.

Sino en experimentar el dolor por contemplar al Señor y para servirle en el prójimo.

Como María, ser dócil a la obra de Dios en ti. Magníficat...

Acoge al Espíritu Santo, guarda en ti la palabra de Dios. Vive en Cristo como María.

Dejarnos mirar, dejarnos abrazar por Él: que su palabra resuene en nuestra alma.

Que yo crezca para que Él crezca en mí.

El amor no busca justificación fuera de sí mismo.

Dejarnos impregnar e inflamar por la palabra de Dios. Ayúdame a esta meditación.

Todos los días son distintos, y cada día mejor que el anterior.

El Espíritu Santo es el verdadero orante en la contemplación.

Acudo al Espíritu Santo para que cure la ceguera de mi propia razón.

El Espíritu Santo es maestro de oración. Educar en la oración.

Lo divino no cansa, dice Esquilo. Espíritu Santo, dadme el don de oración.

Es más importante para la Iglesia hablar con Dios que hablar de Dios. (Santa Teresa)

Orar con Jesús: la oración que siempre escuchar el Padre.

Acudir a la Virgen María para que ella nos enseñe cómo oraba con su corazón.

Vivir en el silencio una comunión espontánea con el Señor.

La alabanza es la respuesta del hombre a las obras de Dios.

La alegría que experimenta el hombre ante las obras de Dios se expresa con la alabanza.

Adorar es sumergirse en el Inagotable.

   Es pacificarse en el Incorruptible.

   Es absorberse en la Inmensidad infinita.

Adorar es darse a fondo a Quien no tiene fondo, darse totalmente a Dios.

Dos reglas de oración: no desanimarse nunca; no cansarse nunca.

Dios nunca te ha dejado ni te dejará: es un descubrimiento dentro de tu pobreza.

Si descubre la mirada del amor, orarás; te das cuenta del amor de Dios.

Transforma, Señor, mi corazón de piedra en corazón blando y amoroso.
Mi corazón está con Dios: lo demás vendrá. Asume, Señor, mi ser entero.
Dios sobre todas las cosas: Él inspira el amor a nuestros hermanos.
Entrar en el abismo de la misericordia de Dios:
Tú nos haces también misericordiosos.

Gusto de estar con Dios en soledad amorosa; Él nos da su fuerza.
Dios nos llena plenamente; nadie más.
Dejarnos transformar en Cristo. Esa es nuestra vocación.
Nuestro "yo" impide que la Santísima Trinidad ocupe nuestra alma.
Dejemos a un lado nuestro propio yo y permanezcamos abandonados en Él:
en amor y por amor.
La muerte nos entrega totalmente a Dios por el abandono absoluto en Él.
La muerte es un arrancarnos del egoísmo, el paso a la divinización del alma.

## Alfonso Torres

En la monotonía hemos de santificarnos, aunque nada tenga de llamativo.
Vida escondida con Cristo en Dios que ni siquiera la gente ve que estoy
escondida.
No tengo más que un camino, borrarme, yo la última. "Se anonadó".
No tengo que anonadarme, porque la nada no tiene que anonadarse;
Quedarnos en lo que somos, nada.
Hasta adquirir una apariencia vulgar (no en virtud) y esta sea para Dios.
Que no la estropee la vanidad.
Dios lo hace todo: consuela y enciende el corazón.
Dios hace que esa alma ni siquiera sienta la cruz de cada día: en Dios
vivimos…

Si hago lo que Dios quiere, Dios hará en mí lo que yo no puedo.
El triunfo es seguro: en estos combates no es vencido sino el que quiere.
Manteneros fieles a nuestro Dios. Dar a nuestra vida el tono de fidelidad
absoluta.
 Seguir las inspiraciones de Dios con el corazón abierto a la lluvia del Cielo.
Lo mejor, dejarse guiar: como una persona desorientada que va a la deriva.
Lo que me interesa en la oración es encontrar al Señor.
Hay unas maneras de encontrar al Señor, dolorosas. Otras, consoladoras.
Al Señor se le puede encontrar teniendo en entendimiento vacío
enteramente.

Exponer a Dios con sencillez lo que ocurre a mí o a otros, pedir su ayuda,
confiados.
Aquietarse junto a Él; contentos, con paz.
El fruto será perseverante cuando Dios lo escriba dentro del corazón.
Las almas en todos los momentos de la vida encuentran la amargura de la
mirra.
Necesitamos un verdadero espíritu de mortificación para quitar apegos.

Esa mirra desagradable y dura hay que encontrarla, no huir de ella, asumirla, ofrecerla.
Hay mirras terriblemente sutiles, terriblemente amargas.

Que Él llene nuestra vida hasta el fin con esa mirra santa que Él amó.
Para que el amor de Dios se apodere del alma, ningún otro amor le dispute el terreno.
Aceptar las humillaciones: juicios desfavorables, fracasos, malquerencias…
Ejercitarnos en actos de humildad, dejando de sacar el "yo" siempre que se puede.
¿Cómo puedo tener ese deseo de imitar a Jesús si no imito su humildad?
Enamorarme de la humillación: que sueñe en verme despreciado, oscurecido.
Sueñe en verme lo que soy: una pura nada a quien Dios con misericordia mira.
En vez de entretenerme en sueños de vanidad, me encuentre con sueños de humildad.
Me parece difícil, pero me parece hermoso aspirar a esta humildad de los santos.
Que el Señor me ayude, y perdón por mi soberbia.
Vernos inferiores a los demás en virtud y en espíritu. Estar como muertos a las cosas.
Ejercitarnos en la humildad, aunque dé chillidos nuestra naturaleza.
Pedir la gracia de que aprendamos a vernos como los últimos en todo.

Que el Reino de Dios sea la idea fija que llevamos en el alma: con paz y constancia.
Que amenos el Reino de Dios de tal manera que lo demás palidezca para nosotros.
Si nuestra "divina obsesión" es esta, en todo veremos la ocasión de glorificar a Dios.
No escatimar el sacrificio constante para que en todo se promueva el Reino de Dios.

Yo estoy enfermo de amor, sostenedme con frutos sazonados.
Cuando Él venga a llamar le recibiremos con cariño, le abrazaremos.
Jesús será nuestro consuelo, nuestra esperanza, nuestro premio.
Nuestro único deseo sea que Él esté contento con nosotros.
La vida cristiana no tiene otro fin que buscar a Dios por el camino que Él quiera.
En nuestro caminar, encontrar el Reino de los Cielos es hallar la felicidad completa.
Llenarnos de alegría por el Señor nos ha puesto en el camino de la verdad, del Cielo.
En virtud de esa alegría hemos de renunciar a todo para alcanzar el Reino.
Nuestra santidad no ha de ser la que nosotros queramos, sino la que Dios quiera.

Son beneficios divinos lo mismo salud que enfermedad, riqueza que pobreza, éxito que fracaso.

Tenemos que empezar por arrojarnos a los pies de Cristo, considerarnos indignos de su amor.
Que la comunión nos inflame más, nos encienda, nos traiga ese tesoro de la caridad.
La santa humanidad de Cristo es el medio para unirnos a la Divinidad.

Tenemos en Cristo la fuente de todo nuestro bien y el modelo para alcanzar la perfección.
Es Cristo quien ofrece el sacrificio por medio del sacerdote.
Imitar las verdades de Cristo: la humildad, la mansedumbre, el amor al prójimo.
Con la meditación asidua del Evangelio conseguimos la luz que nos lleva al conocimiento de Cristo.
Esperanza: sabemos que con estos trabajos y luchas estamos escalando el Cielo.
Vayamos buscando con el corazón a Dios y solo a Dios.
Que el amor de Dios se apodere del alma; que ningún otro amor le dispute el terreno.

Jesús se desborda por hacernos el bien.
Me gusta hacer el viacrucis: mirando a Cristo en su pasión aprendo a amar.
Pero lo mejor, entrar en lo profundo del misterio.
Cuando amo lo que es divino, me divinizo;/ cuando amo a Jesucristo vivo más en Él que en mí.
Vivir añorando el Cielo; pensar que somos ciudadanos no de este mundo, sino del Cielo.
Con simplicidad, mirar a Dios y encontrar todo en Dios.
Jesús es como fuego arrollador que conquista al mundo, sin que nada le detenga.
Dejarnos invadir e incendiar por este fuego divino; seremos fuego con Él.

Aumentar mi confianza en el Señor.
Si le conociera de verdad nada habría capaz de entibiar mi confianza.
Conociéndole, mi trato será más amistoso; voy a fomentar esta amistad íntima.
Sea mi amor al Señor más generoso hacia mis semejantes.
Me arrojo en los brazos del Señor con gratitud y confianza; jamás me dejaré dominar por la desesperanza.

Tú me abres las puertas de la amistad; somos amigos.
La aridez hemos de aprovechar para aumentar nuestro fervor.
Sentirnos felices porque se realizan en nosotros los designios de Dios.
Vivir como si el alma estuviera en la eternidad, donde todo es estable y pacífico.

Que Jesús sea centro de nuestras almas
Y que toda la creación sea himno de gloria al Padre celestial.
Reina Dios en el alma cuando esta se le entrega.
Trasportados de gozo y gratitud, entregarnos sin reservas al Reino de Dios.
Plegarse a la voluntad de Dios es plegarse al prójimo en el ejercicio de la caridad.
El primero de todos estos pecados y la raíz y el principal es estar llenos de sí.
Vivir entregados a la fe es el principal objetivo de las personas espirituales.

El espíritu de penitencia debe ser permanente, unido a la compunción de corazón.
Es costoso, pero necesario fomentar la paciencia contra nuestras propias miserias.
Sufrirnos mansamente, puesto que nuestro Dios nos sufre así. Ir al Señor con humildad.
Solo el amor une al alma con Dios y con Cristo.
Unión con Cristo es participación en Cristo, especialmente en su santidad.

Una manera de abnegación al alcance de todos es vivir para los que nos rodean.
Practicar la abnegación renunciando al propio parecer.
¡Qué importa aceptar si pierdes ejercitar la abnegación y la caridad?
¿Qué haré para amarle más? Amar la humildad y enamorarme con Él de la humillación.
Dios permite que no encontremos el consuelo porque quiere que nos apoyemos más en Él.
Muchos mártires tuvieron paz: Señor, que mi martirio del día a día sepa llevarlo con sosiego. JML.

Procurar fomentar y cultivar el amor a Dios por todos los medios posibles.
Mi vida es un cúmulo de las misericordias del Señor.
Purificar el corazón para tener verdadera vida de oración.
El buen Espíritu sopla siempre del lado del calvario; trae aromas de entrega.
Hemos sido llamados a la intimidad con Dios.
Vivimos como respirando el aire de los afanes de Dios.
Ante el Sagrario se olvida el destierro y se gusta un anticipo de la Patria.
El pensamiento de la gloria de Dios ha de abarcar en mí todo el día.
Ponerme en las manos de Dios para glorificarle como Él quiera.

Hablar entre nosotros con salmos, himnos y cánticos espirituales.
La música es muy hermosa, pero la mejor música es la del corazón al Señor.
Para cantar hace falta que el corazón esté continuamente salmodiando al Señor.
Que demos gracias en nombre de Él.
Estar siempre en el corazón cantando, salmodiando al Señor.
Pertenecer a un coro que nos haga ver todas las cosas como misericordia de Dios.

Vivir con el corazón como preludiando el gozo que esperamos tener en el Cielo.

Andar con sencillez, humildad, mansedumbre, como fruto de lo que llevamos dentro.

Y en los momentos críticos, refugiarnos en Su Corazón.

Él siempre nos ayuda a superarlos.

"Estad, pues, ceñidos vuestros ijares a la Verdad", al Amor.

Llegar por el amor a un desinterés absoluto, y llegamos porque estamos enamorados de Él.

No renunciamos a la felicidad, y ese deseo hace brotar en las almas el amor de Dios.

Tengo esperanza en el poder de Dios: me ha de dar lo que ha prometido. Estoy seguro.

Conozco cómo me ama Dios y aquí afianzo mi propia esperanza.

Me apoyo en el amor de Dios y cuanto más firme es mi apoyo, más feliz y eficaz soy.

Cuanto mayor es mi fervor, menos temo a la muerte: al contrario.

Estoy en las manos de Dios, estoy en el regazo de quien más me ama. ¡Amor infinito!

La verdadera sabiduría se funda en la fe; en la Sabiduría de Dios.

Crecer en la gloria del Padre es crecer en santidad: que todo sea fruto de Jesucristo.

Nos ha enseñado Jesús su doctrina para que de alguna manera participemos en su gozo.

Vaciarse de todo, ponerse en la voluntad de Dios con pureza y sencillez.

Felices si seguimos sus enseñanzas aun cuando nos encontremos bajo la más persecución.

Todo lo que no sea gloria de Dios y su voluntad de Dios, ¿qué importa a nosotros?

La confianza brota en nuestro corazón en el arrepentimiento lleno de esperanza.

He de llevar el arrepentimiento hasta conseguir esa especie de intimidad con Dios.

Nuestra purificación sea con mansedumbre, paciencia y benignidad;

Y con esa humanidad, agradecimiento y amor con que Dios quiere que la tomemos.

¿La desolación me quita la alegría? Canto y me gozo en la alegría de Dios.

Fuera toda solicitud: abandonémonos en Él.

Que el amor de Dios me encienda de tal manera que necesite expresarlo.

Y vivir el amor, la verdadera caridad;

Buscar la caridad por encima de todo y para todos;

Sea la perla escondida en el fondo de mi alma.

Mi esfuerzo de cada día conseguir el amor de Dios, por ahí consigo gran paz en mi alma.

Orar en su nombre es hacerlo unido a Él, permaneciendo en Él, en sus palabras.

Glorificamos al Padre celestial en la medida en que estamos unidos a Cristo Jesús.

Si conociéramos a Jesús, no habría nada capaz de entibiar nuestra confianza en Él.

Arrojarnos a sus brazos con confianza y gratitud.

El Señor nos abre las puertas de su amistad: "Vosotros sois mis amigos".

Cada uno de nosotros tiene su calvario; muchas veces de algo que amamos mucho.

La inmolación suele ser el momento decisivo de nuestra santificación.

En el momento en que hacemos nuestro sacrificio glorificamos a Dios.

Pedir el discernimiento de los santos de lo más agradable a Dios en cada momento.

Que toda la creación unida a Jesucristo se convierta en himno de gloria al Padre celestial.

Vivir el misterio de Cristo y nuestra unión co el amor que Dios comunica a las almas limpias.

Al ver la propia miseria me arrojo a los brazos de Dios y me veo abismado en gratitud y amor.


Cristo nos invita a que correspondamos con amor fervoroso a su misericordia.

Mora Cristo en nosotros tanto más cuanto más vivamos nosotros la fe.

La santificación y el Reino de Dios está dentro de nosotros.

Puede naufragar la santificación por el camino de la poesía; con las pruebas se fortalece.

Pidamos nos levante de tantas miserias como nos distraen y de tantas mezquindades.

Mi primera obligación es santificarme: por consiguiente, lo primero no es mirar por mí, sino por los demás.

Cuando el corazón es puro, entonces cuando entra en él de lleno la luz de Dios.

Purificar el corazón: gozar de la luz de Dios en plenitud.

Gozarnos con amor de complacencia en los bienes espirituales que vemos en los demás.

Con amor de celo procurar alcanzar de Dios para las almas los bienes mejores.


Cuando queremos ver cómo nos ama Dios, no tenemos más que ver cómo nos ama Cristo.

Que nuestro amor imite la grandiosidad que tiene el amor de Dios

Que poseamos la bondad conservando nuestro corazón limpio de mal.

Ejercer la bondad en todos los actos de nuestra vida.

Conseguir aceptar la propia desolación con amor y confianza. Llegará la gran paz.

Vivir el perfecto amor de Dios en el cumplimiento fiel de la voluntad divina.

Henchíos de espíritu, encendeos de fervor y que sean la raíz de vuestra alegría.

Hablemos entre nosotros incluso con salmos e himnos espirituales.

El temor de Dios: hacer algo que no cuadre con el amor que al Señor se le debe.

Ser fieles al Señor lo mismo en lo grande que en lo pequeño, cueste lo que costare.

Para vencer, el arma más poderosa que tenemos es el amor.

La revelación: la misma persona de nuestro Redentor, su vida entre nosotros.

Abismarnos en el amor de Cristo: conocer su anchura, altura y su profundidad.

Transformarnos en Cristo, viviendo su misma vida.

Cultivar el huerto de nuestro corazón por la caridad: así se transforma nuestra vida.

Amar siempre a Dios con todo el corazón; con un deseo nunca satisfecho.

Que Dios tenga misericordia de nuestra flaqueza y nos vaya llevando a su amor.

La caridad ha de tener amplitud sin límites: no excluir de su amor nada que pertenezca a Dios.

Jamás podremos decir de Dios que le hemos amado demasiado.

Por mucho que le amemos, siempre merece ser amado mucho más.

La luz del amor es una inmensa gracia de Dios, porque atraviesa el corazón como un dardo.

A Dios hay que amarle gozándose en Dios.

El camino para alcanzar la sabiduría es el camino del divino amor.

La fe es la sabiduría de Dios y la fe puede progresar.

La fe se desarrolla en todos los sentidos mediante el amor.

La fe se arraiga más en las almas cuando la voluntad se pone más en Dios.

La voluntad es tanto más firme cuanto mayor sea su amor a Dios.

El camino más derecho para un conocimiento profundo de los misterios es el amor.

Se llega a la sabiduría cuando las verdades de fe son como connaturales al alma.

El camino de la sabiduría es el amor de Dios y a Dios.

La caridad ilumina la fe.

Amando a Dios lo conocemos mejor.

Los bienaventurados viven en un continuo acto de amor.

Obrar para dar al Padre pruebas de amor y para conseguir que se encienda el amor.

Hemos de estar unidos a Él en el amor que nos ama, y amándolo se enciende en nuestros corazones.

La ley nueva no es una serie de preceptos, sino junto con la gracia la ley del amor.

Solo cuando la benevolencia incluye afecto en el corazón empieza a ser amor.

Pongamos el amor en el cumplimiento de todas las leyes divinas.
Pongamos el amor en dar a Dios cualquier cosa, pequeña o grande.
Amamos a Dios por Él mismo, porque es Sumo Bien. Es amor de caridad.
Cuando Dios nos ama, va buscando un eco en nuestros corazones.
Despertar en ellos amor.
El amor de Dios crece en la medida en que nuestro corazón está más limpio y desprendido.
No hay perfecto amor a Dios sin amor al prójimo, ni perfecto amor al prójimo sin amor a Dios.
Al unirnos a Dios se establece entre Dios y el hombre un amor de amistad: Dios y el hombre tienen en común el bien que hay en el mismo Dios.
El fin de la amistad entre cristianos es el mismo Dios: la amistad más santa y excelsa.

El amor al prójimo será tanto más perfecto cuanto menor sea nuestro egoísmo.
Todas las cosas aprovechan para encender más y más la caridad.
El amor de Cristo en el Calvario es amor de su Padre y amor de los hombres.
Aprender a convertir el mismo odio en incentivo de amor es sabiduría suprema.
Pongamos nuestra gloria en amar tanto más cuanto más sintamos el odio.
Como cuando secamos el leño: preparar nuestra alma para la Eucaristía, con calor.
No contentarnos con nuestros actos de amor, acudir a la fuente de la caridad, la Eucaristía.
El amor ha de ser nuestro premio, y el amor es la prenda que Dios nos da en la Eucaristía.
La Eucaristía desarrollará el amor en toda su amplitud divina, en toda su divina frondosidad.
Hemos de ir a saciar nuestra hambre y sed de amor al sacramento del amor, la Eucaristía.
El amor que nos infunde la Eucaristía es amor transformador, en Cristo víctima.
Hemos de ir a la Eucaristía como quien allí puede encontrar todo.
Allí el alma se transforma en Cristo.
Allí se pueden dilatar los deseos de amor y seguirlos llenando de amor.
Concordia es la unión de varios corazones; con ello se vence la discordia.

Para quien pone el corazón todo en Dios, el único deseo es ser poseído cada vez más a Dios.
La paz verdadera puede ser perfecta o imperfecta; la perfecta la tendremos en el Cielo.
El amor de Dios hace felices a las almas.
Buscando el amor de Dios estamos labrando nuestra propia felicidad.

Tratar con Dios siempre, hasta cuando estamos ocupados en otras cosas.
Nunca hemos de estar satisfechos con la caridad que hemos alcanzado.
Ese gozo y esa paz que nos vienen han de ser estímulo para seguir adelante.
La caridad podemos ejercitarla siempre; todas las cosas se transforman en amor.
La caridad tiene ese don: hacer dulce lo amargo, suave lo áspero, glorioso lo humillante.
La caridad para nosotros es fuente de paz y de gozo.

## Michel Hubaut

Seguimos siendo por vocación nómadas en el éxodo hacia el Reino.
Testigos de una llamada de Dios siempre nueva/
Testigos que intentan responder a esta llamada y encarnarla del mejor modo posible.
Espero con toda esperanza el cumplimiento de las promesas de Dios fiel.
Con Isaías: "Aquí estoy, mándame". Es mi respuesta a la llamada de Dios.
Dispuestos a asumir la hostilidad, la persecución o la muerte para hacer triunfar el amor.
Luchar: para amar, hacer triunfar la verdad y la justicia: es la vocación y la grandeza del hombre.

La fe es una llamada que hace pasar del alejamiento a la proximidad, de la fijeza al movimiento.
Todo cristiano está marcado por estos dos polos: la gratuidad y la trascendencia del Reino.
Nuestra vieja condición humana ha sido crucificada con Él para anular la condición pecadora.
Toda vocación empieza por un encuentro personal fuerte.

La llamada de Cristo da un nuevo sentido a nuestra vida.
Nuestra vocación se despierta a través de unos toques discretos del Espíritu Santo.
Toda vocación pasa por una etapa obligada del encuentro personal con Cristo.
Experiencia personal de encuentro con Cristo siempre vivo.
Él es quien tiene siempre la iniciativa de la llamada. Su amor es siempre el primero.
Jesús resucitado sigue llamando, atrayendo, seduciendo.
Jesús exige fe incondicional en su persona.
"Entrar en mi descanso" significa en la Biblia "entrar en el lugar donde habita Dios".
Estar con Jesús es el reposo prometido por toda la Biblia.
Contemplación y misión: componente de toda la vida cristiana.

Jesús se revela como Pan de Vida, como verdadero alimento, como don de Dios.

Orientar las miradas hacia Aquel, cuya llamada revela al hombre su verdadera identidad.

El Espíritu Santo unifica y diversifica al pueblo de Dios. Numerosas y distintas vocaciones.

Como en Jacob: el combate puede tomar a veces la forma de una oración angustiada.

Como en Jacob: en la noche de la duda nos apresa una Presencia misteriosa.

Al final, como en Jacob, el hombre ora a fin de realizar lo que Dios le inspira.

Cristo en su agonía ha asumido nuestro combate espiritual: nos ha dado su sentido último.

## Gea Escolano

No existen las jubilaciones para quien ha recibido el sacerdocio.

Abrirme en plena confianza a lo que el Padre quiere de mí.

En nuestro sacerdocio partir de nuestra amistad con Jesús que nos lleva a identificarnos con Él.

Acepto que el Señor tome verdadera posesión de mí.

Verme transformado en Jesús.

Después del sacerdocio recibido he ido penetrando en el conocimiento y amor de Cristo.

He ido profundizando en el don del sacerdocio para la salvación de todos los hombres.

Vaciarnos de todo proyecto que no sea el Señor y su obra es el despojo de la cruz.

Estoy puesto por Dios para esto: para quererlos en su nombre.

Fomentar los valores en sintonía con el Evangelio y con la vivencia del mismo.

Ser más capaz de acoger, de animar y ayudar a seguir a Cristo.

Al ver en mí tantas deficiencias, acudo a la misericordia de Dios.

A lo largo del día voy entrando cada vez más en el diálogo con Jesús.

Señor, hay mucha gente que te quiere: yo también. Ayúdame a quererte más cada día.

Adentrarnos en el corazón de Dios hasta volcarnos en el amor.

Somos conscientes de haber sido llamados por el Señor para ir forjando un mundo de amor.

## Ideas de Karl Adam "Cristo nuestro hermano"

Jesús, nunca te hiciste el sordo a una voz de socorro: "Y los curaba a todos".

Lo mejor que da en la Tierra Jesús es un banquete de amor, una comunión perpetua.

Aunque nos imponga cruz y muerte, la voluntad de Padre es escucharnos con clemencia.

No quiere ser rico viendo pobres a otros, por eso "no tiene donde reclinar su cabeza".

Cristo enciende una nueva pasión en la humanidad: el amor al Padre celestial y a los hermanos.

Esta es la fuerza de Jesús: "Perdonados te son tus pecados". Su fuerza, la misericordia.

Somos levantados de la nada a la plenitud: somos de la raza de Dios.

Ningún cristiano es un ser solitario: donde está el cristiano, allí está Cristo.

Conservar con valentía el impulso que mi obrar recibió del Espíritu Santo.

"¿De qué teméis, hombres de poca fe?" Jesús reprocha el temor. Vivid siempre alegres en el Señor.

El Espíritu Santo encauzará nuestra predisposición para lo divino: una comunión de fe y de amor.

Vivimos la vida de Cristo: nuestra fe no es ciega, es sabedora; sabemos en quién creemos.

Hemos de vivir a Cristo de tal manera que del lejano pasado llegue a nuestro presente.

Cristo en el banquete de bodas no quiere tibios: calientes o fríos: sí o no.

La fe es un don de Dios, una gracia; por eso no puedo hacer otra cosa, abrirme.

Nuestro camino hacia Dios no parte de la Tierra para ir al Cielo: al revés, va del Cielo a la Tierra.

La santidad que procede del Padre, se comunica al Verbo y brilla en la plenitud del Espíritu Santo.

Un amor tan fecundo se desborda de la Divinidad para darse a las criaturas.

Nos introducimos del todo en la riqueza de la plenitud divina y la profundidad de su amor.

Señor, si me ves frío o distraído ten compasión, porque Tú eres el camino, la verdad y la vida.

Se nos entrega el mismo Dios. Creador, Padre, Redentor: somos de la raza de Dios.

La perfección completa la trae el Consolador, el Espíritu Santo. Ayúdanos a vivirlo.

Viene el Consolador cuando más duro es el silencio y la soledad, y sin consuelo humano.

Como en Pentecostés se apodera de nosotros una nueva fuerza, una nueva voluntad.

Al pensar en la Anunciación, en este recuerdo no hay más que amor, ternura y maternidad.

María estaba llena de gracia, nada podía haber en ella sin saturar por el amor de Dios.

Al recibir el nuevo sacerdote la imposición de las manos del obispo, nadie podrá desligarnos.

Pertenecemos como a dos mundos: al polvo de donde venimos y a Dios que nos dio el ser.

La fuerza de Cristo encuentra su complemento en nuestra flaqueza.

Somos llamados no porque somos santos, sino que llegamos a ser santos porque somos llamados.

Este llamamiento es anterior a nuestra cooperación personal.

## Chautard

La lectura espiritual nutre la fe, enciende el amor, facilita la amistad con Dios.

La lectura espiritual debe convertirse en una ocupación prácticamente diaria. Sin prisas.

Hay que unirse a Él por la fe, dejando que su vida se manifieste en nosotros.

Unión con Cristo a través de la oración, la mortificación y los sacramentos.

El apostolado será eficaz en la medida en que vivamos la vida sobrenatural.

Esforzarme en mantener esta presencia activa de Jesús en mí.

Cuando se acerca el momento de la oración, practicar actos de paciencia, celo, confianza, amor.

En todo caso llevo al Dios de mi corazón, y el corazón de mi Dios.

Retirarse algunos instantes para purificarse y animar el celo junto al Tabernáculo.

La oración cerca de la Eucaristía, aislados de lo visible, para tratar con Dios invisible como si lo vieses.

"Al sacerdote santo corresponde un pueblo ferviente; al sacerdote piadoso, un pueblo honrado; al sacerdote honrado, un pueblo impío".

Todo apóstol debe elevar a Dios su alma, para distribuir con plenitud el mensaje del Evangelio.

Si eres prudente, sé depósito y no canal por donde pasa la gracia, pero no se queda.

Rebosad de vuestra plenitud.

La palanca la empujas con la mano, pero sea el fulcro el Corazón de Jesús. Todo entonces se potencia.

Un conocimiento más perfecto; una unión más íntima y conforme con la voluntad de Dios.

A la mañana ofrecerle nuestro trabajo, y nuestra labor renovarla con ardientes jaculatorias.

La unión de la vida activa y contemplativa constituye el verdadero apostolado.

Contemplar la verdad es un bien.

Comunicarla todavía mejor.

Alumbrar vale más que esconder la luz bajo el celemín.

Por la contemplación el alma se alimenta; por el apostolado, se da.

Se siente palpitar la presencia de Jesús en el tabernáculo.

Espero me concedas la entrada: Ven a mí, pobres alma herida; ven pronto.

Tu voz me da momentos de emoción, tan dulce, tan tierna...

¿Quién se ha prodigado más que Tú, Señor? Te das con total abundancia en la vid Eucarística.

En medio de las fatigas y sufrimientos, en las humillaciones... me abandono en la acción divina.

Elévate a mí, alma, cansada por el largo camino:

Ven a encontrar en las aguas vivas una nueva agilidad.


Jesús, en Ti reside la plenitud de la fortaleza del Padre,

La Omnipotencia de la acción divina y su espíritu se denomina el Espíritu de Fortaleza.

En mi paz gustarás y encontrarás tu primitivo vigor

Por la vida de oración la fuerza divina desciende al apóstol para afianzar su inteligencia.

Las pruebas de la humillación pueden llegar a hacer que digamos como Pablo: "Superabundo gaudio".

Acordarse de la fatiga en busca de almas con gran paciencia, prudencia, tacto y compasión.

Nada ofende a Dios como el orgullo, al pretender erigirnos en una suerte de divinidad.

Condenarse a la inacción después del fracaso es no comprender su vida íntima y fe en Cristo.


La abeja, infatigable, va construyendo nuevos panales en la colmena devastada.

"El que permanece en mí y yo en él, este da mucho fruto" Juan 15,5

Ofrecerles a Jesús llevar la cruz con alegría, siempre ayudado de la Eucaristía y de la esperanza.

Cuanto más unido está a Jesús nuestro corazón, más participa de su bondad.

Ser bueno es poner a los otros en lugar de a sí mismo.

La humildad viene a ser uno de los mejores medios de acción sobre las almas.

Sencilla mirada a Jesús llena de esperanza y de deseo, de compunción y de amor.


El Espíritu Santo opera las conversiones e infunde las gracias para huir del vicio.

Es preciso brille en nuestra frente algo de la aureola de Moisés, testimonio de la intimidad con Dios.

Nacerá para el alma una necesidad de recurrir frecuentemente a Dios para mantenerse.

Estar todos los días un rato con el corazón fijo en Dios y hacer un esfuerzo hacia el bien.

Mi corazón penetra en los sentimientos de adoración, amor, alegría, esperanza.

Conocer a Jesús no como objeto de estudio, sino como amigo en una relación íntima y familiar.

Yo me inmolaré con Jesús en la Misa y después queda Jesús en la Eucaristía.

Comenzar mi preparación para la Eucaristía con un acto profundo de recogimiento y atención.


## 15.- Meditaciones Santa Catalina de Siena, Sales, Ángela Foligno y Genoveva Torres

Vive en la admirable celda interior que no abandonará de por vida.
¡Con cuán poca reverencia he recibido los innumerables dones y las gracias!
Me escogiste para esposa desde mi tierna infancia y yo no he sido fiel.
El binomio de relación de santa Catalina con Dios: humildad y amor.
Dios le enseñó para prepararla a su misión el valor de la criatura.
Jesucristo es el puente que Dios tiende sobre el río impetuoso del pecado.
De poco serviría el puente, si el hombre, colaborando con Dios, no quisiera pasar por él.
No la pena, sino el amor que le acompaña, es lo que satisface por los pecados propios o ajenos.
No todas las penas que se dan en esta vida son por castigos. Confianza.

Todo deseo, al igual que toda virtud vale y tiene vida en sí por Cristo.
El amor nace del conocimiento de sí mismo y de la bondad de Dios en sí.
Jamás salgas del conocimiento de ti; y una vez hundida en el valle de la humildad.
Ninguna virtud puede tener vida en sí, sino por la caridad y la humildad.
El sufrimiento solo expía por el deseo del alma unida a mí, bien infinito.
Atiza por tanto el fuego de tu deseo.
Quien ofende a Dios se daña a sí mismo y daña al prójimo.

Todas las virtudes se reducen a la caridad, y no se puede amar sin amar al prójimo.
Las virtudes han de tener su fundamento en la humildad y el amor.
Por tu gloria, ten misericordia de tu Iglesia.
Esta preciosa sangre de mi unigénito Hijo es la que da vida y quita la muerte y las tinieblas.
Envié al Verbo de mi Hijo revestido de esta misma naturaleza que la vuestra de Adán.
Ofrecedme oración continua, deseos ardientes y dolor por la ofensa cometida por los pecadores.
Dios tiende con su Hijo un puente, que une entre sí Tierra y Cielo, humanidad y divinidad.

Mira cómo la Tierra de vuestra humanidad está unida con la grandeza de la divinidad.

Permaneciendo en Él seguiréis su doctrina; siguiéndola participaréis de la sustancia de este Verbo.

## San Francisco de Sales

Perdonar, da la medida de grandeza del amor.

Para ser devoto, amor a Dios y gran vivacidad y prontitud en las acciones de caridad.

La caridad, cuando está muy inflamada, se llama devoción o fervor.

La devoción es la dulzura de las dulzuras, reina de las virtudes: es la perfección de la caridad.

El amigo fiel es una fuerte protección; el que lo ha hallado ha encontrado un tesoro.

Es un medicamento de vida e inmortalidad. Los que temen a Dios, lo hallan.

Que nuestra contrición sea la mayor que podamos para que así se extienda.

Confiesa tu indignidad, ruégale que te ayude: "No te dejaré, Señor, hasta que me des tu bendición". (Gn. 22,26).

Por grande que sea tu desabrimiento, continúa en tener una humildad devota delante de Dios.

A Dios le agrada nuestra paciencia y nota nuestra perseverancia y, nos favorecerá.

Admira la hermosura de Jesús, invoca su ayuda, échate a sus pies en la cruz y admira su bondad.

Mi alma no tendrá reposo hasta que se vea anegada en el mar de la Divinidad.

La gracia de Dios me arrebata y se extiende con fuerza y dulzura por este pequeño arroyuelo.

Las jaculatorias pueden suplir la falta de otras oraciones, "En Vos confío".

A fuerza de adorar y comer la hermosura, bondad y pureza de este Sacramento.

La verdadera humildad no da aparentes muestras de serlo, ni gasta muchas palabras de humildad.

El hombre verdaderamente humilde quisiera que otro dijese de él que es un miserable, que es una nada.

Esta vida no es más que un camino para la bienaventuranza, no nos enojemos unos con otros.

Un hombre enojado nunca piensa que su enojo es injusto: "el otro tiene la culpa".

Un buen remedio contra la cólera es repararla después con un acto contrario de suavidad.

Nada manifiesta tanto el afecto a las cosas perdidas como la aflicción de su pérdida.

Aceptar este dolor para purificarse.

Nuestro corazón, abierto solo al Cielo; impenetrable a las riquezas y cosas caducas.

Las amistades espirituales, tomando en Dios su origen, comienzan en pequeñas comuniones.

Amarás a todos, pero no tendrás amistad sino con aquellos con quien puedas

Una sola pretensión, cultivar la virtud y acomodar los designios de nuestra vida a las esperanzas futuras". San Basilio.

Una continua y moderada templanza es mejor que las abstinencias violentas.

Hablarías siempre de Dios si estuvieses de verdad enamorada de Dios.

Hablado siempre de Dios con atención y devoción.

La caridad es siempre el gran remedio para todos los males.

¡Quién tuviera una de las brasas del santo altar para tocar los labios de los hombres!

Resuélvete a darle lo más precioso que tuvieres si se agradase en tomarlo…

No desees las cruces sino a medida como hubieses llevado las presentes.

Las abejas no soportan lugares ruidosos; el Espíritu Santo tampoco una casa con discordias y gritos.

Cuando desees librarte de un mal o desear un bien, pondrás ante todo tu alma en reposo.

Si puedes descubrir tu inquietud a un confesor o a un devoto amigo, no lo dudes.

Dios nos da las dulzuras para hacernos dulces y mansos para todos.

Invoca a Dios y pídele su alegría: volvedme, Señor, la alegría de vuestra salud.

Gracioso huerto de los consuelos: sopla en mi jardín; y así derramará olor de suavidad.

Tú dormías y el Señor te velaba, poniendo en tu corazón pensamientos de paz.

Señor, Tú me has alumbrado desde mi juventud, cantaré tu misericordia.

¿Y yo qué hago por otros?

Mira si sientes en el corazón una felicidad en amarle y gusto en saborearte con este amor.

Mira al Cielo, y no lo pierdas por la Tierra; mira al infierno y no te eches por él.

Los mayores trabajos me parecen pasatiempos, considerando los bienes que después espero. (Pensamiento en San Francisco de Sales)

**De San Francisco de Sales**

**Introducción a la Vida devota.**

Para ser bueno es menester tener caridad y, para ser devoto, actos de esta virtud.

El azúcar endulza los frutos verdes... la devoción es el verdadero azúcar espiritual.

«Bendice, ¡oh alma mía!, a tu Dios porque su bondad su misericordia me ha creado.

¡Oh Dios mío!, te ofrezco el ser que me has dado y con todo mi corazón te lo consagro.

Seas para siempre bendito, Creador y Salvador nuestro,

Porque eres tan bueno y porque nos comunicas tan generosamente tu gloria.

La meditación produce celo, imitación de la vida de Nuestro Señor, compasión. La meditación produce admiración, gozo, temor de no ser grato a Dios

La meditación produce confianza en la bondad y misericordia de Dios,

La meditación produce confusión por nuestra mala vida pasada.

Pon, cuantas veces puedas, durante el día, tu espíritu en la presencia de Dios: Considera lo que hace Dios y lo que haces tú.

¡Oh Dios!, dirás, ¿por qué no te miro yo siempre como Tú me miras a mí?

¿Por qué piensas en mí con tanta frecuencia, y yo pienso tan poco en Ti?

¿Dónde estamos, alma mía? Nuestra verdadera morada es Dios, y ¿dónde nos encontramos?

Los pájaros tienen sus nidos en los árboles y los ciervos sus escondrijos: nuestro refugio, el Señor.

«Tú eres mi casa de refugio, mi defensa, mi techo contra la lluvia, mi sombra contra el calor».

Levanto mis ojos a Ti, ¡oh Dios mío!, que habitas en los cielos.

Mis ojos siempre están puestos en Dios».

Los que aman a Dios no pueden dejar de pensar en Él, suspirar por Él,

Aspirar a Él, hablar de Él.

Y querrían imprimir en mundo el santo y sagrado nombre de Jesús.

Contempla, con frecuencia, con los ojos interiores, a Jesucristo crucificado, despojado, blasfemado.

¡Ah, Señor!, mis trabajos son consuelos y mis penas son rosas, comparadas con...

Tengamos siempre los ojos fijos en Jesucristo crucificado;

Caminemos en su servicio, con confianza y simplicidad, pero prudente y discretamente.

Si se nos recrimina injustamente, opongamos tranquilamente la verdad a la calumnia;

Si ésta persiste, perseveremos nosotros en la humildad.

Sirvamos a Dios «con buena o mala fama» a ejemplo de San Pablo, para que podamos decir con David.

### Contra la tristeza Francisco de Sales y otros

Buenos frutos de la tristeza, dos: misericordia y penitencia.

Los malos, son seis: angustia, pereza, indignación, celos, envidia e impaciencia.
Remedios: «Si alguno está triste -dice Santiago-, que ore»:
La oración es el más excelente remedio, porque Dios es nuestro único gozo y consuelo.
Al orar, hemos de excitar afectos que muevan a la confianza y al amor de Dios.
¡Dios de mi corazón! ¡Mi gozo, mi esperanza, mi amado esposo, bienamado de mi alma!»
El enemigo pretende hacernos aflojar en nuestras buenas obras mediante la tristeza.
Confía en la oración.
Canta himnos espirituales, porque el maligno ha desistido, a veces, de sus ataques, merced a este medio.

Es muy buena cosa ocuparse en obras exteriores, y variarlas cuanto sea posible,
Purificar y enfervorizar el corazón, pues la tristeza es una pasión de suyo fría y árida.
Haz actos exteriores de fervor, como abrazar el crucifijo, estrecharlo contra el pecho.
Palabras de amor y de confianza, como ésta: «Mi amado para mí y yo para Él.
Mis ojos se derriten por Ti, /
¿Cuándo me consolarás? ¡Oh Jesús!, seas para mí Jesús;/
Viva Jesús, y vivirá mi alma.
¿Quién me separará del amor de mi Dios?
La frecuencia de la Sagrada Comunión es excelente: robustece el corazón y regocija el espíritu.
Descubre todos los sentimientos, afectos y sugestiones que nacen de la tristeza a tu director.
Busca el trato de personas espirituales, y conversa con ellas, cuanto puedas, durante este tiempo.
Y resígnate en las manos de Dios, disponiéndote a padecer esta enojosa tristeza con paciencia, como un justo castigo a tus vanas alegrías.
Y no dudes de que Dios, después de haberte probado, te librará de este mal.


## Ángela de Foligno


Soy el Espíritu Santo: he venido a darte consuelo que jamás has disfrutado.
Te acompañaré e iré dentro de ti.
Devuélveme amor puesto que yo te amo más de lo que tú me amas.
Yo soy el que fue crucificado por ti; padecí hambre y sed por ti; y derramé mi sangre.
Pongo dentro de ti cruz y amor; esta señal te acompañará siempre.

Hija mía: más dulce para mí que yo para ti: templo mío y mis delicias.

Puedo hacer que veas cómo yo vivía con los Apóstoles sin que me sientas.

Puedo hacer que me sientas sin verme, como me sientes ahora.

Sentirás siempre a Dios y estarás encendida de su amor.

Esta es la señal que dejo dentro de tu alma: te infundo amor a mí.

Y tu alma estará tan fervorosa que, si alguien te insultare, lo recibirás como un don.

He puesto tal amor en ti que me olvido de tus defectos; ni mis ojos los miran.

¡Es tan grande el amor que tengo al alma que me ama sin malicia!

A todos invita a la vida eterna: mira a la cruz cuánto los ha amado de corazón.

¿Por qué camino han venido los invitados? Y me respondió: "Por caminos de tribulación".

Para conocer a Jesús van a la cruz: la miran fijamente y en ella conocen al amor.

Por algo permite Dios que a sus verdaderos hijos les sobrevengan grandes tribulaciones.

"Cuando te parece estar más abandonada, entonces eres más amada de Dios; Él está más cerca de ti".

Advierte el alma que está segura y no duda de que esto viene de Dios.

A veces el alma tiene la impresión de entrar en el costado de Cristo con alegría.

Fiel a Cristo, a veces viene al alma y deja en ella fuego, amor y suavidad.

Aquí el alma tiene certeza de que Dios está dentro de sí.

El abrazo de Dios: lo estrecha de tal modo Dios que no se puede imaginar si no se ha experimentado.

Tú eres yo y yo soy Tú, porque veo sus ojos apacibles y en disposición de abrazarme.

El alma al acordarse de esto no puede tener ninguna otra alegría.

Disfrutaba con gozo de la Trinidad como dentro de una cajita donde se reserva el Cuerpo de Cristo.

Él me acoge por completo.

Actúa divinamente en el alma con tal gracia como tienen los santos en la vida eterna.

Luego de hacerse Dios con el alma, sale de ella toda tiniebla hasta el conocimiento de Dios.

En mi alma hay una morada donde no entra ninguna alegría ni tristeza.

Allí se encuentra todo el Bien.

A veces el alma se transforma identificándose con la voluntad de Dios.

Se da la segunda transformación cuando el alma se une con Dios y recibe grandes sentimientos.

Otras veces se transforma formando la compañía con Él.

Y por fin se transforma por mutua intimidad con Dios y Dios con el alma.

Por amor el alma comienza a enternecerse, luego languidece, pero termina fortificándose.

Al contacto con el calor divino hace ruido como la cal echada al agua; después no hace más ruido.

Así el alma al principio busca consuelos divinos, y se reconoce indigna de todo don de Dios.

En comparación con Él nada son las cosas que existieron antes ni todas las creadas.

Queda el alma con tal paz y sosiego que ya nada apetece ni desea.

Cuando se ve privada de las luces que Dios le envía, no se desalienta.

Se conforma del todo con la voluntad de Dios.

Dios Padre dio a su Hijo la herencia de la Cruz, deben todos sus hijos, recibir esta herencia.

Creciendo en este amor se transforma lentamente en el Amado.

Se complace en lo que le place, y le disgusta lo que a Él desagrada.

El alma se inclina a amar a los amantes de este sumo Bien.

Suspensos los ojos para amar y transformarse en la voluntad del Amado.

El amor de Dios nunca está ocioso, aun cuando esté siguiendo el camino de la Cruz

Es necesario que cuantos quieres seguir a Cristo se configuren con su vida: ver a Jesús.

El alma, viendo su nada y que Dios se ha inclinado y unido a esta nada, se enciende en amor.

Quien se funde en la humildad tendrá conversación purísima con Jesús.

¿Quién me separará del amor de Cristo? (Pablo)

Por amor al Creador, amar a toda criatura:

En toda criatura se ve, entiende y conoce el amor de Dios.

Si os sumergís en lo más profundo de la inmensidad divina, tendréis por fundamento la humildad.

Primer signo del verdadero amor es que el amante someta su voluntad a la voluntad del amado.

En el amor se abren los corazones y se entrelazan mutuamente con mayor perfección.

Cuando el alma nace de nuevo en Dios, se torna humilde y desea estar sin soberbia.

Tenemos el corazón íntegro, no dividido, porque si tenemos dividido el corazón perdemos el fruto.

Transformarnos en las propiedades del amado: amar a todas las criaturas según Él lo requiere.

Pero tenga su mente no en las criaturas, sino en el Creador.

Más vale ser analfabeto humilde que sabio soberbio.

Aguanta que te hagan sufrir en vez de hacer sufrir a otros.

Ante todo, la conversión del alma y si ya estaba convertida, aumenta su conversión y unión con Dios.

La oración continua ilumina el alma, la eleva y transforma.

Que te sumerjas en aquel amor que es completamente inefable.

Si los hijos de Dios conocieran y gustasen de este amor divino…

Dios increado, Dios encarnado… Dios sufriente. Amarle es todo amor.

El alma que quiera esta luz divina hace oración estudiando la vida de Cristo.

Ir a Dios en Dios, con Jesús, los miembros han de seguir el camino de la cabeza.

Yo mismo en persona vendré a buscarte y te llevaré conmigo.

## Genoveva Torres

Trabajemos en nuestra santificación; es nuestro único negocio.

No hay que andar en regateos con el Señor; darlo todo.

Probemos que queremos al Señor, adquiriendo humildad, sufriendo todo por amor.

La práctica de las virtudes y la oración atraen las misericordias del Señor sobre el mundo entero.

Por muy viejas que sean nuestras pasiones, tengamos confianza en Dios y pidámosle ayuda para superarlas.

Siempre ve Jesús nuestra abnegación y sacrificio, ve nuestro esfuerzo buscándole.

Dios y yo: el todo y la nada; solo Dios basta. El yo desaparece, pero amando.

El alma que quiere agradar a Dios procurará en sus obras que solo Él sea glorificado.

¿Por qué me elegiste a mí, Jesús mío, en medio de tantos que os hubieran servido mejor?

Es una felicidad y en la prueba, vivir unida con Dios y servir al hombre por amor.

¡Qué dulce es, Jesús, amarte! ¿Y permites que haya gente que no te pruebe?

El calor de tu corazón es un cielo anticipado.

Solo Vos sois la verdad, y comprensivo.

En todas nuestras obras es necesario renovar la búsqueda de Dios.

Dios buscó a los apóstoles no para gustarlo ellos solos, sino para que lo enseñaran a la gente.

Ofrezco a Dios todo, venga lo que viniere, todo lo permite el Señor; da alegría y paz.

Debiera deshacerme en alabanza vuestra en acción de gracias sin fin al mismo Dios.

La rectitud de intención es la máquina de hacer billetes con papel de estraza.

Si el demonio te tienta cuando sufres dile: "Aún no estoy como mi Señor clavada en la cruz".

Tener a Dios por el cumplimiento del deber; por la tranquilidad de conciencia; por la pureza de intención.

Si miro desde la perspectiva de Dios… mi miseria a descansar con la suma Bondad y fortaleza.

Mi paz la debo cifrar en estar pendiente en lo que Dios quiera de mí, sin mirar mis gustos.

Quedaos, Señor, conmigo: le digo en la comunión Eucarística y junto al Sagrario.

¿Por qué el desaliento? Dios es el mismo.

He de buscar a Dios en el mismo desaliento; dárselo también a Él.

Tengo necesidad de Dios: Él será mi fortaleza, y en las dudas, será mi luz.

En el desierto de nuestro corazón habita el que todo lo llena.

Le conviene mucho dormir tranquila en brazos de la Providencia;

Tendrá luces y fuerzas para una gran paz.

¿Cómo puedo yo agradecer tantas finezas? Amando con todas mis fuerzas, y sacando estas fuerzas de Jesús.

Nos decimos que todo nos viene de Dios... pero luego respiramos el veneno del "yo".

Hazme, Señor, comprender los goces que siente el alma desnuda de afecto a las criaturas.

La ausencia de la humildad – verdad sobre nosotros mismos crea inquietudes.

Si en todos mis actos busco la humildad, me perfeccionaré en las principales virtudes.

Confundida estoy de que se sirva de un instrumento más inútil para ayudarle en algo.

Un alma humilde y sincera no se fía de sí misma, pero sí y totalmente de Dios.

Si quieres que Dios te visite, sé alma de oración y de mortificación.

Antes de orar: recogerse en la presencia de Dios; pensar en los puntos de oración; hacer coloquio; actualizar la atención, consciente.

Lo que no puede hacer la acción, lo hará la oración.

La oración nos dará paz de noche cuando despertamos;

De día en nuestras obligaciones; siempre con fe y confianza.

Oremos no solo en la capilla, sino en toda hora, en todo trabajo.

Oír a Jesús, hablar de Jesús, es lo más importante.

Pidamos fuerza al Señor para lucha y reformarnos.

Que sea, Señor, mi corazón, digna morada vuestra y no os queráis marchar.

Si guardo para Jesús mi alma, la acariciará e introducirá en su corazón.

Habitar siempre en este Corazón Santísimo:

Allí la paz no sufre alteración, los vaivenes de la vida tienen.

Estando en gracia, estamos divinizados: todas las virtudes de Jesús podemos practicar.

Señor, con simplicidad de corazón me ofrezco a Ti, en servicio de eterna alabanza.

Suple Tú mismo cuanto haya podido faltar en las alabanzas que te he dirigido.

Siento salir de casa y tener que dejar a Jesús. De pensarlo no sé qué me da.

Diga a las monjas que nos paga Jesús colmadamente el sacrificio que por Él hacemos.

Si estoy en la capilla con Jesús y siento que al rato me dice: ocúpate de mí en el prójimo.

Solo a los pies del Sagrario se está bien del todo.

Estoy en la casa donde habita Dios, ¡qué alegría! No hay que temer.

Nada alegra tanto y satisface como estar junto a Jesús. Aquí no se nota el desierto.

Sé que Jesús me quiere en un desierto, pero sea este del corazón.

Si Jesús se esconde, buscar la causa; no caer en la tibieza; ponernos en sus manos.

Estudiar a Jesús en el Sagrario, siempre allí por amor al hombre: esperando y amando.

Todo está como escabel de sus pies y no obstante espera hasta el fin.

Ir a Jesús por María llena mi corazón de esperanza dentro de las dificultades.

Virgen María, en las penas y tribulaciones acudiré a Ti y me mostrarás a Jesús.

Ver en todo a Dios. Él la quiere indiferente y abandonada a su Providencia.

Todo se alcanza con el sacrificio y al ladito del Sagrario, pidiendo fuerza para todo.

Que sepamos estar unidos con Dios; esto nos bastará para ser felices en medio de las aflicciones.

Una prueba de que Dios me ama es que me visite de vez en cuando algún dolor; démosle lo que nos pide.

Cuando hay amor, el dolor llega a ser incluso valioso tesoro.

La cruz es mi mayor distintivo.

La cruz que Dios me mande debo amarla y abrazarme a ella.

Quiero y busco la paz del corazón: solo la hallaré abrazándome a la voluntad de Dios.

Concédeme, Señor, amor al sufrimiento, que todo me parezca nada, con tal de amarte.

Genoveva… en profunda sequedad y se abandonó con fuerza en las manos de Dios.

La sequía se presta para estar colgadas a Dios y probarle que nuestro amor no es interesado.

En toda penalidad busquemos refrigerarnos en las aguas que saltan hasta la vida eterna.

La cercanía de Dios en el Sagrario es una de las más claras muestras de su misericordia.

¿Cómo pagaros la misericordia que conmigo tuvisteis? Sola tuya quiero ser.

Déjame que me refugie en Ti. Las almas me echan de sí.

Y en mis amigos el egoísmo propio les oscurece la inteligencia.

Jesús me dice: Déjame ir a ti por el misterio del amor.

La soledad que yo deseo en el interior, haciendo un puente para pasar al suyo.

Me siento con paz y mucha fuerza sola con Dios y con mis ocupaciones y obligaciones.

Necesito soledad para ir a Dios, más vale el último rincón en su casa.

Hay que corregirse con paciencia y caridad; no dejar a Dios que ame Él solo.

El recogimiento pide la guarda de los sentidos para pasar de las ocupaciones a la oración.

La condición de un buen religioso: soportar, perdonar y devolver bien por mal.

La santidad; solo se puede realizar bien con mucha humildad y abandono en Dios.

No hay santo o verdadero cristiano que no vibre con la Eucaristía.

Luchar para que nos podamos vencer y para sufrir a todos y que no hagamos sufrir a nadie.

En la oración. Si antes de comenzar me he recogido a pensar con quién hablaba.

En la oración. Si actualicé la presencia de Dios.

En la oración. Si hice la oración preparatoria y composición de lugar.

En la oración. Si gasté más tiempo en discurrir que en sacar afectos.

En la oración. Si pasé de un punto a otro, hallándome bien en el primero.

En la oración. Si hice el coloquio final. Si estuve con flojedad o tibieza.

En la oración. Si ofrecí la oración a Dios. Si tuve distracciones, buscar la causa.

## 16.- Puntos de meditación sobre el Espíritu Santo. Santísima Trinidad

Conocer, invocar, amar, vivir en unión íntima y entrañable con el Espíritu Santo.

Increado el Padre, increado el Hijo, increado el Espíritu Santo.

Inmenso el Padre, inmenso el Hijo, inmenso el Espíritu Santo.

Eterno el Padre, eterno el Hijo, eterno el Espíritu Santo.

Espíritu Santo procede el Padre y del Hijo de una corriente de amor.

Dios Padre, contemplándose a Sí mismo, engendra al Hijo.

Amo, amo, esa es mi misión y mi única ocupación.

Las tres Personas, en posesión de una sola sustancia divina, un solo Dios.

El Padre y el Hijo se atraen el uno al otro en amor mutuo: el Espíritu Santo.

Espíritu Santo, concédeme humildad y sumisión a la voluntad de Dios.

Contemplo a Jesús movido por el Espíritu Santo.

Que nos conceda el Espíritu Santo fe, sabiduría y dinamismo.

Que nos traiga a la memoria el Espíritu Santo lo que Jesús nos dijo.

Haces, Espíritu Santo, a los justos, templo de la Santísima Trinidad.

Vivir en Cristo y en el Espíritu Santo es la misma cosa.

Espíritu Santo que pronuncias en mi alma gemidos inenarrables.

Honrar a las Santísima Trinidad, así como la unidad de la Naturaleza divina.

El Padre y el Hijo se aman en el Espíritu Santo.

Espíritu Santo, Paráclito, Consolador, Espíritu de Verdad, Abogado.

Espíritu Santo, Virtud del Altísimo, Don de Dios, Dedo de Dios, Huésped del alma.

Espíritu Santo, Sello, Unión, Nexo, Vínculo, Beso, Fuente Viva.

Espíritu Santo, Fuego, Unción Espiritual, Luz Beatísima, Padre de los pobres.

Espíritu Santo, Dador de dones, Luz de los corazones.

Espíritu Santo, Consolador, no me siento huérfano.

Espíritu Santo, Fuente de vida, Fuego, Caridad.

Espíritu Santo, nos colmas con tu inmensa plenitud.

El Espíritu Santo está sobre mí, porque me ha ungido y me ha enviado a evangelizar a los pobres. (Is. 16,1).


La gracia del Espíritu Santo se ha difundido sobre Jesús como aceite de alegría y consagrado como Hijo de Dios y Mesías.

Espíritu Santo vivificador, alma de la Iglesia que la anima, rige y une.

La gracia no es otra cosa que el comienzo de la gloria en nosotros.

Quiso Jesús hacerse nuestro hermano según la humanidad, para hacernos hermanos suyos según la divinidad.

Cristo es el primogénito entre los hermanos, pero también el Hijo unigénito del Padre.

Por esto el Padre se digna mirarnos como si fuéramos una misma cosa con su Hijo.

"Anunciaré tu nombre a mis hermanos, en medio de la asamblea te alabaré".

Nosotros somos con Él los hijos del mismo Padre que está en los Cielos.

"Si alguno me ama, guardará mi palabra, y palabra y mi Padre le amará, y vendremos a él, y haremos morada en él" (Jn. 14, 23) 1ª Cor. 3, 16-17 ➔ "No sabéis que sois templos de Dios y que el Espíritu de Dios habita en vosotros?"

La paternidad y la amistad divinas, la primera fundada en la gracia santificante, la segunda en la caridad.

El cristiano desprecia las miserias de la tierra, e intensifica la vida Trinitaria.

Pensar en el hierro candente, sin perder su naturaleza adquiere la del fuego.

El alma justa posee santidad distinta del Espíritu Santo, pero inseparable de la presencia del Espíritu Santo en el alma.

Habita en mí el Espíritu Santo para darme posesión plena de Dios.

Con el Espíritu Santo, la plenitud de gracias celestiales, como un tesoro en propiedad.

La santidad de los vasos de oro y templos, menos importante que la nuestra, en gracia.

El Espíritu Santo está en nosotros para darnos el gozo fruitivo de la Santísima Trinidad.

Sólo por la gracia santificante tenemos potestad de disfrutar de la Santísima Trinidad.

La Santísima Trinidad está en el interior del alma, en lo muy interior.
"Anhela mi alma y desfallece en los atrios del Señor". (Sal. 83,3)
Habita la Santísima Trinidad en nuestras almas para darnos experiencia de este gran misterio, como pregusto de la eternidad.
Hemos de disponernos para gozar en este mundo de la experiencia trinitaria.
Fe, caridad, recogimiento profundo, actos de adoración.
El Espíritu Santo mora en el alma de una manera activa y operante.
El cristiano debería pasar por la Tierra a manera de Dios encarnado.
Dadme docilidad especial para apartarme del pecado y cumplir vuestra voluntad.
Como Job: "Aunque me matares, esperaré en Ti".

Desprendimiento de las cosas temporales, como por instinto del Espíritu Santo.
Tratar a Dios con confianza filial, llena de reverencia y respeto.
Permanecer ante Él en actitud reverente; que Él tomo la iniciativa de familiaridad.
Perdonar de corazón las injurias; después acercarme con confianza al Señor.
Pedir al Espíritu Santo el temor reverencial.
"Se estremece mi carne por temor, y temo tu juicio" (S. 118)
"El temor de Dios es el comienzo de la Sabiduría". (Eclo. 1, 15)
"Todo lo puedo en Aquel que me conforta". (Fl. 4,13)
"La vida del hombre sobre la tierra es una milicia" (Job 7, 1)
Adorar el misterio inefable de la paternidad divina.
Vivir con dulzura y emoción el ser hijo de Dios.
Pedir de continuo el espíritu de adopción.
Cultivar todos los días el espíritu de fraternidad con todos los hombres.
Que nuestra vida se eleve de plano hacia la mirada amorosa de nuestro Padre.
Ayúdame a huir del tumulto exterior y sosegar mi espíritu junto a Ti.
Atender en silencio al Maestro Interior.
Que nuestra vida se desarrolle al soplo del Espíritu Santo.
Juzgar, oh Espíritu Santo, con instinto divino las cosas sobrenaturales.
"Gustad y ved cuán suave es el Señor" (S. 33,9).
Virtud divina, que tiene alas para volar hasta el Cielo.
Que el estado místico llegue a ser algo normal en nuestras almas.
Vivir los misterios de nuestra fe de un modo enteramente divino.
Vivir en sociedad con las tres Divinas Personas.
Que llegue a nosotros hasta el heroísmo la virtud de la caridad.
Desear el Cielo más que nunca: porque amaremos a Dios con mayor intensidad.
Desaparezca ya en nosotros el egoísmo con relación al prójimo.
La única riqueza, la posesión del Sumo Bien.

Comenzar a ver todas las cosas desde el punto de vista de Dios.
La sabiduría del mundo sea estulticia y necedad ante lo divino.
Dame, Espíritu Santo, los consuelos divinos para adelantar en el amor.

Que te sirva en la oscuridad lo mismo que en la luz.

Llévame, Espíritu Santo, en continua progresión ascendente.

Fidelidad, lealtad, adhesión a la observancia exacta de la fe.

Seguir las inspiraciones del Espíritu Santo en cualquier forma que se manifieste.

Seguir tus movimientos, luces, conocimientos: atráenos a tus virtudes.

"Dios obra en nosotros el querer y obrar según su beneplácito". (Fil. 2,13)

Dios desea comunicar sus bienes, acogedlos.

Dios vive en Sí mismo aquello que nos quiere hacer vivir en el tiempo.

Jamás rehusar los bienes de Dios.

Es necesario el espíritu de mortificación para avanzar.

Danos paz y tranquilidad de corazón.

Que aun después de haber sido desleal, me des la gracia de la compunción.

"De la misericordia de Dios está llena la Tierra" (S. 33,5)

Derrama la plenitud de tus dones sobre mi pobre alma.

Espíritu Santo, llenad la Tierra de vuestro amor.

Espíritu Santo, manifestaos a los hombres como nueva aurora.


## Consagración a la Santísima Trinidad

¡Oh silenciosa y beatificante Trinidad, fuente suprema de luz, de amor y de inmutable paz!,

Todo en el Cielo, en la Tierra y en los infiernos está ordenado a la alabanza de vuestro Nombre.

A fin de unirme a la incesante alabanza del Verbo, yo me ofrezco por él, con él y en él.

Padre amadísimo, la gracia de adopción de mi bautismo ha hecho de mí vuestro hijo.

Guardadme. Que ninguna falta voluntaria venga a empañar, la pureza de mi alma.

Verbo Eterno de mi Dios, resplandor de su gloria, yo no quiero otra luz que Vos.

Iluminad mis tinieblas con vuestra luz de vida.

Que camine firme en la fe, más dócil a las iluminaciones de vuestra sabiduría, de vuestra inteligencia…

Espíritu Santo, que unís al Padre y el Hijo en plena felicidad, enseñadme a vivir en todos los instantes.

Vivir en la intimidad de mi Dios, más y más consumada en la unidad de la Trinidad.

Concededme vuestro Espíritu de amor para animar con vuestra santidad los menores actos de mi vida.

Que yo sea verdaderamente en la Iglesia una hostia de amor para alabanza de la Trinidad.

Padre, Hijo y Espíritu Santo, Trinidad ardiente y creadora, asociadme a la fecundidad de vuestra acción.

Dadme un alma de Cristo redentor.

Que mi vida se desarrolle enteramente en el plan de redención, con plena conciencia.
Que a la luz de vuestras inspiraciones yo escoja ser, en un lugar en que me habéis fijado.

Que todos mis actos estén llenos de esta justicia que salvaguarda, ante todo, los derechos de Dios.
Dadme una fortaleza invencible.
Que mi amor por Vos sea más fuerte que la muerte.
Que mi voluntad no se doblegue jamás ante el deber.
Que nada modere mi ardor en vuestro servicio.
Inspiradme la audacia de las grandes empresas y dadme la fortaleza para realizarlas.
Os pido que me deis un alma pura, de cristal, digna de ser templo vivo de la Trinidad.
Dios santo, guardad mi alma en Cristo, en la unidad, con toda su potencia de amar.
Guardad mi alma en Cristo ávida de comulgar sin cesar en vuestra pureza infinita.
Que atraviese este mundo corrompido, santa e inmaculada en el amor.
En vuestra sola presencia, bajo vuestra única mirada, sin la menor mancha

Y Vos, oh Virgen purísima formad en mí un alma de Cristo.
Que pueda en cada uno de mis actos, manifestar a Cristo ante los ojos del Padre.
Como Vos, yo quiero ser hostia para la Iglesia, amándola hasta dar mi vida por ella.
Queriéndola con el mismo amor con que la ama Cristo.
Hija del Padre, Madre del Hijo, Esposa del Espíritu Santo, unidme a todo el misterio de vuestra propia vida.
Después de este mundo que pasa, que mi vida de eternidad transcurra ante la faz de la Santísima Trinidad.
En una incesante alabanza de gloria a dios: Padre, Hijo y Espíritu Santo.

## 17.- Jaculatorias clásicas

**Letanías lauretanas**

Santa María,
Santa Madre de Dios,
Santa Virgen de las vírgenes,
Madre de Cristo,
Madre de la Iglesia,
Madre de la divina gracia,
Madre purísima,

Madre castísima,
Madre siempre virgen,
Madre inmaculada,
Madre amable,
Madre admirable,
Madre del buen consejo,
Madre del Creador,
Madre del Salvador,
Madre de misericordia,
Virgen prudentísima,
Virgen digna de veneración,
Virgen digna de alabanza,
Virgen poderosa,
Virgen clemente,
Virgen fiel,
Espejo de justicia,
Trono de sabiduría,
Causa de nuestra alegría,
Vaso espiritual,
Vaso de honorable,
Vaso insigne de devoción,
Rosa mística,
Torre de David,
Torre de marfil,
Casa de oro,
Arca de la Alianza,
Puerta del Cielo,
Estrella de la mañana,
Salud de los enfermos
Refugio de los pecadores,
Consuelo de los afligidos,
Auxilio de los cristianos,
Reina de los ángeles,
Reina de los patriarcas,
Reina de los profetas,
Reina de los apóstoles,
Reina de los mártires,
Reina de los confesores
Reina de las vírgenes,
Reina de todos los santos,
Reina concebida sin pecado original,
Reina asunta al cielo,
Reina del Santísimo Rosario
Reina de la familia,
Reina de la paz.

**Letanías al Sagrado Corazón de Jesús**

Corazón de Jesús, Hijo del Eterno Padre,
Corazón de Jesús, formado por el Espíritu Santo, en el seno de la Virgen Madre
Corazón de Jesús, unido substancialmente al Verbo de Dios,
Corazón de Jesús, de majestad infinita,
Corazón de Jesús, Templo santo de Dios,
Corazón de Jesús, Tabernáculo del Altísimo,
Corazón de Jesús, Casa de Dios y puerta del cielo,
Corazón de Jesús, Horno ardiente de caridad,
Corazón de Jesús, Santuario de justicia y de amor,
Corazón de Jesús, lleno de bondad y de amor,
Corazón de Jesús, Abismo de todas las virtudes,
Corazón de Jesús, digno de toda alabanza,
Corazón de Jesús, Rey y centro de todos los corazones,
Corazón de Jesús, en que están escondidos todos los tesoros de la sabiduría y de la ciencia,
Corazón de Jesús, en que mora toda la plenitud de la divinidad,
Corazón de Jesús, en que el Padre se complació mucho,
Corazón de Jesús, de cuya plenitud todos nosotros hemos recibido,
Corazón de Jesús, deseo de los eternos collados,
Corazón de Jesús, paciente y de mucha misericordia,
Corazón de Jesús, rico para con todos los que te invocan,
Corazón de Jesús, fuente de vida y de santidad,
Corazón de Jesús, propiciación por nuestros pecados,
Corazón de Jesús, colmado de oprobios,
Corazón de Jesús, triturado por nuestros pecados,
Corazón de Jesús, hecho obediente hasta la muerte,
Corazón de Jesús, abierto con una lanza ,
Corazón de Jesús, fuente de toda consolación,
Corazón de Jesús, vida y resurrección nuestra,
Corazón de Jesús, paz y reconciliación nuestra,
Corazón de Jesús, víctima por nuestros pecados,
Corazón de Jesús, salvación de los que en Vos esperan,
Corazón de Jesús, esperanza de los que en Vos mueren,
Corazón de Jesús, delicias de todos los Santos,

## Jaculatorias a Dios

De http://www.devocionario.com/varias/jaculatorias_1.html
Crea en mí, ¡oh Dios!, un corazón puro.
Dios mío y mi todo.
Dios mío, gracias por lo que me dais y por lo que me quitáis; hágase vuestra voluntad.
Dios mío, Tú eres omnipotente, hazme santo.
Hágase tu voluntad
(abandonándose a la Providencia en las adversidades)

Mi Dios y mi todo.
Mi Dios, mi único bien. Tú eres todo para mí; sea yo todo para ti.
Nada puede pasarme que Dios no quiera.
Y todo lo que Él quiere, por muy malo que nos parezca, es en realidad lo mejor
(Santo Tomás Moro, antes de su martirio).

Os amo, Dios mío.
Padre eterno, os ofrezco la preciosísima sangre de Jesucristo en expiación de mis pecados.
Y por las necesidades de la santa Iglesia.
Para Dios toda la gloria.
Para los que aman a Dios, todo es para bien. Porque, oh Dios, mi fortaleza.
Que os ame, Dios mío, y que el único premio de mi amor sea amaros cada día más.
Crea en mí, ¡oh Dios!, un corazón puro.
Cúmplase la voluntad de Dios, y eternamente sea alabada y exaltada en todas las cosas.
Dios mío y mi todo.
Dios mío, gracias por lo que me dais y por lo que me quitáis; hágase vuestra voluntad.
Dios mío, Tú eres omnipotente, hazme santo.

Hágase tu voluntad
Mi Dios y mi todo.
Mi Dios, mi único bien. Tú eres todo para mí; sea yo todo para ti.
Nada puede pasarme que Dios no quiera.
Y todo lo que Él quiere, por muy malo que nos parezca, es en realidad lo mejor
(Santo Tomás Moro, antes de su martirio).
Os amo, Dios mío.
Para Dios toda la gloria.
Para los que aman a Dios, todo es para bien.
Porque, oh Dios, mi fortaleza.
Que os ame, Dios mío, y que el único premio de mi amor sea amaros cada día más.
Santo Dios, Santo fuerte, Santo inmortal, ten piedad de nosotros.
Señor, Dios mío: en tus manos abandono lo pasado y lo presente y lo futuro,
Abandono en ti lo pequeño y lo grande, lo poco y lo mucho, lo temporal y lo eterno.
Un corazón contrito y humillado ¡oh Dios! Tú no lo desprecias.

## Jaculatorias a Jesucristo

¡Oh dulcísimo Jesús, no seáis mi Juez, sino mi Salvador!
Alabado sea Jesucristo. Por los siglos de los siglos. Amén.

Buen Jesús, amigo de los niños, bendecid a los niños de todo el mundo.

Buen Jesús, me uno a ti de todo corazón.

Buen Jesús, sed Jesús para mí, y salvadme.

Creo, Señor, pero ayuda mi incredulidad.

Dad, Señor, descanso eterno a las almas, y la luz perpetua luzca para ellas.

De mis enemigos líbrame, Señor.

(Salmo 58. 2.)

Dignaos, Señor, conceder la vida eterna a todos los que hacen bien por vuestro nombre. Amén.

Dulcísimo Jesús, dadme aumento de fe, de esperanza y de caridad.

Dulcísimo Jesús, no seáis juez para mí, sino salvador.

El Señor es mi pastor, nada me puede faltar.

Enséñame, Señor, a cumplir tu voluntad, porque Tú eres mi Dios.

Jesucristo, Hijo de Dios vivo, luz del mundo; yo te adoro, para ti vivo y para ti muero. Amén.

Jesús Dios mío, os amo sobre todas las cosas.

Jesús mío, misericordia.

Jesús, Hijo de David, ten misericordia de mí.

Jesús, manso y humilde de corazón, haz nuestro corazón semejante al vuestro.

Oh Jesús, que para ti viva. Oh Jesús, que para ti muera.

Oh Jesús, tuyo soy en la vida y en la muerte.

Oh Señor mío, haced que os ame y que el premio de mi amor sea amaros cada vez más. (San Ignacio).

Piadoso Jesús, dale(s) el descanso eterno.

Por ti, Jesús, vivo; por ti, Jesús, muero; tuyo soy, Jesús, en vida y en muerte, amén.

Por tu amor, Jesús, contigo y por ti.

Quedaos conmigo, señor, y sed mi gozo verdadero.

Señor, auméntanos la fe.

Señor, enviad a vuestra Iglesia sacerdotes santos y fervientes religiosos.

Señor, enviad operarios a vuestra mies.

Señor, no nos tratéis como reclaman nuestros pecados, ni como merecen nuestras culpas.

Señor, os doy gracias porque quisisteis morir en la cruz por mis pecados.

Señor, salvadnos, que perecemos.

Señor, Tú lo sabes todo, Tú sabes que te amo.

Te adoramos Jesucristo, y te bendecimos, porque con tu cruz redimiste al mundo.

Tuyo soy, para Ti nací, ¿Qué quieres Jesús de mí?

## Jaculatorias a la Virgen María

¡Madre mía, confianza mía!

¡Oh Madre mía!, ¡Oh esperanza mía!

Bendita sea la Santa e Inmaculada Concepción de la Santísima Virgen María, madre de Dios.

Gloriosa reina del Carmen, ruega por nosotros.

Inmaculada reina de la paz, ruega por nosotros.

Madre de amor, de dolor y misericordia, ruega por nosotros.

Madre de misericordia, ruega por nosotros.

Madre del Perpetuo Socorro, rogad por nosotros.

María, esperanza nuestra, ten piedad de nosotros.

María, madre de gracia, madre de misericordia, protégenos del enemigo y ampáranos en la hora de la muerte.

María, virgen madre de Dios, ruega por mí.

Muestra que eres Madre.

Nuestra Señora del Pilar, rogad por nosotros.

Nuestra Señora del Sagrado Corazón, rogad por nosotros.

Oh María sin pecado concebida, ruega por nosotros que recurrimos a ti.

Oh María, haz que viva en Dios, con Dios y por Dios.

Oh María, que entrasteis en el mundo sin pecado, obtenme la gracia de salir de él sin pecado.

Oh Santa Madre, haz que las llagas de tu Hijo queden impresas en mi corazón.

Reina de los apóstoles, ruega por nosotros.

Reina del santísimo rosario, ruega por nosotros.

Santa María Libertadora, rogad por nosotros y por las ánimas del purgatorio.

Santa María, esclava del Señor, ruega por nosotros.

Santa María, esperanza nuestra, asiento de la sabiduría, ruega por nosotros.

Santa María, estrella de Oriente, ayuda a tus hijos.

Santa María, líbranos de las penas del infierno.

Virgen del Pilar o de Montserrat o de Lourdes (o de cualquier advocación aprobada), rogad por nosotros.

Virgen dolorosísima, ruega por nosotros.

Virgen, Madre de Dios, María, rogad a Jesús por mí.

### Jaculatoria al Corazón de Jesús

¡Bendito sea el Sacratísimo Corazón de Jesús en el Santísimo Sacramento!
Corazón de Jesús en Vos confío.

Corazón de Jesús, Ardiente de amor por nosotros, inflama nuestro corazón en tu amor.

Corazón de Jesús, convertid a los pobres blasfemos.

Corazón de Jesús, inflamado en nuestro amor, inflamad nuestro corazón en amor vuestro.

Corazón de Jesús, que os ame y os haga amar.

Corazón divino de Jesús, convierte a los pecadores, salva a los moribundos, libra a las almas santas del purgatorio.

Corazón eucarístico de Jesús, aumentad en nosotros la fe, la esperanza y la caridad.

Corazón Sacratísimo de Jesús, ten misericordia de nosotros.

Dulce Corazón de Jesús, sed mi amor.

Dulce Corazón de Jesús, ten piedad de nosotros y de nuestros hermanos errantes.

Dulce corazón de mí Jesús, haz que te ame siempre más y más.

Gloria, amor y gratitud al Sagrado Corazón de Jesús.

Oh Corazón de amor, yo pongo toda mi confianza en ti, porque todo lo temo de mi flaqueza, pero todo lo espero de vuestras bondades.

Sacratísimo Corazón de Jesús ten piedad de nosotros.

Sagrado Corazón de Jesús, confortado en vuestra agonía por un ángel, confortadnos en nuestra agonía.

Sagrado Corazón de Jesús, creo en vuestro amor por mí.

Sagrado Corazón de Jesús, protege nuestras familias.

Sagrado Corazón de Jesús, seáis conocido, amado, e imitado.

Sagrado Corazón de Jesús, venga a nosotros tu reino.

Sagrado Corazón de Jesús, yo me doy a ti por María.

Sea amado en todas partes el Sagrado Corazón de Jesús.

¡Todo por Ti, Corazón Sacratísimo de Jesús!

Corazón dulcísimo de María, prepáranos un camino seguro.

Dulce Corazón de María, sed la salvación mía.

Dulce Corazón de María, sed mi salvación.

Purísimo Corazón de María, virgen santísima, alcánzanos de Jesús la pureza y la humildad de corazón.

## Jaculatorias varias

Alabanzas y gracias sean dadas en todo momento al Santísimo Sacramento.

Alcánzanos, santísimo José, que vivamos una vida sin mancilla, seguros al amparo de vuestro patrocinio.

Ángel de Dios, ilumíname, guárdame; dirígeme y gobiérname. Amén.

En nombre del Padre y del Hijo y del Espíritu Santo. Amén.

Espíritu Santo, dulce huésped de mi alma, permaneced en mí, y yo en Ti.

Haced, San José, que vivamos una vida inocente y esté siempre asegurada bajo vuestro patrocinio.

Jesús sacramentado, ten piedad de nosotros.

Jesús, José y María, con vosotros descanse en paz el alma mía.

Jesús, José y María, os doy el corazón y el alma mía.

Jesús, María y José.

Salve, Cruz Santa, esperanza única.

San Miguel Arcángel, defendednos en la pelea, para que no perezcamos en el día tremendo del juicio.

San Miguel, primer defensor de la realeza de Jesucristo, ruega por nosotros.

Santísima Trinidad, que por vuestra gracia habitáis en mi alma, haced que os ame más y más.
Santísima Trinidad, que por vuestra gracia habitáis en mi alma, santifícame más y más.
Santísima Trinidad, que por vuestra gracia habitáis en mi alma, yo os adoro.
Santísima Trinidad, un solo Dios; creo en ti; espero en ti, os amo y os adoro.
Ten piedad de mí, ahora y en la hora de mi muerte, y salvadme.
Sea eternamente alabado y adorado el Santísimo Sacramento.
Señor mío y Dios mío.

# 18.- Aviento y Navidad. Cuaresma y Pascua

### Oración para Adviento, Navidad, Cuaresma y Pascua

Son textos tomados de distintos autores que sirven de oración y también de mis meditaciones, basta repetir cada frase de una manera consciente mientras le saquemos provecho.

### El adviento.

Libres de todo afán de protagonismo, liberados del fruto de nuestras propias obras.
El Señor vino y ha de volver, y viene continuamente.
La vida del cristiano es un encuentro y reencuentro con Dios.
El anuncio de la llegada salvadora de Cristo nos estimula a la conversión.
Preparad los caminos del Señor y enderezad sus sendas con una atención siempre renovada.
La espiritualidad del adviento se caracteriza por una gran atención contemplativa.
Vivimos peregrinando entre dos advenimientos del Señor:
Nace en el primero y está en constante tensión hacia el segundo, la parusía.
En la oración del adviento vivimos - la Iglesia vive - una misteriosa presencia del Señor.
Es el mismo Señor quien nos espera para día de su gloriosa venida.
Es necesario esperar y desear la venida de Jesús: el adviento es la espera.
Y nos reafirmamos: la venida de Cristo y su presencia es ya un hecho.
Cristo continúa y continuará presente en el mundo hasta el final de los siglos.
Y es necesario esperar y desear que venga que esté entre nosotros.
Tremenda paradoja: la presencia y la ausencia de Cristo. Presente y ausente al mismo tiempo.

En este Adviento, Señor, quiero seguir tu inspiración, que me guía por el amor a los hermanos.

Contigo tengo una gran amistad, y por tu amor deseo y te pido amar a todos mis semejantes.

El amor de amistad con cuantos se acercan a mí, es verdadera caridad.

Transforma en este Adviento mi alma.

Que tu amistad, Señor, me invite a darme a mis hermanos.

Muchos aún no han conocido a Cristo, el reconciliador con el Padre. Pedir.

Todavía la gracia del reencuentro no inunda las esferas del mundo y la historia.

Es necesario seguir deseando la venida plena de Cristo.

Su presencia en nuestras vidas, tendrá fuerza para sentirnos abandonados en las manos del Padre.

En lo más profundo de nuestro corazón hemos de continuar esperando la venida plena del Señor Jesús.

Pensamos en Isaías: nadie como él encarna tan al vivo la ansiedad del A. Testamento.

Juan el Bautista: sus palabras dirigidas a la conversión adquieren actualidad durante el adviento.

Revivir la dimensión del pueblo que espera la salvación. Nos unimos a esta espera.

María, ejemplo de la dimensión de madre que espera con amor y ternura el nacimiento del Hijo.

María, de inagotable confianza en Dios cuya misericordia llega de generación en generación.

"En la primera, Cristo fue nuestra redención; en la última aparecerá como nuestra vida.

En esta es nuestro descanso y nuestro consuelo". Bernardo.

Dice el Profeta: "He conservado tus palabras en mi corazón para no pecar contra Ti".

"Si así guardas la palabra de Dios, no cabe duda de que ella te guardará a ti".

"El Hijo vendrá a ti en compañía del Padre. /

Vendrá el gran Profeta que renovará Jerusalén; el que lo hace todo nuevo".

"Así como hemos llevado la imagen del hombre terreno, así también llevaremos la imagen del celestial". Ídem.

Nuestra disposición de adviento nace: de un encuentro intenso con el Señor.

De un corazón capaz de pasar a lo íntimo del alma, a los afectos y a la conducta.

Hemos de disponernos a vivir una oración que sea, encuentro, reencuentro, alma con alma. 20-11-12

Te envío mis buenas obras, mis buenos deseos, mi oración.

Tú, Dios mío, dame tu gracia para influir más en tu Reino.

Dame un corazón abierto y humilde para preparar tus caminos y para darme a mis hermanos con amor.

Dame un corazón amable y amante, de tal manera que las diferencias sean para amarlos tal y como son.

Orar, buscar, esperar, encontrar.

Permanecer en el abrazo del Padre lleno de misericordia ante nuestra pobreza.

En el fondo del alma descubres que el Señor nunca ha dejado de buscarte.

Que en el fondo de tu alma seas capaz de admirar el amor de Dios por ti.

Tener el gozo de esperar a Dios: la gracia de estar con Él y percibir su presencia.

Aceptar y desear ser conocido y amado por Dios.

Acoger la mirada de Dios y desear que Él penetre tu intimidad más secreta.

Será necesario que Dios te ilumine los ojos de corazón con su gracia.

Entrar en fiesta de comunión, diálogo y amor que se da en la Santísima Trinidad.

Contemplas el amor del Padre que te engendra a la vida filial.

Vivir conscientemente como hijos de Dios para que toda nuestra vida se convierta en oración.

Experimentar o al menos creer que tienes un nombre propio para Dios.

Vivir con intensidad la presencia de Dios, aun sin tener del todo el don de poderla imaginar.

Tomar conciencia de la vida de Dios en mí.

Tomar conciencia de formar una cosa con Dios, a pesar de la infinita distancia que nos separa.

Permitir que Dios te convierta el corazón y te dé un corazón nuevo/,

Capaz de amar, de acoger/,

De admirar y contemplar/ y abandonarse en sus manos de Padre.

Hacer como María: recibir en tu corazón al Señor Jesús/ y guardar y contemplar su obra.

Hacer de tu corazón la raíz y la presencia del Señor en ti.

Tender las manos, tenerlas siempre abiertas y suplicantes / manos que salen al encuentro.

Descubrir que tu vida se mueve en el amor infinito de Dios / y lo expresas con tu alabanza.

Percibir a Jesús presente y vivo en ti / es descubrir quién es Jesús para ti / Esperarlo y desearlos como Salvador y Redentor.

Que Jesús forme en ti un corazón pobre, libre y dócil / que forme en ti un corazón entregado.

Descubrir la voluntad de Dios sobre ti.

Vivir en el abismo insondable donde mora la Santísima Trinidad.

El Espíritu Santo viene a adueñarse de ti y te da al Hijo y el Hijo te da al Padre y te habla de su amor.

Que Cristo diga en el interior diga en tu corazón Padre, dentro del dinamismo del Espíritu Santo.

Vivir unido a Jesús; colocarse a su lado.

Vivir a Jesús como compañero del camino.

Él te va introduciendo el diálogo de amor con el Padre.

Dejar que Cristo ore en ti a su Padre.

Repetir sin cansarte al Señor: "Ven, ven, Señor, ven… no tardes".


Digámosle con confianza: Jesús, Señor, ven. (Oración 1ª vísperas del Domingo)

Señor, Dios nuestro, haz que esperemos con ansia la venida de tu Hijo Jesucristo.

Que cuando llegue y llame nos encuentre velando en oración / y cantando tu alabanza. (Oración lunes 1ª semana)

Que tu gracia, Dios Todopoderoso, nos prepare y nos acompañe siempre,

Que la venida de tu Hijo, que esperamos con todo el corazón, nos ayude en esta vida / y nos lleve a la eterna. (Oración del viernes de la segunda semana)

Señor y Dios nuestro, prepara nuestro corazón

Que, al llegar vuestro Hijo Jesucristo, nos encuentre dignos del banquete de la vida eterna.

Adviento, camino de encuentro y reencuentro.

Nos dejamos penetrar y transformar por el misterio del adviento.

Que el Adviento nos haga a nosotros; nos transforme; nos convierta y nos mueva.

Hemos de ser conscientes del Señor que se acerca y nuestro vivir a la espera.

Hemos de estar atentos al Señor que viene a nosotros y percibir sus pasos.

Vivir en atención contemplativa, orante de verdad… y a la espera.

Invitación de reencuentro con la propia interioridad.

Vivir la verdad de Cristo: camino, verdad y vida.

Vivir con Cristo que llena nuestra vida.

La carrera que hacemos para alcanzar a Cristo.

Dejarnos alcanzar por Él.

**Algún pensamiento en torno a la peregrinación hacia la Tierra Prometida**

Creo en Dios fiel y con amor constante, lleno de misericordia y ternura.

Recordar la peregrinación bíblica por el desierto y su significado para nosotros. Somos peregrinos.

Dios conduce a su Pueblo por medio de la nube. Refleja sobre ti esta imagen.

La nube en apariencia es oscuridad, gris. Pero también protege del sol ardiente. Pensar.

Nuestro camino no siempre es claridad y luz. A veces es gris. Ver la nube. Dar gracias.

Asumir nuestras infidelidades y seguir caminando con amor y compunción.

Caminar por nuestra senda monótona, incluso con la sensación de una lejanía de Dios.

Tal vez pensemos que cuanto nos ocupa es insignificante, pero la cercanía de Jesús lo cambia todo.

Si pensamos que nuestro día a día no es agradable a Dios, sentir cerca de nosotros a Jesús.

En nuestro interior puede bullir una cierta desesperanza: animarse, confiar, el Señor está cerca.

Tú buscas a Dios. Quieres hacer de este Adviento un camino de encuentro.

Recuerda: la nube gris de tu vida es una señal para seguir el camino del adviento.

Tu camino constante es encuentro y reencuentro con Él.

No busques otro camino. No existe el camino de rosas.

Mi oración, conectado a los problemas de cada día con quienes conviven conmigo.

La vida con su pesadez es la nube que nos guía: la Providencia la lleva.

Dios te concede la gracia de una nube – luz. Vivir la oración en este camino diario.

Vivir el caminar diario con esperanza: al encuentro y reencuentro con Dios.

Ser consciente de que se trata de etapas de crecimiento interior, agradecer, orar.

Nuestro caminar y actividad diarios están marcados por una serie de encuentros y reencuentros.

El encuentro con el Señor sea consciente y libre: es una gracia que supone crecimiento en el amor.

Estos encuentros son una invitación a seguir buscando al Señor.

Encuentro con el hermano sereno y consciente, nos ayuda a conocerlo más, a sentirlo más hermano.

Hacer crecer a mi familia y a mi grupo en verdadera comunión de afectos humanos y religiosos.

Vivir siempre con actitud de encuentro con Dios. También con los hermanos

El agobio de trabajo o la dispersión nos lleva a vivir disipados. Evitar ese desencuentro personal.

Buscar hoy un alto en el camino, un silencio y reposo espiritual, un momento de paz.

Somos Iglesia, comunidad de creyentes que peregrina a la Patria eterna evangelizando.

**Estad atentos, preparad los caminos**

El adviento es un camino que acaba en la Navidad de un nuevo encuentro con el Señor.
Estar atentos para vivir en oración continua, en contemplación.
Con los ojos de la fe siempre abiertos, libres y dispuestos a percibir los pasos del Señor.
Vivir con capacidad de admiración, asombro y disponibilidad.
Tener capacidad de escucha y amor para leer la palabra de Dios.
Vivir el presente como una oportunidad de testificar el amor.
Desplegar las alas de nuestra vida a la acción del Espíritu Santo.
Sensibilidad para percatarnos de los dones de Dios son constantes.
Siempre presente su infinita misericordia.
Hemos de vivir el amor a Dios y a los hermanos con un sí que nunca se acabe.
Darnos cuenta de que el Señor se nos manifiesta a través de nuestra vida de cada día.
Vivir la nostalgia de Dios; decir desde el fondo del corazón: "Dios es mi gran nostalgia".
Esperar y añorar la presencia de Dios en cada momento de nuestra vida.
Tener hambre y sed de Dios. Y de su Reino de amor, justicia y paz.


Buscar a Dios en todas las cosas,
Buscarlo con amor mientras amamos a los hermanos.
Acercarnos a la oración como algo que anhelamos con toda el alma. Es un encuentro.
Convertir este adviento en el centro de nuestra vida: clamar, esperar, corriendo al encuentro del Señor.
Vivir con suma atención a Dios, vibrar con Él.
Vivir en alerta percepción vigilante con amor.
Atención del Adviento es un deseo de la venida de Navidad y sobre todo de la venida escatológica.
En una palabra: el estar atentos busca la plenitud de la venida del Señor.

Yo no deseo nada, no pido nada, lo espero todo. (Un ermitaño)
No deseo ver a Dios en la Tierra; prefiero vivir de la fe. (Teresa del Niño Jesús)
Al adviento del Señor correspondemos con una atención amorosa.
El adviento es la escuela de una gran atención amorosa.


## Oración con María en Adviento

María espera tener en sus brazos al Hijo para podérnoslo dar.
Ver la oración de María: sus diálogos con el Hijo que viene; lo mira con el corazón.
Pongámonos al lado de María para poder vivir su oración de Adviento.

Pensar en la profundidad de la oración de una madre que espera al hijo que tanto desea.

### Puntos de meditación de San Agustín:

"Los gemidos de mi corazón eran como rugidos escuchados por dentro.
"Todo mi deseo es en su presencia", y el Padre que ve en lo escondido me atenderá.
Tu deseo es tu oración; si el deseo es continuo, continua será también tu oración.
Elevamos nuestras manos para poder afirmar: "Orad sin cesar".
Existe otra oración interior continua que es el deseo.
Cualquier cosa que hagas, si deseas aquel reposo sabático, no interrumpas la oración.
Si no quieres dejar de orar, no interrumpas el deseo.
Tu deseo continuo al Señor es tu oración continua. Callas cuando dejas de amar.
Mientras la caridad permanece, estás siempre clamando. Y si deseas te acuerdas de aquel reposo.
"Y delante de ti está todo deseo". ¿Qué sucederá si está el deseo y no el gemido?
"Y mi gemido no se oculta". De vez en cuando también sonríe el siervo de Dios.
Quizá el gemido no llegue siempre a los oídos del hombre, pero sí a Dios.

### Otro aspecto de la atención relacionado con el testimonio del adviento.

"El Pueblo que caminaba en las tinieblas vio una luz grande".
Él mismo puede hablar de la experiencia salvadora de esa luz.
"Ponte en pie, Jerusalén, mira hacia Oriente y contempla a tus hijos, reunidos a la voz del Espíritu. (Bar. 5, 1-9) 2º Domingo de Adviento.
"Hoy sabéis que viene el Señor y mañana contemplaréis su gloria." (Invitatorio 24 diciembre)
"Sobre ti, Jerusalén, amanecerá el Señor. Su gloria aparecerá sobre ti". (Laudes del 22).
"Dice el Señor: yo pienso pensamientos de paz y no de aflicción" (Is. 29, 11...)
"Me invocaréis y yo os escucharé, si me escucháis de todo corazón.
Y os sacaré de vuestra esclavitud de todas las partes". (Is.)

### La atención de Adviento nos lleva a un testimonio vital para ofrecer

Tomar conciencia del pecado y de la muerte; y también de la salvación.
Tomar atención a la espera de la venida del Salvador. El mundo sin saberlo, espera…

Trabajar por la transformación del mundo para que luzca el alba de la ciudad celeste.

Tomar conciencia de que la obra está inacabada y has que seguirla.

¿Quién velaría sin esperar nada, y quién esperaría sin tener una garantía de respuesta?

Tomar conciencia en Adviento de un Dios que siempre es fiel y misericordioso.

## Preparar los caminos del Señor

Preguntarnos si estamos en el verdadero camino.

Examinarnos si solo vamos tirando o de verdad estamos en órbita nueva hacia el Señor.

Aborrecer una situación de desencuentro; quitar obstáculos.

Pensar en las dificultades: cansancio, hastío, trabajo, falta de tiempo, falta de paz, pedir fuerza.

Pensar en la propia experiencia de oración: ¿Dolorosa? ¿Gratificante? ¿Difícil encontrar la soledad? Pedir ayuda.

Pensar en las dificultades para el silencio en el retiro: ruido, prisas, anuncios, desorientación, pedir ayuda.

¡Todo está tan dentro de mí...! Y no es difícil profundizar.

Vivo en mi alma el silencio profundo; permanezco para ello centrado en el Señor.

Vivir cerca de Dios y así viviré centrado en mí y en Él y en mis hermanos.

## Para vivir centrados en Dios

Busco en mi vida espacios de silencio y de gratuidad.

Rechazar las prisas y la fiebre de la eficiencia.

Entrar en el fondo del corazón: buscar profundidad e interioridad. Ahora.

Hacer ahora un alto en el camino: momentos breves de oración, y contemplación, sin prisas.

En nuestra vida busco más lo que soy que lo que hago.

Vivo con intensidad este momento presente.

Vivo la confianza en Dios con plenitud. En profundidad.

Dedico ahora este tiempo que Dios necesita para buscarme y encontrarme.

Valoro ahora la belleza del día, de la vida, del rayo de sol o de la lluvia...

Buscar la reunión con Dios y con el hermano no para hacer algo, sino para estar.

Mi tiempo, mi vida, mi hora al servicio de del amor y de la gratuidad.

Si buscas a Dios, déjate encontrar por Él.

Me hago el encontradizo. La paz en este camino.

Señor, que encuentres en mi corazón un lugar para el descanso. Paz en el encuentro.

## La tienda del encuentro

Hoy el Adviento es el tiempo más indicado para este encuentro con el Señor.
La tienda para el encuentro es la casa de Dios; el Sagrario, lugar donde vive Él, Jesús.
Para entrar en la tienda del encuentro, necesaria la actitud de búsqueda contemplativa.
El Adviento nos ha de llevar a la conversión de nuestra vida,
Aprender de María su disponibilidad, el sí que dio en la Anunciación.
Acoger y pedir fuerza para practicar la Palabra de Dios /
Hasta procurar vivir en serio su voluntad.
Potenciar el desasimiento interior, la pobreza del alma, el olvido de uno mismo.
Procurar cambiar los valores: pasar del dejar de hacer al dejarle hacer.
Él es el único alfarero que puede dar vida a nuestro barro.
Convertir nuestro camino interior en una búsqueda de Dios: dejarnos buscar por Él.
Abandonarnos en las manos del Padre y saber con alegría que somos de Él.
Amar y amar, y dejarnos amar de Él. Vivir el santo abandono.

Abrir las puertas de nuestra vida al amor de Dios.
La fuerza del viento del Espíritu Santo nos empuja y alienta.
Ser fieles al amor en cada una de nuestras palabras y de nuestros gestos.
Capacidad contemplativa: escucha orante y silencio acogedor.
La tienda del encuentro se construye en el silencio: en un mirar cara a cara en la fe.
Silencio de quien convierte la oración en deseo y en expresión de amor sincero.
Pido al Señor el silencio de quien ora, de quien vive en diálogo con Jesús.
Silencio de quien contempla la obra de la salvación aplicada a la propia vida.
Pido al Señor el silencio de quien se sabe amado por Dios y vive la esperanza cristiana.
Ven, Señor Jesús.
Pido al Señor el silencio del contemplativo que tiene el gozo de comprender que Dios lo está esperando.
Pido al Señor el silencio de quien acepta perderlo todo antes que ofender a Dios.
Pido al Señor el silencio de quien se abandona en Dios para que predomine su acción divina.

Pido al Señor el silencio de quien vive con la convicción del valor el amor de la entrega.
Pido al Señor el silencio de quien en la convivencia diaria sabe asumir el dolor, la cruz.
El dolor callado, que puede venir de otros, nos ayuda a ser toda una cosa en Dios.
Pido al Señor el silencio de la oración nos lleve a identificarnos con Jesús en todo momento.
Pido al Señor el silencio de quien busca una identificación plena en el amor.

Pido al Señor el silencio para comprender al hermano, ha de comprenderlo desde el amor.

La tienda del encuentro está hecha de silencio.
Para entenderlo, procura convertirte en estímulo de un amor desinteresado y pleno.
Para entenderlo, procura hacer de tu morada una tienda de encuentro.
Abre los ojos de la fe y descubre la casa de Dios en todos tus hermanos.
Procura asumir el papel de testigo del encuentro y también de mediador.

## María, modelo de oración contemplativa

Seas, María, el testigo, modelo y ayuda en nuestro adviento.
Seas, María, el testigo, modelo y ayuda de transparencia y de humildad.
Seas ayuda para abandonar nuestros propios planes y fiarnos de los planes de Dios.
Seas, María, el testigo, modelo y ayuda para poner nuestra vida en las manos de Dios.

Seas, María, el testigo, modelo y ayuda para grabar la obra de Dios en nosotros.
Seas, María, el testigo, modelo y ayuda saber anonadarnos para dar paso a Jesús.
Y para que Jesús sea el único Señor y Dueño de nuestra historia.
Seas, María, el testigo, modelo y ayuda para ser nosotros personas de oración, contemplativos.

Seas, María, el testigo, modelo y ayuda con tu silencio.
Y sepamos guardar en el fondo de nuestras almas, nuestro tesoro de fe, amor, admiración.
María, Tú puedes enseñarnos a conservar todo lo bueno en nuestro corazón.
María, nos hará falta algo de tu sencillez y silencio para nuestra oración.
María, maestra de silencio; enséñanos y ayúdanos a responder a los planes Dios.
La primera oración que conocemos de María es el "fiat", el "sí". Repetirla.
El "sí" de María fue preparado, asumido y dicho con amor. Pronunciarlo así con su ayuda.
Pedir como María vivir ese silencio profundo interior; callar para que Él hable.
Pedir como María el silencio de quien se va olvidando de sí mismo.
De quien va callando sus propias palabras para que el Señor pronuncie la suya.

Pedir como María el silencio que es escuela de disponibilidad.
Pedir como María el silencio que nos prepara para el encuentro y para poder ser testigos.

Pedir como María entrar en el mundo profundo de la plegaria, dóciles a la voluntad de Padre.

Vivir en total comunión con este plan de amor de Dios para cada uno.
Pedir caminar así por la vida.
Ser consciente del "misterio en Dios" que hay en cada una de nuestras vidas.
María, enséñanos a imbuirnos del todo en la oración, tú que fuiste humilde, virgen, fiel, silenciosa.
Enséñanos tus caminos de vida interior.

María vive la disponibilidad sin medida, sin condiciones a los planes de Dios Padre.
Toda la vida de María fue un "sí" al Padre un Magníficat.
Hubo en María momentos fuertes de entrega: Anunciación, Cruz, Pentecostés, Nacimiento… siempre fiel.
La pobreza de María fue servidora a la Palabra de Dios y de su Reino; pronta para el servicio.

La oración de María es alabanza, silencio, acción de gracias, actitud de Magníficat.
Procuro con María: ver, observar, contemplar, intuir, rumiar, saborear en el corazón.
Guardaba todo en su corazón…
Centrar como María nuestra oración en la obra salvadora de Dios que ha

## Nuestra oración a María, madre del Adviento

Señora nuestra del Adviento, madre que esperas, anhelas y ansías: da fuerza a nuestra naturaleza.
Señora, enséñanos el silencio interior, el camino de la salvación y a ayudar a salvar a otros.
Ayúdanos, María, a vivir el Adviento del Señor que viene, de lo que esperamos.
Que vivamos siempre con esta ilusión de esperanza, de entrega, de amor.
María, fuiste dócil al Espíritu Santo para darnos al Hijo: enséñanos esa docilidad.

Jesús, que podamos vivir esta hermandad con todos, como Tú la viviste.
Virgen María, danos un corazón que espera, que busque, que ame.
Virgen María, danos una vida disponible, pobre, fiel al proyecto de amor al Padre.
Virgen María, danos un afán grande de oración, contemplación, silencio y sencillez.
Virgen María, danos amor al silencio; enséñanos el camino del santo abandono.

Virgen María, conduce nuestros corazones a la esperanza;
Que la nueva venida del Hijo encuentre orantes nuestras manos orantes y sembrando.
Virgen María, envuélvenos en el manto de tu silencio y comunícanos la fortaleza de tu fe.
Virgen María, enséñanos la altura de tu esperanza y la profundidad de tu amor.
Virgen María, quédate con los que quedan; vente con los que nos vamos.
Te saludamos, María, con el ángel; con Isabel; te veneramos, mansión el Espíritu Santo.
Te alabamos, Hija amada del Padre; te bendecimos, Madre del Verbo Eterno; Te contemplamos, mansión del Espíritu Santo.
Bendito el fruto de tu vientre, el Hijo de Dios que llega a Belén.
La bendición que viene de Dios es siempre manantial de vida. Bendícenos, Padre.
Uniéndonos a la espera de María, también nosotros participamos de la bendición divina.


### Pustinia, (espiritualidad rusa, desierto): el día dedicado a ella

Te invita el Señor, Él te llama, Él espera tu silencio y tu encuentro.
Gozarte de estar al lado de Dios; sin hacer otra cosa; vivir la gratuidad del encuentro.
Sentir muy cerca de María. Decirle: enséñame a orar; estoy junto a tu manto.
Desea con todo tu corazón, con toda tu alma y con todas tus fuerzas al Señor. / Piensa que Él está; te ama, viene a ti y sale a tu encuentro.

En tu adviento te has propuesto entrar en la tienda del encuentro;
Convertir en ella tu propio corazón.
Si el Señor te llama por el camino del desierto, permanece fiel dentro de tu silencio.
Intercede por la Iglesia, por todos los hombres, por el mundo, por los enfermos, por los que sufren.
Vive como María en actitud de Magníficat, siempre dispuesto al "sí".
Ama mucho; y déjate amar por el Señor.

### Nuevas ideas sobre el Adviento Padre Arróniz

"Daos cuenta: la noche está avanzada, y el día está cerca. Es hora de levantarnos del sueño". (San Pablo)
Urge salir de esta modorra que paraliza nuestro caminar hacia Dios.
El Adviento, esa espera de la venida de Dios al mundo que culminará en el nacimiento de Jesús.
Jesús está a la puerta y llama: "Bendito el viene; el Rey, nuestro Señor".

"Abrid vuestras puertas: no cerréis vuestros corazones; viene... lleno de majestad y grandeza".

## Aprendemos de la religión nómada.

"¿Por dónde vendrá el Señor, por dónde llegarás, Amor?"
La esperanza de continuar la gran aventura de la vida, hasta llegar un día a la plenitud.
El río de nuestra existencia tiene un sentido: desembocar en el Océano de Dios.
Caminamos hacia una reconciliación entre el lobo y el cordero, en abundancia de paz y amor.
"Habitará el lobo y el cordero, la pantera se tumbará junto al cabrito; el novillo y el león pacerán juntos".

"La vaca pacerá junto al oso; sus crías se tumbarán juntas; el león comerá paja con el buey".
"De las espadas forjarán arados; de las lanzas, podaderas.
No alzara la espada pueblo contra pueblo; no se adiestrarán para la guerra".
"En aquel día preparará el Señor de los ejércitos para todos los pueblos".
"Una ciudad feliz en la que Dios habitará con los hombres.
Y enjugará todas las lágrimas: no habrá muerte ni llanto, ni grito ni pena".

Desembocar en la plenitud de todo lo bello y bueno de la vida.
Algo nuevo palpita y se estremece en la raíz más honda de nuestro ser.
Solo buscamos lo que no tenemos. Danos, Señor, un corazón pobre para ello.
Vacía mi alma, Señor, de todas las escorias, para que mi alma se llene de Ti.
Dios es fidelidad y amor que cumple sus promesas de generación en generación.

"El Señor es fiel y no puede negarse a Sí mismo". (2 Tim. 2,13)
"Porque su misericordia es eterna y su fidelidad de por siempre".
El Señor volverá. Una profunda alegría llena nuestro corazón.
Adviento, pon tu corazón al acecho, como buen cazador: largas horas de espera.
Caiga el Rocío del Cielo y las nubes lluevan al Justo.

Queremos enderezar lo torcido las hendiduras del espíritu.
Una Virgen impoluta mantuvo al Verbo en su seno.
María creó una atmósfera maternal que le impulsa a abrirse al Padre, Hijo, y Espíritu Santo.
Abrid vuestras puertas; no cerréis vuestros corazones.
El amor siempre espera, vive en tensión de paz, de pisadas leves.
La puerta, Señor, está abierta, entra: encontrarás la mesa preparada.
Ven, Señor Jesús, hace tanto tiempo que te esperanza…

Me acerco a la Navidad de una manera consciente, al encuentro del Señor.
Espíritu Santo, enciende mi corazón en el fuego de tu amor para que espere a Jesús y le ame.
Deseo amarte con el amor de todos los santos.
Tú que engendraste, con admiración de la misma naturaleza, a tu Santo Hijo.
Virgen antes y después del parto, que escuchaste del Arcángel Gabriel el "Ave",
Ten compasión de los pecadores" (Himno "Alma Redemptoris...".
Gracias, Virgen María, porque nos trajiste a Jesús y aceptaste ser nuestra madre.


## Navidad.

Virgen María, eres el Sí de la Encarnación, Madre de Jesús nacido en Belén.
Lo mostraste a los Pastores y a los Magos de Oriente.
Verdaderamente eres un Niño misericordioso, que has nacido para nosotros, no para ti.
Con tu nacimiento has buscado nuestro bien, no tu provecho.
Virgen de los caminos de Jesús, desde Nazaret a Belén, a Egipto, al Calvario.
Bendita entre las mujeres, porque fuiste perfecta en el amor.
Bendita entre las mujeres, por tu bondad maternal en Belén.
María expresa en la Navidad su ternura por Jesús;
Su gozo por ser plenificada por el Espíritu Santo.
Conmemorando el nacimiento de nuestro Salvador, celebramos también nuestro propio nacimiento. San León
Navidad habla fuertemente a mi alma: Jesús la invita a renacer a una vida nueva. S.T.
Navidad: la Omnipotencia baja hasta nosotros y busca un corazón su morada permanente.
Jesús desde el portal me mira con amor;
Vencido por la inutilidad de mis esfuerzos, no tardará venir y me acogerá
Y me acompañará en mi itinerario
"Encontraron a María y a José con el Niño acostado en un pesebre. Contemplar.
Al verlo hicieron ver los pastores lo que les había dicho el ángel sobre el Niño; y todos los que escuchaban quedaron maravillados...
María por su parte conservaba todos estos recuerdos y los meditaba en su corazón". (Mt. 2,17...) Contemplar.
Contraposición entre la actitud de los pastores y la de María: ellos se lanzan a contar...
María, lo conserva y medita en su corazón.
Pídele al Señor una palabra para este encuentro con Él.
Él te dará un corazón dispuesto a acogerla.

El Dios que vino a Belén, volverá definitivamente con gloria para transformar nuestras vidas.

Y mientras tanto viene y está con nosotros.

Estad despiertos; vigilad, para que cuando llegue y llame, permanezcamos en vela ante el misterio.

Con tu humildad en Belén has querido ensalzarnos y hacernos partícipes de tu vida divina.

Vaciado de Ti mismo nos has llenado a nosotros al hacernos partícipes de tu vida divina.

Creced en esperanza, afinad la atención a su amor sorprendente, generoso y entregado.

Navidad está siempre dentro de nosotros.

Siempre que hacemos un acto de bondad con cariño.

Siempre que escuchemos, siempre que trabajamos por los demás desinteresadamente.

Siempre que luchamos por una sociedad mejor, siempre que compartimos nace Jesús, nace Dios.

"Quien ama de veras, no se limita a dar cosas, sino que llega a darse a sí mismo." - Marta Álvarez

Todos aquellos que ya recibimos esa luz tenemos la tarea de llevar esa palabra.

El primer objetivo del nacimiento de Jesús es la salvación de los pueblos.

Si realmente queremos hacer valer ese nacimiento, entregarle nuestra vida.

Él se humilló a lo sumo, tomando forma de hombre y haciéndose semejante a nosotros.

Reconciliación porque Dios mismos quería que el mundo se reconciliara con Él, por eso nació Jesús.

En esta época muchos ablandan su corazón. Mantener así el corazón.

Valorar el hecho del nacimiento de Jesús como para que las personas le entreguen su vida.

El propósito del nacimiento de Jesús es que cada uno pueda entregarle su vida.

Ahora Jesús quiere entrar a tu vida y nacer en ti,

Él quiere que experimentes ese nuevo nacimiento.

Jesús fue la mejor noticia que el mundo pudo recibir:

Hoy nosotros tenemos el perdón de nuestros pecados y la vida eterna.

¡Dejemos que Jesús nazca en nuestros corazones

Y vivamos cada día con el único objetivo de agradarlo! (Los doce últimos de Enrique Moterroza).

El amor. Tú, ¡oh Dios!, te hiciste hombre, y el hombre fue hecho Dios. (Santa Catalina de Siena. El Diálogo).

Y la Virgen le decía, "Vida de la vida mía, Hijo mío ¿Qué os haría?".

Venid a Belén, a ver al Mesías, vayamos a Belén a ver a nuestro Rey.

El Rocío celestial que llueve en la Noche Buena, lo produce una Azucena de belleza sin igual.

Niño hermoso: tus ojos bellos han contemplado el alma mía.

En Ti pienso noche y día; noche y día sin cesar.

A media noche y en un portal, la Virgen Madre a su Hijo nos da.

¡Oh noche divina y celestial! Aleluya.

Sobre unas pajas le reclinó. Ni cuna tiene la Madre de Dios.

¡Con cuánta pobreza nació! Aleluya.

Son los pastores, los pobres son; son los primeros que vieron a Dios.

¡Es Rey de los pobres el Señor! Aleluya.

Cantando viene un Serafín: "Gloria in excelsis" con Ángeles mil.

Y paz al que quiera bien vivir. Aleluya.

Creed, creed, en este que veis. Nacido en ese portal de Belén.

Es Dios y es hombre y salvador, aleluya.

Ave, llona de gracia, el Señor es contigo: bendita Tú entre todas las mujeres y bendito es el fruto de tu vientre.

Estad ahí oh fieles, alegres y triunfantes, venid jubilosos, a Belén venid.

Mirad al nacido, al Rey de los Ángeles.

Venid y adoremos, venid y adoremos, venid y adoremos al Señor.

He aquí que, dejado el rebaño, los humildes pastores se acercaron a la cuna.

Y nosotros, llenos de honor, presurosos nos acercamos.

Veremos el esplendor del Padre Eterno, oculto bajo el velo de la carne.

Venid y adoremos, venid y adoremos, venid y adoremos al Señor.

Hecho pobre en favor nuestro, y yaciendo entre pajas.

Calentémosle con nuestros piadosos brazos.

A quien así nos ama, ¿quién no le amaría? Venid y adoremos al Señor.

Me fijo hoy en la Virgen María. "Conservaba todas estas cosas en su corazón.

Hoy voy a estar tranquilo, en la presencia de Dios, junto a María.

Conservar en mi corazón todos estos misterios contemplados.

Fijarme en concreto en esta palabra: "El Verbo se hizo carne".

Profundizo en los verbos entrecomillados de las siguientes 9 frases:

"Guardar". Guardar en mi corazón como María el recuerdo de estos días santos de Belén.

"Ver". Ver el misterio con los ojos de la fe. Percibir el influjo del Señor.

"Alejar" el alboroto interior para entregarme a la verdadera contemplación.

Un Niño "nos ha nacido", venid y adoremos.

"Te amo", Jesús recién nacido en el Portal de Belén; me uno a los Ángeles cantores.

"Da paz" a nuestras almas, Niño recién nacido;

"Da fervor" a mi espíritu; el fervor que siempre he ansiado.

"Te alabaré", Jesús, por los siglos de los siglos.

Hoy "te pido" Niño de Belén, la gracia de ser útil en tu Reino.

Mi alegría sea serena siempre y en todo lugar.

Experiencia de Ti en la oración; fe sencilla y celo por la salvación de las almas.
Sin Ti, Señor – Niño – Dios y hombre verdadero no puedo hacer nada.
Esto me da humildad, seguridad, firmeza y aplomo en mi vida.
Ayuda a cuantos un día se te ofrecieron desde el fondo de su corazón

Vigilia de la Navidad. Noche Buena. "Sabed que hoy viene el Señor, y mañana veréis su gloria".
Que la verdad de Jesucristo que viene baje de mi mente al corazón para más amarle.
Haz, Señor, que durante el día sienta tu presencia y tu amor y tu fuerza.
Dadme, el fuego de vuestro amor para vivir estos días el misterio de la venida de Jesús.
Que cada día lo comprenda más, lo experimente mejor, lo ame con total empeño.

Obraste en María el misterio de la encarnación; la asististe en el nacimiento de Jesús:
La Navidad es amor. Examinar cómo vamos con el amor:
- Si sentimos con el que sufre, si ayudamos... entonces,
- Dios, el que no cabe en el Cielo, se hace hombre.
Es Dios, pero desciende hasta un pesebre que había servido de comedor de animales.
Contemplo, oh Verbo de Dios, tu inmensa grandeza, y contemplo tu pequeñez.
Piadoso, Jesús, enséñame la virtud de la humildad.
Canto: Gloria a Dios en los cielos y paz en la tierra a los hombres de buena voluntad.
Ved al nacido, al Rey de los ángeles: venid y adoremos, venid y adoremos, venid y adoremos al Señor.
Me uno a la Virgen María y a José, y adoro, admiro y venero al Rey de Reyes.
Derrama, Señor, sobre el mundo tu espíritu y tu paz.
Mira, Señor, que estamos muy alejados de Ti.
Dame hoy tu fuerza y amor y para avanzar hacia Ti sin vacilar.
Dadme el don de caridad: de un acendrado amor a Ti y un amor de corazón a todos mis semejantes.
Y me pongo a escuchar música de villancicos para ir contemplando su letra y llenarme de amor a Jesús.
El árbol de Navidad; lo veo como una representación de Cristo que es luz, cobijo, sombra, fuerza.
Señor, dame ser algo de esto para mis semejantes: luz, cobijo, fuerza, sombra.
Árbol iluminado, con una estrella sobre su copa que orienta y guía.
Eso eres para mí, Señor Jesús. Desde que naciste. Agradecer, sentirme

protegido y acogido.
Bajo tus ramas repongo mis fuerzas cansadas;
En su espesura refugio mi intimidad.
Deseo que seas para mí árbol divino, apoyo de mi debilidad.
Y ayúdame a serlo para otras personas.

Ser para todos como Tú, Jesús Niño, para mí: seguridad, apoyo, luz, cobijo.
"Señor, unido a ti, darme a las almas". Así quiero ser; así quiero estar siempre.
Dame fortaleza para que sólo viva para Ti, para tu Reino.
Venga a nosotros tu Reino.
Digo a María: "El que no cabe en todo el universo, se encierra en tu seno hecho hombre.
Te adoro con devoción, oculta deidad, que te escondes debajo de estas especies;
A ti mi corazón entero adora postrado, porque contemplándote todo desfallece.
Te pido por el mundo que se aparta de ti. Ten compasión de nosotros.

Hoy, Navidad, ha nacido de nuevo Cristo en mi vida.
Mis lágrimas eran confiadas, de arrepentimiento, da agradecimiento y decisión a seguir a Jesús.
Con ganas de darme más a Él, con ansia de entrega generosa a cuantos me rodean.
Que la chispa de amor, hoy encendida, haga arder tu corazón de cariño a los demás."
Dame el gozo de tu nacimiento, de una Navidad prolongada siempre sin apetencias absurdas.

Me alegro, Señor, en tu nacimiento: dos mil años de tu venida a este mundo.
Que perdure por siempre nuestra alegría en ti, Señor.
Que mi gozo me ayude a llevar a todas partes tu mensaje;
Ayúdame a quitar miedos y temores.
Que lleve la esperanza a quienes desesperan;
Que lleve el amor a quienes más lo necesitan.
En el rostro de Jesús tenía que manifestarse todo cuanto llevaba en su interior: la divinidad.

Nuestra oración de Navidad podía ser: Muéstranos tu rostro, Señor...
Y quedar en silencio interior total esperando esa entrega de El a nuestra alma.
Mirar el Belén. Si me distraigo, repetir con mucha paz la frase: "Muéstrame tu rostro, Señor."
La Navidad me recuerda cómo el Hijo de Dios se revistió con el cuerpo del hombre.
Y nosotros debemos "deificarnos", revistiéndonos del Verbo de Dios.
Durante unos segundos he contemplado su luz llena de resplandor.

Me he sentido del todo junto a Él en el pesebre.
Un amor a Dios inmenso inflamaba mi corazón como nunca.
Un Niño nos ha nacido!
Oh pobreza, pobreza, exclamaría la Virgen María iluminada por una luz del Cielo.
Y en medio de un éxtasis, contemplar, la Virgen María da a luz al Niño - Dios.
Y nació para nosotros de Madre Virgen el Hijo de Dios.

Jesús, en pobreza, pero muy amado por la Virgen María y San José, viniste al mundo.
Tú, el Dios del poder, de la gloria, de la sabiduría infinita, de la omnipotencia.
Bendito seas, Señor, que has venido a enseñarme esta lección de humildad.
Dame fuerza para saber aguantar con paz y alegría las inclemencias del tiempo y mis limitaciones.
El que viene a salvar a todos, no encuentra una casa normal para nacer.
Yo, Jesús, quiero abrirte, pero me encuentro ahora como sin fuerzas para nada. Ayúdame.
En la semana ya de Navidad, pido al Señor, gustar de su bondad.
Saborear su grandeza y hermosura, vivir siempre en estado de contemplación.
Navidad. Un Niño nos ha nacido. Aleluya. Venid, adorémosle.
Caminamos con los pastores para adorar al Niño Jesús.

Desciende para enseñarnos la humildad de las alturas.
Se rebaja para hacernos crecer.
David cantaba: "Tu clemencia nos sigue... y a quien en el Señor espera le envuelve su misericordia."
Estás sujeto a mil debilidades. Pero Jesús las ha tomado para transformarlas en fortaleza.
Él se hace hombre para que tu miedo se desvanezca en la certeza de su amistad.
Sigue sus pasos.
Y ensancha el alma en la amistad a tu prójimo y en la misericordia hacia los marginados.

Que "no tenemos un pontífice insensible a nuestros males".
"Y no hay quien se compadezca mejor de las desgracias ajenas que quien las ha sufrido en su propia carne".
¡Bendita la Navidad para los pobres, ancianos, débiles y enfermos: es cierto nuestro triunfo!
Si Jesús está conmigo, ningún mal temeré.
Recordar aquellos versos: ¿Con qué le envolveré yo con qué? ¿Con qué le abrazaré yo, con qué?
Y brota de mi corazón el agradecimiento por haberte entregado a nosotros; gracias.
La mejor caricia es el amor al prójimo; a cuantos se acerquen a mí; y a cuantos yo me acerque.

Creerme no sujeto de derechos, creerme sujeto de obligación, de entrega, de donación.

Naciste, Jesús, tu empresa es grande: la redención del mundo merece la pena ser hombre.

Naces, vives por nosotros, te quedas en la Eucaristía.

Jesús, eres misterio de amor, de entrega. Deseo vivir yo en correspondencia.

"Vino a los suyos, y los suyos no le recibieron".

Viniste a redimirnos, y muchos prefieren la esclavitud del pecado.

Viniste a salvarnos y prefieren ir sin rumbo.

Viniste a enseñarnos el amor y la perfección, y muchos prefieren la indiferencia, el egoísmo.

Pero, Señor, ven con nosotros.

Ven a ayudar a tu Iglesia; sobre todo a estos dirigentes. Ven y permanece con nosotros.

Navidad ha de ser para nosotros tiempo de dar gracias.

Y días de mirar los nacimientos: que brote de nosotros una oración de amor a Jesús.

Jesús ha nacido. Alégrate. Déjate arrullar por la ternura de tu Dios hecho hombre.

Estamos sujetos a mil debilidades. Pero Él las ha tomado para transformarlas en fortaleza.

Jesús desde Belén nos enseña el camino del Santo abandono en manos de la Providencia.

Él se deja llevar por los brazos de su madre.

¡Vamos a aprender de El a estar en paz confiada!

Como Jesús caminaba en el regazo materno, nosotros en el corazón del mismo Dios-Amor-Providencia.

Un amor a Dios inmenso inflamaba mi corazón como nunca.

Y contemplaba mi pequeñez total frente a la suya aparente.

Benditos días de convalecencia junto al Belén en el hogar paterno.

Alegrémonos. Abandonemos las cavernas de la preocupación.

Vamos a llenarnos de confianza.

A veces nos da como apuro pedirle al Señor su divina caricia.

Y es tan maravillosa, que incluso en medio de las mayores pruebas, vive envuelto en el gozo.

Pídele al Niño de Belén el verdadero y constante gozo,

Y experimentarás un avance radical en este año que se aproxima.

En Belén nace el Amor. ¿Y por qué el mundo está ausente?

¿Por qué no aman al Amor? ¿Por qué viniste, Señor?

Silencio: «el pesebre, disfrutando de la sencilla y pura alegría que ese Niño trae a la humanidad».

Jesús, «iluminará a quien yace en las tinieblas y en las sombras de muerte».

El Niño Jesús ya se encuentra en la cuna caliente por nuestros esfuerzos generosos.

Quien besa los pies del Niño con amor, ha de amar al Señor en su continuación visible.

Qué jamás sustituyamos a Dios por algo distinto que Él. ¿Quién soy yo?
Si supiera considerarme como el jumento del Portal de Belén... Darme la misma importancia.
La misa y el sagrario son mi mejor Belén.
Y eso que me encantan los nacimientos artísticos, pero como Este, ninguno.
Qué importante solucionar el problema del dolor, para vivir en fe, esperanza y amor.
En este día ante todo buscar un rato de recogimiento o junto al Belén o en la iglesia.
Allí dar gracias a Jesús por la fe, porque ha venido a salvarnos, porque nos quiere, por la esperanza.

Examinar cómo vamos con el amor: si sentimos con el que sufre, si ayudamos.
Ver la figura de San José tan olvidada.
Cómo se preocupó de la familia, cómo trabajaba por la familia.
Pedir a Dios fuerza para imitar el espíritu total de servicio y huir del egoísmo.
El Padre nos ha dado a su hijo como fuente de toda santidad.
Se siente un algo indefinible en el alma cuando contemplamos en un belén
La figura del Niño, manantial de santidad, de salvación, de esperanza...
Navidad ha de ser para nosotros tiempo de dar gracias.
Mirar el Belén sin decir nada.
Si me distraigo, repetir con mucha paz la frase: "Muéstrame tu rostro, Señor."
Y nosotros debemos "deificarnos", revistiéndonos del Verbo de Dios.
Santo, debe ir siempre en aumento.
Y esta navidad: dar un empujón digno a nuestra vida espiritual.
Pídele al Niño de Belén el verdadero y constante gozo, y experimentarás un avance.
Como el Niño de Belén que dejó las mansiones del Cielo y habitó entre nosotros, despojado.
Pasó la Navidad. Dame, Señor, el fruto de la Navidad.
Epifanía. Actuar: Seguir con amor la estrella de los Reyes Magos, que nos guíe al Señor.
Epifanía: manifestación del Señor al mundo entero.
Vivir el espíritu misionero con el propósito de evangelizar.

## Año nuevo

Bendito sea el nombre del Señor ahora y por todos los siglos.
Recuerdo mis propósitos de años pasado y formulo los de este año.
Ahora renuevo mis propósitos de comienzo de año. Purificar más mi corazón: caridad, amor al prójimo, a todos en honor a Jesús Eucaristía que me ama.
Amor a la Misa. Vivirla más a tope, sobre todo la del Domingo.

En el comienzo de año: Te alabamos, te bendecimos, te adoramos, te glorificamos.

Me uno a la alabanza del Pueblo de Dios y te digo desde lo más profundo de mi corazón.

Estad presentes, fieles, contentos y triunfantes, venid, venid a Belén.

Consuela ver a millares de personas llenas de fe, contemplando a Jesús en Belén.

Alaba, amigo, a Jesús en su indigencia.

Se empobrece para repartir la abundancia de sus tesoros.

Concédeme el gozo, fruto del Espíritu Santo;

Que lo mire como estímulo para mejor servirte, para influir más en el Cuerpo Místico.

Que iluminemos con nuestra forma de amar, de mirar, de hablar,...

Que iluminemos con la Luz de Cristo, que llena de vida nuestros corazones.

Que iluminemos con la luz sobrenatural que recibimos por la comunión con Jesús.

Que iluminemos con la vida eterna que ya el Señor nos regala. Iñaki Tejada 4


## La Cuaresma

La cuaresma sobre todo es un «tiempo de gracia» (2 Co 6,2).

Debes escuchar la llamada de Cristo: "Tú sígueme." ¿A qué esperas?

Deja ya a un lado tus ideales pequeños, y lánzate en vuelo de águila a las alturas.

En esta cuaresma serás tú luz para iluminar, sal para preservar de la corrupción.

Has de ser levadura que transforme la masa, fuego para abrasar los corazones fríos.

Aprenderemos a los pies del Maestro a ser apóstoles del Sacramento.

Durante la presente cuaresma nos debemos acordar de que la vida es caminar hacia Dios.

Como los israelitas iban hacia la Tierra Prometida por el desierto.

Los deportistas tienen una temporada de mayor entrenamiento; los cristianos, la cuaresma.

"Perdona a tu pueblo, Señor, perdona a tu pueblo, perdónale, Señor".

"Entre el vestíbulo y el altar llorarán los sacerdotes del Señor y dirán: perdona a tu pueblo, perdona a tu pueblo, Señor".

Al imponerte la ceniza el sacerdote te dirá: "Conviértete y cree en el Evangelio";

O también: "Acuérdate que eres polvo y al polvo has de volver".

Nuestros actos de penitencia en estos días pueden consistir en: ser más amables con las personas;

Dominar más nuestro egoísmo en casa y en los juegos...
Señor; perdona a tu pueblo, perdónale Señor.
No estés eternamente enojado, no estés eternamente enojado perdónale, Señor.

Virgen María, pídele al Padre, en nombre de Jesús, que me ayude a vivir el Espíritu de cuaresma.
Atiéndeme y ten misericordia de mí, porque he pecado contra Ti.
Ayúdame a abandonar mis caprichos, a sacrificar mis pasiones, a ser amable para todos.
Que la cuaresma sea para profundizar en el amor a Jesús que se entrega a mí.
Todo lo nacido de la carne, carne es. Todo lo nacido del Espíritu, es Espíritu. Llévame por los senderos el Espíritu.
Pedimos al Señor la gracia de la conversión, el don de penitencia.
En cuaresma, sobre todo, he de preparar una buena confesión.
La cuaresma es tiempo de soledad para que se haga fuerte la compañía del Señor.
La cuaresma para saber discernir lo mejor y sacar lo mejor del corazón.

"Pues vosotros si no os convertís, pereceréis de la misma manera". (
Nosotros a los pies del Señor le pedimos fuerza para una conversión sincera.
"No solo de pan vive el hombre, sino de toda palabra que sale de la boca de Dios".
La tentación hoy también nos viene de esta parte: comer, beber, gozar.
Te pedimos, Señor, que sepamos dominarnos; que aspiremos más y más a las cosas de arriba.
No queramos hacernos un Cielo aquí, que todo termina enseguida.
Vamos a suspirar por el que nunca tendrá fin:
Ven en nuestra ayuda, Señor y mantennos en la fe.
Y hemos de buscar más los gozos espirituales: la oración con atención nos de paz y alegría..

Considero la realidad de la vida, de la muerte, la necesidad de conversión.
Ven en mi ayuda, quiero cambiar a mejor.
En este Miércoles de Ceniza considero la realidad de la vida, de la muerte, la necesidad de conversión.
Necesito de tu amor de Padre para ser un poco feliz.
Ayúdame a saber renunciar a la vanidad de las cosas,
Ayúdame a vivir una cuaresma llena de amor a Ti.
Transparentar lo mejor: la bondad, la ternura, el rostro de Dios a los hombres
.
Danos, Señor, un corazón nuevo y que transmitamos la alegría de vivir.

Dadme fuerza para vivir en austeridad, en atención, en espíritu de conversión.
Pedirle el don de la conversión, y Él nos lo concederá

Vamos a proponernos en esta cuaresma volver a la casa del Padre con fervor.

Danos, Señor, el don de la conversión, el don de la penitencia.

Oriento en esta cuaresma mi alma hacia la vida sobrenatural.

A Ti, Señor, levanto mis ojos, a Ti que habitas en el Cielo, porque espero tu misericordia.

Virgen María, ayúdame a vivir esta cuaresma con fervor verdadero.

Quita de mi alma toda la sequedad posible.

Dame fuerza para saber consolar a quien necesita consuelo.

Virgen María. Pídele al Padre, en nombre de Jesús, que me ayude a vivir el Espíritu de la cuaresma.

Que la comunicación del Espíritu Santo sea en mi cada vez más perfecta.

Atiende, Señor, y ten misericordia, porque hemos pecado contra Ti.

Pido al Señor una lluvia de gracia para que quedemos anegados en el amor eucarístico.

"Murió por nuestros pecados y resucitó por nuestra justificación". Rom. 5.

He de contemplarte en el camino doloroso, en la cruz.

"Oh sagrado convite, en el cual es tomado Cristo; se conmemora su pasión. La mente se llena de gracia.

El Espíritu Santo nos mueva a tener misericordia, como Tú, Jesús.

Has enviado, Padre, al mundo a tu Hijo no para condenarlo, sino para salvarlo.

Se trata de la pasión del Hijo de Dios que murió por nuestros pecados.

Que sepa contemplarte como la verónica cuando vio en el lienzo tu rostro divino.

Jesús, mantenerme en tu presencia doliente, pero siempre con la esperanza de tu Resurrección.

Que mi cuaresma y pascua sirvan para confesar a Jesús como Señor de la Historia.

Nuestra Pascua es Cristo inmolado. Me preparo para la Pascua.

La cuaresma es entrenamiento en el amor y donación: lo mejor de la vida para los otros.

La cuaresma es entrenamiento en el amor que es perdón, olvido de ofensas.

La cuaresma es entrenamiento en el amor que es servicio, generosidad.

La cuaresma es entrenamiento en el amor, es tener un corazón grande y sin fronteras. (Conget)

El verdadero justo, el único inocente, es entregado al poder del enemigo.

Veo a Jesús, manso cordero, serio y pensativo antes de la Última Cena.

"Con gran deseo he deseado celebrar esta Pascua con vosotros antes de morir".

La Eucaristía solo tiene sentido en la pasión, unida a la pasión de Cristo.

Me uno a través la pasión y de la misma Eucaristía a la gran esperanza del Cielo.

Deseo, Señor, reparar tu honor de los pecados cometidos.

Deseo, Señor, vivir siempre centrado en la pasión, Resurrección, y Eucaristía. Ven en mi ayuda.

Que tu gracia realice en mí y en todos tus elegidos los planes de salvación.

Acompaño a Jesús en la Última Cena.

Si sufrimos con Él, reinaremos con Él en el Cielo.

Jesús anuncia a Pedro la triple negación. No nos dejes caer en la tentación.

Si caigo, ayúdame a levantarme, como a Pedro.

Luego, él mismo confirmó a sus hermanos.

Ser yo constante en mi deseo de evangelizar. Venga a nosotros tu Reino.

Enséñame a ayudar a otros en el camino del bien.

*La conversión mía junto a Jesús ha de ser poco a poco. Día a día.

A partir de la vivencia cada vez más consciente de la Misa

Pido a Dios que, en mis elecciones concretas, busquen la voluntad de Dios.

Ayúdame, Señor, en esta cuaresma a convertirme más y mejor.

La Misa es oración, es conversión, adoración, acción de gracias, petición.

Insistir durante la semana en la Eucaristía, el centro de mi vida.

Sacrificio pascual; en la certeza de que terminará en la gloria con Jesús resucitado.

Pido a Ti, Señor, fuerza para aceptar el sacrificio con un talante alegre y lleno de esperanza.

Estoy contento por la fuerza que me das, Señor, para dominarme.

Ayúdame más, porque tus santos lo han llevado mucho mejor.

Dame el don de la conversión constante.

Señor, dadme el don de oración, el don de abnegación, la perseverancia final, celo por la salvación de las almas.

"No solo de pan vive el hombre, sino de toda palabra que sale de la boca de Dios".

La tentación nos viene de esta parte: comer, beber, gozar.

Te pedimos, Señor, que sepamos dominarnos.

Ayúdanos a dominar todas nuestras apetencias;

Que aspiremos más y más a las cosas de arriba.

La segunda tentación: la vanidad. El demonio sube a Jesucristo a lo más alto del templo.

Y le dice: "Si eres el Hijo de Dios, tírate de aquí abajo…

Luchar contra la vanidad, contra la soberbia; no pretender ser más,ni famoso.

El demonio lo tienta por fin por el poder económico: Lo sube a un monte…

"Apártate de mí, Satanás... huir de esta tentación del poder económico.

Señor, danos generosidad para ser desprendidos…

Transfiguración. Pensamos en el cielo muy poco, y allí se tiene que estar muy bien.

Vamos a suspirar por el que nunca tendrá fin.

Ven en nuestra ayuda, Señor y mantennos en la fe y en la esperanza.
Y hemos de buscar más los gozos espirituales: la oración.
Ven en mi ayuda, quiero cambiar a mejor.
Necesito de tu amor de Padre para ser un poco feliz.
Acercarse a Jesús. Pedirle el don de la conversión, y Él nos lo concederá

Vamos a proponernos en esta cuaresma volver a la casa del Padre con fervor.
Con Dios lo podremos todo; sin Él, nada.
Danos, Señor, el don de la conversión, el don de la penitencia.
Oriento en esta cuaresma mi alma hacia la vida sobrenatural.
En vano intentaré buscar la felicidad en las cisternas rotas.
A Ti, Señor, levanto mis ojos, a Ti que habitas en el Cielo, porque espero tu misericordia.
Virgen María, ayúdame a vivir esta cuaresma con fervor verdadero.
Dígnate mirar con amor a tus elegidos y concede tu auxilio protector a quienes vas a dar el don de la conversión.
Atiende, Señor, y ten misericordia, porque hemos pecado contra Ti.
Purificado ya, lánzate sin el lastre del placer viscoso en busca de lo eterno.
Sal de tu escondrijo egoísta y entrégate a tus hermanos.
Vuelve a tus primeros caminos y abrázate también al sacrificio voluntario de tu juventud;
Él abrió horizontes de santidad y entrega.
Purificados ya, lanzarnos sin el lastre del placer viscoso en busca de lo eterno.

Salgamos de nuestro escondrijo egoísta para entregarnos a los hermanos.
Abrazarnos también al sacrificio voluntario.
En esta cuaresma ha de salir fortalecida nuestra propia debilidad en aras del amor.
Aceptar, Señor, todo con paz y fe.
Así prepara el Señor las almas para el premio eterno.
Purificadas ya, se lanzan sin el lastre del placer viscoso en busca de lo eterno.

Nos preguntemos si buscamos servir, dar, acompañar, disculpar, perdonar, ayudar.
Estar centrado Dios y en los demás, ¿son felices los que viven conmigo?
Iremos construyendo un mundo más justo, e iremos creciendo en esa vida de cristianos.
"Ya no soy yo el que vive, sino Cristo que vive en mí". San Pablo.
"¿Qué haría Cristo en esta circunstancia o en aquella otra?"

El verdadero ayuno, cumplir la voluntad del Padre celestial, que "ve en lo secreto y te recompensará"
"Quien ora, que ayune; quien ayuna, que se compadezca;

Quien ora, que preste oídos a quien le suplica aquel que, al suplicar, desea que se le oiga,
Dios presta oído a quien no cierra los suyos al que le súplica" (San Pedro Crisólogo).
La Cuaresma nos estimula a descubrir de nuevo la misericordia de Dios.
Que también nosotros seamos misericordiosos con nuestros hermanos.
La limosna, una manera concreta de ayudar a los necesitados y, al mismo tiempo, un ejercicio.

"Dios ve en lo secreto" y en lo secreto recompensará, no busques reconocimiento humano.
Cuando actuamos con amor expresamos la verdad de nuestro ser.
Podemos aprender [de Cristo] a hacer de nuestra vida un don total;
Imitándolo estaremos dispuestos a dar, a darnos a nosotros mismos.
María, Madre y Esclava fiel del Señor, nos ayude a proseguir la "batalla espiritual" de la Cuaresma.
Tiempo propicio para aprender a permanecer con María y Juan, junto a Jesús en la cruz.

Miremos a Cristo traspasado en la cruz. Él es la revelación más impresionante del amor de Dios (...).
El Todopoderoso espera el «sí» de sus criaturas como un joven esposo el de su esposa.
La respuesta al Señor es que aceptemos su amor y nos dejemos atraer por él.
Cristo «me atrae hacia sí» para unirse a mí: aprendamos a amar a los hermanos con su mismo amor.
Quien no da a Dios, da demasiado poco.
Es preciso ayudar a descubrir a Dios en el rostro misericordioso de Cristo.
Mientras el tentador nos mueve a desesperarnos, Dios nos guarda y nos sostiene.
La Cuaresma es el tiempo privilegiado de la peregrinación interior hacia Aquél que es la fuente de la misericordia.
Es una peregrinación en la que Él mismo nos acompaña a través del desierto de nuestra pobreza.
A María, «fuente viva de esperanza», le encomiendo nuestro camino cuaresmal.

## Oración

"Señor, ten misericordia de mí",
"Jesús, ayúdame a conocerte y a hacer tu voluntad".
Orar por la gente que le hace pasar un mal rato.
"Toma Señor y recibe toda mi libertad".
Pido perdón a las personas que ha herido de alguna manera.
Oro por las personas que me han dirigido espiritualmente.

¡Que sea generoso, Dios mío!
Gracias, Dios mío, porque me quieres a mí y a cada uno más que todas las madres del mundo.
Conviértenos a ti, Dios salvador nuestro, y ayúdanos a progresar en el conocimiento de tu palabra.
Deseo vivir cada uno de estos días como un prólogo para la Pascua.
Que sean una preparación para poder resucitar contigo.
Dejar atrás las cadenas que me esclavizan.
Tu Pascua es signo de libertad;
Te pido que me ayudes a lograrla, ya no estar atado a nada que no sea bueno.

Señor conviérteme rápido porque la Cuaresma es corta.
Abre nuestros corazones a tu Palabra, sana nuestras heridas del pecado.
Ayúdanos a hacer el bien en este mundo.
Que transformemos la oscuridad y el dolor en vida y alegría.
Abrir nuestros ojos para ver a dónde llega la palabra de Dios.

## Algunas ideas para la Semana Santa

El corazón puede un día dejar de latir, pero quien estuvo en la cruz, **nunca** deja de amar.
Si mi alma peligra en el amor, miro a la cruz:
No fueron los clavos los que te sostuvieron, Jesús; fue el amor.

### Jueves Santo

Celebramos la Institución de la Eucaristía, del sacerdocio y del mandamiento nuevo.
Ser grande es tener la disposición de servir a los demás y de hacerlo con desinterés y generosidad.
Cristo mismo nos invita a servir a los demás, así como también él lo hizo: «Pues si yo, el Maestro...
Agradecimiento a Jesús que se queda entre nosotros.
Agradecimiento a Jesús por el mandamiento del amor.
Planificar en mi corazón una vida de veras eucarística.
Cristo decidió quedarse para siempre con nosotros; y pudo hacerlo porque era Dios.

### Viernes Santo.

Se entregó en la cruz y lo hizo para que todos tuviéramos perdón de pecados.
Jesús sufrió una muerte violenta por ser fiel a la verdad predicada y por hacer el bien.

Todos por igual, religiosos y políticos… concertaron la muerte de Jesús y juntos lo condujeron a la cruz.

Fue perseguido por r hacer presente, por medio de sus acciones, la bondad de ese Dios.

Jesús vivió en función de los demás y murió en coherencia con ese mismo destino.

Se entregó en la cruz para que todos tuviéramos perdón de pecados.

## El Sábado Santo

Acompaño a la Virgen María en su dolor; canto en mi alma el "Stábat Mater"

Que el agua salte hasta la vida eterna; y la canción de Dios suene en nuestra vida.

No queremos cristianos aparcados: todos en camino.

Que los que no conocen a Jesús aprovechen la oportunidad con nuestra ayuda.

Jesús, mantenerme en tu presencia doliente todo el día, pero siempre con la esperanza de tu Resurrección gloriosa.

## Meditaciones para la Semana Santa

### Maitines

Bendita sea la hora en la cual, Señor mío Jesucristo, te entregaste a nosotros dándonos tu cuerpo y sangre.

Fuiste abandonado por los tuyos, quedándose dormidos en el Huerto de Getsemaní.

Besado por Judas y entregado a tus enemigos; escupido en tu rostro y mesada tu barba.

Vendado tu rostro y negado por San Pedro. Paseado por el patio camino de los sótanos.

Sufriste golpes en tu amante corazón. Fuiste objeto de bofetadas y afrentas.

Señor mío Jesucristo, yo te ofrezco todas estas aflicciones; te doy gracias por haberlas sufrido.

Te alabo y te bendigo por todas ellas, y te pido tengas misericordia de mí.

### Laudes

Señor mío Jesucristo, fuiste de madrugada condenado por el Sanedrín. Golpearon tu cabeza con una caña;

Te hartaron de dolores y oprobios y te sacaron fuera e nuevo.

Te pusieron a la vista del pueblo, y así fuiste tenido por un leproso castigado por Dios.

Y con grandes voces pedido para colgarte en la cruz;

Condenado a la muerte más cruel e ignominiosa.
Entregado a la voluntad de los judíos; cargado con la cruz pesada.
Llevado como oveja al matadero camino del calvario, repitiendo varias veces tus caídas.
Señor mío Jesucristo, yo te ofrezco todas estas aflicciones; te doy gracias por haberlas sufrido.
Te alabo y te bendigo por todas ellas, y te pido tengas misericordia de mí.

## Prima

Entregado a Poncio Pilato,
Acusado por los judíos, sin que ante las acusaciones abrieras tus santos labios.
Relegado por Herodes, quien viendo tu silencio te despreció e hizo.
Fuiste pospuesto a Barrabás, se afligió amargamente tu amante Corazón.
Se angustió tu amantísima Madre.
Señor mío Jesucristo, yo te ofrezco todas estas aflicciones
Te alabo y te bendigo por todas ellas, y te pido tengas misericordia de mí.

## Tercia

Bendita sea la hora en la cual, Señor mío Jesucristo, fuiste condenado a sufrir azotes.
Desnudado y atado a la columna, azotado y lacerado por nuestras maldades.
Permitiéronte poner tus vestiduras para despojarte de ellas otra vez.
Te vistieron un manto de púrpura y te coronaron de espinas,
Te dieron una caña como cetro.
Te saludaron con amargo escarnio, rey de los judíos.
Te escupieron al rostro, abofetearon tus mejillas.
Te alabo y te bendigo por todas ellas, y te pido tengas misericordia de mí.

## Sexta

Bendita sea la hora en la cual fuiste extendido y desnudo sobre la cruz.
Clavado en ella de pies y manos, llagado por nuestras iniquidades.
Atormentado con acerbísimos dolores, levantado en la cruz.
Extendidos tus brazos para recibir a los pecadores.
Se afligió amargamente tu amante corazón, se angustió tu amantísima Madre.
Señor mío Jesucristo, yo te ofrezco todas estas aflicciones.
Te alabo y te bendigo por todas ellas, y te pido tengas misericordia de mí.

## Nona

Bendita sea la hora en la cual, Señor mío Jesucristo, fuiste crucificado entre dos ladrones.

Hecho objeto de oprobio entre los hombres, blasfemado por los que pasaban junto a Ti.

Burlado en la cruz por la soldadesca, insultado con injurias por el mal ladrón.

Y en medio de tantos dolores y contumelias, rogaste al Padre por tus enemigos.

Prometiste el paraíso al ladrón arrepentido,

Diste a tu Madre en tu lugar como hijo al discípulo Juan.

Atestiguaste haber sido abandonado por tu Padre.

Recibiste para aliviar tu sed hiel y vinagre;

Declaraste consumado ya cuanto de Ti está escrito.

Y encomendaste tu espíritu en las manos de tu Padre.

Fuiste hecho obediente hasta la muerte y atravesado por una lanza;

Manó de tu costado sangre y agua.

Se afligió largamente tu amante corazón; se angustió tu amantísima Madre.

Señor mío Jesucristo, yo te ofrezco todas estas aflicciones;

Te doy gracias por tu redención.

Te alabo y te bendigo por todas ellas, y te pido tengas misericordia de mí.

Atestiguaste haber sido abandonado por tu Padre.

## Vísperas

Bendita sea la hora, entregado en las manos del Padre, dijiste, "Todo se ha consumado".

Se escuchó el ruido de un terremoto, las tinieblas invadieron la tierra, se rasgó el velo del templo.

Fuiste bajado de la cruz; recibido en los brazos de tu Madre.

Llorado con muchas lágrimas por tu afligida Madre y por todos tus amigos.

Se afligió muy amargamente tu amante corazón.

Se angustió tu amantísima Madre.

Celebramos, sí, su muerte, porque fue necesaria, paso previo para el triunfo total.

Y aclamamos ahora alegres su resurrección.

Señor mío Jesucristo, yo te ofrezco todas estas aflicciones;

Te doy gracias por la redención.

Te alabo y te bendigo por todas ellas, y te pido tengas misericordia de mí.

## Completas

Bendita sea la hora en la cual fuiste envuelto en una sábana. Y sepultado.

En la mayor soledad se cerró la piedra del sepulcro y pusieron de guardia a unos soldados.

María lloraba con tus amigos, esperando la resurrección

Se afligió muy amargamente tu amante corazón.

Se angustió tu amantísima Madre.

Bendita sea la pasión y muerte de Jesucristo que nos da seguridad de Resurrección.
Benditos los sufrimientos de Jesús; nos guían hacia nuestra Resurrección.
Señor mío Jesucristo, yo te ofrezco todas estas aflicciones.
Te alabo y te bendigo por todas ellas, y te pido tengas misericordia de mí.

## La Pascua de Resurrección
## Tiempo de Pascua

"Quédate Buen Jesús que anochece.
Quédate con nosotros que llegan las sombras y Tú eres nuestra luz y nuestra esperanza".
"Mis ovejas escuchan mi voz y yo las conozco y ellas me siguen, y yo les doy la vida eterna".
Me siento unos segundos, contemplo a Jesús resucitado; confiado junto a Él.
Mi ser entero se aquilata en el amor:
La virtud del Resucitado ha llenado mi alma de santidad y de gracia.
Con Cristo he muerto. Con Él vuelvo a la vida.
No vengáis a buscarme entre los muertos. He resucitado; no estoy allí.
Anunciaron la victoria de la vida sobre la muerte;
La esperanza, la certeza de nuestra resurrección.
Cristo resucitó, aleluya.
El efecto destructivo de la muerte ha sido vencido por la vida otorgada por Dios.
El reino de Dios ha certificado ser la razón final de la historia.
El paso o pascua de cada momento de nuestro existir;
El último paso, aunque nos produzca miedo, sirve para purificarnos y unirnos con Dios.

El amor de Dios y su justicia triunfaron sobre la muerte y la injusticia.
También la verdad y la libertad triunfaron. Su reino se ha inaugurado.
¿Qué nos queda a nosotros sino optar por ese reino y sus valores?
Ábreme la puerta, Señor, con la misma alegría que el sepulcro en la resurrección.
La solidaridad, el amor y el servicio son los rasgos que identifican una vida resucitada.
Pues por el bautismo fuimos sepultados con Cristo, y morimos para vivir una vida nueva.
Primavera en el corazón, aunque el cuerpo se encuentre en el otoño de la existencia.
Ahora, Jesús, en tu Pascua no te alejes, porque cae la tarde ya en mi vida.
¡Quédate con nosotros!
Generoso es el Señor.
Oscura la fe. Andar en la noche también es Pascua.
"Si Él me guía por valles de tinieblas, ningún mal temeré".

Danos, Señor, el gozo de tu resurrección. Muéstranos tu rostro.

Disipa un tanto las brumas de la fe.

Y luego infúndenos fuerzas para seguir caminando junto a Ti.

Nuestra vida es una Pascua: el paso del Señor.

Pascua en el dolor. Pascua en el gozo.

Pascua, porque esperamos transformar nuestros cuerpos de fatiga en Resurrección Eterna.

Resucitó de verdad. Nos indica   el camino sin límites, cual ave maestra en primavera.

Nos abre las puertas de la esperanza, sol de caricia a los capullos de abril.

"Los sufrimientos de esta vida no tienen comparación con la gloria que ha de manifestarse en nosotros".

Pascua de Jesús, el paso de Cristo por esta vida;

Con descansos en el pozo de Jacob junto a la samaritana y la intimidad de sus amigos.


Nuestro paso caminando con Jesús en la vida cotidiana; en la ayuda a nuestros semejantes.

Caminando con Jesús en las tareas apostólicas;

Caminando con Jesús en la enfermedad; en la muerte; en la resurrección con El.

Con los de Emaús siento la esperanza; y palpita mi corazón como el de recién enamorado.

Allí oculto el Resucitado tomome de su mano como a Pedro, cuando comenzaba a hundirse.


¡No te has alejado de nosotros! Es la Pascua. ¡Tú eres el Camino!

Nuestra marcha resulta segura y firme en la esperanza total; en la fe deslumbrante.

Buscadnos en los torrentes de la vida; en manantiales de aguas limpias.

Buscadnos en el Altar de Dios;

Velamos nuestras armas de amor y celo al lado de Jesús, siempre vivo en la Eucaristía.

Y saldremos de allí, como María Magdalena, a anunciar con palabra y testimonio.

"Y yo también he resucitado, Señor, y aún estoy contigo ¡aleluya!

Colocaste sobre mí tu mano ¡aleluya! Admirable es tu Sabiduría. ¡Aleluya, aleluya!"

El me une a los hermanos.

A nadie puedo mirar como enemigo; a nadie aborrecer.

¡Todos formamos el mismo Cuerpo de Jesús!

Todos somos llamados a la misma Mesa de amor.

En esta Pascua, amigo, vamos a revestirnos de Cristo;

Como los montes y valles se atavían con el manto de las últimas   nieves del invierno.

Que Jesús ha resucitado para la vida y esperanza y no para el horror y la muerte.

¡Arriba los corazones! La fuente de la salvación mana aguas abundantes.
Abriremos los canales de riego generoso.
Vamos a ofrecer a todo el mundo el licor que purifica y eleva a las alturas del Creador.

Esta primavera de resurrección, de fe y esperanza, ilumina ahora la escala de tus valores.
¡El invierno ha terminado! Levántate, alma mía.
Ven hacia las fuentes de la vida.
Tu Dios en su bondad va guiando tu paso, en esta Pascua.
Nuestro viaje es la ruta de la esperanza.
El Señor guiará los pasos de sus elegidos. Con El hacemos un alto en la casa de Emaús.
Busquemos siempre las cosas de arriba, porque hemos resucitado con Cristo. Gustemos de las cosas de arriba, porque nuestro corazón ya mora en las alturas.
Esa es la Pascua cristiana: la andadura diaria con Jesús a través de los gozos y las penas.
Descansar con El al borde de la calzada, y disfrutar de la belleza el día en que Cristo resucitó.
¡Ojalá, ¡Señor, se detuviera el tiempo en esta Pascua luminosa!
Mira, que intentamos dejarlo todo por seguirte, y ahora otra vez nos alucinan bagatelas.

Cuando cese el largo itinerario, ¡encontrarnos por siempre en Dios con todos los seres anteriores.
"¡Demos gracias al Señor porque es bueno, porque es eterna su misericordia!"
Alegría serena. Paz en el espíritu.
Canten los hombres músicos himnos de alabanza a Cristo resucitado.
Hemos edificado nuestra fe en Jesús vencedor de la propia muerte.
Los apóstoles anunciaron el mensaje sublime: "Somos testigos.
Aquel Jesús a quien vosotros crucificasteis ha resucitado."
Para pregonar esta verdad marcharon por el mundo; sufrieron persecución.
Entregaron su vida, derramando su sangre y fundiendo su existencia con la del Señor Jesús.
En la Resurrección de nuestro Dios hecho Hombre mantenemos la Esperanza del triunfo final.
El sepulcro no será nuestra morada.
Los trabajos de esta vida "no tienen comparación con la gloria que ha de manifestarse en nosotros".
¡Alegría y gozo! ¡Ilusión inmarcesible en Jesucristo el gran vencedor!
¡Volteo de campanas y descanso en el Señor y fuerza íntima para llevar el mensaje pascual!

No gemirás a causa de los trabajos diuturnos: es tu Pascua con Cristo Redentor.

La luz de tu alegría en alto. No la escondas debajo del celemín.

Ilumina la noche de quienes nunca creyeron o pernoctan en eclipse somnoliento.

Hemos de proclamar la fe en el Resucitado cuantos creemos en Él.

Bendito sea Dios en su Hijo Jesucristo vencedor de la muerte y dueño de la Vida.

En paz, en alegría íntima, en gozo sin ruido, sea tu Pascua.

Cristo ha resucitado glorioso en medio de la calma madrugadora.

Testigos: Resurrección; todo fraguó en el profundo silencio de Dios.

Y las almas celosas hallan el manantial de la fuerza del Mensaje divino, en la contemplación.

Y como María Magdalena, correremos con ansia a anunciarlo:

¡Cristo ha resucitado, segura es nuestra esperanza!

Se abre el sepulcro. ¡Abramos el alma a la esperanza!  Cristo ha resucitado.

No es posible la tristeza: el hombre justo ha gustado que el Señor es bueno y fiel.

Ha resucitado como lo había predicho: ¡Aleluya!

Gocemos en lo más profundo del alma con Jesús Hijo de Dios, vencedor de la muerte.

En esta Pascua has de introducirte en tu interior con frecuencia aun en medio de las ocupaciones.

Entrégate a quien ha resucitado en medio de la noche tenebrosa.

"El justo es como un árbol plantado junto a las corrientes de las aguas".

De Él brotan nuevas fuentes: surtidores de gracia que saltan hasta la vida eterna.

   Nos acercamos a los manantiales de la salvación y beberemos agua con gozo.

"He visto el agua que brota del templo santo, por el lado derecho, - ¡aleluya! –

Y todos a quienes llega esta agua, serán salvos. Y exclamarán: ¡aleluya, aleluya!"

Regenerada el alma y tu cuerpo en la gran fontana de la salud.

Nuestra palabra ha de ser clara: somos testigos, Cristo ha resucitado.

A Él venimos a anunciar.

Hoy, entre el cántico del aleluya, marchamos junto a Cristo como los dos de Emaús.

Ellos gustaron, en el descanso, de la Fracción del Pan.

Jesús acabó su pascua en soledad. ¡Fecunda soledad! Nosotros en su compañía.

Nunca ya estaremos solos. Porque Él no quiso dejarnos huérfanos.

Nuestro gozo es grande y sereno, porque nace de la paz de la resurrección.

 Y nos sentimos identificados con el Hombre-Dios.

"Nuestro gozo es el Señor que hizo el cielo y la tierra",

Nuestro gozo es el Señor que pasó por el mundo abriendo las puertas de la esperanza.

¡Aleluya, aleluya: es el Día del Señor!

Su existencia terrena discurrió en una pascua de gozo y de dolor, pero siempre salvadora.

Con Él hemos llevado el trabajo; con Él hemos sufrido; con Él resucitaremos.

Nuestra esperanza es total. ¡Aleluya!

Limpieza, alegría y vida: porque nace el hombre nuevo que hoy resucita con Cristo.

Mientras avanzamos miramos a la orilla del camino para ayudar a nuestros hermanos.

Y hacemos altos en nuestro itinerario porque necesitamos fortalecer el espíritu en las fuentes de agua viva.

Durante estos cincuenta días será manantial de esperanza contemplar a Cristo vencedor de la muerte. ¡Aleluya!

Señor, has resucitado: nos unimos a Ti en la acción de gracias, Eucaristía de estas fiestas pascuales.

Caminaremos decididos, porque eso es pascua, peregrinar hacia el Cielo;

¿No son cielo estos días, cuando contemplamos y amamos?

Nos unimos de forma indisoluble a aquel que por nosotros salió triunfante del sepulcro.

¡Gocemos con anticipo del Cielo en la tierra! Resucité con Cristo, aleluya.

Dadnos, Señor, este gozo pascual que nos empuje a seguir adelante.

Él no se quedó "en el sepulcro profundo de una dura y fría roca";

Permanece por siempre con nosotros.

Está encerrado en el gozo de un sepulcro de amor: el Sagrario.

¡Sagrario del Resucitado!, exclamaré en esta Pascua florida.

He de mirarlo todo desde la perspectiva de eternidad.

Mi vida ha de cambiar.

Ya no me buscarán en el lugar de los muertos, "he resucitado y siempre estaré contigo; aleluya.

¡Y es admirable tu ciencia; aleluya!"

Siempre reinará en mí la alegría de la fe en Cristo vencedor de la muerte.

Ya no quiero, Señor, pensar sino en ti y en tus cosas, y olvidarme de mí y de las mías.

En esta Pascua de flores, derrama sobre tus hijos a raudales el ansia de salvación.

Nuestras alas están ligadas. Sálvanos, Jesús Resucitado.

Sólo un Dios resucitado puede quedarse por siempre con nosotros.

Aquí estás, Señor, en la Misa, en las custodias de Arfe, en los sagrarios recónditos.

Y estás resucitado, glorioso, aunque bajo las especies de pan y vino.

Mi alegría sana hoy se renueva, recibe un empujón mi esperanza.

Mi ser entero se aquilata en el amor, porque la virtud del Resucitado ha llenado mi alma de santidad y de gracia.

El temor a la muerte se ha trocado en seguridad de eterna resurrección.

¡Bendito seas, Señor, que cumpliste tu promesa!

Señor, ¡salva a estos hombres que te ignoran o reniegan de ti.

Dales el gozo y la esperanza de la Pascua florida.

No lo encuentran en la tumba. ¡Ha resucitado! ¡No está entre los muertos!

Perfume de alegría llevamos hoy en la gran Eucaristía Pascual. ¡Aleluya!

Es el día del triunfo de nuestro Dios; gozar con Él.

Buen olor de alma resucitada y con esperanza.

Había resucitado y había dejado hasta el fin de los siglos el manjar que contiene la vida eterna.

Resplandor de resurrección.

Que prorrumpa el alma con la misma exclamación del Tabor: "¡Qué bien se está aquí"!

Hagamos también nosotros tres tiendas junto a Quien es nuestra fuerza y esperanza.

Y salgamos de este lugar encendidos en santo fervor.

Hemos de anunciar el mensaje de Magdalena: Ha resucitado. Es cierta nuestra fe.

Él está por toda la eternidad en el Cielo, ¡Es Dios! por encima de todos los coros de ángeles.

Él resucitó para nunca jamás morir, aleluya, es Cristo el Señor, aleluya, aleluya.

"Dinos, María, ¿qué has visto en el camino? El sepulcro de Cristo viviente y también la gloria del Resucitado".

Me uno al fervor de esta mujer que, con solicitud amorosa, buscaba a su gozo al verlo resucitado.

Nuestra confianza en la salvación por la misericordia de Jesucristo.

Aunque se acerque el declinar de nuestra existencia terrena, la paz del Resucitado nos penetra.

Señor, contigo hemos vencido a la muerte.

Bendita sea la pasión y muerte de Jesucristo que nos da seguridad de Resurrección.

Benditos los sufrimientos, unidos a la cruz de Jesús;

Ellos nos guían hacia fervor eucarístico prenda de Resurrección.

Quienes participamos del misterio pascual, buscaremos las cosas de arriba.

Gustaremos de las cosas de arriba; no de las del suelo.

Los Apóstoles creyeron en Jesús resucitado, sin haber visto el momento preciso.

Fueron después testigos gozosos del más sublime misterio. He de serlo yo.

¡Jamás anidará en mí frialdad al creer en tu Resurrección, llena de gozo!

Tú, Jesús, triunfaste del sepulcro y de la muerte y contigo seremos felices para siempre.

Transforma ya mi alma en la blancura de la Pascua,

Porque en Ti he creído y esperado; jamás quedaré confundido.

Con el reflejo del gozo en nuestras almas hemos de celebrar siempre el triunfo pascual.

Si Jesús ha resucitado, nuestra fe es cierta;
Con una seguridad plena: Esperanza y alegría total.
La Pascua siempre ha de estar unida a la Misa, al Sagrario, a la Resurrección.

"La Pascua está concentrada para siempre en el don del Gran Sacramento".
Veré a Jesús que se me ofrece en la Comunión lleno de vida, resucitado.
Cristo resucitado está hoy en medio de nosotros, en el Sacramento del Altar.
Que no nos pase como a los dos de Emaús que tardaron tanto en reconocerle.
¡Es gozo de Resurrección! ¡Es la renovación semanal de la Pascua cristiana!
Hoy es nuestra Pascua, el día del Señor, su triunfo definitivo.
Jesús se apareció a los dos de Emaús, les confirmó en la fe y ellos quedaron convencidos.
"Inmolen los cristianos alabanzas a la Víctima Pascual. El Cordero redimió a las ovejas".

Cristo inocente reconcilió con el Padre a los pecadores".
Sinnúmero de emociones religiosas acompañan nuestra fe en la resurrección de Jesús.
Es la verdad fontal en que se apoya nuestro asentimiento a la doctrina de Cristo.
Porque si Jesús no hubiese resucitado, vana sería nuestra fe.

Entonamos hoy llenos de gozo y sin cesar, con repetición mística:
"Aleluya, aleluya, es la fiesta del Señor; aleluya, aleluya, que Jesús resucitó".
Y escuchamos la voz de los ángeles cuando presentan a las mujeres el sepulcro vacío:
"Mirad donde lo pusieron; ha resucitado; no está aquí".
Y lo contemplamos hoy en nuestro corazón, después de comulgar, como Jesús, el Señor.
Él, que desde ese día está sentado a la derecha del Padre.
Él, que nos ha ungido con el óleo de la alegría en nuestro bautismo.
Él, que permanece entre nosotros hasta el fin del mundo en todos los Sagrarios de la Tierra.

"Quédate con nosotros porque ha comenzado el atardecer de nuestra vida";
Queremos vivir en este mundo la intimidad contigo, el anticipo del gozo del Cielo.
Queremos vivir con la misma ilusión de los santos, sembrando la alegría
Sembrando esperanza en comunión con Jesús Eucaristía resucitado.
Fin de estas meditaciones. Sacadas gran parte de ellas de mis artículos "En el Ameno Huerto Deseado.

Quédate, Señor, que se hace tarde, que el camino es largo y cansancio grande.

Quédate y límpianos corazón y entrañas. Quema esta tristeza, danos esperanza.

Pártenos el pan de tu compañía: ábrenos los ojos de la fe dormida.

Quédate, Señor, que se hace tarde, que el camino es largo y el cansancio grande.

Gracias, Señor, por tu presencia en nuestras vidas.

Señor Resucitado, Tú conoces nuestras aspiraciones, ayúdanos a solucionarlas con esperanza.

Señor Resucitado, Tú nos ofreces el agua viva:

Danos de esa agua que brotó del lado derecho del templo.

Tú mostraste a Tomás las llagas de tus manos del costado, aumenta nuestra fe y sálvanos.

Buen Pastor, te pido perdón: tu amor me liberó; tu mano me cuidó; tu gracia es liberación.

Donde su anhelo de bienes encuentre su saciedad. San Agustín.

Por la misericordia de Dios fue salvado todo el mundo, en lugar de los que se habían perdido. (San Cirilo de Alejandría).

La luz de Cristo es día sin noche, día sin ocaso.

El Apóstol que nos dice: *La noche está avanzando, el día se echa encima.*

Una vez que ha amanecido la luz de Cristo, huyen las tinieblas y la negrura del pecado

Porque el resplandor de Cristo destruye la tenebrosidad de las culpas pasadas. San Máximo de Turín.

La resurrección de Cristo: vida para los difuntos, perdón para los pecadores, gloria para los santos.

Hay que alegrarse y llenarse de gozo en este día en que actuó el Señor.

Cristo por el bautismo nos dio una vida nueva, como imagen de su muerte y resurrección.

Y Cristo se inmoló por nosotros: así confesamos la gracia recibida.

Y reconocemos que la vida nos ha sido devuelta por este sacrificio.

Esforzarnos en vivir de esta vida nueva y no pensar ya en volver otra vez a la antigua.

Dice la Escritura: Nosotros, que hemos muerto al pecado, ¿cómo vamos a vivir más en pecado?

Ya no somos más que una sola cosa en el Padre, el Hijo y el Espíritu Santo:

Una sola cosa por identidad de condición, por la asimilación que obra el amor.

Una sola cosa por comunión de la santa humanidad de Cristo

Una sola cosa por participación del único y santo Espíritu.

Quien se ha hecho digno del don del Espíritu Santo llega a percibir lo que antes ignoraba.

**Ascensión**

¡Pastor bueno, que mi alma te acompañe en el sendero silencioso...!
¡Pastor bueno, que en la calma de la noche y el reposo que mi canto te acompañe...!
"El Señor Jesús, después de haber hablado con ellos, fue levantado a los Cielos y está sentado a la diestra de Dios" (Mc 16, 19)
La Ascensión de Cristo al Cielo nos mueve a buscar siempre las cosas esenciales.
La Ascensión de Cristo nos invita a mirar al Cielo y vivir con esperanza plena.
"Aspirad a las cosas de arriba donde está Cristo... gustad las cosas de arriba, no las de la tierra", (Col 3, 1-2).
"En la casa de mi Padre hay muchas moradas... Voy a prepararos el lugar...
De nuevo volveré y os tomaré conmigo, para que donde yo estoy estéis también vosotros" (Jn 14, 2-3).
¡Somos ciudadanos del Cielo! (Flp 3, 20).
Y como los apóstoles, que tras la Ascensión quedaron "mirando al cielo", tener "fija la vista en Él..." (He 1,10).
"Se sentó a la diestra de la Majestad en las alturas" (Heb. 1, 3), "la gloria y el honor de la divinidad".
Cristo reina junto con el Padre y, además, tiene el poder judicial sobre vivos y muertos.
El saber que el Señor está junto al Padre debe hacernos crecer.
Nuestra confianza en Él: "Todo lo puedo en aquél que me conforta" (Flp 4,13).

## Pentecostés

Este Don está con nosotros hasta el fin del mundo;
Él es nuestro solaz en este tiempo de expectación.
Así el Espíritu Santo está presente en cada hombre en gracia, como si sólo él existiera.
Con el **Espíritu Santo,** Cristo resucitado está junto a nosotros.
Ven, Espíritu Santo; llena nuestro corazón; enciende en nosotros el fuego de tu amor.
Recréanos con tu libertad amorosa.
Por el Espíritu Santo se nos concede de nuevo la entrada en el paraíso.
La posesión del reino de los cielos, la recuperación de la adopción de hijos.
Basilio Magno
Por el Espíritu Santo se nos da la confianza de invocar a Dios como Padre.
Por el Espíritu Santo se nos da el compartir la gloria eterna.
Al esperar por la fe los bienes prometidos, contemplamos ya, como en un espejo.
Y como si estuvieran presentes, los bienes de que disfrutaremos. Basilio Magno
Dios te pide la fe, no desea tu muerte; tiene sed de tu entrega, no de tu sangre.
Se aplaca, no con tu muerte; sino con tu buena voluntad. Pedro Crisólogo.

Amarnos como todos los hijos del Altísimo, y llegan a ser hermanos de su único Hijo.

Soy consciente de que el Espíritu Santo continuamente me sugiere actitudes, ideas, alegrías y emociones.
Ayúdame, Virgen María, pídelo por mí, para que siempre haga caso a sus tendencias. (Cada una de las palabras para mí es un mundo)
Mi pensamiento más constate en estos días está muy en consonancia con lo que me dices siempre de tu enfoque en la vida espiritual:
Vivir en receptividad, en alerta precepción, esperando la moción del Espíritu Santo, corresponder, recibir y dar.
Vivir el silencio en actitud de escucha para poder percibir el don de su presencia; acoger la moción: dar.
Dejarse amar; dejarse tocar por la gracia; aceptar humildes la gratuidad.

Lo único que no puede fallar en nuestra vida es que Dios nos ama y nos quiere con Él y para Él.
Mirarle como Dios, dejarme mirar y amar por Él.
Salir de mí e ir a Ti, todo por Ti.
Mi tendencia espiritual desde hace varios años busca la unidad y oración continua.
Me ayudan a mantenerme en contacto con Dios, tanto en momentos de fervor
"Oh Señor, delante de Ti mis manos abiertas reciben tu pan.
Oh Señor, espita de amor, llena mi corazón.
Y entre tus manos, oh Señor, guárdanos, guárdanos; dinos lo que es amor".
La oración aumenta en nosotros la necesidad de fiarnos y abandonarnos cada vez más en Él. (Benedicto)
Señor, enséñanos a gozar de tu presencia en cada momento; estar sereno bajo tu mirada de amor

# 19.- Sobre el Cántico Espiritual, Pieter Van der Mer, Prudencio Arróniz

## Sobre el Cántico Espiritual

## Cántico espiritual

¿Adónde te escondiste, Amado, y me dejaste con gemido?
Como ciervo huiste, habiéndome herido; salí tras ti clamando
                y eras ido.
Cae el alma en la cuenta de la vida breve, de que la senda es estrecha,
Las cosas del mundo vanas y engañosas,

El tiempo incierto, la salvación dificultosa,
Conoce la gran deuda del ser creado,
Le debe a Dios todo y su propia voluntad,
Da de mano a todas las cosas,
Con ansia y gemido dice: "Adónde te escondiste…"
2) Deseando unirse con Él mi alma dice:
3) ¿Adónde te escondiste? Muéstrame el lugar, el seno de Padre.
Eres Dios escondido. Por mucho que elucubre, no te puedo poseer.
4) Pedir clara presencia y visión de su esencia.
5)  El alma es aposento donde mora Dios; el Reino de Dios interior, en fondo del alma.
6) Procura estar bien escondida y lo abrazarás.
Entra en tu interior profundo y cierra las puertas allí te descubrirá sus secretos.
7) Buscarle en fe y en amor sin buscar satisfacciones.
8) Nunca pares en amar, ama y deléitate.
9) Amado, y me dejaste con gemido: ¡Llámale Amado, para más inclinarle a tu ruego!
Entre en Él tu pensamiento. Pon en Él tu  corazón.

10) Como el ciervo huiste. Habiéndome herido: dejándome con heridas de amor.
11) Salir de sí misma por olvido de sí.  Me sacaste de todo y de mí.
2.-Pastores, los que fuerdes allá por las majadas al otero, si por ventura vierdes aquel que yo más quiero,
Decidle que adolezco, peno y muero.

3.-Buscando mis amores iré por esos montes y riberas;
Ni cogeré las flores, ni temeré las fieras, y pasaré los fuertes y fronteras.

Haga el alma cuanto pueda: virtudes, ejercicios…
No busque deleites.
Poner todas las fuerzas contra demonio, mundo, carne.
a) Buscando mis amores. No basta solo orar, obrar, buscar. Buscad y hallaréis.
"Busqué al que ama mi alma".
3) El que busca a Dios, de noche le busca…
Y así no le hallaré.
Salir de "casa" para hallarle.
4) Iré por esos montes y riberas.
Los montes altos son las virtudes.
Buscando a mi amado, iré tras las virtudes.
5) Ni cogeré las flores.
Sin nada; con el corazón desnudo.
Flores son los gustos y deleites. Desnudez.
No poner el corazón en las riquezas.
No andar buscando ni los deleites espirituales.

6) Ni temeré las fieras y pasaré los fuertes y fronteras.
Las fieras: los enemigos del alma: mundo, demonio, carne.
7) Las fieras: el mundo, el poder, amigos, crédito, hacienda.
Sin contentar deleites y regalos.
Sin miedo a mofas y dichos.
8) Otras fieras: la tentación, la dificultad.
Estima al Amado más que a todo.
9) Demonio, otro enemigo con
Las tentaciones, con su gran fuerza.
No hay poder como el demonio.
Se puede vencer con el poder divino.
Vestíos de las armas de Dios.
10) Pasará las fronteras.
Las repugnancias y rebeliones.
Romper las dificultades.
Mortificación de las malas inclinaciones.
Constancia y valor en la lucha.

4.- ¡Oh bosques y espesuras, plantadas por la mano del Amado!
¡Oh prado de verduras, de flores esmaltado!
Decid si por vosotros ha pasado.

Nos hemos dispuesto, y ahora toca
Caminar por el conocimiento de las criaturas,
Al conocimiento del Amado.
Por lo visible, a lo invisible.
2) Oh bosques y espesuras…
Bosque, los elementos: tierra, agua, fuero, aire, animales.
3) Plantadas por la mano del Amado.
Solo Dios puede hacerlo.
Y el alma se mueve al Amor.
4) Oh prado de verduras.
Porque estas cosas deleitan a los justos.
5) Verduras: también las cosas celestiales.
6) De flores esmaltado.
Flores: los ángeles, las almas santas; hermosura.
7) Decid si por vosotros ha pasado.
Decid las excelencias que ha creado en vosotros.

5.-Mil gracias derramando, pasó por estos sotos con presura,
E, yéndolos mirando, con sola su figura, vestidos los dejó de su hermosura.
Todas las cosas llenas de la grandeza de Dios.
Dios las hermoseó.
Las creó con sabiduría y llenó de gracias.
2) Mil gracias derramando; multitud de criaturas.
Muchas gracias y bellas.
3) Pasó por estos sotos…

Sotos, los elementos que creó.
Derramando mil gracias.
Les ha dado virtud para conservarlos.
Los hizo como de paso.
Lo mayor de todo, la Encarnación.
4) Y yéndolas mirando.
Saber que con sola la figura de Jesús, todo es hermoso.
Miró Dios todo lo que había hecho y era bueno.
Y con sola la figura del Hijo, muy hermoso.
En este levantamiento de la Encarnación, se hermosea.

6.- ¡Ay quién podrá sanarme!
Acaba de entregarte ya de vero; no quieras enviarme de hoy más mensajero,
Que nos saben decirme lo que quiero.
Todo vestido de adorable hermosura.
Su mirada, alogría y hermosura,
Llega el alma enamorada por todo el rastro…
2) Las criaturas aumentan mi amor,
Pero crece el dolor por la ausencia. Solo la presencia cura.
Entrégate a mi alma; no quiero otra cosa.
No me satisfago con menos.
Ay, ¿quién podrá sanarme?
3) Entre los deleites, ninguno puede sanarme.
Acaba de entregarte ya de vero.
4) No podré satisfacerme sin poseer a Dios.
Las cosas de aquí solo aumentan el hambre.
Es pesado entretenerse con ellas.
5) Acaba de entregarte.
Lo que de Dios conozco aquí no es "de vero",
6) No quieras enviarme de hoy más mensajero.
No me llenan ya los mensajeros ni referentes.
Aumentan en mí el dolor de la ausencia.
Me das solo partes; dame el todo.
En tus visitas me llenas, pero luego desaparecen.
Entrégate, pues, mi amado.
7) Que no saben decirme lo que quiero.
Yo de Ti, todo quiero.
Ninguna cosa de la tierra me satisface.
En lugar de ellos, seas Tú mi mensajero.

7.-Y todos cuantos vagan de ti me van mil gracias refiriendo,
Y todos más me llagan, y déjame muriendo un no sé qué que quedan balbuciendo.
Las criaturas irracionales dan a entender algo admiración.
Y un poco descubrimos.
2) Y hay tres maneras de vivir la experiencia:
La herida, enfermedad de amor.

La llaga: se hace en el alma mediante la noticia de la Encarnación y misterios de fe.

c) Algo como morir de amor, mediante un toque de noticia de la Divinidad.

El toque no es continuo.

Es algo puntual, como impaciente.

5) Estas tres maneras las causan las criaturas.

Recibimos por ellas como mil gracias del Amado.

Como balbuceos de la Divinidad.

6) "Y todos cuantos vagan" = "vacant", contemplándole en el Cielo.

Nos enseñan de Dios interioridades secretas.

7) "De Ti me van mil gracias refiriendo".

Cosas de gracia y misericordia.

Encarnación y verdades de fe.

8) "Y todos más me llagan"

De Ti me enamoran.

9) "Y déjanme muriendo un no sé qué…2

Balbuciendo el rostro… Subida noticia…

… la alteza de Dios… mercedes por vía de paso.

10) Quien lo expresa llámalo "un no sé qué".

8.-Mas, ¿cómo perseveras, ¡oh alma!, no viviendo donde vives,
y haciendo porque mueras las flechas que recibes de lo que del Amado en ti concibes?

Se dan entender grandezas de Dios  que se quedan por entender.

2) El alma se ver morir:

Quéjase de la vida corporal.

El dolor aumenta porque esta vida es larga.

¿Cómo perseverar en esta vida de carne y de muerte?

3) "¿Mas cómo perseveras, oh alma no viviendo…?"

El alma vive más donde ama que en el cuerpo.

En Dios vivimos, nos movemos y existimos.

Y Dios vive en el alma por amor.

Y vive en Dios el alma su vida natural y espiritual.

Vida en Dios fuerte, sabrosa, como vive Dios.

Padece el alma dos contrarios:

Una vida penosa impide otra sabrosa.

4) "Y haciendo porque mueras las flechas que recibes".

¿Cómo vivir dentro del cuerpo, si bastan para quitarle la vida los toques de amor?

Y fecundan en la cruz.

5) "De lo que en el Amado en Ti concibes".

A saber, la grandeza, sabiduría, hermosura y gracia.

9.- ¿Por qué, pues ha llagado aqueste corazón no le sanaste?

Y, pues me le has robado, ¿por qué así le dejaste,

y no tomas el robo que robaste?

El ciervo herido busca agua y hierbas.

El alma, tocada de amor, aprovecha el dolor.
Que acabe de matar con la fuerza del amor.
2) El amor impaciente, que no sufre ocio a su pena.
Pues llagaste el corazón con amor, ¿por qué no lo sanas con tu presencia?
¿Por qué no lo pones en el tuyo?
3) ¿Por qué no lo sanaste?
No protesto por las llagas, sino por no sanarlo
Matándole a de amor.
Se Tú la salud en la muerte de amor… así sanaré.
4) ¿Por qué así le dejaste y no tomas el robo…?
Me desposeíste, y como robador y…. como robador, tómame.
Quien roba, se lleva lo robado.
5) Tengo el corazón robado.
Me mas, y mi corazón no es mío ni para mi provecho.
6) ¡Bien robado está por Dios!
Estaba yo como vaso vacío: ya no tengo porvenir.
7) ¿Por qué así le dejaste y no tomas…?
¿Por qué no me tomas?
La paga es el amor.
No quiero otra cosa.
¿Cuándo llegará el día?
Cumplimiento del amor.
Espero no el fin de mi trabajo, sino de tu obra.

10.-Apaga mis enojos, pues que ninguno basta a deshacellos;
Y véante mis ojos, pues eres lumbre dellos, y sólo para ti quiero tenellos.
El alma como enfermos que ha perdido el apetito.
Tiene un solo deseo, la salud.
Y tiene perdido el gusto de las cosas.
2) El paladar del alma tocado
y saboreado con majares de amor.
Como Magdalena y el Hortelano tiene ansia y gusto de Él.
3) Cuando hablan al alma que busca a Dios, = llagas.
Los demonios defienden el muro, para que
el alma no entre en la contemplación.
4) Apaga tus enojos y ansias.
Te pido, Señor, que pongas fin a mis ansias.
Apaga mis enojos.
5) Me causa fatiga lo que no conviene
Con aquello que ansía mi voluntad.
Fatiga, enojos…
Solo la posesión del amado los deshace.
6) "Pues que ninguno basta a deshacellos"
Apaga Tú mis enojos:
Consuela mi alma.
7) Véate yo cara a cara con los ojos del alma.
8) "Pues eres lumbre dellos":

Sin tu luz, todo es tinieblas
A ti tengo afición: estoy en tinieblas y no veo.
Tú eres lumbre del Cielo.
9) "Y solo para Ti quiero tenellos".
Que vea tu luz, y no mis tinieblas.
No quiero propiedad fuera de Ti.
Abrir para Ti mis ojos.


11.-Descubre tu presencia,
y máteme tu vista y hermosura;
mira que la dolencia de amor
que no se cura
sino con la presencia y la figura.
Todas mis penas, por tu amor.
Me has mostrado algo de tu Divinidad y Hermosura.
Deseo verte con fervor.
Disponme.
2) Verme poseído de Ti.
Muéstrame tu Hermosura.
Peno por verte.
3) "Descubre tu Presencia"
Tres son las presencias:
La esencia, hasta los pecadores.
Por gracia, mora Dios en el alma.
Devotas: encubierta; no te muestras del todo aquí.
4) Estás siempre presente en el alma.
Con cierta presencia afectiva también.
Con visos entreoscuros de tu Hermosura.
Codicio y desfallezco.
Soy por Ti atraído y arrebatado.
5) Moisés en el Sinaí:
la presencia de Dios con visos de Alteza.
¡Te ruego descubras tu gloria!
¡Muéstrame tu rostro para que te conozca!
No podrá sufrir mi alma flaca.
6) "Muéstrame tu vista y Hermosura".
Mas no lo puedo sufrir: tengo que morir
7) Dos vistas matan al hombre:
El basilisco.
La de Dios: con su inmensa luz y bien de gloria.
Mil muertes por verlo.
8) Morir es imperfecto, mas natural.
Esta vida corruptible se troca en inmarcesible.
Habla el alma condicionalmente.
9) Lo mortal, absorto por la vida, para vivir en la gloria.
Los israelitas temían ver a Dios.
Lo mejor, vivir en carne mereciendo.

10) Tan llegados a Dios por amor, temían morir.
La perfecta caridad echa fuera el temor.
No es amarga la muerte,
por llegar tras ella a las dulzuras del amor.
"Máteme tu vista y Hermosura"
Transformada, hermosa y enriquecida.
El alma no teme morir cuando ama, antes bien...
El alma que ama a Dios más vive en la otra vida...
11) "Máteme tu vista y Hermosura".
Nos cura la presencia del amado.
El amor se cura con el amor.
Con algún grado de amor viva está.
Cuanto más amor, más salud.
12) El amor perfecto, cuando se emparejan los amantes.
Y se cura con la presencia.
13) Alma flaca en amor, flaca en obrar.
14) El que siente falta de amor, ya tiene algún amor.
El que no siente su falta, o tiene mucho o no tiene nada.

12.- ¡Oh cristalina fuente,
si en esos tus semblantes plateados
formases de repente
los ojos deseados
que tengo en mis entrañas dibujados!
La fe nos hace ver semblantes divinos claros.
Volver a la fe.
2) Esposo: Si las verdades que has revelado encubiertas,
Descubrieses en manifestación de gloria...
3) Oh cristalina fuente...
Cristalina, porque es de Cristo;
porque tiene propiedades de Cristo,
Fuente, porque de ella manan aguas vivas espirituales.
Recordar a la Samaritana:
agua que salta hasta la vida eterna.
4) "Semblantes plateados":
a) Las proposiciones y artículos
b) Las verdades doradas
Si cerramos los ojos quedamos en fe.
Y cuando acabe la fe, la visión eterna.
5) "Formases de repente los ojos deseados"
Los rayos de las verdades divinas.
Verdades que aparecerán descubiertas.
6) "Que tengo en mis entrañas dibujados"
Dibujados en el alma.
Infundidos por la fe.
Verdades como un dibujo o pintura.
Cuando venga lo más perfecto, desaparecerá...

7) Y sobre el dibujo de fe, otro de amor,
Porque el amado vive en el amante.
Y entrambos, uno; porque
"Vivo yo, mas no yo: vive en mí Cristo".
Mi vida, más divina que humana.
8) Vida, por unión de amor.
Transformados en Dios.
Viviremos vida de Dios. ¡Buena dicha!
Pon en mí la señal de tu luz.
9) Como el ciervo que va al agua, así mi alma…
Engolfarme en la fuente del amor.

13.- Apártalos, Amado, que voy de vuelo.
El esposo
Vuélvete, paloma, que el ciervo vulnerado: por el otero asoma
al aire de tu vuelo, y fresco toma.
2) Me visita el Amado con fuerza y delicadeza.
Con ansia lo había deseado.
Me hiciste salir de mí mismo.
3) "Apártalos, Amado que voy de vuelo" Y voy a morir…
"Vuélvete, paloma".
Tenía, Señor, grandes deseos de tus ojos.
¡Pero no puedo, muero!
4) Esta merced no puede recibir mi carne.
Gran tormento esta visita.
5) Pero no quiero que te apartes.
Y aunque sufro, goza mi alma.
¡Que voy de vuelo!
6) De vuelo para que me comuniques.
Arrebatado por la visita del Espíritu Santo.
El cuerpo se queda sin sentido.
Arriba, todo comunicación y paz.
7) Es como un vuelo, rapto, éxtasis.
8) Paloma, es el vuelo alto, ligero.
¡Poséeme de veras!
9) Como el ciervo herido:
Sube a lugares altos:
¡Y he sido herido!
Yo vuelvo a Ti, mi Dios.
10) Por el otero asoma.
Por las alturas de la contemplación.
Altas noticias me das ahora.
11) "Al aire de tu vuelo".
El Espíritu Santo, Amor, se compara al aire.
Procede aspirando.
"Tened caridad…" para uniros a Dios.
La caridad hace venir al Esposo.

12) Este aire de amor refugio es y recreo.
¡Arder en el amor!
Ardor, vuelo… ardemos en Él.


14.- (La esposa:)
Mi amado, las montañas,
los valles solitarios nemorosos,
las ínsulas extrañas,
los ríos sonorosos,
el silbo de los aires amorosos,
2) No hay penas. Don más o menos.
Alto estado de unión.
Dios hermoso al alma; Adonai.
No hay penas.
3) Arca de Noé; mansiones; majares – Pecho de Dios.
4) Halla verdadero sosiego en Dios; unión y secretos.
5) Dios es todas estas cosas para el alma.
6) Las montañas: abundantes, anchas graciosas.
7) Los valles: solitarios, quietos, amenos.
8) Las ínsulas extrañas: alejadas, rodeadas por el mar.
9) Los ríos sonorosos: embisten – anegan – tienen sonido.
El alma lo siente todo.
10) La voz del sonoroso río:
Abundante, espiritual, que hincha de bienes.
El Espíritu Santo como torrente sonoroso;
Como el de Pentecostés.
Como la voz del Cielo…
Infinita, comunicándose al alma.
11) "Como la voz de gran caudal de aguas".
Y suave con la cítara.
"Como sonido sublime de Dios".
12) "El silbo de los aires amorosos".
Embisten al alma con suavidad de amor.
Llevan a una subidísima inteligencia de Dios.
Toques de Dios en lo interior del alma.
13) Sentimiento de deleite.
Aire que sabrosamente hiere.
Gran regalo del tacto.
14) Como el silbo del aire en el oído…
Suave - fruición en el entendimiento.
15) Manifiesta caridades divinas.
"He oído los arcanos de Dios".
Oí las palabras secretas que al hombre no es lícito hablar.
Y ahora ven mis ojos.
16) Lo que al alma estimula es un rayo
de imagen de fruición.
No podrías sufrir el sentido: "¡Apártalos, Amado!"

17) Job afirma: "El pavor me estremeció;
se erizó el pelo de mi cuerpo".
Y oí una voz de aire delgado.
18) Recibe mi entendimiento
aquella comunicación y toque: susurro suave.
Comunicación amorosa del Amado.
19) Visión: juntura de mis huesos; se han abierto.
20) Aquella palabra escondida,
como imagen del rostro de Dios.
21) Y oí una voz de aire delicado.
Silbo de aires amorosos…
Con gran suavidad.

15.-la noche sosegada
en par de los levantes de la aurora,
la música callada,
la soledad sonora,
la cena que recrea y enamora.

22) En este sueño espiritual: sosiego, descanso,
quietud de la inteligencia divina.
23) Junto a los levantes de la aurora:
Sosiego, luz divina…
Despedimos la oscuridad.
Nos levantamos de conocimiento natural.
Entre dos luces: la soledad y el sosiego divino.
24) En este sosiego, la divina luz…
Semejante al pájaro solitario.
Vuelto el pico hacia la aurora.
Soledad en Dios. En suavísimo amor.
25) "La música callada" en
Armonía subidísima.
Callada: en inteligencia sosegada.
26) "La soledad sonora"
La música callada es soledad sonora.
Vacíos de forma.
Voz de muchos citaredos.
Concordancia de amor con música.
27) La voz testimonia lo que es Dios.
"Es Espíritu del Señor llenó el orbe de la tierra"
El alma recibe la sonora música.
28) "La cena que recrea y enamora".
Cena de amador: recreación mutua.
Recreación amorosa.
Fin de males y posesión de bienes.
29) "Yo estoy en la puerta y llamo".
"Entraré y cenaré con Él".

Divina unión del alma con Dios.
Siendo largo, recrea.
Siendo graciosa, enamora.
Tranquilidad según la parte superior.


16.-Cogednos las raposas,
que está ya florecida nuestra viña,
en tanto que de rosas
hacemos una piña,
y no parezca nadie en la montiña.
Como ante azucenas y flores
está el alma abierta con ellas.
Siente estar en el lecho del Amado feliz, gozando.
2) Pero el demonio quiere turbar.
3) El alma desea que no se lo impidan y dice:
"Cazadnos las raposas, que está ya florecida nuestra viña".
4) "La viña", el plantel del alma santa.
"Florecida" el alma y el esposo se deleita.
5) Sedienta el alma, como David…
"Las raposas" se hacen las dormidas.
La lucha de la carne contra el espíritu.
6) Los demonios levantan los apetitos,
Embisten con ruidos de raposas.
Y el alma se recoge.
Se turba con los carros del demonio.
7) "En tanto que de rosas hacemos una piña".
Gozando de la flor de la viña junto al pecho del Amado.
8) "Hacemos una piña".
Gozando de la flor de esta viña.
Junto al pecho del Amado.
9) Piña, Juntos los piñones de las virtudes.
10) "Y no parezca nadie en la montiña".
Soledad para el ejercicio interior.
"Montiña", armonía de potencias y sentidos.
Nadie aparezca; ni potencias ni sentidos.
11) Para gozar de esta comunicación de Dios.
Acabaron de obrar las potencias.


17.-Detente, cierzo muerto;
ven, austro, que recuerdas los amores,
aspira por mi huerto,
y corran tus olores,
y pacerá el Amado entre las flores.
Las ausencias del amado afligen,
por el deseo de amor grande a Dios.
Se sufre cuando se acaban las dulces visitas.
2) "Detente, cierzo muerto".

No me des sequedad. Necesito oración y devoción.
ahuyenta de mí el cierzo seco y frío.
3) El cierzo es muy frío y seco. Marchita las plantas.
El mismo efecto produce en el alma.
4) "Ven austro que recuerdas los amores".
Es un viento apacible; hace crecer la hierba.
Trae humedad; el amor que necesitamos.
Embiste en el alma suave y delicado.
5) "Aspira por mi huerto".
Por huerto se entiende el alma.
Alma florecida en virtudes.
Aspirar en el alma: infundir en ella la gracia.
Hacer en ella obra mística de Dios.
Porque las virtudes, adquiridas e infusas,
No siempre las gustamos y las necesitamos.
Buen olor de Dios cuando se abren…
6) Dios "aspirando" descubre su hermosura. Dones.
7) "Y corran sus olores"
Alma vestida de deleites, como en delicioso jardín.
Descubre familiar comunión con Dios.
8) Envía su Espíritu Santo como a los Apóstoles.
Levantándola en deleite. ¡Que se vaya el cierzo1
Gozar con el Amado; en olor de suavidad.
9) Desear este divino aire.
Vete, cierzo. Acércate, ábrego.
Deleite del Esposo.
10) "Y pacerá el amado entre las flores".
Dios se deleita. Los hijos de los hombres con Él.
El Amado descendió a nuestras almas.

18.- (Esposa:)
¡Oh ninfas de Judea!,
en tanto que en las flores y rosales
el alba perfumea,
morá en sus arrabales,
y no queráis tocar nuestros umbrales.
El alma padece por sentirse en la cárcel.
Quieren abusar de ella hasta quitarle la comida.
2) Se siente como en tierra enemiga.
Cautivos cuerpo y espíritu.
3) A la vez ve los dones ricos en su posesión.
Y pide a los movimientos inferiores
no pasen a la parte superior.
4) "Oh ninfas de Judea"
Judea es la parte inferior del alma,
sensitiva y flaca, carnal y ciega.
Acosada por imaginaciones.

5) "En tanto que en las flores y rosales"
Las flores y rosales son las virtudes.
Los rosales: la memoria, entendimiento y voluntad.
Y nos llevan a actos de amor.
6) "El ámbar perfumea".
Es el divino Espíritu, Esposo.
Se derrama en las potencias.
7) "Morá en los arrabales".
Arrabales: la porción inferior, los sentidos, fantasía.
Las ninfas duermen quietas,
Pero lo que aquí se da, se siente en la persona superior.
8) "Y no queráis tocar nuestros umbrales".
Ni de improviso toquéis la parte superior.
No toquen el lama...que goza de quietud.

9.- Escóndete Carillo,
y mira con tu haz a las montañas,
y no quieras decillo;
mas mira las compañas
de la que va por ínsulas extrañas.
Nuestra flaqueza propia; sufrirla.
Así no desfallecerá la sobrenatural.
Deseamos la comunicación de Dios.
Nuestro vaso es frágil y pequeño.
2) Comunícate más dentro de mí mismo.
Embiste en mis potencias.
Que me enamore de tus virtudes y gracias.
3) "Escóndete, carillo", en lo más profundo de mi alma.
Manifiéstame tus maravillas.
4) "Y mira con tu luz a las montañas".
A las potencias de mi alma.
Dame Inteligencia divina.
Conocerte por tus obras. Con tu propia luz divina.
5) "Y no quieras decillo"
como antes a los sentidos corporales.
Ellos no lo pueden alcanzar.
Hazlo de manera profunda, como tu gran secreto.
6) "Mas mira las compañas"
La multitud de virtudes que has puesto.
Conviértete, Amado, a lo interior de mi alma.
7) "De la que va por ínsulas extrañas".
Mi alma que va a Ti por vías extrañas.
Ajenas a los sentidos.

20 y 21.-A las aves ligeras,
leones, ciervos, gamos saltadores,
montes, valles, riberas,

aguas, aires, ardores,
y miedos de las noches voladores.
El hombre viejo, desnudo, sujeto ya a la parte superior.
El alma llena de pureza y hermosura.
2) Para llegar a Él, pureza, fortaleza, amor competente.
Abrir la puerta para que entre el esposo.
3) La esposa, con deseo de salir a vistas.
Soy el muro, mi alma, fuerte y el amor muy alto.
Y dile al esposo:
4) "A las aves ligeras, leones, ciervos, gamos saltadores".
Pone al alma en posesión de Dios.
La limpia. Le quita digresiones.
Pone en perfección las tres potencias.
Le hace entrega espiritual.
5) "A las aves ligeras" – Las digresiones imaginativas.
6) "Leones, ciervos, gamos saltadores":
Las acrimonias de potencias irascibles.
Los efectos de la cobardía.
Ciervos, concupiscibles y muy cobardes.
7) Leones, con exceso de ira, inquietos como gamos.
8) "Montes, valles, riberas",
Actos viciosos de las tres potencias.
Montes, altos y extremados
Valles, bajos, menos de lo conveniente.
Riberas: ni altos ni bajos, pero…
9) "Aguas, aires, ardores y miedos de las noches voladores".
Las cuatro pasiones: gozo, tristeza, temor, esperanza…

21.- Por las amenas liras
y canto de serenas os conjuro
que cesen vuestras iras,
y no toquéis el muro,
porque la Esposa duerma más seguro.
10) Amado, haz cesar y sosegar estas pasiones.
Da estabilidad a mi alma.
Quítale el dolor y el sentimiento de este estado.
Que le quede lo fuerte, constante y perfecto.
Que se transforme en amor.
Si padece, crezca el fervor en el amor.
11) Que se sienta el alma llena de las riquezas de Dios.
Hágase tu voluntad.
Como el mar que ni mengua por los ríos que salen
Ni crece por los que entran.
12) Gozar de las riquezas del amado.
Deleitarse en y con el Señor.
13) Sea poco lo accidental de la novedad.
Su bien siempre es nuevo.

14) A manera del sol que embiste en el mar
Y esclarece hasta lo más profundo.
15) Sin miedos de la noche voladores.
Nada le molesta.
El alma sosegada es como un convite cristiano.
16) "Por las amenas liras y canto de serenas os conjuro"
Por la suavidad que el alma tiene en este estado.
Y está como embebida, enajenada.
Suavidad que hace cesar otros deleites y recrea.
17) "Que cesen vuestras iras",
turbaciones y molestias de afición.
18) "y no toquéis el muro", el cerco de la paz,
Donde el amado pace entre las flores.
19) "Porque la Esposa duerma más seguro".
Se deleite en quietud divina. Os conjuro.

22.- (Esposo:)
Entrado se ha la Esposa
en el ameno huerto deseado,
y a su sabor reposa,
el cuello reclinado
sobre los dulces brazos del Amado.
Como la mujer se alegra con la dracma encontrada,
Ver así al alma.
Salid, hijas de Jerusalén: mirad el rey Salomón.
Alegría en el corazón, la traen en sí mismos.
2) Cazadnos las raposas.
Invocado el aire del Espíritu Santo.
Victoriosa ya el alma.
3) Entrado se ha la esposa".
Hasta llegar a la mortificación espiritual.
Se ejercita en trabajos y amarguras.
"Mil gracias derramando".
Por las vías estrechas del amor.
"Apártalos, Amado, que voy de vuelo".
Consumado el matrimonio.
La luz de la candela se junta con el sol.
4) "Entrado se ha la Esposa"
Dejando las tentaciones y tribulaciones.
5 "En el ameno huerto deseado"
Transformada en su Dios.
Pasando antes por desposada.
La llama Dios y la introduce en el huerto.
6) Ven y entra en mi huerto
Segada la mirra y especias aromáticas.
Deseo consumar este estado.
7) Henchida de Dios, vivo yo, ya no yo…

"Y a su sabor reposa, el cuello reclinado"
La fortaleza del alma.
Fuerte para recibir el estrecho abrazo.
8) Reclinarse, muy unido,
"sobre los dulces brazos del Amado".
En soledad reclinados sobre el dulce pecho,
En desnudez de espíritu.
"Pasó ya el invierno, se marchó y se alejó:
"Levántate, amiga mía, y ven."

23.-Debajo del manzano,
allí conmigo fuiste desposada,
allí te di la mano,
y fuiste reparada
donde tu madre fuera violada.
El Esposo descubre dulces secretos y misterios.
Dice el esposo la manera de desposarla:
"Debajo del manzano, allí conmigo fuiste desposada"
Debajo del árbol de la Cruz fuiste redimida y desposada.
3) Debajo del manzano de la Cruz, desposada el alma.
4) "Allí te di la mano", mi favor, mi ayuda.
5) "Y fuiste reparada donde tu madre fuera violada".
Debajo del árbol de la Cruz.
6) Desposorio en el que Dios da la primera gracia.
Lo hace el bautismo con el alma.
Te lavé con agua.
Puse una corona de hermosura sobre tu cabeza.
Comiste pan y miel y óleo.

24.-Nuestro lecho florido,
de cuevas de leones enlazado,
en púrpura tendido,
de paz edificado,
de mil escudos de oro coronado.
Lecho florido: deleites divinos y puros.
El lecho, el mismo Esposo, Dios.
Florido, la misma flor del campo: el Hijo de Dios.
2) Canta el feliz estado en que está puesta.
Ella en unión con Dios, en virtud.
Poseer y gozar.
3) "Nuestro lecho florido", el Esposo.
Comunica sabiduría, secreto, gracia y virtudes.
Juntos, amor y lecho florido.
"Mis deleites, con los hijos de los hombres".
4) "De cuevas de leones enlazado",
"Cuevas", virtudes en unión con Dios.
Cada una, una cueva de leones, donde mora el Esposo.

El alma, amparada y fuerte: unida Dios, la temen como a Dios.
5) Cuevas enlazadas entre sí.
No queda parte abierta y flaca.
Libre de molestias, mamar los pechos del Amado.
Sin imperfecciones de Eva.
6) Llena del deleite de Dios.
Abrirse en flores de virtudes.
Causando el Espíritu Santo admirable olor.
Embestirla por el olor de azucenas.
7) "En púrpura tendido", en el amor de Dios.
Púrpura es caridad en la Sagrada Escritura.
Se mueven con más amor de Dios.
Como madera del Líbano.
8) "De paz edificado", de alma, paz, mansedumbre y fortaleza.
9) "De mil escudos de oro coronado".
Flores por corona, de oro, de gran valor.
Oh Torre de Marfil.

25.-A zaga de tu huella
los jóvenes discurren al camino,
al toque de centella,
al adobado vino,
emisiones de bálsamo divino.
Cantar y agradecer las mercedes.
Unión de amor: gratitud.
2) Tres mercedes: tras el rastro de tu suavidad.
3) "A zaga de tu huella", tras el rastro de tu suavidad.
4) "Los jóvenes discurren al camino":
Las almas con fuerza de juventud.
"Discurren", en ejercicio de espíritu.
"Al camino" de la vida eterna.
Con suavidad y alegría.
"Atráenos, corremos detrás de Ti"
5) "Al toque de centella, al adobado vino",
Son ejercicios que hacen las almas.
"Emisiones de bálsamo divino"
Toque sutilísimo que enciende la voluntad y el amor.
En deseo de alabanza, agradecimiento y reverencia.
Centellas salidas del amor divino.
6) Toque de amor: caridad espiritual del alma.
Levantar apetito hacia Dios.
7) "Adobado vino", con especias, cocido.
Almas y adobado con virtudes.
Enviar a Dios emisiones de bálsamo; recibir de Él
8) "Vino adobado" que dura mucho tiempo.
Alma suavemente embriagada.
Efectos de la centella.

Vino añejo con hez digerida.
10) Los nuevos amadores, vino nuevo.
Traen ansias y fatigas.
11) Amigo nuevo, vino nuevo.
Gustan suavidad, asir sabores.
Dios les hace falta.
"Al toque de centella", vino embriagador.
Emisiones de amor.

26.- En la interior bodega
de mi Amado bebí,
y cuando salía
por toda aquesta vega,
ya cosa no sabía;
y el ganado perdí que antes seguía.
El alma, vestida de Dios, bañada de Dios.
Embriagada de la grosura de la casa.
Con harturas ¡Beber del torrente…!
2) Recogida en el amor. olvidada de…
3) "En la interior bodega",
en el último y más estrecho grado de amor.
Los siete dones son los grados.
El más perfecto el amor perfecto.
4) "Bodega", la más interior, que pocos llegan a verla.
Unidos, como la vidriera con el sol;
como el carbón con el fuego.
"Bodega" de unión.
5) "De mi Amado bebí",
La bebida se difunde y derrama.
La bebida, comunión con Dios, derramamos a Dios.
6) El entendimiento bebe sabiduría.
Y llega el beso de la unión.
Allí me enseñarás sabiduría y ciencia de amor.
7) La voluntad bebe allí amor.
Amor metido dentro del amor.
Beber del amado el único amor.
8) Por vía sobrenatural Dios infunde y aumenta el amor.
9) Beba el alma del amado.
Goce de la unión con el amado.
10) "Y cuando salía", embebida de Dios.
11) "Salía por toda aquesta vega",
de unión esencial y paterna.
12) "Ya cosa no sabía" del mundo.
13) Olvida todas las cosas del mundo.
La sabiduría del mundo es estulticia delante de Dios.
pura ignorancia.
14) El alma como robada y embebida.

Como Adán en su inocencia.
15) Nada de cosas ajenas.
16) Juntos los pequeños y grandes.
18) "Y el ganado perdí que antes seguía".
Los gustillos, los gustos de Dios, las cuatro pasiones.


27.- Allí me dio su pecho,
allí me enseñó ciencia bien sabrosa;
y yo le di de hecho
a mí, sin dejar cosa:
allí le prometí de ser su esposa.
Unión íntima con Dios.
Dios regala y engrandece.
Acaricia al alma.
A los pechos de Dios seréis llevados.
2) Entre tantos deleites, entregarse.
Yo para mi amado y Él para mí.
Te daré mi pecho, mi voluntad.
3) Desposorio espiritual; comunicación.
4) "Allí me dio su pecho", su amor, amistad, secreto.
5) "Allí me enseñó ciencia bien sabrosa";
Teología mística; ciencia secreta;
el amor con que se comunica al alma.
6) "Y yo le di de hecho a mí, sin dejar cosa"
Se embebe el alma en Dios.
Pureza y perfección para esto.
"Sin dejar cosa", toda dada a Dios.
7) "Allí le prometí de ser su esposa".
Está como divina, endiosada.
Está con Dios, y en perfecta conversación.
Sujeta a Dios. En Él tengo mi salud.
8) El alma no sabe otra cosa, sino amar y andar.
Todo es amor.
Todas las potencias en amor.
Nada precia ni sirve; solo el amor.
El alma saca la dulzura del amor que hay.
El alma solo sabe amar.

28.- Mi alma se ha empleado
y todo mi caudal en su servicio;
ya no guardo ganado,
ni ya tengo otro oficio,
que ya sólo en amar es mi ejercicio.
Nuestras obras y trabajos, nada delante de Dios.
Solamente se sirve de que le ame.
Igualar al que ama con la cosa amada.
2) Se dio toda al esposo, nada para sí.

Empleada en el servicio del Espíritu Santo.
3) "Mi alma se ha empleado"
Unión de amor donde quedó
el alma y las potencias con el esposo.
Hacer su voluntad.
4) "Y todo mi caudal en su servicio".
"Caudal", parte sensitiva o sentidos.
"Empleado" en el servicio del Amado
Y pasiones del alma, ceñidas para Dios.
5) Todo este caudal enderezado para Dios.
Obrar en Dios aun sin pensar que lo hace por Él.
Inclinada para Dios. hacer por Él.
6) "Ya no guardo ganado"
No me ando tras gustos y apetitos.
7) "Ni ya tengo otro oficio",
No sirvo a mis apetitos.
No sirvo a ostentaciones ni adulaciones.
No sirvo a gustos y apetitos ajenos.
8) Estas aficiones puestas en ejercicio de amor a Dios.
Toda la habilidad del alma.
Mi fortaleza guardaré para Él.
"Que ya sólo en amar es mi ejercicio."
10) Dichosa vida, dichoso estado.
Guardaré manzanas nuevas y viejas para Ti.
Lo áspero del trabajo para mí.
Lo suave… Tu voluntad amorosa.

29.- Pues ya si en el ejido
de hoy más no fuere vista ni hallada,
diréis que me he perdido;
que, estando enamorada,
Alma perdida en todas las cosas
Solo ganada en el amor.
Ver a Marta reprendida.
No hay obra mejor que el amor.
2) Si no llegas a la unión, ejercítate.
Más vale un poco de amor que todo lo demás junto.
Importa mucho a la Iglesia el amor.
3) Quien tuviese este amor, haría agravio a la Iglesia, si lo cambiara por la vida activa.
Mucho más aprovecharía a la Iglesia si la mitad de la vida activa se dedicará a la contemplación.
4) Aquellos que impugnan la vida contemplativa  no entienden la vena donde nace el agua.
5) Desde el amor de Dios todo se tiene por poco:
6)- Si no me veis en pasatiempos "en el ejido",
El ejido es el lugar común.

7)"Diréis que me he perdido";
El que ama no esconde las obras que hace por Dios.
Obra por Él como si se hubiera perdido…
8) Para hacer las obras perfectas y desnudas por Cristo.
9) "que, estando enamorada", obrando las virtudes,
enamorada de Dios.
10) "Me hice perdidiza, y fui ganada".
Ha de faltar a uno por no faltar a Dios.
Perdidiza a sí misma.
Tener ganas de que Él la gane.
11) Enamorada de Dios no pretende premios.
"Mi vivir es Cristo, y el morir ganancia".
"El que quiere ganar para sí su alma, la perderá".
Ha perdido todo lo que no es Dios.


30.- De flores y esmeraldas
en las frescas mañanas escogidas,
haremos las guirnaldas
en tu amor florecidas,
y en un cabello mío entretejidas.
Toda la fuerza de las potencias en el trato con el Amado.
No hay lengua ni entendimiento que lo pueda decir.
Es fiesta y deleite de amor.
Los bienes y deleites del uno, en el otro.
2) "Haremos las guirnaldas" ricas de dones y virtudes.
Hermoseadas, como flores en guirnaldas.
Todas juntas, como flores en guirnaldas.
Para comunicar amor y solaz.
3) "De flores y esmeraldas"
Esmeraldas, los dones de Dios.
4) "En las frescas mañanas escogidas", y muy aceptas a Dios.
Cogidas desde la juventud. En actos de amor.
5) "En las frescas mañanas escogidas",
En sequedad y en invierno, pero enraizadas en Dios.
La virtud en la flaqueza se perfecciona.
6) "Haremos las guirnaldas"
Todas las virtudes en ella, como una guirnalda.
Flores que van asentadas. Variedad de flores y virtudes.
"Está la Reina a tu derecha"
"Atráenos, corremos detrás de Ti".
7) "Haremos las guirnaldas",
todas las almas santas engendradas por Cristo.
Hechas en Cristo con aureola de
Virginidad
Santos doctores
Mártires
"Salid, hijas de Sión",

8) "En tu amor florecidas",
en la gracia y virtud del amor de Dios.
9) "Y en un cabello mío entretejidas".
Como el hilo que enlaza las virtudes.
Amor de Dios para darnos,
Amor nuestro para recibir.
10) Primor y gracia entretejidos.
11) Aroma espiritual.

31.- En sólo aquel cabello
que en mi cuello mirar consideraste,
mirástele en mi cuello,
y en él preso quedaste,
y en uno de mis ojos te llagaste.
Entretejidas las guirnaldas con un cabello:
divina unión de amor.
El amor es la atadura.
El cabello, el hilo que junta el amor.
2) ¡Qué será la conglutinación del alma con el Esposo!
Más fuerte que un torrente.
Más fuerte que el fuego.
El cabello, muy fuerte y sutil.
3) Tres cosas:
El amor con que están asidas las virtudes, fuerte.
Dios se prendó de este cabello de amor.
Dios se enamoró.
4) "En sólo aquel cabello
que en mi cuello mirar consideraste".
Con él, entretejidas las virtudes.
Fuerte para que no lo quiebre el vicio.
La fortaleza del alma vuela este amor.
Cuánto ama Dios el amor fuerte.
5) "Mirástele en mi cuello",
Dios aprecia el amor que se fortalece.
Verla en fortaleza.
6) Fortaleza para asir las guirnaldas de la virtud.
7) Alma que ha llegado a tal amor,
que ha merecido la divina unión.
8) "Y en él preso quedaste", Dios preso en el cabello.
Mirar a Dios es amar.
Mirástele y quedaste preso.
Viene a lo bajo, queriendo ser presa.
9) "Y en uno de mis ojos te llagaste".
Ojo es la fe.
Un solo ojo. Ese ojo aprieta la prisión y llaga el amor.
10) Llagaste mi corazón, hermosura.

32.-Cuando tú me mirabas,
su gracia en mí tus ojos imprimían; por eso me adamabas,
y en eso merecían
los míos adorar lo que en ti vían.
El amor prenda y liga al mismo Dios.
Tiene a Dios prisionero diciendo:
2) "Cuando tú me mirabas",
Propio del amor, nada para sí mismo: todo para el Amado.
Gloriarse de que el Esposo se prendó en su cabello.
Deshacer el propio engaño y atribuirlo todo a Él.
3) "Cuando tú me mirabas",
El mirar de Dios es amor.
4) "Su gracia en mí tus ojos imprimían";
Tus ojos, tu Divinidad.
5) "Por eso me adamabas"
Reduplicativo, adamabas.
Amaba, prendado en su cabello.
Poner Dios su gracia en el alma es hacerla digna.
Si su gracia no se puede merecer gracia.
7) "Y en eso merecían"
En ese favor y gracia.
8) "Los míos adorar lo que en ti vían".
Las potencias del alma son los ojos.
Adoraban en la gracia de su Dios.
Lo que veía en Ti, antes por ceguera no lo veía.
Veía la grandeza de virtudes,
bondad inmensa, suavidad, ¡Adorar!
9) Ella obligada en reconocer esto
y otras innumerables mercedes.

33.- No quieras despreciarme,
que, si color moreno en mi hallaste,
ya bien puedes mirarme
después que me miraste,
que gracia y hermosura en mí dejaste.
Dios ya nunca recuerda la fealdad anterior.
Pero del pecado pasado, el alma siempre guarda compunción.
Dios limpia, agracia, alumbra.
No presumas: agradece, confía y recuerda.
2) Alma, goza de agradecimiento y amor.
Atribúyete a ti miseria, y al Amado todos los bienes.
Y pide la divina unión espiritual.
3) "No quieras despreciarme, después que me miraste",
Tu gracia me reviste.
4) "No quieras despreciarme", quiero ser tenida en algo.
Solo merezco por la gracia.
5) "Que, si color moreno en mi hallaste",

Sí, hallaste en mí fealdad y negrura.
6) "Ya bien puedes mirarme, despúes que me miraste".
Quitando en mí lo moreno.
Me hiciste digna de ser vista.
7) "Que gracia y hermosura en mí dejaste".
La gracia que de Ti tenía.
Honrada y hermoseada.
Enamorado en su hermosura.
Porque amor a Dios es hacer mercedes.
Pusiste en mí los ojos; llevarme al lecho de amor.
8) ¿Quién podrá decir hasta dónde Dios engrandece?
"Le daré más hasta que abunde".
9) "Ya bien puedes mirarme.
Preciar mucho mi alma.
"Digno es de la honra a quien quiere honrar el Rey" (Esther).


34.- La blanca palomica
al arca con el ramo se ha tornado;
y ya la tortolica
al socio deseado
en las riberas verdes ha hallado.
El alma se emplea en alabar y dar gracias.
Cata que eres hermosa, aunque te desprecies como morena.
Ensalzar al que se humilla.
2) Habla el Esposo cantando la pureza que ella tiene.
3) "La blanca palomica": el alma blanca
"Palomica": el alma sencilla, con gracia, blanca, mansa…
Ojos claros, sin hiel.
4) "Al arca con el ramo se ha tornado";
Compara al alma con el Arca del Nuevo Testamento.
Iba y venía la palomica al arca por los aires.
Por la misericordia de Dios tiene todo.
Envuelta de ramo y premio de paz.
5) "Y ya la tortolica al socio deseado
en las riberas verdes ha hallado".
El alma, la tortolica al buscar al Esposo.
Y en juntándose con Él, goza.
Andar, que no se entretenga con el ramo.
No quiere reposar ni acompañarse.
6) "Y ya la tortolica al socio deseado
en las riberas verdes ha hallado".
Bebe el agua clara de la contemplación y sabiduría.
"Debajo de la sombra de Aquel que había deseado, me senté.
Y su fruto es dulce.

35.- En soledad vivía,
y en soledad ha puesto ya su nido;

y en soledad la guía
a solas su querido,
también en soledad
de amor herido.
El Esposo ha conseguido a la esposa.
El alma, en la quietud del esposo.
Dios es ya su guía y su luz.
Y la esposa no se satisface, sino en Dios.
2) El Esposo alaba la soledad.
El Amado, a solas de penas y fatigas.
Posesión de paz y solaz en el Amado.
Ella se ha querido quedar a solas.
El Amado la recibe en ss brazos.
3) "En soledad vivía",
Porque al alma que desea a Dios,
ninguna compañía le consuela.
4) "Y en soledad ha puesto ya su nido"
Soledad, al principio en trabajo y angustia.
"El pájaro encuentra su casa y las aves su nido".
5) "Y en soledad la guía a solas su querido",
A solas con Dios que la guía y mueve.
Dios la guía en su soledad.
Son movidos por el Espíritu de Dios.
6) "A solas su querido"
A solas, obra Él sin otros medios.
Los sentidos hacen muy poco.
Dios lo hace; y la causa, porque se halla sola.
Y sube Dios, Dios enamorado de ella.
7) "También en soledad de amor herido."
Además de amar,
el Esposo en la soledad queda herido de amor.
Él no quiso dejarla sola, sino herido por ella.
La atrae, absorbe y no lo hubiera hecho sin soledad.

36.- (Esposa:) Gocémonos, Amado,
y vámonos a ver en tu hermosura
al monte o al collado,
do mana el agua pura;
entremos más adentro en la espesura.
Gustar, Amado, y gocémonos a solas
Danos gozo, y lucirá la luz en las tinieblas.
Hacer tu voluntad es holgar, y gloria a Ti.
No quiero otro deleite que gozarte en la vida eterna.
3) "Gocémonos, Amado," gozo y sabor del amor.
Semejante al Amado.
Saber tus cosas en el secreto más estricto.
4) Comunicación de dulzura y amor.

Con voluntad y afición al servicio del Amado.
Siempre saborear tu gozo.
5) "Y vámonos a ver en tu hermosura"
En la vida eterna, la misma hermosura.
Nos veremos en uno en el otro.
6) Todas las cosas son tuyas, y las tuyas, mías.
"Al monte o al collado",
"Monte", el Verbo de Dios por su alteza.
Y subamos al monte santo de Dios.
"Y al collado", la noticia, respeto y sabiduría.
El collado es más bajo que el monte.
7) "El monte", transformarse en sabiduría.
8) Verse en la hermosura de Dios.
Transformarse en la sabiduría.
El monte, la mirra. El collado, el incienso.
9) "Do mana el agua pura";
Manar, noticia y sabiduría de Dios.
Cuanto más amor, más adentro entramos.
10) "Entremos más adentro en la espesura".
"Espesura", de tres maravillas y profundos juicios.
El monte de Dios es más grueso y cuajado.
Siempre entrar más adentro.
Oh alteza y riqueza de la sabiduría de Dios.
Cuán incomprensibles son tus juicios y tus vías.
11) Deseo entrar, porque muero en el deseo de conocimiento.
12) También espesura, la multitud de trabajos.
Provechosísimo el padecer.
Hasta los aprietos de la muerte por ver a Dios.
13) Espesura de lo más, para entrar en la sabiduría.
Camino más angosto.

37.-Y luego a las subidas
cavernas de la piedra nos iremos
que están bien escondidas;
y allí nos entraremos,
y el mosto de granadas gustaremos.
Desea verse con Cristo.
Contemplar los misterios eternos de la Encarnación.
"Que te conozca a Ti y al que enviaste, Jesucristo".
Conocer y gozar de los profundos secretos.
2) Cavar profundidades, más adentro en la Sabiduría divina.
Escondidos en Dios entrarán engolfándose.
3) "Y luego a las subidas cavernas de la piedra nos iremos"
"De piedra", Cristo.
"Subidas", altas profundas, místicas.
"Hondura y profundidad de la Sabiduría de Dios".
Muchos lugares ocultos, remotos…

4) "que están bien escondidas";
Como mina con grandes tesoros.
En Cristo moran todos los tesoros…
A Cristo, después de haber padecido.
La caverna de piedra, Cristo.
5) Entra el alma para absorberte…
Levántate, amiga mía, hermosa mía…
6) "y allí nos entraremos",
No yo sola, "nos", con el Esposo.
Dios y el alma unidos.
Y nos transformaremos. Mutuamente.
7) "y el mosto de granadas gustaremos".
Los misterios de Cristo y su Sabiduría.
Multitud de ordenaciones maravillosas.
"Granada", circular, esférica.
Dios, circular, sin principio ni fin.
8) "El mosto", la fruición, el deleite de amor,
envío del Espíritu Santo.
Gustaremos- Gustándolo Él, lo ha de gustar ella.

38.-Allí me mostrarías
aquello que mi alma pretendía,
y luego me darías
allí, tú, vida mía,
aquello que me diste el otro día.
Canto, Señor, los bienes que me has de dar.
Tu hermosura: la creada y la increada.
La gloria de mi predestinación.
2) Dentro de aquellas "cavernas", la consumación del amor.
Mostrarás lo que has pretendido en tus obras.
3) "Allí me mostrarías aquello que mi alma pretendía",
El amante, no satisfecho
si no siente que ama como es amado.
Conocerse como se es conocido de Dios.
Ama el alma a Dios con la fuerza de Dios.
4) Enseña Dios a amar al alma.
La transforma en amor.
Hasta no llegar a esto, no está el alma contenta.
Ama a Dios tanto como de Él es amada.
5) "Y luego me darías allí, tú, vida mía,
aquello que me diste el otro día".
La gloria esencial: ver el ser de Dios.
El alma embriagada del amor divino.
Imposible perfecto amor sin perfecta visión.
6) Dios de la eternidad.
Predestinada el alma para la gloria.
Nadie la quitará.

Dios la predestinó: el fin, ver a Dios.
7) "Al que vence le daré" comer del árbol de la vida.
Sé fiel hasta la muerte.
Sé fiel hasta alcanzar la corona de la vida.
Hasta llegar a ser un hombre nuevo.
Hasta llegar a un cálculo blanco.
Ser fiel como la estrella matinal.
Ser fiel hasta la potestad sobre las gentes.
Hasta ser vestido con vestidura blanca.
Hasta llegar al libro de la vida.
8) Ser fiel hasta hacerle columna del templo de Dios.
Ser fiel hasta escuchar sobre él el nombre de Dios.
Hasta que se siente conmigo en mi trono.
9) "Del torrente de tus aguas beberé".
Delante les darás de beber.
Les darás la felicidad final.
Esposa mía, beberemos el mosto de su granada.


39. - El aspirar del aire,
el canto de la dulce filomena,
el soto y su donaire,
en la noche serena
con llama que consume
y no da pena.
Fruición y gozo de la vista beatificada.
Transformación beatífica:
Aspiración del Espíritu Santo.
Júbilo en la fruición de Dios.
Conocimiento y ordenación de las criaturas.
Contemplación de la esencia divina.
Transformación por el inmenso amor de Dios.
"El aspirar del aire", comunicación del Espíritu Santo.
Levanta al alma la misma aspiración divina.
Para unirla consigo.
Para transformar al alma dentro de la Santísima Trinidad.
Profundo deleite.
Aspira el alma en Dios y a Dios.
4) La misma aspiración de Dios al alma.
Aspiración para la unión.
Amor, y por amor a la Santísima Trinidad.
5) El Hijo nos alcanzó este estado.
"Pido y quiero que lo que aquellos que me has dado,
donde yo estoy, estén ellos también".
También por aquellos que han de creer.
Que sean una misma cosa.
Uno como el Padre y el Hijo en amor.
6) Participación por naturaleza.

En el conocimiento de Dios y de Jesucristo.
Participar al mismo Dios.
Nos llamó con su propia gloria y voluntad.
En la otra vida, la participación total.
7) ¿Qué hacéis, almas creadas para estas grandezas?
Levántate y date prisa, amiga.
9) La voz del Esposo que hablado a los íntimos.
Entone el alma su voz espiritual de júbilo.
Muéstrame tu rostro sereno; tu voz en mis oídos.
Suene en las cavernas de piedra.
El alma llena de júbilo alaba a Dios.
Tu voz es dulce para mí, estando contigo.
"El aspirar del aire, el canto de la dulce filomena,
el soto y su donaire, en la noche serena"
10) Transformación que tiene en esta vida.
Cantar nuevo de la vida gloriosa, saboreada.
11) "El soto y su donaire, en la noche serena"
Soto, y muchas plantas y animales.
Cría y da el ser a criaturas que ponen su raíz en Él.
"Donaire de este soto": gracia, sabor y belleza de Dios.
Gran deleite y donaire al conocerle.
12) "En la noche serena".
Noche de contemplación oscura.
Sabiduría de Dios secreta, como en silencio y quietud.
13) Llama noche a esta contemplación.
Oscura, comparada con la beatitud.
¡Clara y santifica!
La noche, mi iluminación en mis deleites.
Habrá amanecido en día y luz de mí.
14) "con llama que consume y no da pena".
Conformidad y satisfacción beatífica.
Manera del fuego en ascua transformado.
En la vida beatífica.
15) Inmensas comunicaciones.
Fortísimo amor según la grandeza divina.

40.- Que nadie lo miraba,
Aminadab tampoco parecía,
y el cerco sosegaba,
y la caballería
a vista de las aguas descendía.
El apetito
 y la voluntad están ya
desasidos de todo y arrimados a Dios.
El alma aparejada y fuerte en el Esposo.
¡Que el Esposo concluya su negocio!
El demonio, vencido y ahuyentado.

Sujetas también las pasiones.
2) "Que nadie lo miraba,"
El alma, desnuda y desasida,
sola y ajena a todas las cosas.
Entrada en el interior recogimiento.
Mi alma, lejos de ellos.
2) "Aminadab tampoco parecía,"
Es el demonio que no osa llegar.
4) "y el cerco sosegaba",
"Cerco", las pasiones y apetitos,
vencidos y amortiguados.
Todo sosegado y mortificado:
ordenadas las cuatro pasiones.
5) "y la caballería, a vista de las aguas descendía".
"Aguas", bienes y deleites espirituales.
"Descendía", todo purificada y espiritualizada.
Mi corazón y carne, sosegados en Dios.
6) "La caballería descendía": no a gustar las aguas,
sino a vista de ellas.
Porque la parte sensitiva no tiene capa de gustos.
Por cierta redundancia del espíritu, no tienen capa de gustos.
"Descendían", no iban.
Bajan de sus operaciones naturales, al recogimiento espiritual.
7) Todas estas perfecciones,
Con deseos de ser trasladadas al matrimonio espiritual.
Y a Dios sea dado todo honor y gloria.

**De Pieter Van der Mer. -**

Haz de mí según tu voluntad, te pertenezco, Señor.
Aspirar a Dios, como se aspira a la posesión suprema.
Mi atención se concentra más y más en Dios.
Todos mis sentimientos están penetrados de la idea de Dios.
El solo pensamiento de la Eucaristía abrasa mi corazón.
Miro la blanca Hostia, y esa Hostia es Jesús, es Jesús…
Aunque no comprendo los misterios divinos, mi alma reposa en Dios.
Ruego a mi Dios que se me dio, se digne complacer en mi pobre amor.
Anegarme en su amor; considerar su vida inmolada por nosotros, adorarle…
Buscar a Dios con amor impetuoso abrasarme en Él con la fuerza de mi fe.
Fijar más y más con paz mi atención e Dios.
Pensar: mañana, pronto, luego comulgaré; prepararme, desear.
Mi salvador, Horno encendido, Bienaventuranza eterna.
Manantial, Fuente inagotable de misericordia y amor.
Esta vida íntima de amor es mil veces mejor de cuanto imaginaba.
Dijiste que quien busca encuentra: te he encontrado.
Ser de buena voluntad y Dios nos entregará la paz.
Lo que colma nuestra alma es la luz del Cielo, lo infinito.

## Prudencio López Arróniz

Vivir un estado de comunión con el Padre, que se traduzca en actos.
Sucesos y hechos, pueden pasar sin dejar huella.
Acontecimientos: dejan huella; recordar mi vida; agradecer.
Jesús es el acontecimiento mayor para ser celebrado.
Jesús revela sus secretos ocultos a quien penetra en Él.
Jesús nos legó la plenitud del culto divino, al reconciliarnos.
El gozo de la liturgia está reservado a quien viva la fe.
Liturgia es la prolongación de la oración eterna del Hijo.
En la Eucaristía acojo con gozo a Jesús vivo; el mismo de Belén...
Vivir la fe y celebrar la cena del Señor, misterio de su presencia.
Entrar en el coloquio eterno que el Hijo dirige al Padre.
Descubrir la dimensión contemplativa de la liturgia.

Necesario un momento de concentración antes de orar.
Soy hijo: mi Padre jamás me defrauda.
Le diré mi amor filial de mil maneras; sé que me corresponderás con ternura.
Importa tener una vida animada por el espíritu de Jesús.
Que tu vida sea una oración: sé tú mismo oración con tu vida.
Él reduce a cenizas nuestros ídolos ficticios.
Dios interviene de fuera para transformarnos por dentro.
Dios surge, se manifiesta, se hace Dios con nosotros.
Sumérgete en ti mismo hasta encontrar a Dios.
Abrirse y expresarse en el Hijo ante el Padre, por el Espíritu Santo.
Para un corazón alertado todo es motivo de encuentro con Dios.
Jesús se ha convertido en la razón de mi existencia.
Jesús es océano inmenso de riqueza: sumergirse en Él.
Escuchar un y otra vez su voz que calladamente invita.
La fe adulta nace del encuentro a la Presencia Divina de Jesús.
Jesús es Luz que invade y se apodera de nuestras habitaciones interiores.
La vida de Jesús es servicio y salvación de los hombres.
Jesús tiene conciencia de ti, hijo en el Hijo.
Solo los ojos del contemplativo taladran la bruma de la fe.
Jesús se retira para orar: ¿tú?
Jesús oraba tanto, porque se sentía entrañablemente Hijo.
Interiorizar la vida con la alerta percepción: vivir lo profundo.
Vivir en la luz del recuerdo amoroso de Dios.
Ábreme los ojos y contemplaré tus maravillas.
La cercanía de Dios se paga siempre con dolor.

# 20.- Santos: Pablo de la Cruz, Juan Eudes, Agustín, Clemente, Newman, Follereau

### Raúl Follereau

Enséñanos, Señor, a no amarnos solo a nosotros mismos;
A no amar solo a nuestros amigos;
A no amar solo a quienes nos aman.
Enséñanos a pensar en los otros y a amar a aquellos a quienes nadie ama.
Comprender que mientras nosotros vivimos felices hay millones que mueren de hambre.
Ten piedad de todos los pobres del mundo y no permitas que vivamos felices en solitario.
Haznos sentir la angustia de la miseria universal y líbranos de nuestro egoísmo.

### Lecturas de santos

Sepan que sin el peso de las aflicciones no se llega al colmo de la gracia. (Rosa de Lima, varias siguientes.)
Comprendan que, conforme al acrecentamiento de los trabajos, se aumentan los carismas.
Fuera de la cruz no hay camino por donde se pueda subir al cielo.
Me parecía que ya no podía el alma detenerse en la cárcel del cuerpo.
No dejes de avivar nuestra esperanza, atiende al corazón que en ti confía.
Proclamen nuestros labios la grandeza del Padre que en el Hijo nos dio gozo.
Y nos colma de su amor el Fuego Santo. Amén

¡Hazme santo! ¡Voy a emprender, de una vez, este negocio, el único importante de mi vida! (Varios de Paulino de Nola).
¡Oh Jesús, hazme santo! Voy a emprender, de una vez, este negocio, el único importante de mi vida. (S. Paulino de Nola).

Caridad que dimana de aquel que nos predestinó para sí desde el principio del mundo.
Nos gloriamos en el Señor, porque Él infunde su amor en los suyos por toda la tierra.
Será un mérito más que añadir a los muchos que ya posees, si me ayudas a llevar mi carga.

### De las cartas de san Pablo de la Cruz, presbítero

1.- Es cosa muy buena y santa pensar en la pasión del Señor y meditar sobre ella.
Por este camino se llega a la santa unión con Dios.
2.- Este fuego, que llega hasta lo más íntimo de nuestro ser, transforma al amante en Él
3.- Por esto, el alma enamorada se alegra en sus dolores y se regocija en su amor doliente.

4.- Escondeos, pues, en Jesús crucificado, sin desear otra cosa, sino que todos se conviertan.

## De San Juan Eudes:

El Corazón de Jesús es horno de amor hacia el Padre, hacia nosotros.
Un Amor esencial que ama a un Amor Eterno.
Un amor inmenso, infinito, que ama a amor inmenso, infinito.
El Corazón de Jesús es un horno de amor, amor sin medida.
El Corazón de Jesús es un horno de amor hacia cada uno de nosotros.
Nos da a su Padre, como nuestro verdadero Padre.
Nos da todos sus pensamientos, sus palabras, sus acciones y misterios.
Nos da sus sufrimientos y toda su vida empleada y sacrificada por nosotros.
¿Qué pudo hacer más por nosotros el Corazón de Jesús? Devolvamos amor por amor.
Del Sagrario mana la fuerza y el calor del imán divino que nos atrae…
La oración nos da el gusto por todo lo divino, el dinamismo para el apostolado.

Despertémonos; resucitemos con Cristo, busquemos los bienes de arriba.
Pongamos nuestro corazón en los bienes del cielo. **San Bernardo**
No debemos deplorar la muerte, causa de salvación para todos;
Grandes y maravillosas son tus obras, Señor, Dios omnipotente.
Justos y verdaderos tus caminos, ¡oh Rey de los siglos! San Ambrosio
¿Quién no temerá y glorificará tu nombre? Porque tú solo eres santo;
Vendrán todas las naciones y se postrarán en tu acatamiento. San Ambrosio

## San Agustín

Amor
Y este modo de cantar es el más adecuado cuando se trata del Dios inefable.
Y, si no puedes traducirlo en palabras y, por otra parte, no te es lícito callar.
Lo único que puedes hacer es cantar con júbilo.
Cantadle con maestría y con júbilo.
Para encontrarse con Dios es necesario el silencio.
A Dios no lo ves, ámalo y lo tienes.
La fe es la llave del corazón
Nadie pierde la fe si no la desprecia.
Cree para entender y entiende para creer.
Nos amó sin ser amables, y al amarnos nos hizo amables.
Cada hombre es lo que ama.
La verdadera amistad no tiene precio, es gratuita.
Existen dos cosas necesarias: la salud y un buen amigo.
La soberbia para la división, la caridad para la comunión.
A Dios no lo ves; ámalo y lo tienes.
El que canta reza dos veces; cantar es una forma de amar.
No se hace de corazón lo que no se hace por amor.

Serás del agrado de Dios cuando Dios sea de tu agrado.
Vive bien si no quieres morir mal.

La sabiduría de la cruz hasta las últimas consecuencias.
Vivir con Jesús en la cruz.
Preocuparse más de los otros que de sí mismo, es crecer existencialmente.
Vengo con mi cuenco, delante de tu fuente lo dejo: lo traigo vacío, lo llevo siempre lleno.
Soy amado más allá de mi pecado.
Mis pensamientos son vistos por Dios, confío en Él.
En todos los momentos, alegres o penosos, mantenerse contestos por la esperanza.
La alegría no debe ser destruida por las tribulaciones, oponer la paciencia serena.
Mi Dios, el que mi camino caminas.
Me amas e inspiras dolor de mis pecados.
Aunque el mundo me abandone, Tú me acompañas y ofreces tu misericordia.
Amar al que sufre, al que me hiere, al que me ignora.

## San Clemente

Por él, podemos elevar nuestra mirada hasta lo alto de los cielos;
por él, vemos como en un espejo el rostro inmaculado y excelso de Dios;
por él, se abrieron los ojos de nuestro corazón;
por él, nuestra mente, insensata y entenebrecida, se abre al resplandor de la luz;
por él, quiso el Señor que gustásemos el conocimiento inmortal, ya que él es el reflejo de la gloria de Dios.
Militemos, pues, con todas nuestras fuerzas, bajo sus órdenes irreprochables.

### Meditaciones Santa Catalina de Siena: frases y comentarios

Santa Catalina: su medida fue el exceso, el todo por el todo.
Justo la medida del amor que es no tenerla si este es auténtico.
Vive en la admirable celda interior que no abandonará de por vida.
¡Con cuán poca reverencia he recibido los innumerables dones y las gracias!
Me escogiste para esposa desde mi tierna infancia y yo no he sido fiel.
El binomio de relación de santa Catalina con Dios: humildad y amor.
Dios le enseñó para prepararla a su misión el valor de la criatura.
Jesucristo es el puente que Dios tiende sobre el río impetuoso del pecado.

De poco serviría el puente, si el hombre, colaborando con Dios, no quisiera pasar por él.
No la pena, sino el amor que le acompaña, es lo que satisface por los pecados.

Las penas que se dan en esta vida son para corrección y enmienda del hijo si peca.
Todo deseo, al igual que toda virtud vale y tiene vida en sí por Cristo.
El amor nace del conocimiento de sí mismo y de la bondad de Dios en sí.
Jamás salgas del conocimiento de ti.

Ninguna virtud puede tener vida en sí, sino por la caridad y la humildad, nodriza de la caridad.
El sufrimiento solo expía por el deseo del alma unida a mí, bien infinito.
Atiza por tanto el fuego de tu deseo.
Quien ofende a Dios se daña a sí mismo y daña al prójimo.

Todas las virtudes se reducen a la caridad.
Y no se puede amar sin a la vez amar al prójimo.
La humildad se prueba en la soberbia, es decir que el humilde apaga la soberbia.
Las virtudes han de tener su fundamento en la humildad y el amor.
Por tu gloria, ten misericordia de tu Iglesia.
Ofrecedme oración continua, con deseos ardientes y dolor por los pecadores.
Dios tiende con su Hijo un puente, que une entre sí Tierra y Cielo.
Mira cómo la Tierra de vuestra humanidad está unida con la grandeza de la divinidad.
Permaneciendo en Él seguiréis su doctrina; siguiéndola participaréis de la sustancia del Verbo.

### Cardenal Newman

Guíame, Luz bienhechora a través de las tinieblas que me cercan.
Guíame, que la noche es muy oscura y estoy lejos del hogar, guíame...
Irme fiando de quien me lleva de la mano, "mi señor", de quién es luz y guía en mi vida.
El dulce espíritu de amor, dulce Huésped del alma,
Silencio pacífico interior en medio de un mar muy revuelto.
Sólo podré amarlos desde mi pobreza a su pobreza, desde mi humildad.

### De la película Al filo de la navaja

El hecho de buscar el saber, demuestra ya inicio de Sabiduría.
Admitir la propia ignorancia demuestra tener valor.
Confía en tu Señor.
¿Cómo encontrar y dónde lo que estoy buscando?
No tendremos verdadera felicidad hasta que la encontremos en nosotros mismos, en Dios.
El hombre sabio se alimenta de la luz interior, proviene de Dios y está en el corazón.
El camino de la salvación es difícil, pero no es un secreto para la religión.
Hay en cada uno una chispa de la infinita bondad del Creador.

Al dejar este mundo nos reuniremos con Dios Amor,
Como una gota de agua se reúne en el mar donde nació.
A Dios se llega la fe y la oración y las buenas obras, inspiradas en el amor de Dios.
Y el tercero, a través del conocimiento que conduce a la Sabiduría.
Los tres no son sino uno.

El Señor me inspira una sabiduría más allá de lo humano.
Me encuentro libre y sin cadenas dentro de Dios.
Llego a tener la impresión de que Dios y yo somos uno.
Vivir en el mundo para amar las cosas del mundo, por lo que hay en ellas de Dios.
Por la gracia divina me ha sido dado ver la infinita belleza del mundo.
Es como la imagen en un espejo de la belleza de Dios.
Sensación de júbilo por la visión de su belleza que permanecerá en mí fresca y viva hasta el día de mi muerte.

## Citas de varios santos

Preparaste mi creación y mi existencia por una gracia tuya inefable. Jn. Damas.
Me sacaste a la luz adoptándome como hijo tuyo, y me contaste entre los hijos de tu Iglesia. Jn. Damas.
Me alimentaste con la leche espiritual de tus divinas enseñanzas. Jn. Damas.
Me nutriste con el vigoroso alimento del cuerpo y Cristo nuestro Dios. Jn. Damas.
Porque Tú, Señor, nos has amado y entregado a tu único Hijo para nuestra redención. Jn. Damas.
Por la imposición de las manos del obispo, me llamaste para servir a tus hijos. Jn. Damas.
Condúceme por el camino recto, Tú que eres una lámpara que alumbra. Jn. Damas.
Dame un lenguaje claro y fácil mediante la lengua de fuego de tu Espíritu. Jn. Damas.

Perderme en la muchedumbre para inundarla de lo divino, como esponja llena. Chiara.
La cruz nos da esa paz y ese gozo que escapan a la mayoría.
Vivir a María en su místico silencio.
Siempre la palabra ha de apoyarse en un silencio. Chiara.
Se trata de amar a cada uno que se nos acerca como Dios le ama. Chiara.
Y dado que estamos en el tiempo, amemos al prójimo uno después de otro, sin apegos. Chiara.
Dilatar el amor como el Corazón de Jesús y amar a todos. Chiara.

Es propio del alma que siente el amor de Dios buscar siempre la gloria de Dios. Diadoco de Foticé

La humanidad nos hace entrar a formar parte de la familia de Dios. Diadoco
"Conviene que Él crezca y yo disminuya". Diadoco
Deseo que la luz de este conocimiento divino penetre hasta lo más íntimo de mi ser.
Que los días de nuestra vida se fundamenten en tu paz. Oración.

### Ideas La oración contemplativa de Pedro Flinkler

Dios nos espera en el rincón recóndito de nuestra propia alma.
Actitud permanente de escucha a los impulsos del Espíritu Santo.
El amor de Dios es tan grande que literalmente nos ata a Sí mismo.
Nadie ha de resistirse a un amor tan atractivo y seductor.
La mejor respuesta, aprovecharnos de su empuje, del deseo que Él pone en nosotros.
No creerme con ningún mérito por este favor y deseo; Él lo hace todo.
Nos pide que nos dejemos amar de Él que le amemos y que amemos.
La reacción mejor del amante es responder al amado.
Él es insuperable en generosidad, en magnanimidad.

Alimentar el deseo de mayor intimidad con el Señor, con la Virgen María.
Conocer a Dios para más amarlo. Activar para Él el pensamiento, la afectividad.
Sentirme deslumbrado por la grandeza de Dios y con suave movimiento de amor.
Quien experimenta lo bueno del Señor, no es capaz de vivir sin acudir a su intimidad.
Quien se deja conquistar por Él, no podrá dar marcha atrás.
"Mirad que estoy a la puerta y llamo; si alguno oye mi voz y me abre, entraré en su casa y cenaremos juntos." (Apo.)
Aprender a ser pacientes y esperar en la oscuridad hasta que venga la luz de día.
Escuchar con mucha atención porque la voz de Dios es delicada, sutil y misteriosa.
Para oírle, permanecer en la oscuridad de la fe;
Abrir las puertas del corazón a la llamada del Señor.
El hombre ha sido creado para amar y ser amado; nadie escapa a esta realidad.
El que ama no pierde el tiempo;
El tiempo mejor empleado es el dedicado a la intimidad con Dios.
Un efecto de la oración, el deseo de estar siempre con el Señor.
La oración es verdadera cuando de un corazón puro, sencillo y sincero.
Penetrar en la densa oscuridad en que se oculta Dios.
Y tener valor de permanecer en esa soledad hasta que se haga la luz.
Permanecer quieto, fijo, en el conocimiento de Dios con admiración y alabanza.

Tú sacias al alma pues siempre queda hambrienta y sedienta de ti, Trinidad eterna;
Verte a ti, la luz, en tu misma luz. (Lect. Sta. Catalina)
Padre eterno, me haces partícipe de tu poder y de tu sabiduría,
Sabiduría que es propia de tu Hijo. (Lect. Sta. Catalina)
Y el Espíritu Santo, me ha dado la voluntad que me hace capaz para el amor. (Lect. Sta. Catalina)
Tú eres el fuego que consumes con tu calor los amores egoístas del alma. (Lect. Sta. Catalina)

Tú eres también el fuego que disipa toda frialdad;
Tú iluminas las mentes con tu luz, en la que me has hecho conocer tu verdad. (Lect. Sta. Catalina)
Tú mismo eres la sabiduría, tú, el pan de los ángeles, te has entregado a los hombres. (Lect. Sta. Catalina)
Tú, el vestido que cubre mi desnudez; /
Tú nos alimentas a nosotros, que estábamos hambrientos, ¡oh Trinidad eterna!' (Lect. Sta. Catalina)
Pongamos nuestro Espíritu en Dios y emprenderemos lo que él quiera. (Lect. Santa Joaquina V.)
Con Jesús y teniendo a Jesús, todo sobra. (Lect. Santa Joaquina V.)
Pidamos a nuestra Madre, la Virgen Santísima que ella nos guíe y proteja. (Lect. Santa Joaquina V.)

Haznos dignos de sentir en nuestra persona la resurrección que esperamos. (Lect. San Efrén)
Madurez que, si recibe amarguras, no quiere dar sino alegrías;
Si recibe humillaciones, no quiere devolver sino dignidad y respeto,
Semejante al sol que alegra la mañana y dora las nubes con los rayos de su ocaso. Lect. Breviario.
La palabra tiene fuerza cuando va acompañada de las obras. (Lect. Antonio de Padua)
Yo sé que ni el viaje, ni el frío, lluvias, jaquecas, todo, me parece nada si se salva un alma.
Por un pecado que lleguemos a evitar, somos felices y le amaremos en pago. (Lect. Santa Micaela)

Para pacificar las almas con auténtica paz, resulta indispensable la santidad. (Lect. Escrivá)
Primero una jaculatoria, y luego otra, y otra... y se deja paso a la intimidad divina. (Lect. Escrivá)
Se va hacia Dios, como el hierro atraído por la fuerza del imán. (Lect. Escrivá)
Pero no olvidéis que estar con Jesús es, seguramente, toparse con su Cruz. (Lect. Escrivá)
Sobran las palabras, porque la lengua no logra expresarse;
Ya el entendimiento se aquieta. No se discurre, ¡se mira! (Lect. Escrivá)

Primero lo buscó, sin encontrarlo; perseveró luego en la búsqueda, y lo encontró. (Lect. María Magdalena)

Los santos deseos aumentan con la dilación.

Si la dilación los enfría es porque no son o no eran verdaderos deseos. (Lect. María Magdalena)

Quien ha sido capaz de llegar a la verdad, ha sentido la fuerza de este amor. (Lect. María Magdalena)

Dice David: Mi alma tiene sed de Dios vivo: ¿cuándo entraré a ver el rostro de Dios? (Lect. María Magdalena)

Mujer, ¿Por qué lloras? ¿a quién buscas?

Se le pregunta la causa de su dolor con la finalidad de aumentar su deseo,

Al recordarle a quién busca, se enciende con más fuerza el fuego de su amor. (Lect. María Magdalena)

"Reconoce a aquel que te reconoce a ti.

Yo te conozco, no de un modo genérico, como a los demás, sino en especial". (Lect. María Magdalena)

Llorando al que amaba, encontró al que buscaba, y anunció luego al que había encontrado.

Dichosa ella que fue digna de llevar la noticia de la resurrección de la Vida. (Lect. María Magdalena)

Señor, Dios nuestro, concédenos a nosotros anunciar siempre a Cristo resucitado

Y verle un día glorioso en el reino de los cielos. (Oración María Magdalena)


La Eucaristía les proporciona un principio de vida. (Lect. Eymard)

La Eucaristía les da la ley de la vida, en la que prevalece la caridad. (Lect. Eymard)


## 21.- Del Catecismo de la Iglesia Católica

Estas meditaciones son para contemplar, reflexionar, alabar a Dios, adorar.

25 Toda la finalidad de la doctrina y de la enseñanza debe ser puesta en el amor que no acaba.

**26** La fe es la respuesta del hombre a Dios que se revela y se entrega a él,

Da al mismo tiempo una luz al hombre que busca el sentido último de su vida.

27 El deseo de Dios está inscrito en el corazón del hombre,

Porque el hombre ha sido creado por Dios y para Dios;

Y Dios no cesa de atraer hacia sí al hombre hacia sí,

Y sólo en Dios encontrará el hombre la verdad y la dicha que no cesa de buscar.

30 "Se alegre el corazón de los que buscan a Dios" (Sal 105,3).

Si el hombre puede olvidar o rechazar a Dios, Dios no cesa de llamar a todo hombre.
Porque nos has hecho para ti y nuestro corazón está inquieto mientras no descansa en ti (S. Agustín, conf. 1, 1, 1).

45 El hombre está hecho para vivir en comunión con Dios, en quien encuentra su dicha.
49 "Sin el Creador la criatura se diluye" (GS 36).
51 "Dispuso Dios en su sabiduría revelarse a sí mismo y...
Por medio de Cristo, tienen acceso al Padre en el Espíritu...

52 Dios, que "habita una luz inaccesible" (1 Tm 6,16) quiere comunicarnos su propia vida divina,
Para hacer de nosotros, en su Hijo único, hijos.
Dios quiere hacer a los hombres capaces de responderle, de conocerle y de amarle.
54 "Dios se manifestó, a nuestros primeros padres ya desde el principio" (DV 3).
Los invitó a una comunión íntima con él revistiéndolos de una gracia y justicia.

65   Cristo, el Hijo de Dios hecho hombre, es la Palabra única, perfecta e insuperable del Padre.
91 Todos los fieles han recibido la unción del Espíritu Santo que los instruye y los conduce.
99...Todo el Pueblo de Dios no cesa de **acoger el don** de la Revelación divina,

**De penetrarla** más profundamente y de **vivirla** de modo más pleno.

104 "El Padre que está en el cielo sale al encuentro de sus hijos para conversar con ellos"
108 El cristianismo es la religión de la "Palabra" de Dios, " del Verbo encarnado y vivo"
Cristo, Palabra eterna del Dios vivo, por el Espíritu Santo, nos abra el espíritu a la inteligencia.
142 Por su revelación, "Dios invisible habla a los hombres como amigo, movido por su gran amor /
Y mora con ellos para invitarlos a la comunicación consigo y recibirlos en su compañía" (DV 2).
La respuesta adecuada a esta invitación es la fe.

143 Por la fe, el hombre somete completamente su inteligencia y su voluntad a Dios.
Con todo su ser, el hombre da su asentimiento a Dios que revela (Cf. DV 5).
150 La fe es ante todo una adhesión personal del hombre a Dios;

Es al mismo tiempo el asentimiento libre a toda la verdad que Dios ha revelado.

Es justo y bueno confiarse totalmente a Dios y creer absolutamente lo que él dice.

153 La fe es un don de Dios, una virtud sobrenatural infundida por Él,

"Para dar esta respuesta de la fe es necesaria la gracia de Dios, que se adelanta y nos ayuda,

154... depositar la confianza en Dios y adherirse a las verdades por él reveladas.

"Presentar por la fe la sumisión plena de nuestra inteligencia y de nuestra voluntad al Dios que revela".

157 La fe es cierta, más cierta que todo conocimiento humano,

Porque la Palabra misma de Dios no puede mentir.

Ciertamente las verdades reveladas pueden parecer oscuras a la razón...

Pero "la certeza que da la luz divina es mayor que la que da la luz de la razón natural" (S. Tomás de Aquino)

La gracia de la fe abre "los ojos del corazón" (Ef. 1,18)

Para una inteligencia viva del designio de Dios.

163 La fe nos hace gustar de antemano el gozo y la luz de la visión beatífica.

Entonces veremos a Dios "cara a cara" (1 Cor 13,12), "tal cual es" (1 Jn 3,2).

Mientras que ahora contemplamos las bendiciones de la fe como el reflejo en un espejo.

Es como si poseyéramos ya las cosas maravillosas de que nuestra fe nos asegura (S. Basilio)

166 Yo no puedo creer sin ser sostenido por la fe de los otros,

Y por mi fe yo contribuyo a sostener la fe de los otros.

170 "El acto (de fe) del creyente no se detiene en el enunciado, sino en la realidad (enunciada)"

184 "La fe es un gusto anticipado del conocimiento... en la vida futura" (S. Tomás de A., comp. 1,2).

197 Recitar con fe el Credo es entrar en comunión con Dios Padre, Hijo y Espíritu Santo,

Es entrar también en comunión con toda la Iglesia.

Este Símbolo es el sello espiritual, es la meditación de nuestro corazón.

Y el guardián siempre presente, es, con toda certeza, el tesoro de nuestra alma (S. Ambrosio).

El Credo comienza por Dios Padre, porque el Padre es la Primera Persona Divina de la Santísima Trinidad;

202 Jesús mismo confirma que Dios es "el único Señor"

Y que es preciso amarle con todo el corazón,

Con toda el alma, con todo el espíritu y todas las fuerzas.

206 Dios como lo que él es, infinitamente por encima de todo

De todo lo que podemos comprender o decir: es el "Dios escondido" (Is. 45,15)

Y es el Dios que se acerca a los hombres.

207 Al revelar su nombre, Dios revela, al mismo tiempo, su fidelidad que es de siempre y para siempre.
214 Dios, "El que es", se reveló a Israel como el que es "rico en amor y fidelidad" (Ex 34,6).
215 Dios es la Verdad misma, sus palabras no pueden engañar.
Por ello el hombre se puede entregar con toda confianza a la verdad
Y a la fidelidad de la palabra de Dios en todas las cosas.
219 El amor de Dios a Israel es comparado al amor de un padre a su hijo (Os 11,1).
Este amor es más fuerte que el amor de una madre a sus hijos (Cf. Is 49,14-15).
Dios ama a su Pueblo más que un esposo a su amada (Is 62,4-5).
El don más precioso: "Tanto amó Dios al mundo que dio a su Hijo único" (Jn 3,16).
220 El amor de Dios es "eterno" (Is 54,8).
"Porque los montes se correrán y las colinas se moverán, mas mi amor de tu lado no se apartará" (Is 54,10).
"Con amor eterno te he amado: por eso he reservado gracia para ti" (Jr 31,3).

221 Pero S. Juan irá todavía más lejos al afirmar: "Dios es Amor" (1 Jn 4,8.16);
Dios es el ser mismo de Dios es Amor.
Él mismo es una eterna comunicación de amor: Padre, Hijo y Espíritu Santo,
Y nos ha destinado a participar en Él.
222 Creer en Dios, el Único, y amarlo con todo el ser tiene consecuencias inmensas.
223 Creer en Dios, el Único…Es reconocer la grandeza y la majestad de Dios:
"Sí, Dios es tan grande que supera nuestra ciencia" Por esto Dios debe ser "el primer servido"
224 Creer en Dios, el Único… Es vivir en acción de gracias:
Si Dios es el Único, todo lo que somos y todo lo que poseemos vienen de él:
"¿Qué tienes que no hayas recibido"

225 Creer en Dios… Es reconocer la unidad y la verdadera dignidad de todos los hombres:
Todos han sido hechos "a imagen y semejanza de Dios"
226 Creer en Dios, el Único… Es usar bien de las cosas creadas.
Señor mío y Dios mío, quítame todo lo que me aleja de ti.
Señor mío y Dios mío, dame todo lo que me acerca a ti.
Señor mío y Dios mío, despójame de mi mismo para darme todo a ti (S. Nicolás de Flüe, oración).
227 Creer en Dios, el Único…
Es confiar en Dios en todas las circunstancias, incluso en la adversidad.

228 "Escucha, Israel, el Señor nuestro Dios es el Único Señor..." (Dt 6,4; Mc 12,29).

"Es absolutamente necesario que el Ser supremo sea único, es decir, sin igual...

Si Dios no es único, no es Dios" (Tertuliano, Marc. 1,3).

229 La fe en Dios nos mueve a volvernos solo a Él como a nuestro primer origen

Y nuestro fin último;

Y a no preferirle a nada ni sustituirle con nada.

230 "Si lo comprendieras, no sería Dios" (S. Agustín, serm. 52, 6, 16).

231 El Dios de nuestra fe se ha revelado como **El que es**;

Se ha dado a conocer como "rico en amor y fidelidad" (Ex 34,6).

Su Ser mismo es Verdad y Amor.

239 Nadie es padre como lo es Dios.

240 Jesús ha revelado que Dios es "Padre" en un sentido nuevo…

Él es eternamente Padre.

245 La Iglesia reconoce así al Padre como "la fuente y el origen de toda la divinidad" .

Sin embargo, el origen eterno del Espíritu Santo está en conexión con el del Hijo.

256 Os la doy como compañera y patrona de toda vuestra vida. (Santísima Trinidad)

No he comenzado a pensar en la Unidad cuando ya la Trinidad me baña con su esplendor.

No he comenzado a pensar en la Trinidad cuando ya la unidad me posee de nuevo.

257 Dios es eterna beatitud, vida inmortal, luz sin ocaso.

Dios quiere comunicar libremente la gloria de su vida bienaventurada.

Gracias al "Espíritu de adopción filial".

Este designio es una "gracia dada antes de todos los siglos" (2 Tm 1,9-10)

260 Dios mío, Trinidad que adoro, ayúdame a olvidarme enteramente de mí mismo para establecerme en ti.

Inmóvil y apacible como si mi alma estuviera ya en la eternidad;

Que nada pueda turbar mi paz, ni hacerme salir de ti, mi inmutable,

Sino que cada minuto me lleve más lejos en la profundidad de tu Misterio.

Pacifica mi alma. Haz de ella tu cielo, tu morada amada y el lugar de tu reposo.

Que yo no te deje jamás solo en ella, sino que yo esté allí enteramente,

Totalmente despierta en mi fe, en adoración. (Sor Isabel de la Santísima Trinidad)

"Yo seré para vosotros padre, y vosotros seréis para mí hijos e hijas, dice el Señor todopoderoso";

271: Así, Cristo crucificado es "poder de Dios y sabiduría de Dios.

Porque la necedad divina es más sabia que la sabiduría de los hombres, Y la debilidad divina, más fuerte que la fuerza de los hombres"
Y manifestó "la soberana grandeza de su poder para con nosotros, los creyentes"

274 Afianzar nuestra Fe y nuestra Esperanza: la convicción de que nada es imposible para Dios.
300 "Dios está por encima de lo más alto que hay en mí y está en lo más hondo de mi intimidad".
301 Amas a todos los seres y nada de lo que hiciste aborreces,
Pues, si algo odiases, no lo hubieras creado. Sb.
305 Jesús pide un abandono filial en la providencia del Padre celestial Que cuida de las más pequeñas necesidades de sus hijos.
Los hombres… pueden entrar en el plan divino por sus acciones y sus oraciones y sufrimientos.
Entonces llegan a ser plenamente "colaboradores de Dios"
308   "Dios es quien obra en vosotros el querer y el obrar, como bien le parece"
Esta verdad, lejos de disminuir la dignidad de la criatura, la realza.
309 La bondad de la creación, el drama del pecado,
313 Santa Catalina de Siena dice: "Todo procede del amor, todo está ordenado a la salvación del hombre".
344 Loado seas por toda criatura, mi Señor, y en especial loado por el hermano Sol,
Que alumbra, y abre el día, y es bello en su esplendor y lleva por los cielos noticia de su autor.
Y por la hermana agua, preciosa en su candor, que es útil, casta, humilde: ¡loado mi Señor!
Y por la hermana tierra que es toda bendición, la hermana madre tierra, Que da en toda ocasión las hierbas y los frutos y flores de color, y nos sustenta.
Servidle con ternura y humilde corazón, agradeced sus dones, cantad su creación.
Las criaturas todas, load a mi Señor. Amén. (S. F. de Asís, Cántico de las criaturas.)
356 Por amor lo creaste, por amor le diste un ser capaz de gustar tu Bien eterno (S. Catalina de Siena).
358 El hombre fue creado para servir y amar a Dios y para ofrecerle toda la creación.
Para el hombre existen el cielo y la tierra y el mar y la totalidad de la creación,
Y Dios ha dado tanta importancia a su salvación…
381 El hombre es predestinado a reproducir la imagen del Hijo de Dios hecho hombre -
"imagen del Dios invisible" para que Cristo sea el primogénito de una multitud de hermanos.
424 Confesamos a propósito de Jesús: "Tú eres el Cristo, el Hijo de Dios vivo".

426 Descubrir en la Persona de Cristo el designio eterno de Dios...
428 Buscar esta "ganancia sublime que es el conocimiento de Cristo".
Es necesario "aceptar perder todas las cosas... para ganar a Cristo, y ser hallado en él".

Y "conocerle a él, el poder de su resurrección y la comunión en sus padecimientos
Hasta hacerme semejante a él en su muerte.
Tratando de llegar a la resurrección de entre los muertos".
429 De este conocimiento amoroso de Cristo brota el deseo de anunciarlo, de "evangelizar".
Y de llevar a otros al "sí" de la fe en Jesucristo.
Cristo, Hijo de Dios, Señor: su encarnación, su Pascua y su glorificación.

457 Estando cautivos, esperábamos un salvador;
Prisioneros, un socorro; esclavos, un libertador.
458 El Verbo se encarnó para que nosotros conociésemos así el amor de Dios:
"En esto se manifestó el amor que Dios nos tiene: en que Dios envió al mundo a su Hijo único para que vivamos por medio de él".
"Porque tanto amó Dios al mundo que dio a su Hijo único,
Para que todo el que crea en él no perezca, sino que tenga vida eterna".
478 "El Hijo de Dios me amó y se entregó a sí mismo por mí".
Nos ha amado a todos con un corazón humano.
515, Se ha revelado que "En él reside toda la plenitud de la Divinidad corporalmente".
519 Cristo no vivió su vida para sí mismo, sino para nosotros, desde su Encarnación.
"Por nosotros los hombres y por nuestra salvación" hasta su muerte "por nuestros pecados".
Resurrección para nuestra justificación.
Todavía ahora, es "nuestro abogado cerca del Padre",
 "Estando siempre vivo para interceder en nuestro favor".
521 Todo lo que Cristo vivió hace que podamos vivirlo en Él y que Él lo viva en nosotros.
"El Hijo de Dios con su encarnación se ha unido en cierto modo con todo hombre.
Estamos llamados a no ser más que una sola cosa con él;
Debemos continuar y cumplir en nosotros los estados y Misterios de Jesús,

537 Enterrémonos con Cristo por el Bautismo, para resucitar con él;
Descendamos con él para ser ascendidos con él;
Ascendamos con él para ser glorificados con Él. G. Na.
Y que, adoptados por la Voz del Padre, llegamos a ser hijos de Dios. (S. Hilario)
542 Cristo es el corazón mismo de esta reunión de los hombres como "familia de Dios".

Sobre todo, él realizará la venida de su Reino por medio del gran Misterio de su Pascua:
Su muerte en la Cruz y su Resurrección.
"Cuando yo sea levantado de la tierra, atraeré a todos hacia mí".
A esta unión con Cristo están llamados todos los hombres.
544 Jesús, desde el pesebre hasta la cruz comparte la vida de los pobres; conoce el hambre, la sed.
738 Todos nosotros que hemos recibido el mismo y único espíritu,
A saber, el Espíritu Santo, nos hemos fundido entre nosotros y con Dios.
Y hace que todos aparezcan como una sola cosa en Él.
741 "El Espíritu viene en ayuda de nuestra flaqueza. Pues nosotros no sabemos pedir como conviene;
El Espíritu mismo intercede por nosotros con gemidos inefables".
El Espíritu Santo, artífice de las obras de Dios, es el Maestro de la oración.
787 Jesús habla de una comunión más íntima entre él y los que le sigan:
"Permaneced en Mí, como yo en vosotros... Yo soy la vid…
"La vida de Cristo se comunica a los creyentes, que se unen a Cristo, muerto y glorificado..."
799 Los carismas están ordenados a la edificación de la Iglesia,
Al bien de los hombres y a las necesidades del mundo.
800 Los carismas se han de acoger con reconocimiento por el que los recibe,
Y también por todos los miembros de la Iglesia.
817 Donde hay virtud, allí hay unión,
De donde resultaba que todos los creyentes tenían un solo corazón y una sola alma"
827 Todos los miembros de la Iglesia deben reconocerse pecadores.
850 El mandato misionero del Señor tiene su fuente en el amor eterno de la Santísima Trinidad.
993 La fe en la resurrección descansa en la fe en Dios que "no es un Dios de muertos sino de vivos".
995 Nosotros resucitaremos como Él, con Él, por Él.
1000 Nuestra participación en la Eucaristía nos da ya un anticipo de la transfiguración.
1002 La vida cristiana en la tierra es una participación en la muerte y en la Resurrección de Cristo.
La obediencia de Jesús transformó la maldición de la muerte en bendición.
1067 "Cristo el Señor con su muerte destruyó nuestra muerte y con su resurrección restauró nuestra vida".
Del costado de Cristo dormido en la cruz nació toda la Iglesia".
1077 "Bendito sea el Dios y Padre de nuestro Señor Jesucristo, que nos ha bendecido,
Con toda clase de bendiciones espirituales".
1078 Bendecir es una acción divina que da la vida y cuya fuente es el Padre.
Su bendición es a la vez palabra y don.
Aplicado al hombre, este término significa la adoración y la entrega a su Creador en la acción de gracias.

1083 Implorar que el Espíritu Santo venga sobre esta ofrenda, los fieles y el mundo entero.

1085. El acontecimiento de la Cruz y Resurrección atrae todo hacia la Vida.

1090 Cantamos un himno de gloria al Señor con todo el ejército celestial;
Venerando la memoria de los santos, esperamos participar con ellos y acompañarlos;
Aguardamos al Salvador, nuestro Señor Jesucristo, hasta que se manifieste Él, nuestra Vida,
Y nosotros nos manifestamos con Él en la gloria.

1108. El Espíritu Santo es como la savia de la viña del Padre que da su fruto.

1179 El Cuerpo de Cristo resucitado es el templo de donde brota la fuente de agua viva.
Incorporados a Cristo por el Espíritu Santo, "somos el templo de Dios vivo" (2 Co 6,16).

1220 Si el agua de manantial simboliza la vida, el agua del mar es un símbolo de la muerte.

1266 La Santísima Trinidad da al bautizado la gracia santificante, la gracia de justificación que:
Le hace capaz de creer en Dios, de esperar en él y de amarlo mediante las virtudes teologales;
Le concede poder vivir y obrar bajo la moción del Espíritu Santo mediante los dones;
Le permite crecer en el bien mediante las virtudes morales.

1269 Hecho miembro de la Iglesia, el bautizado ya no se pertenece a sí mismo (1 Co 6,19),
Sino al que murió y resucitó por nosotros.

1274 El "sello del Señor", es el del Espíritu Santo nos ha marcado "para el día de la redención"
"El Bautismo, en efecto, es el sello de la vida eterna" (S. Ireneo, Dem., 3).

1296 Este sello del Espíritu Santo, marca la pertenencia total a Cristo.
Marca la puesta a su servicio para siempre,
Pero indica también la promesa de la protección divina.
Para confesar valientemente el nombre de Cristo
Y para no sentir jamás vergüenza de la cruz. (Confirmación)
El signo espiritual, el Espíritu de sabiduría e inteligencia,
El Espíritu de consejo y de fortaleza. (Confirmación)
El Espíritu de conocimiento y de piedad,
El Espíritu de temor santo, y guarda lo que has recibido.
Cristo Señor te ha confirmado y ha puesto en tu corazón la prenda del Espíritu (S. Ambrosio).

1336 "¿También vosotros queréis marcharos?" Invitación de su amor…
Descubrir que sólo él tiene "palabras de vida eterna".
Y que acoger en la fe el don de su Eucaristía es acogerlo a él mismo.

1359 La Eucaristía, sacramento de nuestra salvación realizada por Cristo en la cruz,

Es también un sacrificio de alabanza en acción de gracias por la obra de la creación.

1360 La Eucaristía es un sacrificio de acción de gracias al Padre.

1374 Cristo entero" "Esta presencia se denomina real por excelencia, porque es substancial.

1382 La celebración del sacrificio eucarístico está orientada hacia la unión íntima de los fieles con Cristo.

Comulgar es recibir a Cristo mismo que se ofrece por nosotros.

1386 Hazme comulgar hoy en tu cena mística, oh Hijo de Dios.

... como el buen ladrón, te digo: Acuérdate de mí, Señor, en tu Reino.

1391 La comunión acrecienta nuestra unión con Cristo.

Recibir la Eucaristía en la comunión da como fruto principal la unión íntima con Cristo Jesús.

1426 El Cuerpo recibido como alimento nos han hecho "santos e inmaculados ante él".

1428 La llamada de Cristo a la conversión sigue resonando en la vida de los cristianos.

Esta segunda conversión es una tarea ininterrumpida para toda la Iglesia que "recibe en su propio seno a los pecadores".

Es el movimiento del "corazón contrito" (Sal 51,19), atraído y movido por la gracia.

Responder al amor misericordioso de Dios que nos ha amado primero.

1449 El Padre de la misericordia es la fuente de todo perdón.

Realiza la reconciliación de los pecadores por la Pascua de su Hijo y el don de su Espíritu.

1473 El cristiano debe esforzarse, soportando pacientemente los sufrimientos.

Y, llegado el día, enfrentándose serenamente con la muerte.

Aceptar como una gracia estas penas temporales del pecado:

Despojarse completamente del "hombre viejo" y a revestirse del "hombre nuevo".

1490 La conversión... se nutre de la esperanza en la misericordia divina.

1589 Es preciso comenzar por purificarse antes de purificar a los otros;

Es preciso ser instruido para poder instruir;

Es preciso ser luz para iluminar, acercarse a Dios para acercarle a los demás,

Ser santificado para santificar.

Sé de quién somos ministros, donde nos encontramos y adonde nos dirigimos.

Conozco la altura de Dios y la flaqueza del hombre, pero también su fuerza.

1624 En la epíclesis de este sacramento los esposos reciben el Espíritu Santo como Comunión de amor de Cristo y de la Iglesia.

El Espíritu Santo es la fuente siempre generosa de su amor,

La fuerza con que se renovará su fidelidad.

1689 La familia del difunto, aprende a vivir en comunión con quien "se durmió en el Señor".

1691 Cristiano, reconoce tu dignidad.

Puesto que ahora participas de la naturaleza divina, no degeneres.

Recuerda a qué Cabeza perteneces y de qué Cuerpo eres miembro.

Acuérdate de que has sido arrancado del poder de las tinieblas,

Para ser trasladado a la luz del Reino." (San León Magno).

"El Padre ve en lo secreto" para ser "perfectos como el Padre celestial es perfecto".

1694 Incorporados a Cristo los cristianos están "muertos al pecado y vivos para Dios en Cristo Jesús"

Participando así en la vida del Resucitado.

Siguiendo a Cristo... pueden ser "imitadores de Dios, como hijos queridos y vivir en el amor".

1695 "Justificados en el nombre del Señor Jesucristo y en el Espíritu de nuestro Dios".

"Santificados y llamados a ser santos"

Los cristianos se convierten en "el templo del Espíritu Santo".

Este "Espíritu del Hijo" les enseña a orar al Padre y, haciéndose vida en ellos,

Les hace obrar para dar "los frutos del Espíritu.

El Espíritu Santo nos ilumina y nos fortalece para vivir como "hijos de la luz"

"Por la bondad, la justicia y la verdad" en todo.

1700 La dignidad de la persona humana está enraizada en su creación a imagen y semejanza de Dios.

Los seres humanos se edifican a sí mismos y crecen desde el interior: Hacen de toda su vida sensible y espiritual un material de su crecimiento.

1702 La imagen divina está presente en todo hombre.

Resplandece en la comunión de las personas.

A semejanza de la unión de las personas divinas entre sí.

1704 La persona humana participa de la luz y la fuerza del Espíritu divino.

Por su voluntad es capaz de dirigirse por sí misma a su bien verdadero.

Encuentra su perfección en la búsqueda y el amor de la verdad y del bien.

1720 Allí descansaremos y veremos;

Veremos y nos amaremos;

Amaremos y alabaremos.

1723 La bienaventuranza prometida nos invita a purificar nuestro corazón.

Buscar el amor de Dios por encima de todo.

Nos enseña que la verdadera dicha no reside… sino sólo en Dios, fuente de todo bien y amor.

1769, El Espíritu Santo realiza su obra movilizando todo el ser, incluidos dolores, temores y tristezas.

Cuando se vive en Cristo, los sentimientos humanos pueden alcanzar su consumación en la caridad.

1782 "El hombre tiene el derecho de actuar en conciencia y en libertad a fin de tomar personalmente las decisiones morales.

"No debe ser obligado a actuar contra su conciencia.

Ni se le debe impedir que actúe según su conciencia, sobre todo en materia religiosa" (DH 3)

1813 Las virtudes teologales Son infundidas por Dios en el alma de los fieles.

Para hacerlos capaces de obrar como hijos suyos y merecer la vida eterna.

Son la garantía de la presencia y la acción del Espíritu Santo en ell ser humano.

1814 Por la fe "el hombre se entrega entera y libremente a Dios.

Por eso el creyente se esfuerza por conocer y hacer la voluntad de Dios.

/ "El justo vivirá por la fe" (Rm 1, 17). La fe viva "actúa por la caridad".

1818 La virtud de la esperanza corresponde al anhelo de felicidad puesto por Dios...

/ asume las esperanzas que inspiran las actividades de los hombres;

/ Las purifica para ordenarlas al Reino de los cielos;

/ Protege del desaliento; sostiene en todo desfallecimiento;

/dilata el corazón en la espera de la bienaventuranza eterna.

El impulso de la esperanza preserva del egoísmo y conduce a la dicha de la caridad.

1820 Las bienaventuranzas elevan nuestra esperanza hacia el cielo como hacia la nueva tierra prometida.

Por los méritos de Jesucristo y de su pasión, Dios nos guarda en "la esperanza que no falla".

La esperanza es "el ancla del alma", segura y firme, "que penetra...

Es también un arma que nos protege en el combate de la salvación:

"Revistamos la coraza de la fe y de la caridad, con el yelmo de la esperanza de salvación"

Nos procura el gozo en la prueba:

"Con la alegría de la esperanza; constantes en la tribulación"

1821 Esperar la gloria del cielo prometida por Dios a los que le aman y hacen su voluntad.

En toda circunstancia, cada uno debe esperar, con la gracia de Dios, "perseverar hasta el fin".

Obtener el gozo del cielo, como eterna recompensa de Dios por las obras buenas realizadas con Cristo.

En la esperanza, la Iglesia implora que "todos los hombres se salven".

Espera estar en la gloria del cielo unida a Cristo, su esposo.


1823 Jesús hace de la caridad el mandamiento nuevo:

Manifiesta el amor del Padre que ha recibido.

Amándose unos a otros, los discípulos imitan el amor de Jesús que reciben también en ellos.

... "Como el Padre me amó, yo también os he amado a vosotros; permaneced en mi amor"

1825 Cristo murió por amor a nosotros "cuando éramos todavía enemigos"

El Señor nos pide que amemos como Él hasta a nuestros enemigos.

1835 La prudencia dispone la razón práctica para discernir, en toda circunstancia,

Nuestro verdadero bien y elegir los medios justos para realizarlo.

La prudencia reconoce la ocasión propicia de la Providencia. (Häring)

Es el ojo de la fe, abierto para contemplar el momento actual (id)

Prudente es aquel que acepta las pobres condiciones de la vida.

Y recibe la misión que Dios le confía (id).

1836 La justicia consiste en la constante y firme voluntad de dar a Dios y al prójimo lo que les es debido.

1837 La fortaleza asegura, en las dificultades, la firmeza y la constancia en la práctica del bien.

1838 La templanza modera la atracción hacia los placeres sensibles.

Y procura la moderación en el uso de los bienes creados.

1889 La caridad representa el mayor mandamiento social. Respeta al otro y sus derechos.

Exige la práctica de la justicia y es la única que nos hace capaces de ésta.

Inspira una vida de entrega de sí mismo:

"Quien intente guardar su vida la perderá; y quien la pierda la conservará".

1974 La perfección de la Ley nueva consiste esencialmente en los preceptos del amor de Dios y del prójimo.

1987 La gracia del Espíritu Santo tiene el poder de santificarnos, es decir, de lavarnos de nuestros pecados

Y comunicarnos "la justicia de Dios por la fe en Jesucristo"

1988 Por el poder del Espíritu Santo participamos en la Pasión de Cristo, muriendo al pecado, y en su Resurrección,

Naciendo a una vida nueva; somos miembros de su Cuerpo que es la Iglesia.

1990 La justificación *arranca al hombre del pecado* que contradice al amor de Dios, y purifica su corazón.

1991 Con la justificación son difundidas en nuestros corazones la fe, la esperanza y la caridad,

Y nos es concedida la obediencia a la voluntad divina.

Tiene por fin la gloria de Dios y de Cristo, y el don de la vida eterna.

1994 La justificación es la *obra más excelente del amor de Dios*, Manifestado en Cristo Jesús y concedido por el Espíritu Santo.

1995 El Espíritu Santo es el maestro interior.

Haciendo nacer al "hombre interior" la justificación implica la *santificación* de todo el ser:

1996 Nuestra justificación es obra de la gracia de Dios.

La gracia es el *favor*, el *auxilio gratuito* que Dios nos da para responder a su llamada.

1997 La gracia es una *participación en la vida de Dios*.

Nos introduce en la intimidad de la vida trinitaria.

Recibe la vida del Espíritu que le infunde la caridad y que forma la Iglesia.

1998 Esta vocación a la vida eterna es *sobrenatural*.

Depende enteramente de la iniciativa gratuita de Dios.

Porque sólo Él puede revelarse y darse a sí mismo.

1999 La gracia de Cristo es el don gratuito que Dios nos hace de su vida infundida por el Espíritu Santo.

2000 La gracia santificante es un don habitual, una disposición estable y sobrenatural.

Para hacerla capaz de vivir con Dios, de obrar por su amor.

2002 La libre iniciativa de Dios exige la *respuesta libre del hombre*,

Dios creó al hombre a su imagen concediéndole, con la libertad, el poder de conocerle y amarle.

Puso en el hombre una aspiración a la verdad y al bien que sólo Él puede colmar.

2003 La gracia es, ante todo y principalmente, el don del Espíritu que nos justifica y nos santifica.

Para hacernos capaces de colaborar en la salvación de los otros.

La acción paternal de Dios es lo primero, en cuanto que Él impulsa.

Y el libre obrar del hombre es lo segundo en cuanto que éste colabora,

El mérito del hombre recae también en Dios... proceden, en Cristo, de las gracias...

2014 El progreso espiritual tiende a la unión cada vez más íntima con Cristo.

2084 La primera llamada y la justa exigencia de Dios consiste en que el hombre lo acoja y lo adore.

2086 "¿Y quién podrá no amarlo contemplando todos los tesoros de bondad?"

2090 La esperanza es aguardar confiadamente la bendición divina y la visión de Dios;

Es también el temor de ofender el amor de Dios y de provocar su castigo.

2094 Se puede pecar de diversas maneras contra el amor de Dios.

La *indiferencia* descuida o rechaza la consideración de la caridad divina.

La *ingratitud* omite o se niega a reconocer la caridad divina y devolverle amor por amor.

2095 La caridad nos lleva a dar a Dios lo que en toda justicia le debemos en cuanto somos criaturas.

2096. Adorar a Dios es reconocerle como Dios, como Creador y Salvador, Señor y Dueño de todo lo que existe,

Adorara a Dios como Amor infinito y misericordioso.

2097 Adorar a Dios es reconocer, con respeto y sumisión absolutos,

La "nada de la criatura", que sólo existe por Dios.

Adorar a Dios es alabarlo, exaltarle y humillarse a sí mismo.

Como hace María en el Magníficat, confesando con gratitud que Él ha hecho grandes.

2098. "Los actos de fe, esperanza y caridad que ordena el primer mandamiento se realizan en la oración.

2099. Es justo ofrecer a Dios sacrificios en señal de adoración y de gratitud, de·súplica...

"Toda acción realizada para unirse a Dios en la santa comunión y poder ser bienaventurado es un verdadero sacrificio"

2100 El sacrificio exterior, para ser auténtico, debe ser expresión del sacrificio espiritual.

"Mi sacrificio es un espíritu contrito. "Misericordia quiero, que no sacrificio" Uniéndonos a su sacrificio, podemos hacer de nuestra vida un sacrificio para Dios.

2145 El fiel cristiano debe dar testimonio del nombre del Señor confesando su fe.

2232 Es preciso convencerse de que la vocación primera del cristiano es seguir a Jesús

2233 Hacerse discípulo de Jesús es aceptar la invitación a pertenecer a la *familia de Dios.*

2478 Todo buen cristiano: más pronto a salvar la proposición del prójimo, que a condenarla.

2518 "Bienaventurados los limpios de corazón porque ellos verán a Dios"

2541 La economía de la Ley y de la Gracia aparta el corazón de los hombres de la codicia y de la envidia:

Lo inicia en el deseo del Supremo Bien; lo instruye en los deseos del Espíritu Santo, que sacia el corazón del hombre.

2547 El abandono en la providencia del Padre del cielo libera de la inquietud por el mañana (Cf. Mt 6, 25-34).

La confianza en Dios dispone a la bienaventuranza de los pobres: ellos verán a Dios.

2548 "La promesa de ver a Dios supera toda felicidad.

En la Escritura, ver es poseer.

El que ve a Dios obtiene todos los bienes que se pueden concebir" (S. Gregorio de)

2550 Allí reinará la verdadera paz, donde nadie experimentará oposición ni de sí mismo ni de otros.

"Yo seré su Dios, y ellos serán mi pueblo".

Él será el fin de nuestros deseos, a quien contemplaremos sin fin, Amaremos sin saciedad, alabaremos sin cansancio.

Y este don, este amor, esta ocupación serán ciertamente, como la vida eterna, comunes a todos.

2559 La humildad es una disposición necesaria para recibir gratuitamente el don de la oración:

El hombre es un mendigo de Dios.

2563 El corazón es la morada donde yo estoy, o donde yo habito.

Al corazón sólo el Espíritu de Dios puede sondearlo y conocerlo.

Es el lugar de la decisión, en lo más profundo de nuestras tendencias psíquicas.

2564 La oración cristiana es una relación de Alianza entre Dios y el hombre en Cristo.

Es acción de Dios y del hombre; brota del Espíritu Santo y de nosotros.

2566 *El hombre busca a Dios.*

Por la creación Dios llama a todo ser desde la nada a la existencia.

2567 *Dios es quien primero llama al hombre,* llama incansablemente a cada persona.

2570 Cuando Dios le llama, todo su corazón se somete a la Palabra y obedece.

La obediencia del corazón a Dios que llama es esencial a la oración.

Por eso, la oración de Abraham se expresa primeramente con hechos:

Hombre de silencio, en cada etapa construye un altar al Señor.

2608 Ya en el *Sermón de la Montaña*, Jesús insiste en la *conversión del corazón*:

La reconciliación con el hermano antes de presentar una ofrenda sobre el altar.

El amor a los enemigos y la oración por los perseguidores,

Orar al Padre "en lo secreto" no gastar muchas palabras.

Perdonar desde el fondo del corazón al orar.

La pureza del corazón y la búsqueda del Reino.

Esta conversión está toda ella polarizada hacia el Padre, es filial.

2609 Decidido así el corazón a convertirse, aprende a orar en la *fe*.

La fe es una adhesión filial a Dios, más allá de lo que nosotros sentimos y comprendemos.

Se ha hecho posible porque el Hijo amado nos abre el acceso al Padre.

Puede pedirnos que "busquemos" y que "llamemos" porque él es la puerta y el camino.

2610 Tal es la fuerza de la oración, "todo es posible para quien cree".

Con una fe "que no duda", así se admira ante la "gran fe" del centurión romano y de la cananea.

2611 La oración de fe no consiste solamente en decir "Señor, Señor", Sino en disponer el corazón para hacer la *voluntad del Padre*.

Jesús invita a sus discípulos a llevar a la oración voluntad de cooperar con el plan divino.

2612 En Jesús "el Reino de Dios está próximo", llama a la conversión y a la fe y a la *vigilancia*.

En la oración, el discípulo espera atento a aquél que "es y que viene", en el recuerdo de su primera venida.

Y velando en la oración es como no se cae en la tentación.

2613 "El fariseo y el publicano" se refiere a la *humildad* del corazón que ora.

"Oh Dios, ten compasión de mí que soy pecador".

2616 Jesús escucha la oración de fe expresada en palabras, el leproso, Jairo, la cananea.

Las lágrimas y el perfume de la pecadora.

La petición apremiante de los ciegos: "¡Hijo de David, ten compasión de mí!".

2617 La oración de María: en la anunciación, para la concepción de Cristo.

En Pentecostés para la formación de la Iglesia, Cuerpo de Cristo.

"He aquí la esclava del Señor, hágase en mí según tu palabra". *Fiat*.

2626 La *bendición* expresa el movimiento de fondo de la oración cristiana: es encuentro de Dios con el hombre;

En ella, el don de Dios y la acogida del hombre se convocan y se unen.

La oración de bendición es la respuesta del hombre a los dones de Dios.

2628 La *adoración* es la primera actitud del hombre que se reconoce criatura...
Exalta la grandeza del Señor que nos ha hecho
Y ensalza la omnipotencia del Salvador que nos libera del mal.

La adoración de Dios... nos llena de humildad y da seguridad.
2631 La *petición de perdón* es: el publicano: "ten compasión de mí que soy pecador".
Toda oración personal comienza con la petición de perdón.
2634 La intercesión es una oración de petición que nos conforma muy de cerca con la oración de Jesús.
El es el único intercesor ante el Padre en favor de todos los hombres.
2635 Interceder hasta rogar por los que le hacen mal; recuérdese a Esteban.
2636 La intercesión de los cristianos, sin fronteras: "por todos los hombres..."
Por los perseguidores, por la salvación de los que rechazan el Evangelio.
2638 Todo acontecimiento y necesidad pueden convertirse en acción de gracias.
2639 La alabanza es la forma de orar que reconoce... que Dios es Dios.
Participa en la bienaventuranza de los corazones puros que le aman en la fe antes de verle en la Gloria.
2640 Admiración y la alabanza ante las maravillas de Cristo.
2641 "Recitad entre vosotros salmos, himnos y cánticos inspirados; Cantad y salmodiad en vuestro corazón al Señor".
De esta "maravilla" de la salvación brota la doxología, la alabanza a Dios.
2643 La Eucaristía es "el sacrificio de alabanza".
*2649 La oración de alabanza, totalmente desinteresada, se dirige a Dios; Canta para Él y le da gloria no sólo por lo que ha hecho sino porque él es* orante" enseña a orar
2650. Por una transmisión viva el Espíritu Santo, en la "Iglesia creyente y a los hijos de Dios.
2652 El Espíritu Santo es el "agua viva" que, en el corazón orante, "brota para vida eterna"
Él es quien nos enseña a recogerla en la misma Fuente: Cristo.
Pues bien, en la vida cristiana hay manantiales donde Cristo nos espera.
Cristo nos espera para darnos a beber el Espíritu Santo.

"El Dios de la esperanza os colme de todo gozo y paz en vuestra fe, Hasta rebosar de esperanza por la fuerza del Espíritu Santo".
2658 "La esperanza no falla, porque el *amor* de Dios ha sido derramado en nuestros corazones por el Espíritu Santo que nos ha sido dado"
El amor es la fuente de la oración:
Quien saca el agua de ella, alcanza la cumbre de la oración.
2697 "Es necesario acordarse de Dios más a menudo que de respirar.
2699 El Señor conduce a cada persona por los caminos de la vida y de la manera que él quiere.
2704 Tomamos conciencia de Aquél "a quien hablamos" (Santa Teresa de Jesús).

Entonces la oración vocal se convierte en una primera forma de oración contemplativa.

2707 Lo importante es avanzar, con el Espíritu Santo, por el único camino de la oración: Cristo Jesús.

2709 "No es otra cosa oración mental, sino tratar de amistad,
Estando muchas veces tratando a solas con quien sabemos nos ama".
La contemplación busca al "amado de mi alma".
Esto es, a Jesús y en él, al Padre.
Es buscado porque desearlo es siempre el comienzo del amor,
Y es buscado en la fe pura, esta fe que nos hace nacer de él y vivir en él.
En la contemplación se puede también meditar, pero la mirada está centrada en el Señor.

2710 En la contemplación se toma el tiempo de estar con el Señor
Con la firme decisión de no dejarlo y volverlo a tomar.

2711 La *entrada en la contemplación* "recoger" el corazón,
Recoger todo nuestro ser bajo la moción del Espíritu Santo.
Habitar la morada del Señor que somos nosotros.
Despertar la fe para entrar en la presencia de Aquél que nos espera y volver nuestro.

2717 En este silencio el Padre nos da a conocer a su Verbo encarnado,
Verbo encarnado sufriente, muerto y resucitado.
El Espíritu filial nos hace partícipes de la oración de Jesús.

2724 *La oración contemplativa es una mirada de fe,*
*Fijada en Jesús, una escucha de la Palabra de Dios, un silencioso amor.*
*Realiza la unión con la oración de Cristo en la medida en que nos hace participar de su misterio.*

2739 La transformación del corazón que ora es la primera respuesta a nuestra petición.

2740 La oración de Jesús hace de la oración cristiana una petición eficaz.

2741 Jesús ora también por nosotros, en nuestro lugar y favor nuestro. No deja de interceder por nosotros ante el Padre.

2781 Porque la Gloria de Dios es que nosotros le reconozcamos como "Padre", Dios verdadero.
Le damos gracias por habernos revelado su Nombre,
Por habernos concedido creer en él.

2782 Adorar al Padre porque nos ha hecho renacer a su vida
Al *adoptarnos* como hijos suyos en su Hijo único.

2785 Un *corazón humilde y confiado* que nos hace volver a ser como niños.
Es una mirada a Dios nada más, un gran fuego de amor.
El alma se hunde y se abisma allí en la santa dilección y habla con Dios como con su propio Padre.
Padre nuestro: este nombre suscita en nosotros todo a la vez, el amor, el gusto en la oración…

2807 Estamos sumergidos en el misterio íntimo de su Divinidad;
Estamos sumergidos en el drama de la salvación.

Pedirle que su Nombre sea santificado,
Nos implica en "el benévolo designio que él se propuso de antemano".
Para que nosotros seamos "santos e inmaculados en su presencia, en el amor".
2809 La santidad de Dios es el hogar inaccesible de su misterio eterno.
Dios "lo corona de gloria", pero al pecar, el hombre queda "privado de la Gloria de Dios.
Dios manifestará su Santidad revelando y dando su Nombre,
Dando su Nombre para restituir al hombre "a la imagen de su Creador".
2812, El Nombre de Dios Santo se nos ha revelado y dado, en Jesús, como Salvador.
2813 A lo largo de nuestra vida, nuestro Padre "nos llama a la santidad".
Y como nos viene de él que "estemos en Cristo Jesús,
Al cual hizo Dios para nosotros santificación".
Su Gloria y de nuestra vida que su Nombre sea santificado en nosotros y por nosotros.
2814 Porque si nosotros vivimos bien, el nombre divino es bendecido; pero si vivimos mal, es blasfemado… (Rm 2, 24; Ez 36, 20-22).
Cuando decimos "santificado sea tu Nombre", pedimos que sea santificado en nosotros.

Sólo el Espíritu es "nuestra Vida"
Puede hacer nuestros los mismos sentimientos que hubo en Cristo Jesús.
Así, la unidad del perdón se hace posible, "perdonándonos mutuamente,
"Como" nos perdonó Dios en Cristo".
2843 El corazón que se ofrece al Espíritu Santo cambia la herida en compasión.
Y purifica la memoria transformando la ofensa en intercesión.


# 22.- Eucaristía Eymard

**Pedro Julián Eymard**

Amar al Señor, confiarle nuestras empresas, nuestros gozos y alegrías/
Y nuestras esperanzas, miedos y penas.
 Aprendamos a recogernos a los pies del Señor en el silencio del amor.
Desde el momento en que muere todo lo nuestro, nuestro corazón hereda una nueva vida.
Desde el momento en que muere todo lo nuestro, el amor de nuestro corazón se dilata.
Dejaos conducir por Jesús, cual niños sin voluntad.
 Comulgad como unos pobres leprosos, con mucha humildad.
L Sagrada Comunión es una hoguera que devora las pajillas de nuestras imperfecciones.

Comulgad para amar, comulgad por amor, comulgad para amar más.
Mientas tuviere un afecto o deseo que poderos sacrificar, dejadme en el calvario de esta vida.
Sentíos felices cuando Jesús os da a conocer la razón de su bondad, de su amor.

Dad al prójimo las llamas de vuestro corazón generoso, y guardad ese corazón en el de Cristo.
El recogimiento es la raíz del árbol, la vida de las virtudes y del mismo amor divino.
El recogimiento es la fuerza del alma concentrada en Dios,
Y luego embestir y expansionarse.
Sed interiores; vivid en vuestro interior; dejad el mundo, retiraos con Jesús.
Conversad dulce y habitualmente en vuestro interior…
Decid: Jesús es mi alegría y mi felicidad.
No seréis felices en el servicio de Dios, en tanto no viváis la vida interior de oración y amor.
Amad el silencio, la soledad del alma en el santuario de Dios.
Recogeos en Dios y estaréis en vuestro centro.
Fijad vuestro centro de vida y el lugar de vuestro descaso en Dios.
Ejerced el celo por ser vuestro deber; pero aspirad a la vida interior.

Fijad vuestro centro de vida y el lugar de vuestro descanso para que el Espíritu de vuestro Señor sustituya vuestro espíritu.
No ejercitéis el celo más que por deber, pero aspirad a la vida interior.
Habéis de respirar en Dios a todo pulmón; vivir de Él.
La vida interior radica toda en el recogimiento; es vida y fuerza.
Cuanto más se entrega un alma a la vida interior, necesita más generosidad que cuando se sacrifica por el prójimo.
No creía que fuese tan dulce el sacrificio por Dios.
El alma que permanece en Jesús no experimenta el furor de las tempestades.
La contemplación de su Providencia, de su amor es la mayor felicidad del alma.
Vivid en Dios como el pajarito en el aire, como los peces en el mar.
Corazón totalmente de Dios para adorarle, amarle y servirle como Él quiera.

Con el prójimo: sencillos, cristianos, cariñosos y, con los que sufren, tiernos.
Trabajo sin mirar el éxito, sino el deber.
Sagrada Comunión, pan de fuerza y de vida;
Recibidla como pobres, débiles, agradecidos y amantes.
Estrechaos junto a Jesús, vuestro Maestro;
A acercaos a Él cuanto podáis y permaneced en su compañía.
Sed almas de oración que sea la vuestra: afectuosa, recogida, edificante.
Dispuestos a aceptar pronta y amorosamente los sacrificios que Dios os señale.
El amor no se cansa; vela en el sueño; vela en el trabajo.

Su perfección consiste en hacerlo todo como Dios quiere.

Aspirad en la oración a nutriros de Dios, más que a purificaros y humillaros.

El secreto de la oración consiste en profundizar el pensamiento de Dios en su amor.

Id a Dios por el corazón, por la conversación íntima del alma.

Sabed callaros a los pies de Jesús, sentíos felices de contemplarle, de estar junto a Él.

Algunas veces, su gracia nos lleva en brazos y marchamos gozosos.

Con frecuencia nos deja marchar solos a través del desierto.

Aceptad todos los acontecimientos que os sobrevengan como venidos de su corazón paternal.

¡Cuántas veces nos contraría el Señor! Cuando queremos obrar nos manda trabajar, en algo que nos disgusta…

Descansad con toda paz en Dios, aceptando su santa voluntad.

¡Cuánto cuesta a nuestro corazón morir al yo para vivir únicamente de Dios!

Permaneced en este centro divino;

Vivid de la voluntad de Dios;

Caminad iluminados por su luz esplendorosa.

Uno se encuentra feliz cuando no quiere, ni desea más que en una cosa: la voluntad de Dios.

La necesidad o la conveniencia de atender al prójimo, es la mayor de las gracias;

Vale más que todas las obras de celo; más que la misma Comunión.

No debéis cobrar afición a vuestro hogar, ni a vuestra tierra, ni a nada exterior,

Ni a vosotros mismos ni aun a las gracias transitorias: todo pasa.

Vosotros, estad unidos a Dios y a su santa voluntad, porque Dios os ama infinitamente.

Sentíos felices, al terminar poder decir: "Dios mío, he renunciado, en todo hoy, a mi voluntad".

Os sentiréis alegres, porque Dios llevará a cabo vuestros quehaceres mejor aún que vosotros.

Dormid recostados en el corazón del Buen Jesús, como lo hizo San Juan.

¡Cuánto aprende el alma en ese apacible silencio interior del alma con Jesús!

Luzca siempre un hermoso sol a vuestro espíritu.

Vuestro corazón sea libre como el aire.

El Señor viva con vosotros y vuestra voluntad no ame más que la actual voluntad divina.

Su santo amor, el foco de todos vuestros amores.

Dios ama a cada uno de nosotros como si fuéramos los únicos habitantes de este mundo.

Todos los atributos de Dios están a merced de su amor de benevolencia.

El poder divino nos ayuda, nos sostiene, nos defiende.
Confiar, aunque a veces no lo veamos claro.

Algunas criaturas hacen sufrir para que nos acordemos de que nuestra vida es un destierro.
Morad en la bondad paternal de Dios como un niño que vive en esta dulce bondad.
Avanzad con toda sencillez, paso a paso;
Asíos a la mano de Dios cual si fuerais ciegos.
Vivid la gracia actual: con ella tendréis una espléndida mesa preparada por la Providencia.
Tranquilo se duerme en el regado de la divina Providencia transportado en sus alas.
El santo abandono es el amor más puro y más intenso.
El amor de Dios es como el fuego que abrase en vosotros cuanto le sea extraño.
La gracia es siempre paz y sacrificio, amor y generosidad, donación y felicidad.
Para convertirse en carbón ardiente debe perder el leño todos sus elementos extraños.
La renuncia a sí mismo es la condición esencial para amar a Dios.
Vivid de nuestro Señor, en nuestro Señor y para nuestro Señor.

Dejaos de buen grado despojar de todo para poder ser totalmente de Dios.
Ocupaos de Nuestro Señor, procurad complacer a su corazón siguiendo los atractivos de la gracia.
¿Qué más os da, si amáis y sois amado de este bondadosos Salvador?
Aun cuando Jesús parezca dormido, nada temas:
Velemos a sus pies y descansemos tranquilos.
Sed buenos con el prójimo; mas no lo seáis por haceros estimar y amar.
Me consuela saber que dejáis con gozo a Dios por el prójimo: esto es amor de Dios.
Vuestro tiempo en beneficio de todos, pero vuestro corazón vivirá en Jesús.
Al Salvador le gusta echar todo por tierra en ese templo de su amor.
Vivid en nuestro Señor, de nuestro Señor, y para nuestro Señor.
Nada puede suplir a Dios, Él suple admirablemente todo lo existente.
Hay que llegar a que Jesús os baste.
El sacrificio que más agrada a Jesús es el del yo.
Arrojaos a este horno incandescente como una paja, como un hierro enmohecido.
No os miréis a la luz de vuestro amor propio: contemplaos en el corazón de Jesús.
Renovad todos los días el don de vosotros mismos al amor de Jesús.
Libertaos de la fiebre del amor propio y de la mediocridad.
Sed fuego oculto bajo las cenizas para acumular fuerza de expansión.
A medida que uno avanza, son más numerosas las cruces; pero también están coronadas de diademas más resplandecientes.

Cuando estéis tristes y desolados, amad con Jesús desolado.

La cruz nos lleva a Jesús, nos une con Jesús y nos hace vivir de su amor.

La cruz de Jesús es nuestra herencia, pero su amor es nuestra fuerza.

Sed magnánimos en amar para poder elevaros por encima de vuestras cruces.

Id a Nuestro Señor por el corazón, ¡y por el abandono en sus manos!

Amarle mucho es querer padecer mucho; amarle con perfección es morir por Él.

Qué contento está Dios de un alma que en medio de la desolación exclama: ¡Dios mío os amo por encima de todo!

La cruz es siempre pesada y penosa para la naturaleza.

Cuando se sufre, no se sienten fuerzas para reflexionar y rezar; pero puede bendecir a Dios...

Pasa el tiempo: llega el Cielo y con él, Dios en su amor eterno.

Dios hace sentir al alma sus infidelidades, para que vuelva al camino del deber.

Dios suple divinamente todo: es padre, madre, amigo, protector, consolador.


El amor de Jesús es crucificado y crucificante.

Él mismo me da su sufrimiento como prueba de amor.

Es hermoso el amor de Jesús en Belén, pero sublime su amor en la cruz.

También su amor es crucificante: crucifica al hombre viejo y sensual;

Nos crucifica en la carne y en el alma.

Nos une a su pasión; permite para cada uno mil sinsabores y amarguras en su Providencia.

Asimilar y agradecer sinsabores y amarguras de la vida, como penitencia por nuestros pecados.

Y de la humanidad, unidos a la pasión de Jesús

Que en viendo las santas especies, nos acordemos de lo que es Jesús: bondad, misericordia, ternura. Eymard.


Dar gracias a Dios por haberme dado una inteligencia para conocerle,

Un corazón para amarle, una voluntad para obedecerle.

Amar a Jesús, vivir de Jesús, sufrir por Él; darle a conocer.

Aguarda y sigue el impulso del espíritu de la gracia en ti.

La divina Misericordia ha impreso su sello de propiedad sobre mi vida.

El alma recogida anda siempre atenta a las inspiraciones del Espíritu Santo.

Vendrá a ti Cristo y te hará conocer su consolación si le preparas digna morada.

La humildad perfecta corre tras las humillaciones y menosprecios.

Así se proporciona ella una hermosa ocasión de probar a Dios el amor que le tiene.

Basta un acto de humildad hecho por amor de Dios para elevar al alma hasta Jesús.

La mansedumbre es fruto de la humildad y caridad.

Jesús sufrió (a los apóstoles) con bondad sin echarles en cara su falta de educación.

Siguiendo el ejemplo de Jesús, ser afable con las personas que te desagradan y te son antipáticas.

Debo amar sólo lo que Dios ama, y amarlo porque Él lo ama.

Sé dulce para los que te sirven, y te sirven mal.

Lo mismo os amaré, Dios mío, cuando me encuentre desolado, como consolado.

Mantener el espíritu en sosiego, desentendiéndome de toda ocupación extraña.


Voy a comenzar por amar para llegar a la virtud y morir a mí mismo.

El mejor servicio a Jesús será mi contento y mi felicidad.

Venturos a el alma que vive del amor divino, pues vive de la misma vida de Dios.

La humildad es la primera virtud que produce el amor de Jesús.

El amor de Jesús es un amor crucificado y un amor crucificante.

La Eucaristía es mi placer y mi riqueza, mi casa y el palacio donde mora el Rey.

Para escuchar bien la voz de Dios es menester que me ponga en soledad.

El hombre necesita un centro de vida donde descanse y se fortalezca anime.

Dios es el centro de un alma cuando la verdad de Dios constituye su alegría


Aguarda y sigue el espíritu de gracia en ti.

Al pie del Sagrario el sacerdote adora a Cristo por amor, como los ángeles.

Jesucristo es el fin del sacerdote, el fin de todas las gracias.


Abnegarse por completo por la gloria de Dios.

Sacrificarlo todo por su servicio y no querer más premio que Él mismo.

Ser amados de Dios, he ahí nuestro deseo.

El amor de Dios, he ahí nuestra vida.

Poseer a Dios, he ahí nuestra ambición.

Adorar a Jesucristo por aquellos que no le adoran.

Jesús en el Santísimo Sacramento se enseñorea del alma, la recoge y la atrae con fuerza.

En este estado de paz, el alma ama con preferencia la gloria del Santísimo Sacramento.

Donde el amor reina, no queda lugar para la tristeza y la pena.

El amor todo lo vuelve hermoso, amable, incluso las penas y sacrificio.

 Sea para mí el altar un calvario de amor, donde me inmole por entero cada día.

Hay que inmolar a cada instante el corazón, que no muere, sino para cobrar vida.

Confianza en Dios, sin más consuelo en perspectiva que el de complacerle.

Pruebas por parte del mismo Dios, que para todo consuelo no nos dejará más que el sacrificio.

La obra Eucarística, para dar a Jesús perpetuas acciones de gracias por el amor que nos ha mostrado.

Arder hasta consumirse de puro amor en su presencia, como la lámpara eucarística.

Recogimiento eucarístico: aplicar todos los sentidos y todas las facultades al servicio y al amor de la Eucaristía.

La humildad es el sacrificio perpetuo de adoración y alabanza de Jesús.

Ser paciente y soportar con igual humor los diversos temperamentos.

Caridad benéfica, olvidándose de sí para pensar en los demás.

Consumirse para la mayor gloria de Dios y la salvación del mundo.

Sentirse feliz cuando tiene alguna cosa que inmolar al amor de Dios.

El pensamiento de Jesús Sacramento llena toda el alma y abarca toda la vida.

Luz para todo el que viene a este mundo.

Jesús, sé mi única luz, mi nube luminosa del desierto.

Cuanto más débil sea, tanto más resplandecerá en mí el triunfo de Dios.

El Verbo se rebaja hacia nosotros y nos eleva hacia Sí en la humanidad del Verbo.

Pedir por la fe, por la sumisión a la voluntad de Dios, por la adoración de su Ser.

Colocad bajo los rayos de la gracia y del amor vuestra súplica, vuestros sentimientos.

El religioso que ora es un santo o llegará a serlo.

El que no, nunca hará cosa de provecho.

La oración es ofrenda total que de sí mismo hace el hombre a Dios.

Lo primero, callarse, adorar y anonadarse en presencia de Dios.

Mucho le agradaréis a Nuestro Señor si le habláis de Sí mismo, de sus intereses.

Sobrenaturalizar, uniéndonos a la gracia actual que el Espíritu Santo suscita en nosotros.

Apenas basta el tiempo presente para responder a su amor actual.

Los sanos lloran por no haber no haberse valido en todo tiempo para amar.

Solo para amar a Dios se nos da esta vida,

Y en amar a Dios consiste la perfección del hombre.

Considerad a Dios por donde más fácil se deja vencer, por su misericordia.

Su gloria está en usar de misericordia hacia vosotros.

Su centro está junto al Santísimo Sacramento y aquí debiera vivir y morir.

Al crearos el Padre, dijo a su Hijo: He aquí un adorador para Ti.

Nos dice Jesucristo: sígueme, adórame con todo tu ser; no te guardes nada.

Es necesario llegar a ser enteramente de Él, para Él y por Él.

Sean para él vuestros estudios... vuestra única ciencia sea la del Santísimo Sacramento.

Combata siempre el amor de Dios al amor propio.

Habéis escogido el amor de Jesucristo, Él tiene que ser vuestro modelo, ley y centro.

Arder en el amor de Dios; nos resulta insoportable el vernos privados de sentirlo.

La vida religiosa es una muerte que da vida.

Nadie ni nada os podrá comunicar felicidad, fuera de Nuestro Señor.

Aficionaos a la adoración: id a ella como se va a un banquete de los Cielos.

Permaneced con Dios para conocer su bondad.

La caridad fraterna es la virtud predilecta de Nuestro Señor.

Poner a Jesús en vez de nuestra propia persona.

Los Ejercicios Espirituales son la conversión verdadera el hombre viejo en h nuevo.

Quien más crezca en humildad de amor, será más santo de todos.

Es menester que seáis dueños de vuestro entendimiento en Dios.

Es menester que seáis como niños que no tienen preocupación ninguna.

La luna es hermosa porque refleja los rayos del sol. Aplica.

Vuelta el alma hacia Dios, se llena de los rayos de su gracia.

Quiero ir al paraíso para amar mucho a Dios.

Dios quiere que deseemos el Cielo;

Con este fin ha llenado nuestra vida de sufrimientos.

Nuestro Señor va por delante con la cruz.

Tomad la vuestra, llevadla hasta el fin junto a Él.

Su amor se manifiesta como flor que se entreabre al levantarse el sol.

Consagrar a Dios la personalidad, entregándole el yo que es el ser, centro de relaciones.

María no es nada por sí misma, sino lo es por el Espíritu Santo.

María manifiesta su correspondencia a la vida de Dios con el fiat.

María es para siempre esclava del amor. Madre del Amor hermoso.

Hay que llegar a pensar en todo por la Sagrada Eucaristía.

El amor a la Eucaristía vivifica toda la religión.

Si amarais a Nuestro Señor, pensaríais en él sin esfuerzo.

El amor tiene que ser la ciencia de vuestra adoración.

Os ofrezco mi miseria, mi sequedad, en fin, todo lo que soy.

Teniendo humildad de espíritu, siempre estaréis contentas y nunca desasosegadas.

Guarda una cara risueña y benévola para los que en apariencia os hacen daño.

Sed humildes no buscando la estima, antes viéndoos con agrado privados de ella.

Seréis verdaderamente humildes si renunciáis a toda satisfacción fuera de Nuestro Señor.

El primer grado de la pureza de amor es el no querer ninguna satisfacción.

La paciencia de trabajar sin el fervor sensible.

Vuestro corazón ha de estar contento de Dios, puesto que tan bueno ha sido para con vosotros.

Él será mi personalidad, mi principio, de vida.
Confiad siempre en Él, desconfiad en vosotras.

Sí, la Eucaristía es la vida de las almas y de las sociedades humanas.
Como el sol es la vida de los cuerpos y de la tierra. (Lect. Eymard)
¡Oh dichosa y mil veces dichosa, el alma que ha encontrado este tesoro escondido! (Lect. Eymard)
El vínculo entre sus miembros es Jesús-Eucaristía. Él es el padre que ha preparado la mesa familiar. (Lect. Eymard)
Él llama a sus Apóstoles "hijitos míos", y les manda que se amen los unos a los otros como Él los amó. (Lect. Eymard)
La Eucaristía da a la comunidad cristiana la fuerza para practicar la ley de amar al prójimo. (Lect. Eymard)
Las palabras del que ora han de ser mesuradas y llenas de sosiego y respeto.
Pensemos que estamos en la presencia de Dios. (San Cipriano)
Al entonar salmos de alabanza, nuestra mente concuerde con nuestra voz. (Cipriano)
Pues llamamos Padre a Dios, tenemos que obrar como hijos suyos. (Cipriano)

La adoración eucarística tiene por objeto la divina persona de N.S.J.
Jesús está vivo, y quiere que le hablemos.
Considerar la adoración como una hora de paraíso. Desearla.
Repetir: dentro de una hora iré al sagrario. Volar allí con el pensamiento.
La aridez nada impide.
Vivir pensando en la bondad de Jesús, siempre nueva para nosotros.
Comenzar la adoración por un acto de amor.
Hablar a Jesús del amor que tiene a todos los hombres.
Olvidarse de sí mismo, para ensalzar y alabar a Jesucristo.
Su voz dulcísima penetrará en nuestra alma, como el fuego en la yesca.
¡Qué alegría experimento al tener la dicha de venir a verte!
Ver en la Hostia Sagrada una prolongación de la vida oculta de Jesús.

El objeto formal de la adoración eucarística es la excelencia de Jesucristo.
Unirnos a los adoradores del cielo.
"Al que está en el trono y al Cordero, bendición, y honra, gloria y potestad por siglos". (Apoc. V, 13).
"A ti solo el honor y la gloria!"
Contemplar la grandeza de Jesús cuando creó la Eucaristía.
Juntar nuestra adoración a la de todos los miembros de la Iglesia.
Adorar a Jesús mediante Jesús mismo:
Él es a la vez Dios y hombre verdadero.
La gratitud es el acto más dulce al corazón y más agradable a Dios.
Es el tributo que debe pagar cada uno a su infinita bondad.
Para quedarse entre nosotros, ¡cuántos sacrificios!
Que de vuestro corazón salga la acción de gracias como la llama de un

horno.

Llorar a los pies de Jesús menospreciado por la frialdad de lo hombres.

Sí pueden todos pedir delante del sagrario; como María Magdalena.

Pedir con celo: venga a nosotros tu Reino. Envía obreros a tu mies.

Adorar con el homenaje exterior del cuerpo.

¡Hincados de rodillas, postrados! Juntarnos con los Reyes Magos.

Hazle ofrenda de tu persona, de tu espíritu, de tu corazón, de todo...

Únete a la adoración de la Santísima Virgen.

Oculta su gloria divina; sólo permite que reconozcas su bondad.

¡Oh Jesús Sacramentado, qué buen eres; qué amable; y amante!

Visitar a Jesús en el Sagrario, donde le dejan solo los hombres.

Tienen tiempo para todo, menos para visitar a Jesús.

Adorarle en reparación de tanta ingratitud, profanación y sacrilegio.

Imponerse alguna penitencia satisfactoria.

Unirnos a la propiciación de Jesús y de María.

Jesús pide a su Padre por la Iglesia, que la defienda.

Ora sin cesar por todos los miembros de su sacerdocio.

Poseyendo a Jesucristo, poseemos el cielo.

Muchos cristianos lo sepultan comulgan; ni le hacen caso después.

Lo dejan como envuelto en un sudario frío.

Vamos a ser conscientes cuando comulguemos.

Vamos a reflexionar mientras nos dirigimos a la iglesia.

Así nadie tendrá miedo, viéndome descender hasta el límite de la nada.

Así aprenderán a ser mansos y humildes de corazón.

La Eucaristía vigoriza nuestra fe; eleva, purifica y ennoblece el amor:

La Eucaristía enseña a amar.

El consejo y el ejemplo van juntos en un mismo acto.

Fortalecido con la Eucaristía, olvídase el hombre de sí mismo y se inmola.

Cuando se ve agobiado, calumniado, acude al sagrario... paz y sosiego.

En vano se buscará fuera de la Eucaristía esa fuerza sobrehumana.

Cuando se levantó, estaba curada.

Creo que no es posible perder la fe en la Eucaristía por parte de quien ha creído en ella y ha comulgado alguna vez.

¡Creamos en la Eucaristía! ¡Allí está Jesucristo!

Creo, Señor, pero aumenta mi fe.

La mayor honra que podemos mostrarle, es creer en Él.

¡Reconocerle por amor, a pesar de los velos eucarísticos!

Santo Tomás llamaba a la Eucaristía "maravilla de las maravillas".

En el desierto tomó Jesús cinco panes y los multiplicó.

Y comulga uno, comulgan millones y Jesús siempre permanece entero.

Déjanos, oh buen Jesús amante, adorar la eficacia de tu poder.

Jesús en la Eucaristía inmola su vida civil: ahí está sin derecho alguno.

Vive en medio de nosotros y es desconocido.

Su estado permanente es pura obediencia; a nuestra disposición.

Y ¡cuántas veces se corresponde al Señor con la indiferencia!
En la Eucaristía Jesús se encuentra sin voluntad y sin movimiento.
Esta Eucaristía nos hace morir al pecado; morir nuestros egoísmos.
Jesús instituye la Eucaristía para satisfacer los anhelos de su Corazón.
Es la obra más divina de la tierra y la más empapada de amor.
Es bondad y expansión de ternura. Jesús sentía la necesidad de instituirla.
Quería satisfacer sus ansias de amarnos. "¡Sois mis amigos!"
Engendra con la Eucaristía la verdadera igualdad entre los hombres.
Jesús tiene necesidad de estar una y otra vez entre nosotros.
¡Cuánto le agrada que nos acerquemos a Él!
Jesús mendiga adoradores y Él nos llama con su gracia.

El alejamiento debilita los vínculos de la amistad.
Pero Jesús está presente entre nosotros.
Los discípulos de Emaús casi habían perdido la fe.
Pero Jesús no podía abandonarlos.
Con la Eucaristía esta vida resulta llevadera.
Es padre cariñoso viviendo en medio de sus hijos.
Jesús quiere envolver toda la tierra en una nube sacramental;
¡Me lo comería! dice la madre junto al hijo... Ven, ven Señor no tardes.
Jesucristo tomó el estado sacramental para seguir honrando al Padre.
Reparó por la Encarnación y restauró la gloria del Creador.
Se humilló el Verbo Eterno hasta unirse a la naturaleza humana.
Y nos rescató con el precio de su divina sangre.
Pero después, no nos abandona.
No se expone a tales riesgos la ley divina del amor.
Continuará para su Eterno Padre el oficio de adorador y glorificador.
Se hará sacramento para mayor gloria de Dios.
¿No veis a Jesús en el altar, en el sagrario? ¿Qué hace?
Adora a su Padre, le da gracias, intercede por nosotros.

Jesús por su estado sacramental rinde homenaje a su Padre.
Inmola su gloria divina, y también su gloria humana.
E incluso las cualidades gloriosas de su cuerpo resucitado.
Jesús se quedó con su Iglesia para ser su vida, su fuerza y su gloria.
Por la Eucaristía la Iglesia es poderosa y fecunda.
Sus hijos ya no se pueden contar y se hallan diseminados por toda la tierra.
La Eucaristía es el pan vivo que sustenta en ellos la vida sobrenatural.
Quantum isti, tantum illi, nec sumptus consumitur

Tú eres verdaderamente Dios escondido.
Lo que no puede hacer en el cielo, ya glorioso, lo ejecuta sobre el altar.
Es un combate que Jesús libra contra el orgullo hasta vencerlo.
La gloria de Dios es la primera razón de ser del estado oculto de Jesús.
Pero, aunque oculto a mis ojos, actúa en la obra de santificación.
Si yo me quiero hacer santo tengo que principiar por vencer el orgullo.
Es la voz que se escapa desde el fondo del tabernáculo.

¿Quién viendo así a Jesús podrá ser soberbio?
Se hace pequeño con los pequeños para poder elevarlos hasta sí mismo.
Oculto bajo las especies sacramentales, anima y fortalece.
El velo eucarístico acrisola nuestra fe.
De nada sirven aquí los sentidos; no actúan.
En los otros misterios, los ojos ven a un Dios hecho niño;
A un Dios que muere para salvarnos.
Pero aquí no ven más que una nube impenetrable.
Oculto Jesús tras esta espesísima niebla de los accidentes eucarísticos.
El alma fiel lo busca con el mismo afán que Magdalena en el sepulcro.
Gózase en atribuirle toda suerte de belleza, y en realzarle con toda la gloria.
La Eucaristía es para esta alma lo que Dios para los bienaventurados.
¡Oh Señor, amado y dueño de mi alma, yo os buscaré sin descanso!
Mostradme Vos vuestra faz adorable.

"¡Señor, muéstranos tu rostro!"
Oculto es más amable que si se manifestara visiblemente.
Recordar a los judíos al pie del Sinaí. ¿Más amor viéndole en su gloria?
Tres años estuvieron con él sus discípulos, y no le amaban con locura.
Oculta, sí, su cuerpo, para que sólo pensemos en su adorable persona.
Intimar con El.
Es mucho para un amigo saber que tiene a su lado al amigo íntimo.
Ha querido ocultarse de esta manera por nuestro bien.
En el monte estamos en presencia de la inmensidad divina;
En el sagrario, en presencia de Jesucristo mismo.

La verdadera felicidad consiste en la posesión de Dios.
Y la Eucaristía es Dios totalmente nuestro.
La fe en la verdad, si no nos conduce a la fe en el amor, de nada sirve.
¡Felices aquellos que creen en el amor de Jesús en la Eucaristía!

El amor no gusta de intermediarios.
Para esto se ha quedado entre nosotros perpetuamente.
Yo os amo; bien veis que es verdad que os amo.
Habitar en la casa del Señor todos los días de mi vida.
En una familia aman los padres personalmente a cada uno de sus hijos...
Y sus delicias son estar con los hijos de los hombres.
¿Señor, por qué queréis venir a los que os tienen indiferencia?
Pensad en este buen padre que vive entre vosotros, os protege.
Siempre os recibe con amabilidad; siempre lo tenéis a vuestro lado.
La bondad es la cualidad más relevante del padre.
Jesús no muere nunca; lo tenéis siempre en el sagrario.
¿Quién nos alimenta mejor que Jesús? Él es padre y pan de vida.
¡Qué delicioso es este pan! Contiene en sí toda dulzura.

¿Qué decir de la bondad de Jesús en la Eucaristía?
Jesús quiere tener más amor que el hombre odio.

Quiere rendir al hombre por su bondad.
 Dios ante el pobre y el débil se desborda;
Le abraza, le abre todos sus tesoros.
El pobre sabe elogiar la bondad del rico.
Exponer ante él nuestras necesidades. Mirad que soy muy pobre...
Permanecer en Jesús.
Jesús, que vive en la Eucaristía,  quiere ser el centro de nuestra vida.
Y que sea el manantial único de nuestros consuelos.
"Venid a mí los que estáis agobiados, y yo os aliviaré".
Jesús nos atrae espiritualmente.
Quiere que reine el silencio en su derredor.
Nos gobierna sin abandonar el reposo del silencio.
Si quiero que reine en mí es preciso que me recoja...
Es necesario que viva de Jesús y no de mí.
Él quiere ser la única felicidad de mi corazón.
"Quien come mi carne y bebe mi sangre permanece en mí y yo en él".
(Jn. 6,57)
Jesús manantial de nuestro consuelo. Centro de nuestra vida.
"Quédate con nosotros, Señor, porque cae la tarde".
Con Jesús brilla la luz; tenemos el pan de los fuertes;
Consuelo en las angustias y reposo en la fatiga;
Y remedio para nuestros males.
Quien ama a Jesús, busca la Eucaristía y se complace en hablar de ella.
Conservar al Santísimo, nuestra ilusión; su pérdida, el mal supremo.
Cuando el sol se esconde hace frío y siguen las tinieblas.
Si se extingue el amor a la Eucaristía, piérdese la fe.

He de esforzarme para amarle por lo menos por cuantos no le aman.
No se le ama más, porque se habla muy poco de la Eucaristía.
Hemos de dar ejemplo: ¿cómo adoramos?
¿Cómo nos comportamos junto a Jesús?
La sagrada Eucaristía fue instituida a costa de la pasión de Jesús.
Porque es el sacrificio de la Nueva Ley y no hay sacrificio sin víctima.
Podemos darle el obsequio de una luz...
y sobre todo nuestro pensamiento  y vida.
"Te adoro, te reconozco por mi Señor.
Y te doy gracias por hallarte presente en el Santísimo Sacramento".

Jesús quiere infundir en nuestros corazones un amor apasionado hacia Él.
Que termine en amor apasionado.
Saber hacer algo que nos cueste por su amor, porque le amamos.
Mientras no tengamos un amor apasionado a Jesucristo.
Pensar en el amor que os tiene: este amor os entusiasma, os enajena.
Tu espíritu e inteligencia se quedarán clavados en el Señor.
¡El corazón enamorado corre hacia el Santísimo Sacramento!
Amas a personas aquí; transportarlo todo hacia el Santísimo Sacramento.
La esposa, le ama como su esposo. El padre como a su hija.

El amigo como al suyo. Amarle con locura.
Es preciso que yo le ame; que le visite; no puedo dejarle solo.
Veo que El me ama demasiado.
Lo que al presente debemos hacer es entregarnos,
Habitar y vivir junto a Nuestro Señor.
No vivamos para nosotros sino para Jesús.
Un hijo no razona para conocer a sus padres.
Así se manifiesta Jesucristo por su presencia, por su realidad.
Y entonces comunica al alma la convicción divina;
y esta luz eclipsa la razón natural.
Una sola palabra de Jesús bastó para que Magdalena lo reconociera.
Mirando a Jesús, irán brotando todas las virtudes.

Dice Jesús: "Venid a mí todos cuantos estáis cansados y yo os aliviaré".
Ir a Él con amor y confianza.
"Maestro bueno", le llamaban.
Y en la Eucaristía quiere recibir este título de una manera especial.
Desea que pensemos en su ternura y que la felicidad de estar con Él.
Su bondad se comunica a los que estamos por debajo de ella.
¡Qué bueno sentirse junto a El débil y pequeño!
¡Qué bueno mirar con compasión y misericordia a nuestros enemigos!
No dejes la oración por padecer distracciones.
Invoca esa BONDAD de Jesús. Su bondad te perdona.
Muchos prefieren el terreno de la acción que el de la oración. Pues no.
El Señor pasaba noches orando.
Jesús se "comprime" hasta la nada para que su amor salte hasta el Padre.
El alma contemplativa ve en Jesús su modelo.
Contemplación humilde y anonadada ante Jesús Sacramentado.
Inmolarnos ante El.
La vida anonadada de Cristo en la Eucaristía es aquí nuestro modelo.

Jesús en la Eucaristía nos enseña a ocultarnos y a no aceptar elogios.
Humillaos como él, perded como Él vuestro ser:
Es preciso que Él crezca y yo disminuya.
La humildad de corazón es el árbol que produce el fruto de
Dulzura y mansedumbre.
Siempre afirma que repite la Palabra del Padre.
Nosotros, ignorantes y pecadores debemos fomentar la humildad.
Ver a Jesús en la mayor humildad, con figura de pan y es Dios.
es una debilidad, una adulación, una cobardía.
El mostrarse fuerte con los débiles, una crueldad.
¿Qué diremos de la mansedumbre eucarística?
Con total bondad recibe a todos cuantos se le acercan.
Se pone al alcance de todos: grandes, pequeños, ignorantes.
Con bondad se nos da en la Comunión y se acomoda a nuestro estado.
Y ruega por los que le desprecian y le ofenden.
A todos ama; a todos se acomoda.

Junto a Él podemos llegar a conseguir esa dulzura y mansedumbre.
Si le amamos de verdad, lo conseguiremos.


Jesús en la eucaristía ha elegido el estado permanente de pobreza.
Ya en la Encarnación aceptó el estado de nuestra naturaleza pobre;
Se hizo pobre para enriquecernos a todos;
Para mostrarnos y probarnos su amor.
Y continúa en la pobreza del estado eucarístico.
La pobreza ha sido santificada por Jesús.
La pobreza nos lleva de la mano a amar a Dios sobre todas las cosas,
Porque nuestro corazón no se adhiere a los bienes materiales.
Entremos resueltamente en el camino de la pobreza, para imitar a Jesús.


La Eucaristía fue sembrada en Belén.
Es el pan vivo: y antes el trigo se siembra, germina.
Venía a unirse al hombre mientras viviese en la tierra.
Preparaba en secreto en todos momentos de su vida la Eucaristía.
¡Qué conmovedora la Misa de Noche Buena en todo el mundo!:
El sacrifico comenzado en Belén se consuma sobre el altar.
Allí el Verbo se hizo carne; en el Sacramento se hace pan.
Proclamemos Rey a Jesús Eucaristía. Que reine en nosotros.
Los Magos manifiestan simpatía con Jesús.
Un lazo de unión entre los corazones.
En la Eucaristía nos hace gustar la dulzura del maná celestial.
Loa Magos adoran al Niño, con fe; a pesar de no ver más que un rostro
Infantil. Notémoslo.


"He aquí el Cordero de Dios..."
Las almas sencillas y rectas se dirigen al Tabernáculo como los Reyes
a Belén.
Aman la verdad y la buscan con ardor. Esta es nuestra fe.
Hemos buscado a Jesucristo y le hemos encontrado, y le adoramos.
La humillación sacramental es también la segunda prueba de fe cristiana.
¡Vivir en sí mismo en Jesús, por Jesús y con Jesús!
¡Transformarse en vivo tabernáculo y copón! ¡Alegría pura e inalterable!
¡Y sintiéndonos más amados, haremos una entrega más completa!


Honramos Jesús: con amor infinito nos ha amado en el Sacramento.
Este Corazón de Jesús, desde la Eucaristía, vivifica y fortalece.
Jesús conserva a todos sus miembros.
Devotos de ese Corazón de Jesús, nos ejercitamos en actos de amor divino.
Él es el manantial de la vida perfecta y eterna.
¡Penetrar en este santuario de la divinidad! ¡Lo poseemos!
Viene y permanece en nuestros corazones mientras dura el Sacramento.
Y en nuestro corazón se queda con presencia de amor.
Es un continuo movimiento hacia nosotros.
Nos hace desear así la felicidad eterna del cielo;

Nos familiariza con el pensamiento de la gloria.
¡La Comunión nos prepara para el cielo!

Venid... pero no a buscar la felicidad sensible, sino las lecciones de santidad.
Venid; que vuestro amor y abnegación os transfiguren en Jesucristo.
Nada para él; todo para Jesús. Nosotros hemos de ir al Sagrario con este deseo.
¡Qué pena no poderle levantar un trono en todos los corazones!
Comenzar al menos por interceder por los hombres.
 Hacer penitencia por nuestros hermanos.
 Pedir al Señor de la mies que envíe operarios a su heredad. Reparar.
 Este es el verdadero apostolado: conducir las almas a Jesús.
 "Es necesario que El crezca y que yo sea humillado".
 Magdalena aventaja en valor a los hombres.
 Ella va al sepulcro de Jesús, cuando muchos huyeron temerosos.
 El amor fundió en dos la vida de ella con la de Cristo.
 Y fue a anunciar después a Cristo resucitado.
 Nuestra devoción ha de ser robusta, compacta y ha de tender a un
 objeto único.
 La lluvia fina que dura mucho tiempo, la penetra y fecundiza a la tierra.

El S. Sacramento lo es todo, porque es Jesucristo mismo.
La Comunión ... debemos prolongar sus saludables efectos.
La comunión ha de ir seguida de la vida de unión con Jesús:
Actos de amor multiplicados; miradas inflamadas al Amado durante el día.
Después de comulgar, continuamente estaban al habla con Dios.
La sagrada Comunión es la gracia, el modelo y ejercicio de todas las virtudes.
¿Te sientes tibio? Él te calentará.
Comulgar por Jesucristo es consolarle del abandono en que le dejan.
Es hacer fructificar los tesoros de gracia que Jesucristo ha encerrado
en la Eucaristía.
El cristiano se transformará así en Jesús mismo, y Jesús volverá
a vivir en él.
Algo divino pasará entonces en el que comulga:
El hombre trabajará y Jesús dará entonces la gracia del trabajo.

Basta una comunión para santificar a uno en un instante.
Pero es preciso comulgar bien, con buena preparación y acción
de gracias.
Que la conciencia esté limpia. Ir con amor; con anhelo por el Amado.
Adorarle con devoción. Bendecir su bondad. Ensalzarle. Hacerlo propicio.
Aborrecer nuestros pecados. Desear; suspirar; volar hacia la
mesa de comulgar.
Para sacar fruto, lo primero es ir con deseo de recibir a Jesús.
Con hambre; como cuando comemos algo bueno.
Tened siempre esta hambre del pobre; haced valer este derecho.
Decid con confianza: Señor, el pan nuestro de cada día dánosle hoy.
Somos unos pobres mendigos.

Debemos acostumbrarnos a prepararnos para la Comunión en
unión del Espíritu Santo.
Ser como la paja en medio de este gran fuego.
Él es el dulce huésped del alma. ¡Fecunda nuestras almas con tu amor!

Se trata del sacrificio del Hombre - Dios. Muere en cuanto hombre
y eleva esta muerte a la dignidad de acción divina, comunicándole valor infinito.
Glorifica al Padre mediante el estado de víctima.
En lugar de animales, se ofrece Él mismo: Eucaristía.
Y es nuestro abogado que intercede por nosotros con lágrimas
y gemidos inenarrables.
En la Misa encontramos la gracia del arrepentimiento y de la santificación.
El medio mejor de asistir es unirse a la augusta Víctima. Unirnos al sacrificio.
Oraciones, Jesús nos invita a regocijarnos por su triunfo sobre la muerte.
Bendición, Jesús bendice; ascensión.
Como homenaje de adoración, ofrecer al Eterno Padre las adoraciones
de su Hijo.

Adorad a la Hostia Santa cuando ha bajado Jesús al Altar.
Recibid la sangre de Jesús que clama misericordia por vosotros.
Ofreced esta Víctima divina por vosotros y por el mundo entero.
Decid el Pater, perdonando como Jesús a vuestros enemigos...
Que, por la intercesión de María, nos libre al "libera nos Domine"
de todos los males.
Regocijarse santamente de sus delicias y de su paz.
Adórale sobre el trono de tu corazón.
Sujeta la mente a su trono para que no divague.
Estás en íntima unión con Jesús.
Llora una vez más tus pecados.
Pide que Jesús sea conocido, honrado, amado por
La Iglesia nos llama a la Comunión, como el Angel a María.
Dios quería una Madre Virgen. Dios quiere un alma limpia.
La Eucaristía os hará producir en un solo día para la gloria de Dios.
María lo llevó en la Encarnación, nosotros ahora recibimos el
Cuerpo celestial.
Demos gracias con fervor, con devoción, conscientes del enorme favor.

Pan de vida, es el verdadero nombre de Jesús.
En la Cruz será molido y cernido como la harina.
El alma no se sostiene sin comer el verdadero alimento: la Eucaristía.
Y no se come sólo para conservar la vida, sino también para sacar fuerzas.
No podemos caminar con hambre bajo el sol...
En la Eucaristía encontramos la dulzura de la vida.
El que comulga comprende que, como recibe mucho, mucho tiene
que devolver.
La Eucaristía es pan de los débiles y de los fuertes.
La Eucaristía fuego que consume la paja de nuestras enfermedades espirituales.

La Comunión es más que un remedio, una fuerza.
Jesús. "En mí mora; y yo en él".  Con sola una palabra disipa las tempestades.
Con una mirada dispersa a nuestros enemigos.
Es dulzura y satisface todos nuestros deseos.
Es perfume celestial del hermoso lirio del campo.
El alma humilde experimenta cierta conmoción; siente a Jesús en todo su ser;
Ve que es como un paraíso habitado por Dios.
¡Gustad y ved qué bueno es el Señor!
El que come mi carne y bebe mi sangre tendrá vida eterna".

"Los alimentaré con el pan de vida y de inteligencia".
La fe es luz; la Comunión es luz y afecto. Produce alegría y el gusto de Dios.
Por la Comunión entramos en el Amor; en el corazón de Jesucristo.
Somos revestidos de Cristo.
¿No sientes ningún consuelo? Aguarda; prepárate; y... a veces el sol se oculta.
El mismo Salvador derrama en nuestros corazones alegría y felicidad. Gozo.
Es el Sacramento del Amor. Recibimos al autor de todo don; a Dios mismo.
Se nos da a sí mismo.
Y el que no conoce la Eucaristía, tampoco conoce el Amor.
Nos da la gracia del amor. Gracia para amar a Dios con amor de amistad.
Jesús viene a sentarse en nuestro hogar y a formar con nosotros una sociedad de vida.
No nos llama siervos, sino amigos.
Y su propio amor viene a amar en nosotros.
Que Él se encuentre a sus anchas en nosotros.
Humillarnos, sí, pero que sea el amor o al menos el deseo de amarle, el que nos domine.

¿Por qué tendrá tanto empeño en regalarnos con tanta bondad?
Ante su Omnipotencia temblamos; tampoco nos inspira cariño su santidad.
Amamos a Dios a causa de su bondad.
La Comunión es bálsamo; después de la penitencia, nos devuelve la paz.
Engendra constancia en nosotros.
Es fuerza en el intenso combate que hemos de soportar.
Si se comulga se conserva con mayor facilidad el vestido de gracia.
La Eucaristía es el Sacramento de la vida.
No bastan para mantenerla el Bautismo y la Penitencia.
¡Comulgad para haceros santos; no porque seáis ya!
Y pues coméis el pan de los Angeles, quedaos un poco en contemplación
 como ellos.
El cartujo para la acción de gracias se acuesta al pie del Altar.
Si os faltan fuerzas, ella os las da; si andáis cansados, ella os descansa.
Es la vida del mismo Jesucristo. Vida de amor que no muere en tanto
 se ame.

El Bautismo nos purifica, las virtudes dan hermosura, la Eucaristía
 nos deifica.

Cuanto más comulguemos, tanto más refulgente será nuestra gloria en el Cielo.

Sea nuestra corona recibir a Jesucristo.

Poseemos ya la plenitud de la mansión eterna.

La Eucaristía continúa la obra de familiarización con Dios. ¿A quién temeré?

Quiere que le amemos como a amigo, como a hermano, como a padre.

Zaqueo quería tan sólo verle. Nosotros lo retenemos como sustancia propia.

¡Sintámonos felices por esta admirable invención!

Él es nuestro amigo, nuestro comensal, nuestro manjar.

Que en viendo las santas especies nos acordemos de todo lo que es Jesús: amor, bondad, misericordia, ternura.

Aquí Jesús habla interiormente.

¿No lo has sentido alguna vez, cuando te has encontrado más recogido?

Cuando nos habla Jesús lo hace de una manera muy íntima y sutil, sin palabras, pero atrae.

En los momentos de la Comunión nunca hace reproches.

Decirle como Samuel: "Habla, Señor, que tu siervo escucha". ¡¡Señor, qué bueno eres!!

¿Qué remedio hay contra la tristeza? El remedio absoluto está en la comunión.

Jesús viene para combatir directamente la tristeza.

No hay una sola alma que comulgue con deseo sincero, y se quede triste.

Sentirse amigo de Dios; ya no me apenan mis pecados pasados.

La presencia del Señor ha de ser el único motivo de nuestra alegría.

Quedaos a sus pies paladeando vuestra dicha junto a su bondad.

¡Gustemos sin temor de su bondad!

¡Señor mío y Dios mío! El Salvador desde algún aspecto nos aparece siempre nuevo.

Hay en Jesucristo abismos de amor que es necesario sondear con fe.

Nos obliga a amar con el exceso mismo de su amor por nosotros.

Jesús comienza por darnos el sentimiento.

Dios mío, ¿cómo es posible que me améis tanto?

Jesucristo está vivo: encierra en sí todos los misterios que viven en Él.

Entregaos, pues, a Jesucristo y que Él more en vosotros.

La unión del alma es mucho más estrecha en la Comunión que cualquier otra unión.

El alma se funde en Jesucristo como la gota de agua se pierde en el océano.

Toda nuestra vida debiera ser un continuo acto de gratitud.

El para mí y yo para Él. Ser poseído por Jesús y poseerle.

El Amado es mío en el Santísimo Sacramento, porque se me da con don entero y perfecto.

Como el sol, lo encuentro en todas las partes.

Él debe inspirar mis pensamientos y ser el objeto de mi ciencia.

¿Quién me separará del amor de Cristo?

Un hombre bien penetrado de todo esto debiera estallar en amor.
Debiera vivir de amor y  consumirse de amor.
Jesús me ha amado y se entregó por mí". "La caridad de Cristo nos urge".
¡Permaneced constantemente pensando en la bondad de Dios!
Os amo, Dios mío, más que a mí mismo. Hazme un apóstol de tu amor.
Por la Comunión viene Jesús a tomar posesión de nosotros;
Debemos despojarnos  entre sus manos de todo derecho de propiedad.
Nuestro Señor se apodera de nuestra acción y la hace suya.
Unidos a Él, seamos  dóciles a su dirección.
¡Estar siempre junto al Señor! ¡Obedecer prontamente todas sus órdenes!
Jesús se oculta en nuestro interior por la Eucaristía y la gracia santificante.
Desde nosotros mismos nos habla, da consejos, nos consuela y nos
santifica.
En nuestro interior es donde quiere establecer su reino para así morar
en nosotros.
Morad en mí, y yo moraré en vosotros.
Unión de vida con Jesús como la rama con el tronco, como savia divina.
"El que mora en mí, produce mucho fruto".
Permaneced en mí.
Hace falta que el ojo de mi alma esté abierto para ver a Jesús en mí.

Recogerse y mirar a Dios en sí, a partir de la comunión mañanera.
Cuando Dios quiere otorgar a un alma una gracia muy grande, y más
Nos aproxima más a Dios, nos alcanza más luz y calor, porque estamos
 más cerca.
Por eso se comprende mejor la Eucaristía y otras verdades en
 el clima del recogimiento.
No desea Dios otra cosa sino comunicársenos, pero quiere ser todo
para nosotros.
El centro de nuestra vida, sólo en Jesús.
 "El que come mi carne y bebe mi sangre, en mí mora y yo en él".
"Vendremos a él y haremos en él nuestra morada".
Se nos viene Jesús sacramentalmente, para vivir todo el día
espiritualmente en nosotros.
El sacramento es la envoltura que le encierra.
Recogidos así en cualquier momento en Jesús, le ofrecemos nuestros
 actos.

¡Fortalecer en nosotros el hombre interior que es Jesús!
Hacerle nacer, crecer, por todas las acciones, con lecturas, trabajos,
oraciones y demás actos de la vida.
Se crea un dulce sentimiento que anima, una suave atmósfera en que
se vive  y trabaja en Dios.
Alimentar el espíritu con una verdad que nos guste.
Una gracia tan llena de unción que se desborda y derrama hasta en
 los sentidos.

La comida es el alimento del cuerpo.
El alma se alimenta de Dios.
Y la oración también necesaria para el alimento del alma.
Si no oramos nos parecemos al nadador que no mueve los brazos ni las piernas.
Quien quiera vivir en intimidad con Jesús, debe orar más, visitarle más, seguirle.
Así va entrando la familiaridad con El. Todo el poder de los santos estaba en la oración.
En caso de que Dios quiera obrar milagro en el alma, os inspirará la oración.

La vida interior es para la santidad lo que la savia para el árbol.
Cuanto más interior es un alma más esclarecida es de luces divinas.
Si queréis vivir la Eucaristía, daos de lleno a la vida interior con Jesús.
Recogerse para ello: concentrarse de fuera adentro; en el pensamiento del deber.
"Quien permanece en mí y yo en él, ese da mucho fruto"
Nuestro timón es el recogimiento.
Jesús viene en la Comunión para visitarnos; a educarnos en la vida divina.
Jesús vive oculto para enseñarnos la vida recogida, la vida interior.
Además de las gracias de salvación, recibimos las de santidad y devoción.
También hay que ser fiel a estas últimas.

La delicadeza y sensibilidad son algo misterioso. Es la misma señal de la gracia.
A medida que va uno alejándose de Dios, disminuye la delicadeza.
El segundo efecto de la sensibilidad es movernos a orar interiormente.
Si sentís el Corazón de Jesús en contacto con el vuestro, ¡qué felices sois!
La ternura del corazón es las más de las veces fruto del sacrificio.
Si el Señor os conduce por esta senda, someteos.
Dios quiere nuestro corazón entero.

Tengamos siempre el corazón sensible para Dios.
El Señor quiere derramar con mayor abundancia las dulzuras de su gracia.
Reproduce en el corazón la imagen de Jesús Eucaristía.
Purifícate y entra en tu interior.
Es bueno confesarse y humillarse por los propios pecados.
Al venir a adorar, ejerces una función angelical.
Estimar el estado de gracia por encima de todo.
Y el tesoro lo llevamos en vasos frágiles.
Vigilar, y orar. El secreto de la regla de amistad está en la pureza de corazón.
Permanecer en Jesús; no tener otro apego sino lo que quiere Jesús.
Entrega de nuestras facultades, de nuestra voluntad a Él.
Actualizar en nuestras visitas al S. Sacramento esta intención.
Actualizarla también al comenzar obras nuevas.

Cuando nuestra voluntad está en Jesús, Él vive en nosotros.
Y no sólo para evitar el pecado, sino para cumplir cuanto nos pida.
¿Piensas habitualmente en Dios? Pues Jesucristo se encuentra en
tu espíritu.
Para avanzar hace falta paciencia.
La paciencia es la humildad del amor de Dios.

Jesucristo en el Santísimo Sacramento debe ser el centro, el principio
y el fin.
El amor, primer principio de la vid del adorador.
El amor, el punto de partida de la verdadera conversión.
Ver a la Magdalena.
El amor a semejanza del sol naciente, deber elevarse esplendoroso hasta l
a plenitud.
Es la Eucaristía la maravilla de las maravillas.
El límite supremo de su poder y de su bondad.
Por medio de la Comunión Jesús se encarna en el alma de cada fiel.
La Eucaristía es el reinado de Jesús en el cristiano.
Con la Eucaristía el cristiano se encuentra bien en todas las partes.
El centro verdadero del adorador es vivo y siempre accesible;
Un centro que repare las fuerzas.
"Permaneced en mi amor", "Sin mí, nada podéis hacer".
Jesús sacramentado es nuestro centro.
"El que come mi carne y bebe mi sangre, habita en mí y yo en él".
Aquí está el centro eucarístico del cristiano; la divina Eucaristía es
su morada de amor.
El primer cuidado del adorador al llegar a lugar extraño es buscar el
palacio del Rey.
Tomar por algún tiempo a Jesús en el sagrario como presencia de Dios.
El Santísimo nos atraerá; nuestra devoción será ardiente.

"El que me comiere, vivirá para mí", dice Jesús.
Vivir siempre con la mirada puesta en El, en su amor.
Jesús en el Santísimo Sacramento debe ser fin de todo mi ser.
El adorador debe referir todo a la gloria del Señor.
La devoción eucarística debe ser la devoción regia del cristiano.
El sol eclipsa todas las estrellas; y todos los planetas giran alrededor
del sol.
Dar a la devoción eucarística el primer puesto entre todas las devociones.
La comunión consciente nos lo da.
La Eucaristía es suavidad en las virtudes, tanto mayor cuanto mayor es
el amor.
Conocer, amar, servir a Jesús en el Sacramento, oficio del verdadero
adorador.
Y procurar que sea conocido, amado y servido en el Sacramento por todos.
La felicidad del hombre está en su amor apasionado.
Nada parece imposible a un enamorado.

En la Eucaristía Jesús se oculta para que sea deseado;
Se oculta para dejarse contemplar;
Se oculta para estimular y aquilatar nuestro amor.
La Eucaristía es el alimento siempre nuevo y poderoso.
La Eucaristía, algo de lo que sucede en el cielo pasa aquí.
Sentir hambre y sed de Dios, siempre viva y siempre satisfecha.

El alma amante penetra en lo más hondo del amor divino.
¡Feliz quien siente la santa pasión de la Eucaristía!
Servir al Señor en la Eucaristía; servicio regio;
Servir al Señor en la Eucaristía: servicio de amor, al Sacramento del amor.
El amor divino inspiró esta institución.
Debe ser tierno su amor; tierno como el Corazón de Jesús que se
le entrega.
La adoración de Jesucristo en el Santísimo Sacramento es el fin
de la Iglesia militante.
La adoración eucarística es el mayor triunfo de la fe
La adoración es acto excelentísimo de la santidad en la tierra.
La caridad adora a su Dios amoroso sobre su trono de gracia.
Adora al Señor, tribútale vivas, haz actos de desagravios.

¡Qué piadosa y humilde debió de ser la adoración de San José!
"El que habla es el mismo Cristo", oyó, y se postró en tierra. (Jn.9, 37)
Humilde y penitente la adoración de la Magdalena a los pies del Salvador.
"Señor, yo no soy digno de que entréis en mi casa..." Mt.8, 8.
Y la del Calvario por el Buen Ladrón.
Durante el prefacio únase al coro de los Angeles y de toda la corte
para alabar.
Pida al Padre celestial que bendiga este sacrificio y lo tenga por
más el más agradable
Mirar la Hostia elevada al cielo como al mismo Cristo en la cruz.
Después de la consagración ofrezca la santa Víctima para expiación
de los propios pecados y del mundo.
Ofrézcala a la misericordia a la vista de las propias miserias.
Considera la sagrada Comunión como el medio mejor y más universal
para lograr la santidad.
Jesús te dice: porque eres pobre, vengo a ti; porque eres enfermo;
quiero darte la vida.
Ven con confianza; dame tu corazón.
Adora a Jesús en ti; ensalza su poder; llora tus pecados a sus pies.
Dale gracias por haberte honrado y amado en la Comunión.
Ofrécele algún obsequio de amor, algún sacrificio.

Si adoramos a Cristo, a María que nos lo dio hemos de honrarla.
Si amamos a Jesús, también a su madre.
Es ella la primera adoratriz, mientras tenía a Jesús en su seno.
Vive la vida eucarística de Jesús.

Como es vida oculta, imitemos a María en sus virtudes ocultas.
Adorar a Jesús en el S.S. es reconocer que está allí verdaderamente presente.
Rendirse a la verdad de Jesús. Ofrecerle el homenaje supremo de nuestro ser.
Alabarle. Adorar su grandeza.
Hacer de la Eucaristía fin de la vida.
Como Zaqueo. Conocer la grandeza de Jesús y nuestra miseria.
¿Qué daré al Señor por todo lo que me concedió?
Tomaré el Cáliz de la salvación e invocaré su nombre.

Reparar ante todo su honor mancillado.
Recordar la indiferencia, los sacrilegios, las rutinas... reparar.
La Eucaristía es tesoro inagotable.
Hay que conducir a los amigos y hermanos como Andrés.
Orar, llorar, pedir.
Que rompa las duras cadenas.
¿Ante quién estoy? En presencia de Jesucristo, Salvador, Dios. Adórale,
Adórale con la fe del ciego de nacimiento, con la fe de los reyes de Belén;
Ofrécele el incienso de tu adoración, la mirra de la mortificación, el oro de tu amor.
Él se hace del todo mío en su Sacramento;
Le poseo enteramente tal cual es en el cielo con todas las riquezas de su gloria.
Si no es su amor, nada tengo que envidiar a los Apóstoles que vivieron con Jesús.
Está en el S. Sacramento para curarme de la fiebre del pecado.
Está para educarme, adornarme con su gracia.
Está para salvarme.
Está para ayudarme a amarle; para ayudarme.
Aguarda a que le ofrende el homenaje de mi vida y libertad.
Quiere reinar en mí y me auxilia a todo.

Sentarnos en el banquete divino.
Allí agradecerle el don que encierra todos los dones, la Eucaristía.
Humillarnos ante la grandeza de su gloria. Adorar al Dios escondido.
Darle gracias; honrarle con devoción exterior y con el más intenso amor.
Adorar a Jesús sacramentado como a nuestro salvador.
Desagraviarle por los pecados de sus propios hijos.
Reparar a este corazón que tanto ha amado a los hombres.
Convivir siempre junto a Él.
Consagrarnos nuevamente a su servicio, a su amor, a su mayor gloria.
"Con gran deseo he deseado celebrar esta pascua con vosotros..."
Contemplarle en el momento de la institución de la Eucaristía.
Tomar la resolución firme de guardar silencio respetuoso y comportarnos con total dignidad.
 Estar con recogimiento en la presencia de este Jesús, oculto en el

Santísimo Sacramento.
Fin de apuntes de 1997, 25 de septiembre.

## Aceptar sufrimientos y pruebas.

Aceptad todos los acontecimientos que os sobrevengan como venidos de su corazón paternal.

¡Cuántas veces nos contraría el Señor! Cuando queremos obrar nos manda trabajar, en algo que nos disgusta…

Quisiéramos servir a Dios siempre y bien, y a veces no nos damos cuenta de que el mejor estado para servirle es el actual; nuestra actual situación personal y de relación con los demás.

Ahora y aquí, porque Dios en su Providencia así lo quiere. Es la voluntad de beneplácito de Dios.

Responder con el fiat, con amor: "Amo a mi Padre y cumplo su voluntad".

Hemos de avanzar con sencillez; paso a paso.

Responder al Señor con un "gracias". Pedirle fuerza para servirle con alegría. Dejarnos llevar de la tristeza matará el fervor, la ilusión y nos pondrá a merced del tentador.

Hemos de cantar en nuestro interior un canto de amor, aun sin ganas e intentar descansar tranquilos en los brazos de Dios.

El santo abandono es un amor puro e intenso.

Dicen nuestros santos que no hay vida espiritual sin muerte; que para perder dar fuego la leña, ha de perder primero la humedad.

La renuncia a sí mismo, es condición para que arda en nosotros el amor de Dios.

Vamos a sufrir con Cristo y trabajar por conseguir espíritu de abnegación.

Hemos de recordar que las mayores gracias de Dios con relación a nuestra santidad están unidas a nuestra aceptación de su voluntad; o sea al espíritu de abnegación.

Eso sí, está bien que trabajemos mientras tanto por obtener la salud o salir del atolladero en que nos encontramos.

Nuestra vida esté en Jesús Eucaristía, y allí mismo con el Padre y el Espíritu Santo.

Jesús quiere nuestro total abandono en Él. Es cuestión de confianza. Nos ama y nos espera.

Vamos a dejarnos despojar del todo.

No hay estado mejor que el de las personas que quieren agradar a Dios y se dejan llevar por Él.

Aunque nos parezca a veces que Él está dormido, no hemos de temer.

**San Manuel González, el obispo del Sagrario Abandonado**

Entremos, almas de Sagrario, en las intimidades de Jesús
Cuando el corazón ama olvidándose de sí, ama bien.
Ser de los intercesores anónimos de Jesús para con...

Los amigos de Jesús lo son con gratuidad
Los amigos de Jesús reciben los secretos del Padre.
Los amigos de Jesús reciben el poder de misión del Padre.
Los amigos de Jesús reciben la Providencia del Padre.
Si echamos de menos a Jesús, le invitamos a acercarse.
Si hablamos cariñosa y afanosamente de Él, le invitamos a cercarse.
Si procuramos amarnos con delicadeza, le invitamos a quedarse con nosotros.
Decidirnos a glorificar el silencio de Jesús Hostia.
Estar vigilante sobre sí y sobre el deber para acercarnos a Jesús.
Eucaristía: fusión de dos lágrimas, la que pide y la que da.
Aunque la ignorancia sea un mal, puede ser en gente sin medios, gran bien.
Bendita ignorancia si posee la sabiduría de contemplar a Jesús.
Orar siempre dando gusto a Jesús Eucaristía.
Tan conveniente orar como para Jesús su glorificación.
Hablar con Jesús muchas veces al día, cara a cara, cuerpo a cuerpo.
Orar con Jesús, silenciarse antes, despojarse, pedirle, amar.
Fe, fe viva en Jesús Eucaristía.
Dejad a vuestra alma para tomar el vuelo hacia Él.
Penetrar lo más íntimamente que podamos en la presencia de Jesús en el Sagrario,
Pensar en Dios dentro de sí, porque está dentro de nosotros.

**Preparación para la comunión Ideas o acción de gracias muy breves**
**Nos detenemos y repetimos cada frase muy despacio varias veces;**
**cada día tres o cuatro frases. Yo las tengo impresas y me ayudan.**

Es mi cita diaria de amor
Mi solaz
María ayúdame a prepararme
Disfrutar en su unión
Sí, sí, sí…
Arrepentirnos
Más de 70 años. Casi 30 mil.
Mi casa solariega
Vibrar de emoción
Tu vara y tu cayado
Ningún mal temeré
Caminamos contigo
Común Unión
Lleno de fe
Uno somos
Lleno de vida
Vences la muerte
Gozamos de Cielo
Presente en realidad

Eucaristizar mi vida y relación
Intensificar la soledad con J
En soledad contigo
Llena, Señor, mi corazón hasta rebosar amor
Rebosar acción de gracias
Nadie nos separe
Llenarme de tu fuerza
Soy enfermo y pobre
Unirme a tu pasión
Vivir tu vida de Resucitado
Si quieres, puedes limpiarme
Sed de ser amado y de amar
Impetrar mucho…
Rompe, Señor, mis cadenas
Líbrame de la fiebre de pecado y de las rutinas en la oración.
Me ofrezco a Ti, Dios…
Vaciarme de mí, hasta transformarme en Ti
Tú eres mi parte y mi herencia
Amor sin medida
Vivir en la Eucaristía
Toma posesión de mí
Perdona mi mala vida
Dios en mí, yo en Dios
Vivir en recogimiento interior
Fortalece mi hombre interior
Familiaridad con Jesús Euca
Divino grano, Pan Eucarístico
Rocío celestial
Anonadamiento con Jesús
Centro del adorador
Qué bien se está aquí
Amor apasionado
Adoración, triunfo de la fe
Como José y María
Como prefacio de la luz

Amistad divina, ilusión
Fuente de vida
Acudir con fe
Penetraron muchos en el amor
La gracia de N. S. J. el amor…
El amor del Padre y la comunión…
Grandeza del misterio
Ten misericordia
Fuerza mística de Jesús
Gracias quiero darte por amarte…
Santo eres en verdad y fuente…

Lista de intenciones
Vivir con paz
Vivir a fondo
Hambre de amor
Te adoro en…
Como el Cielo mi alma
Amarte como el que más
Cambia mi corazón
Influir
Vivir por Él
Camino de misericordia
Alabad al Señor
Llena mi corazón
Mi quitapesares
Celo enamorado
No puedo vivir sin Ti
Mi vida y alimento
No es la Tierra el centro de las al
Labra mi corazón
Dadnos siempre el mismo pan
Corresponder al amor
Me robaste el corazón
Víctima con Jesús
Junto con el Padre y el Espíritu S
Ayúdame en mi conversión
Amarte con fruición
Te acojo, acógeme
Me dejo captar de Ti
Golpea mi puerta
Injertado en Ti
Signo de salvación
Hombre nuevo, creado según…
Que conserve unión
Aumenta mi celo
Irradiación
Entrega
Abismo de amor
Fundidos que gota en el mar
Yo para Ti; Tú para mí
Me revise de Él
Estallar en amor
Dulce intimidad
El amor lo vence todo
Silencio interior
Nos deifica
Soy de su familia
Sustancia propia

Nos envuelve
Hambre de Dios
Ilumina por mí
Venid a mí
Concha, no canal
Refugio y seguridad
El pájaro en el nido
El Norte de nuestra brújula
Como pez en el agua
Víctimas Él y yo
Te pertenezco
Agradecimiento y alabanza
Latidos fuertes
Quedaos, Jesús, conmigo
Habla, Señor
Voz interior
Seguridad y presencia
Inscrito en el Cielo
Agradecimiento y salvación
Rememoro primera comunión
Adoro con todo mi ser
Se nos da sin medida
Nos cambia y transforma
Oponernos al mal con el bien
Hacer de nuestra vida un don
Amor punzante
Primera entrega
Comulgar muy consciente
Deseo ardiente de recibir a Jesús
Gusto de Dios
Regalo
Bálsamo de mi vida
Paz y bien
Para hacernos santos
Don de fortaleza
Me lo comería
Gota de agua en el vino...
Ser don para la Iglesia

Enriquecer a la Iglesia
Dulzura de abrazo
La mayor intimidad
Cara a cara con Él
Adorad al Augusto Sacramento
Enamorados
Las espadas, en arados
Allanar los caminos

Silencio y calma
Sacrificio espiritual
Descansar junto al pozo
Amar con locura

Disponibles
Sonreír por amor
Pasar largo rato
Atráeme
Ojos clavados
Ojos claros y serenos
Señor mío y Dios mío
El mismo de entonces…
Con Jesús en la Última Cena
Renacer
Ha resucitado
Te doy mi corazón
Te alabo y doy gloria
Experiencia del encuentro
¿Qué te traigo?
Siempre contigo
Ansia de salvación
Tan grande…
Jesús está vivo
Me amó y se entregó…
Quédate con nosotros
Amor dichoso
Amor entrañable
Alma enamorada
Nido de mis amores
En el silencio del amor
Seguirte por amor
Fragua eucarística
Tocar la orla de tu vestido
Reclinar la cabeza
Adoración
Reconocimiento
Acatamiento voluntad de Dios
Esperanza
Abandono en tu voluntad
Mi gozo contigo
Centra mi corazón

Compromiso de amor
Su Cuerpo glorificado
Abandono santo
Ofrecerme

Diálogo
Camino, verdad y vida
Beber del pozo de agua viva
Mismos sentimientos
Tomad y comed, consciencia
Se me entrega
Lámpara viviente de Jesús
Dejarme curar
Fuente de agua viva
Edifica la casa
Relación íntima
Haz que me adhiera a tus mandatos
Limpio para Jesús
Abrirle mi alma
Hablar a Jesús de…
Fe y embeleso
Divino prisionero de amor
Veo lo ojos de Dios
Acorde místico
Millones de padres de amor
Millones de madres de amor
Agradecimiento sincero
Inmensa presencia
Transfigurado y formado

Dios está aquí, venid adoradores…
Estrella divina
Encuentro de amor
Fervor, hervor
Fe viva
Auxilio divino
Me escuchas
Brota el sol
Transforma mi alma
Un solo cuerpo
Tú con nosotros
Actualizo mi fe
Jesús vivir no puedo…
Anegas mi alma en…
Corazón limpio y generoso
Poder absoluto, Santísimo Sacramento
Fortaleza de los mártires
Tiempo para Él
Adoremos este misterio
Despertar del sueño
Conscientes
Tesoro escondido

Manos generosas
Fuerza del pecador
Agrandar el corazón
Manantial de luz y fortaleza
Te escucho, Jesús
Limpieza de corazón
Respeto a mi Señor
Purificar mi corazón
Oculto tras los velos
Penetrar en la humildad
Fuego del alma
Entrega de lo mejor
Fidelidad
Ven, no tardes más
Pensar en el misterio
Arranque decidido
Unidos en un solo ser
Compañía gozosa
Transforma mi alma
Calienta mi espíritu
Habitar en la casa del S.
Ser conquistado de Ti
Tirón...
Permaneced Vos en mí
Mirada en Él
Conocerle, amarle, servirle
Alimento del alma
Hazme hombre nuevo
Dame el don de la perseverancia
Consciente de tu presencia
Transfórmame en Ti
Unión filial con el Padre
Siempre adherirme a tus mandatos
Ven, ven, Señor no tardes
No permitas que me aparte de Ti
Mi gozo y mi corona

Escala trascendente
Tú acogerás mis desvelos
Agua y fuego
Sin demorar entregarme
Nos trasforma en Sí
Nos hace santos
Con gran amor a todos
Gustad y ved qué bueno es...
Dichoso el que se acoge a Él
El Reino de la vida

Bone Pastor, panis vere
Recibe entero mi corazón
Caminar tras Él
Seguir sus pasos
¿Por qué me elegiste?
Para Ti vivo
Alabanza y júbilo
Venid, adoradores, adoremos
Tú eres el Mesías
Tomar conciencia
Amor vivo
Centro vital
¿A quién iremos?
Tesoro escondido
El don de Dios
Mi vida y alimento
Eres el Amor
El único afán que me rodea
Confío mi necesidad
Pregustar la aurora
Oasis en el desierto
Vida de mi vida
En mucho te fallé
Enséñame a amar
Te acojo
Presencia de amor
Unión íntima
Consciencia y advertencia
Recogidos en la intimidad
Inflamados de amor y deseo
Con pausa y sin prisa
La mayor fortuna
Ser tu orla y adorno
Bañarme en tu océano de amor
No nos dejes tranquilos hasta…
Circuminsesión: P.H.EPS.
Templo vivo de Dios
Enciende tu lámpara, Señor
Purifícame de mi egoísmo
Conversión continua
Tu mano bondadosa
Finuras de mi Dios
Ardiente sol de gracia
Mi cielo en la tierra
Ver, acompañar a Jesús
Abandonarme en Jesús
Mi fuerza vital

Oración y trabajo junto a Él
Me hago el encontradizo
Aquí me tienes
Cantar a tu amor
Tu blanco cuerpo
Ser tu Sagrario vivo
Toma mi corazón
Con gozo a la cruz
Sentirme hijo, amigo, hermano
Contigo, el mundo más bello
Lava mi alma, Señor
Sálvanos, Señor
Me entrego a tu bondad
En el centro de tu corazón
Eucaristía, efecto del amor
Encendidos en tu amor
Humildad de Jesús en la Eucaristía
Sobrecogidos ante tu presencia
Eres nuestra fuerza y descanso
Renuncio al egoísmo ante tu amor
Siempre contigo; Tu, conmigo
Pilar del adorador
Fuente de agua viva
Con ansias en amores inflamada
Me siento a gusto junto a Ti
Conversión progresiva
Fe total
Del todo entre nosotros
Obra silenciosa
Jesús, hasta mañana
Sin Ti no hay vida cristiana
Saetas de amor
Nos convertimos en Ti
Te acercas y unes a mí
Se nos da Dios amigo
Permaneced
Guardo mi gran Tesoro
Absorto en tu presencia
Mi colmena, mi nido, mi refugio
El mayor regalo, la Eucaristía

Permanezco un rato quieto sin oración vocal alguna.
Pienso con paz: Jesús en tu corazón.
Adoro en silencio.
Me uno a la Virgen María y contemplo a Jesús.
He tenido la suerte de Zaqueo.
"De Marta, María Magdalena y Lázaro.

Beso con respeto sus manos y manto.
Es el mismo que curó a la Hemorroísa…
Me apoyo en su corazón.
Como Juan Evangelista durante la Última Cena.
Siente las palpitaciones de su amor.
Le ofrezco las llaves de mi morada.
Que entre y salga y permanezca en mí.
Deseo ser bueno y complacerte.
Alabo tu bondad con los hombres.
Te has entregado a todos.
Me uno a los ángeles y a los santos.
Con ellos te adoro y agradezco.
Lloro mis pecados junto a Ti.
Como María Magdalena.
Te ofrezco el sacrificio de mis trabajos.
Mi entrega, el dominio de mis afectos…
"¡Tú lo sabes todo!"
Recuerdo ahora a las últimas personas…
A los que he saludado, escrito...
A lo que me han pedido que encomiende.
Las grandes peticiones del Padre Nuestro.

Que permanezcamos unidos en el mismo amor.
Que nos estrechemos cada vez más en fraternidad.
Danos sabiduría, para apreciar los bienes del cielo.
Vivir tan unidos en Cristo que fructifiquemos en gozo para la salvación.
Conservarte siempre vivo en el corazón.
Caminemos como "hombres nuevos".
Que la fe arda en nuestros corazones.
Dame un gran recogimiento interior.
Perdona, Señor, Tú Todo; yo, casi nada.


**Fortea.**
**Ideas entresacadas de su libro sobre la celebración de la Misa**

De víspera, agradecer, desear la Eucaristía.
Invitado a cenar con Jesús
Devoción y recogimiento antes de la Eucaristía. Meditación.
Alba: me revisto del hombre nuevo
Cíngulo: Simboliza la vida ascética

**La estola** Simboliza la *potestas Christi*.
**La casulla,** Su nombre significa *pequeña casa,* y nos recogiéramos con el Señor.

El altar simboliza el centro del mundo.

"        Mesa última cena
"        Piedra y escalera de Jacob
"        Corazón de Cristo
"        Piedra del sacrificio

Hay que deleitarse en ese acto de la incensación.
El Señor esté con vosotros: Debemos sentir que Dios Padre que está sobre esa asamblea, con nosotros.
Para celebrar dignamente estos sagrados misterios, reconozcamos nuestros pecados.
Las rúbricas prescriben a lo largo de la misa únicamente tres momentos de pausa y silencio, éste es uno de ellos. Los sacerdotes debemos dar tiempo a que los fieles puedan traer a la mente algunos de sus pecados.
Señor, ten piedad… Es tan necesaria la purificación y, volvamos, de nuevo, a pedir perdón.
"Gloria" Meditar este himno, línea a línea, sin prisas, en la tranquilidad de la oración. **Oración** Pausa. Pensar ¿Quién soy yo para dirigirme a Dios?
Oración. Elevar los ojos al Cielo.
Oración. Consciente de la presencia de Dios.
Oración. En silencio en el interior de nuestros corazones.
**Amén**. Que sean sus almas, y no sólo los cuerpos, los que se unan.
**Lectura del Nuevo Testamento** nos enseña el valor de la cruz, de la ascesis.
San Juan nos habla de la corona de espinas que conlleva la escucha de la Palabra.
La escucha de la Palabra se torna alabanza.
El aleluya es alabanza, alegría que inciensa espiritualmente el ambiente en el que va a resonar la voz de Jesús.
**Aleluya.** Toda la congregación se pone en pie porque está exultante.
**Inclinación** del sacerdote ante el altar: que también tu alma se incline profundamente.
**El Evangelio** es algo tan santo, que el aleluya es el pequeño atrio que le precede.
La lectura del Evangelio durante la misa es como vivir la escena en la que vemos a Jesús.
El sacerdote signa el Evangelio: es un acto de bendición para que produzca más efecto.
Se signa la frene para que produzca un efecto espiritual.
Bendice sus labios para purificarlos de todas las murmuraciones y faltas de caridad.
A Jesús le escuchamos de pie como señal de respeto.
Ósculo del Evangelio. Nuestros labios impuros besan sus santas palabras.
*Per evangelica dicta, deleantur nostra delicta.*

La homilía sea sencilla, humilde, con unción, con énfasis que cale, desde la propia experiencia de fe.
Compartir alegría y gozo.

**Credo**.
Afirmación gozosa de los artículos de fe en los que creemos.
Es decir, el Credo es la respuesta final a la Palabra.

**Oración de los fieles**
Nos tomamos un tiempo para orar por las necesidades de los demás.
Algo fresco y novedoso que atraiga el interés de la comunidad.

**Ofertorio**.
Gota de agua. Fijarse en la oración: que seamos partícipes de la unión de
humanidad y Divinidad de Jesús.
Pedimos en secreto que agrade al Padre este sacrificio.
Que seamos recibidos.

**El lavabo**
Al recitar ese simple versículo, piensa que es un resumen de todo ese salmo.

**Orad hermanos**.
Tanto el pueblo como el presbítero ofrecen la misma víctima.
Que el sacrificio sea aceptable. Es algo que no debe darse por supuesto.
El sacerdote al mientras pronuncia esta petición abre y cierra los brazos.
Se abren los brazos para acoger las peticiones de los fieles.

**El Prefacio y sanctus**
Tiene varios escalones en su umbral; mucha atención en ellos:
Dirigir nuestros corazones hacia las alturas celestiales es estar con Dios.
-Levantemos el corazón.
-Lo tenemos levantado hacia el Señor.
-Demos gracias al Señor.
-Es justo y necesario.
Y el **Sanctus**
*Sanctus* es atravesar el velo de los seres angélicos alrededor del Trono del
Cordero

**El Canon considerar**
Este pasar página es como abrir una puerta santa.
Antes de la transustanciación, el sacerdote puede decirse a sí mismo: A ver
si logro tocar a Jesús.
Tocar a Cristo es algo importantísimo.
Siete los momentos en los que el presbítero tocará ese Santo Cuerpo:
En la consagración
En la elevación de la doxología
En la fracción
En la elevación final para mostrarlo
Al comulgar el propio sacerdote
Dando la comunión a los fieles

En la purificación
Y Jesús dijo: *¿Quién es el que me ha tocado?*

El canon entero es todo él como una sola oración que forma una unidad.
Señor, que aceptes y bendigas estos dones, este sacrificio santo y puro que te ofrecemos.
Que estos dones infinitamente santos produzcan en nosotros la santificación.
Por la bendición algo misterioso va a descender sobre esos dones.
Dulcísimo momento en que se invoca a la Virgen María.
Esta ofrenda es incluso de todos aquellos fieles   no presentes en la iglesia en ese momento.
Recuerda que esa ofrenda no es sólo de él, sino también de los que allí están presentes.
En la epíclesis se va a pedir que descienda el Espíritu Santo sobre esos dones materiales.

## Consagración
Al imponer las manos sobre los dones, imaginarse que el Espíritu Santo desciende como una nube.
La fórmula consagratoria que va a decir es tan sagrada que se inclina al decirla.
Me detengo antes de pronunciar las palabras de la consagración.
Y me detengo al haberlas pronunciado.
Elevo con lentitud, me arrodillo con lentitud.
Un oasis de vida, un momento de descanso en mitad de la misa.
Es como si en las manos del presbítero se produjera la Encarnación.
Al dejarlo sobre la patena y adorarle, es como adorar al Niño en Belén.
Concentración plena en la consagración.
Jesús mismo actúa por medio del sacerdote.

## Éste es el Misterio de la fe.
Ahora ponemos a Jesús mismo como oblación. Nada es comparable a eso.
Ofrezco el Cuerpo y la Sangre de Cristo al Padre.
Este momento simboliza la elevación en la Cruz.
Elevación física sobre el altar, porque Cristo fue físicamente elevado al alzarse la Cruz.
Ofrezco el Cuerpo y la Sangre de Cristo al Padre, con cierta lentitud las palabras de esta doxología.
Intento que el canto salga de lo más profundo de mi alma.
¿Quién soy yo para tomar en mis manos las dos especies consagradas?
¿Quién soy yo para manejar algo tan sagrado?
Recuerda las palabras de Jesús a María Magdalena: *Noli me tangere*, «no me toques» (Jn 20, 17).
Nunca debemos acostumbrarnos a manejar en nuestras manos el misterio de la Eucaristía.
Es ese sacrificio de Cristo el que me salva, no mis pobres obras.

El oficiante manifiesta de modo más patente su carácter sacerdotal como en este momento.

## El memento

Acordarse de alguien junto al altar puede ser algo más profundo que el mero recuerdo.

Tengo muy presentes a los familiares, amigos, compañeros sacerdotes…

## El per ipsum

Al levantar el Misterio Eucarístico, manifestamos con gestos y palabras, ese ofrecimiento.

Ya nada más se puede hacer para reforzar el carácter de ofrecimiento de ese momento.

La misa no es solamente la transustanciación y la comunión; es también un sacrificio.

Entre la transustanciación y la comunión, está la ofrenda sobre el altar.

Cuando levanto las especies, le suplico al Señor: Santifica estas manos.

Por Cristo. Por Jesús damos gloria al Padre: por sus enseñanzas, por su ejemplo.

Con Él. Ahora está con nosotros.

Ofrecemos esa ofrenda al Padre, y lo hacemos con Cristo, acompañados de Él.

Y en Él. El fin de todo no es sólo estar con Jesús, sino estar inhabitados por Él.

Vivir en Él.

El amén debería resonar en el templo uniéndose a la elevación del Misterio.

Simeón tomó en sus brazos al Dios encarnado.

Yo lo tomo en mis brazos como aquel varón justo.

Que mis ojos como los suyos han visto a mi Salvador.

No sólo lo tomo, sino que lo contemplo.

### El Padre Nuestro

Fieles a la recomendación del Salvador y siguiendo su divina enseñanza, nos atrevemos a decir.

Es un atrevimiento porque no somos dignos ni de nombrar al Altísimo, cuyo nombre fue revelado a Moisés.

A pesar de nuestra indignidad le llamamos, ¡y le llamamos Padre!

El Padrenuestro es Palabra de Dios, ni siquiera el canon es Palabra de Dios.

Y rezamos esa oración con fe y aprovechamiento espiritual por el Espíritu Santo.

Lo único que nos asegura es su paz, el perfecto descanso en el seno de Dios.

Ahora ponemos a Jesús mismo como oblación. Nada es comparable a eso.

El único que vive en un eterno presente, sin antes ni después, es Dios.

**Cuando celebro a solas**, no puedo evitar el arrodillarme del todo y permanecer varios minutos adorando el contenido de la patena.

Cuando celebro a solas, me arrodillo con las dos rodillas y estoy meditando ese misterio durante un par de minutos.

### La fracción de la Sagrada Hostia.

Como signo para expresar el deseo de que ni la más pequeña partícula de forma pueda caer fuera de la patena.

Me imagino que estoy en el monte Calvario recogiendo cuidadosamente su sangre del costado.

## La paz

El presbítero extiende los brazos en un gesto que parece querer expandir la paz de Jesús.

En unos sacerdotes la misa es vivida, en otros la misa es dicha sin fervor.

La discreción, la prudencia son virtudes a la hora de celebrar la misa.

### Daos fraternalmente la paz.

El abrazo litúrgico consiste en abrazar los brazos del otro hasta el codo.

### Cordero de Dios.

Cordero de Dios, que quitas el pecado del mundo, ten piedad de nosotros.

¿Por qué se llama cordero al Mesías? Fue oprimido, fue afligido, pero no abrió su boca.

Como un cordero que es llevado a la matanza (Is 53, 7).

El quebrantamiento del Pan simboliza el quebrantamiento de Jesús en su Pasión.

Conviene fraccionar el Pan siendo consciente de este terrible simbolismo.

Y antes de la commixtio, contemplo una última vez a Cristo quebrantado.

Por eso, la unión de ambas especies simboliza la Resurrección.

Al contemplar ese hueco, me parece estar viendo la herida del corazón provocada por la lanza.

### Dos oraciones en privado antes de la comunión

De nuevo pide perdón.

Algunos sacerdotes ni dicen una de estas oraciones.

Que siempre cumpla tus mandatos… decirlo con gran fervor.

No permitas que me aparte de Ti, decirlo con emoción interna.

El cura de Ars decía a Jesús: "Si supiera que me iba a condenar, no te soltaría…"

Por tu piedad sea esta comunión de provecho para mi eternidad.

## Comunión.

El sacerdote muestra a todos los presentes la Forma consagrada.

Recuerde el sacerdote que debe colocar la patena debajo de la forma cuando la eleva en este momento.
  Corpus Christi...
El sacerdote debe decir esta oración en voz baja antes de tomar la forma.
Toda la misa ha sido, en cierto modo, como una preparación para llegar a este momento.
La comunión del Pan bajado del Cielo
Mi beso limpie de mis labios todos los restos pegados a ellos por haber besado los ídolos del mundo.
La boca que toma el Pan Eucarístico debería ser un santuario de palabras de alabanza y caridad.
Que penetre hasta mi pecho y allí sane la fuente de esas palabras y de todo mal que es mi corazón.
Momentos breves de recogimiento.

### Al beber del Cáliz de la Salvación
Estamos en gracia de Dios para recibir esta Sangre.
Ojalá que el Señor nos preserve ese estado de paz con el Creador hasta llegar al puerto seguro de la salvación eterna.
No des por descontado que será así y pídelo con humildad sea cual sea tu edad.

### La administración de la comunión a los fieles.

Al retirarnos de esta mesa, debemos ir como leones que respiran llamas. (San Juan Crisóstomo)
A cada fiel la comunión con pausa y consciente, como si fuera el único.
Al abrir el sagrario para dejar el copón, recuerdo la canción: "La puerta del Sagrario ¿quién la pudiera abrir…"

### La purificación del cáliz y abluciones, un poco al lado.
Decir conscientemente en privado las dos oraciones, es y mejor purificarlo dos veces con agua.
Lo que hemos recibido, lo guardemos siempre en nuestro corazón.
Que tu cuerpo y tu sangre se adhieran a mí, de manera que desaparezca hasta la menor mancha de pecado.

### Ritos finales

Cristo ya no está sobre el altar, ya vacío, como la losa sobre la que se le colocó a Él en el sepulcro.
Cristo ha ascendido a los Cielos y ha dejado a los sacerdotes como como sus representantes.
El sacerdote en la sede es el pastor del rebaño.

### La inclinación al altar

Tras el beso, deseamos de forma expresa manifestar nuestra veneración.
Es como el enamorado que, habiéndose despedido, se vuelve una vez más para decir adiós a su amor en la tierra.
Nos volvemos a reverenciar ese lugar una vez más.

### Después de la Misa

Es bueno que el sacerdote en el camino hacia la sacristía y en la sacristía no pierda el recogimiento.
La presencia de Cristo sigue dentro de su cuerpo.
Siempre resultará aconsejable mantener esta secular devoción de la acción de gracias.

## Reflexiones varias

"¡No me seas ya más agua furtiva, sino la fuente, oh Dios, la fuente viva: ¡la clara, pura y cristalina fuente!" (G.J. Vallejos).

La Resurrección tiene lugar en la *commixtio*. Cuando hago genuflexión, me arrodillo ante la primera aparición de Cristo resucitado.
*Éste es el Cordero de Dios*; pienso que soy alguien más afortunado que el Bautista, pues lo señalo y lo toco.
Las  horas del día antes de la misa son una preparación para el encuentro con Dios.
Las horas del día después de la misa son una prolongada acción de gracias.
Si la misa fue por la tarde, tumbados en el lecho ponemos nuestras manos sobre el pecho recordando que Cristo entró en nuestra casa.

Me imagino que elevo el cáliz y que lo pongo justo debajo de su costado.
La Resurrección tiene lugar en la *commixtio*.
La comunión simboliza el encuentro con Cristo en el Reino de los Cielos.
Al elevar la Hostia sobre la patena, me imagino la Ascensión.
La patena bajo la Forma simboliza la nube que le ocultó.

## La misa y María
La Santísima Virgen María es el cáliz vivo, ornamentado por Dios Padre a través de la acción del Espíritu.
El cáliz cubierto con el velo representa a María antes de ser llamada a la existencia.
Cuando el sacerdote eleva el cáliz en el ofertorio, simboliza la plenitud de María.
En la epíclesis, se simboliza al Espíritu Santo que cubrió el cáliz que era María.
Durante la consagración, el presbítero puede imaginar a María a su lado.
María estuvo al lado de la Cruz, es lógico imaginársela a tu lado en la Misa.

¿Con qué amor y devoción recibiría la comunión María en aquellas primitivas comunidades cristianas?

Pues es posible leer toda la misa bajo la perspectiva de ella.

Toda la misa nos habla de María si sabemos escuchar.

La misa la podemos vivir como la vida y pasión de Cristo, y también como la vida de María.

### El cirio pascual

El cirio es un gran símbolo, simboliza a Cristo presente en el presbiterio.

Se le puede encender como símbolo de la presencia de Cristo en ese lugar sagrado.

Mejor es hacer mucho uso de cirio, que no que esté apagado durante todas las celebraciones.

La encarnación y la Redención nos descubren el amor; la Eucaristía nos lo entrega.

El acto de comulgar es transitorio, mas su efecto es permanente.

Eucaristía, sacramento de vida por la unión.

Eucaristía, pan de vida que hace vivir.

Los tesoros de Cristo son infinitos y quiere aplicarlo a nosotros que sabe tenemos buena voluntad.

Asombro enamorado ante la Majestad infinita de Dios,

La Eucaristía por sí sola prueba la Divinidad de nuestra religión.

"Mis delicias son estar con los hijos de los hombres". (Prov.)

Padre… amo a mis hermanos y quiero llegar hasta el límite de mi abnegación.

El verdadero amor a Jesús es un fuego que se enciende aquí abajo en la Eucaristía.

La Eucaristía comunica a los santos el verdadero entusiasmo hasta el martirio.

La Eucaristía somete los sentidos, se adueña del corazón, impone a la voluntad sus exigencias y esta se doblega.

La Hostia grande quiere verse rodeada de las hostias pequeñas que somos nosotros.

Exigencia del amor es la unión con el amado: unión tan estrecha que se hace imposible con otro amor.

Dos corazones que se compenetran de modo inefable, al poseerse el uno al otro.

### Más frases eucarísticas.

No hay en el mundo almas más gozosas, aunque estén en la cruz que las eucarísticas.

El gozo es uno de los más preciosos frutos de la Comunión.

Al darme la Eucaristía me habéis amado hasta el límite extremo.

Que cada comunión señale un nuevo avance en la posesión de mi ser humano por vuestro ser divino.

Adueñaos de mi corazón, de mi voluntad, de mi memoria.
La prueba de amor por excelencia es la inhabitación en nosotros de la Santísima Trinidad.
Jesús, camino para entra en Dios, es también camino para entrar en nosotros mismos. Buenaventura.
Desde los primeros albores de nuestra existencia establece su morada en nuestras almas.
La unión que no dura solo unos minutos sino siempre: el Cielo, inamovible, en perfecta adoración.

He hallado el Cielo en la Tierra porque el Cielo es Dios.
Inhabitación: morada familiar donde nos reunimos para conversar dulcemente.
Dios viene a buscar la unión sin interrupción. Dios en mi corazón.
Es más mío que mis parientes y amigos, puesto que la muerte no nos lo puede arrebatar.
Jesús, ofrece desde el Sagrario al Padre mi amor, reparación y adoración.
Dios me conoce por mi nombre, me ama y mira como si estuviese solo en el mundo.
Fe en el amor de Dios: necesaria para el espíritu de oración.
Creer en el amor de Dios y amarle en retorno.
Es un fuego el amor de Dios en el que se consumen todas las bagatelas.
Descubrir en el amor de Dios el amor entre nosotros los hombres.
Piensa en la pasión, en el viacrucis y descubrirás secretos de amor hasta ahora desconocidos.
La fe en el amor de Dios es trampolín para lanzase y tomar carrera…
Te doy gracias, Señor, por haberme amado y haber velado sobre mí.

**Iñaki Tejada. De sus meditaciones eucarística y 5º aniversario**

Lo más importante no es que yo te busque, sino que Tú me buscas en todos los caminos.
Lo más importante no es que yo te llame por tu nombre, sino que Tú tienes el mío tatuado en la palma de tus manos.
Lo más importante no es que yo te grite, sino que Tú gimes en mí con tu grito.
Lo más importante no es que yo tenga proyectos para ti, sino que Tú me invitas a caminar contigo.
Lo más importante no es que yo te comprenda, sino que Tú me comprendes en mi último secreto.
Lo más importante no es que yo hable de ti con sabiduría, sino que Tú vives en mí y te expresas.+
Lo más importante no es que yo te guarde en mi caja de seguridad, sino que yo soy una esponja en el fondo de tu océano.
Lo más importante no es que yo te ame con todo mi corazón y todas mis fuerzas, sino que Tú me amas con todo tu corazón y todas tus fuerzas.

Lo más importante no es que yo trate de animarme, de planificar, sino que tu fuego arde dentro de mis huesos.

Porque ¿cómo podría yo buscarte, llamarte, amarte... Si Tú no me buscas, llamas y amas primero?

El silencio agradecido es mi última palabra y mi mejor manera de encontrarte.

La Misa es la mejor oración de intercesión, de petición, de alabanza, de acción de gracias. 5º aniversario

La Misa es Palabra viva suya, presencia de Cristo en la Palabra y presencia real.

La Misa es ofrenda de la propia vida, es comunidad, es unión entre la Iglesia del cielo y la de la tierra.

La Misa es posibilidad de santificación, de glorificación; es Comunión de vida, comunión con el Resucitado.

La Misa es resurrección, es vida eterna, es Pascua.

Mi vocación consagrada es vocación de Pascua, con todo lo que ello supone.

Y deseo ser fiel a esta Identidad: deseo ser siempre sacerdote de Pascua.

Desde este punto de partida puedo definir lo que, con la gracia de Dios, desea alcanzar mi sacerdocio.

Anunciar sin descanso que Cristo, el Hijo de Dios, está realmente presente en la Santísima Eucaristía.

Que sea capaz de celebrar cada Misa como si fuera la primera, la única y la última.

Enseñar que la Misa es para nuestra resurrección, para nuestra glorificación.

Deseo ser un sacerdote que transmite esperanza, un sacerdote que ama y se deja ser querido.

Deseo ser muy comprensivo, próximo a cualquier tipo de sufrimiento, misericordioso, bondadoso.

Que no juzga desde sí, sino desde el corazón de Dios del que fluye una misericordia inagotable.

Que perdona y libera porque tiene experiencia interior y propia del corazón de Dios. sabe Acompañar, aunque sea desde el silencio, en silencio cuando los resultados espirituales no se visibilicen.

Un sacerdote sincero, responsable, que transmite seguridad, confianza y confidencialidad.

Deseo ser un sacerdote que haga frente al olvido de las misericordias de Dios.

Un sacerdote que no olvide sus encuentros con el Resucitado y la transformación que tras ellos ha acontecido.

Deseo ser un sacerdote que lleva a las almas a Dios desde su oración, desde su intimidad con Cristo.

Enséñame, Señor, a vivir en intimidad contigo, en mutuo diálogo.

Ser un sacerdote que viene de Dios, que vive con Dios y de Dios.

"Que Cristo esté en mi cabeza y en mi entendimiento.

Que Cristo esté en mis ojos y en mi mirada.

Que Cristo esté en mi boca y en mi palabra.

Que Cristo esté en mi corazón y en mi pensamiento.

Que Cristo esté en mi camino y en mi partida". (De la oración de un buen amigo)

La Eucaristía es nuestra gloria y alegría, y encierra el misterio de nuestra unión con Cristo.

"La institución de la Eucaristía, don de Dios para nuestra glorificación".

La gloria pertenece a Dios, es propiedad suya. Solo quien la posee la puede donar.

La Eucaristía se nos regala para que seamos glorificados, divinizados, santificados.


## Ideas de la biografía de Carlos Foucauld

Traer a Jesucristo dentro de mí; esta era mi manera de oración. (Idea subrayada de Santa Teresa)

Representar a Cristo dentro de mí. (Idea subrayada de Santa Teresa)

Acompañar a Jesús en sus dolores, abrazar la cruz, sufrir con Él. (Idea subrayada de Santa Teresa)

Para gozar un día de nuestro divino crucificado, es menester llevar la cruz en pos de Él. (Idea subrayada de Santa Teresa)

Es imposible amar y querer a Dios sin querer y amar a los hombres.

La Eucaristía forma el centro de su vida espiritual. 17-7-16

Mi alma se encuentra en una paz profunda.

Dios me dio una paz inesperada a causa de mi debilidad.

Quiere amar a Aquel que la ama a Ella;

Quiere desprenderse más y más de todo lo que no es Dios. (Idea subrayada de Santa Teresa)


Mudó Dios la sequedad que tenía mi alma en dulcísima ternura.

Como Teresa, la búsqueda constante del Amado.

Amar a Aquel que me ama y mostrarle que le amo.

Encontrar a Aquel que habita en el centro de mi corazón y sea el centro de mi vida.

Ya no hay más que un medio de vivir, hacerlo solo para Él.

Apoyarme constantemente en la Omnipotencia de Dios.

Dios me sigue manteniendo en la paz y me sigue dando la dulce vida del alma.

Esta paz nace en la soledad de la unión con Jesús.

Y en la soledad y silencio me da un consuelo que no contaba.

Esta paz la encuentro por la gracia de Dios delante del Sagrario.

Ojalá nos encontremos en un conocimiento experimental de la presencia de Dios.

No puedo soportar llevar una vida diferente a la suya.

El sacrificio no es más que la prueba suprema del amor.

Enterrarme en Nuestro Señor.

Bajar yo poniéndome como Jesús en el último lugar.

Configurarme con Jesús humillado; Jesús me permite sufrir sus penas.

Acordarse en las horas de tristeza, que Dios me ama y que esta vida no es la eterna.

Me impulsa el amor a Jesús, muy tierno y absoluto.

Amo a Jesús y quisiera amarlo con un corazón más y mejor.

Insistir en la reparación, ayudar de algún modo a las angustias y pasión de Cristo.

Es una necesidad de recogimiento, silencio y estar junto al Señor.

Vos cogisteis de tal modo el último lugar que nadie jamás os lo pudo arrebatar.

Ver a Jesús como pobre, como el último de los pobres.

Qué bueno sois, Dios mío, por haber roto todos los lazos en torno a mí.

Él está siempre junto a mí y lo estará siempre y lo tendré hasta el fin.

«"Padre, a tus". Es la última oración de nuestro Maestro, de nuestro Amado…

Que sea también la nuestra, que no sea sólo la de nuestro último instante, sino la de todos:

"Padre, me pongo en tus manos;

Padre confío en ti; Padre, me entrego a ti;

Padre, haz de mí lo que quieras, sea lo que sea, te doy las gracias; gracias por todo.

Estoy dispuesto a todo, lo acepto todo; te doy las gracias,

No deseo nada más, Dios mío.

Te confío mi alma, te la doy, Dios mío, con todo el amor de que soy capaz.


Permaneced en silencio y adorad a vuestro Señor, nuestro Maestro y Señor Jesucristo.

Permaneced en silencio, después hablad y decid al mundo: no podemos callar lo que sabemos.

Id y proclamad al mundo entero las maravillas de Dios, presente en cada momento en toda la tierra.

Que Dios nos bendiga y nos guarde, que nos conduzca por el camino de la vida eterna.


Injertar más y más en mi alma un amor muy sencillo y muy ardiente a Jesucristo.

La fe me empuja a entregarme al trascendente, a disminuir continuamente ante Él.

Foucauld buscará adorar mejor, cumplir mejor la voluntad de Dios, humillarse mejor.

Le fue dado encontrar de continuo a Jesús Eucaristía, al Señor Jesús, Verbo Encarnado.

No tiene más que un deseo: imitar a Jesús, imitarle más y más, anonadarse más y más con Él.

Dios no es una verdad que aprender, sino una persona que encontrar.

Después de haber recibido tantas gracias, mi alma no os reconocía aún.
Vos obrabais continuamente en mi alma y la transformabais con vuestro poder.
Su gran apostolado consistía en mostrar con paciencia mucha amistad a las almas que trataba.
Amor de adoración es poder abismarse en lo que se ama y mirar todo lo demás como nada.
Su alma queda abrasada por el fuego devorador de Dios, que calcina todo lo superfluo.
No pido nada y vivo cada día como Dios me lo da, sin preocuparme del mañana.

Me tengo prohibido pensar en el porvenir, Dios está hoy con nosotros.
Contento de estudiar teología, pero estos estudios no tienen el valor de la abyección del trabajo manual.
Ocultarse y callar; no tener lugar reconocido;
Ser socialmente el último; llegar cada vez más a ser el pobre de Jesús.
Imitar a Aquel que dio al trabajo no solo valor de penitencia sino también de redención.
Pertenezco a Dios. Ruégale que disponga de mí según su voluntad.
¿Qué cosa más dulce que dar algo a quien se ama, algo que nos importa, darle nuestro ser?
¿Somos tibios? Vamos a ayudarnos mutuamente, a rogar unos por otros.
Amar es cambiar todos los bienes por todos los dolores por amor a Jesús.
Dios mío, qué importante soy pues os puedo decir, "os amo2.
Pobreza, abyección y penitencia: Vos sabéis, Dios mío, que mi único deseo es practicarlas.
Foucauld define su vocación con una sola palabra: descender.
Dios nos lleva como le place, y ha preparado de lejos las cosas con fuerza y dulzura. Confianza.

En la obediencia morimos como Jesús murió en la cruz.
Obediencia con toda nuestra alma y amor con toda nuestra alma.
Danos, Señor, este amor.
La vida de Nazaret es la de la mayor parte de los hombres, la de los religiosos.
Dios mío, qué bueno sois: puesto que sois mi Padre y mi Dios.
Vive tu vida, y si vienen almas, vive la misma vida, pero sin reglamentar nada
No puedo concebir el amor sin la necesidad de participación en las penas y trabajos de su vida.
Mientras estamos en la tierra no hemos de cesar de hacer progresos en el amor de Dios.
Empezar una nueva carrera, una existencia nueva sin las infidelidades pasadas.
La adoración del Santísimo Sacramento y un trabajo humilde son bases de su vida de Nazaret.

Ruegue por los otros y déjese penetrar por el Espíritu Santo y retírese de sí mismo para que Él ocupe su lugar.

Lo que ha de dominar siempre en la oración es el amor.

Padre mío, haced de mí todo lo que os plazca; de todo lo que conmigo hiciereis, os doy gracias.

Nuestro tierno salvador, nuestro buen maestro,

Nuestro dulce hermano, nuestro único esposo, nuestro amado Jesús.

"Jesús me ama: mi dicha es infinita. Me alegro porque Vos me amáis, mi todo bien".

"Solo una cosa os pido: haced que yo os glorifique I más que pueda en esta vida en la otra".

"Haced que todos vuestros hijos os glorifiquen lo más que puedan".

Jesús nació vivió y murió habiendo tomado de una vez para siempre el último lugar.

De modo que nadie pudo estar más bajo que Él".

Jesús vivió las tres vidas: dejó Nazaret por el desierto y este por la vida pública.

Un alma que tiene a Jesús consigo no puede menos que llevarlo a otros. Foucauld

Cooperar con el santo Sacrificio y la práctica de las virtudes evangélicas a la salvación de las almas. Foucauld

Santificar las almas sin salir del silencio por medio de una vida que imite la oculta de Nazaret.

Mi vida se aferra al Sagrario y se organiza para pasar las más horas posibles en contemplación. Foucauld

"Dios mismo me ha traído aquí… cuando quiera que me marche, Él me lo mostrará por los acontecimientos" Foucauld

Ritmo en la vida de ermitaño: tiempo de intimidad profunda con y en Jesús. Foucauld

Nunca imita un hombre tan perfectamente a Nuestro Señor como ofreciendo el santo sacrificio.

Estaré en una profunda desnudez en medio de las dificultades llevando la cruz de Jesús y su pobreza.

Para seguir a Jesús crucificado tengo que llevar una vida de cruz. Foucauld

Vivir en esperanza: Dios se sirve de vientos contrarios para conducirnos al puerto. Foucauld

Procure una vida de familia al derredor de la Sagrada Hostia, en la soledad y una inmensa caridad. Foucauld

Vivo el día tratando de ser fiel a la gracia y obedeciendo entre las manos de Jesús. Foucauld

Le abriré mi corazón con sencillez de niño y le pediré todo lo que le quiero pedir. Foucauld

Me hallo en una paz profunda y una gran alegría. Solo temo una cosa: ser infiel a la gracia. Foucauld

Pide una caridad universal y una consagración incondicional a todos los hombres.

No piense más que en esto: en ofrecerse, en darse en donación entera y absoluta. Foucauld

Su alma está sumergida en un inmenso gozo eucarístico.

Quiere anunciar el amor de Jesús.

Esto le hace abandonar su proyecto de permanecer un año en la trapa.

Quiere emplear todas sus fuerzas en hacer conocer a Dios a las almas rescatadas.

Dios es más grande que todo lo que podemos enumerar. Él solo merece nuestros pensamientos y nuestras palabras.

Suceda lo que sucediere, yo estaré contento: si los tengo, me alegraré; Si no los tengo, también al ver su voluntad.

Ruegue por mi conversión y cuando yo sea más fervoroso y fiel, tendré compañeros.

Comprendió Carlos que para salvar hay que morir y permanece en la cruz.

No se da uno a las almas sino cuando se ha perdido él mismo.

La hora mejor empleada de nuestra vida es aquella en que amamos más a Jesús. Foucauld

Acordarnos solo de Jesús, pensar solo en Jesús, estimar ganancia toda pérdida: al lado de Jesús todo lo demás es nada.

Humildemente haciendo bien como Él, desarmado y mudo ante la injusticia.

Dejándome, como el Cordero divino, inmolar. Foucauld

Me regiré por las circunstancias; cuando se abran otras puertas por otras partes, iremos allí. Foucauld

Mi vocación ordinaria es la soledad, la estabilidad, el silencio. La vida de Nazaret. Llévala al lugar más útil para el prójimo.

El bien del prójimo manda. Foucauld

Me quedaré solo, contento, muy contento de estar solo con Jesús, solo para Jesús. Foucauld

Los medios con que Jesús se valió son pobreza, abyección, humillación.

Los medios con que Jesús se valió son abandono, persecución, sufrimiento y cruz. Foucauld

Fray Carlos...: permanecer cerca de Jesús, perderse únicamente en Él.

Pasaba, cuando podía, días enteros en contemplación ante la Hostia Santa.

Piensa en la cruz; en todas las almas que Jesús ha regado con su sangre; abraza su cruz.

Lo más importante no es celebrar la santa Misa, sino ser como Jesús.

La contemplación de Jesús Hostia exige de él que se inmole totalmente al Padre y se deje comer.

Quiere dejar que Jesús ame, que Jesús sufra con él.

El camino eucarístico no es solamente adorar y gozar de la presencia real, sino ser uno con Él, víctima.

Tomar el camino estrecho, la cruz de Jesús, para que Él viva en mí.

Lo primero que hay que hacer, la salvación de las almas, la obra de nuestra vida.

Como Él tendremos siempre la cruz.

Como Él seremos siempre perseguidos.

Como él aparentemente vencidos, pero en realidad, vencedores.

Dios pone en primer término el amor, luego el sacrificio inspirado por el amor.

El amor consiste no en sentir que se ama sino en querer amar. Foucauld

Hay que llorar como San Pedro, arrepentirse como San Pedro.

Y repetir como él tres veces: Señor, tú sabes que te amo. Foucauld

Nuestro anonadamiento es el más poderoso medio para unirnos con Jesús y hacer bien a las almas. Foucauld

Cuando se ama a alguien se le imita y se comparte su vida: así con Jesucristo.

Jesús crucificado se convierte en el compañero de cada hora; aquel con quien se vive en la amistad más íntima. Foucauld

Se le mira y se le dice que le amamos; se goza al estar a sus pies; se le dice que queremos vivir y morir junto a Él.

El esposo divino está junto a usted en las luchas que le impone por amor…

Y quiere Él que le haga una declaración diaria de amor. Foucauld

Diez años que digo misa en Tamanrasset, y ni un solo convertido. Foucauld

Envejecer y bajar la cuesta me es una alegría perfecta; un comienzo de la disolución que es buena para nosotros. Foucauld

Cuanto más abrazamos la cruz, más estrechamos a nuestro esposo, Jesús, que está clavado en ella. Foucauld

Perderse y abismarse en lo que se ama, y mirar todo lo demás como nada. Foucauld.

Mi vida... En lugar de afligirme me ayuda a pensar en el que lo es todo. Foucauld

Exhalarse como el incienso… como un sonido melodioso delante de Dios. Morir es anuncio de vida…

Dios nos injerta su vida; parece imposible a los hombres, pero para Dios todo es posible. Foucauld

**Don Germán Aldama**

Predicando dijo alguna vez: Estoy chiflado por Dios.

Pide una fe sin trampas, hecha de elegancia, pureza y caridad.

El Cristo que encontré me salió al encuentro a mi llegada al pueblo de Apellániz.

Pasaba horas en oración en aquella iglesia sencilla y pulcra.

Solía decir que la santidad consiste en rebosar de amor mutuo.

Diecisiete años en Apellániz, vela tras vela en oración.

La Iglesia necesita crecer hacia adentro y purificarse de los ídolos del poder.

En cualquier conversación hablaba de Dios; siempre ponía a Dios como clave de toda la vida.

Donde él estaba no cabía el pesimismo, siempre había ilusión.

El plan de don Germán: oración, Eucaristía, pobres, predicación, amor a la Virgen María.

Tenía mucha fe; cuando te hablaba te daba mucha fuerza para obrar.

Junto a la Eucaristía, su corazón recobraba peso y fuerza.

Cuando decía "ten misericordia de nosotros, miraba a la gente con detenimiento".

Diciendo misa parecía que no era de este mundo.

La Misa la celebraba con tal fervor que elevaba y unía al Señor. Comunicaba a los fieles una fe desbordante; una alegría íntima.

Se daba en la Eucaristía en cuerpo y alma; desde que salía de la sacristía hasta que regresaba.

Le atraía el Sagrario de una manera irresistible.

Permanecía en él hasta altas horas de la noche.

Decía: Estar uno delante de Dios es una felicidad.

Predicando decía lo que le salía del corazón; dejaba a la gente impresionada.

Su palabra era presencia de Cristo; arrastraba con su palabra.

Anunciaba con fuerza el precepto nuevo de Jesús: "Amaos los unos a los otros".

Nunca tuvo un gesto desagradable; quería hacer felices a los demás.

Vivía con gozo la experiencia de salvación.

Escribía: ser amor en el mundo que no sabe amar.

Cuando apagues, Señor, mi vida que todo mi ser se haya consumado por Ti.

Cuando le preguntaban qué tal solía responder: fastidiado, pero contento.

Experimentó la cruz en forma de calumnias, enfermedades, disgustos, ironías; lo aceptó sin resentimiento.

Tenía esa aura de bondad y de estar por encima de la miseria humana, como los santos.

Parece que Dios lo ha escogido para el sufrimiento y lo estrujó hasta la última gota.

Decía: "De la oración viene todo poder y sobre todo el amor".

Nos asegura su hermana que le decía: "Voy a dormir un par de horas; luego me llamas, que estoy sin rezar".

"Eso de rezar era sagrado para él".

"Se metía en su despacho, se arrodillaba en su reclinatorio… si hablara aquel reclinatorio".

Hablando con Dios como don Germán lo hacía… lo haremos desde nuestra fe profunda.

Él nos decía que la conversión de los hombres la consigue el apóstol por la oración.

"A veces me resulta difícil rezar hasta el Padre Nuestro; curiosamente me resulta más fácil el abandono". Don Germán.

"Tengo un enfermo alejado de Jesús, espero me ayudéis con vuestra oración".

Su debilidad eran los pobres, los maltratados por la sociedad.

"Quiero en estos últimos años de mi vida mostrar a todos la bondad de Dios".

"Me pasaría horas y horas en silencio adorando a Dios".

"Acurrucarme en el brocal del pozo y pedir a Jesús: Dame de tu agua. Yo solo sé que quiero de esa agua".

"Cuanta más amargura tenga tu hermano dale más amor, pues más lo necesita."

"Trata a todos como si fueran Jesús que necesita que se le escuche".

"El mal triunfa porque los buenos no hacen nada para evitarlo o contrarrestarlo".

¿Qué lugar ocupan Dios y el prójimo para mí? ¿El centro, una esquina, marginados?

Vivir para Dios con sencillez: sin preocuparnos de que nos tengan como importantes ni bien considerados.

Vivir en el silencio del alma, solo en Jesús, dispuestos a los hermanos.

**Retiro de Santa Teresa del Niño Jesús, del Padre Liagre**. Frases inspiradas en

"¡Sé que por encima de esas negras nubes brilla el Sol de mi existencia! "."El astro del Amor". Teresa

Cada vez que comprobemos nuestra imperfección y pobreza, volver la mirada a Dios dulcemente.

Las ascensiones del amor van siempre acompañadas de progresos en la humildad.

Todo aumento de humildad produce un acrecentamiento de amor.

En la medida del amor crece la luz con que se ven claramente los defectos, imperfecciones, apegos y el alma más fácilmente se olvida de sí.

"Quien conoce su miseria no se mira a sí mismo, sino al Amado".

"Tengo muchas flaquezas, pero no me sorprendo... Es tan dulce sentirse débil y pequeña".

"Qué feliz me siento de verme tan imperfecta, tan necesitada de la Misericordia divina en la hora de mi muerte".

"Disposición del corazón que nos hace humildes y pequeños en manos de Dios, conscientes de nuestra debilidad y con una confianza".

"La humildad que descorazona es falsa humildad", nuestra humildad va enrizada en el Amor Misericordioso de Dios.

Reconocerse como un átomo insignificante, pero con capacidad para amar.

Dejarnos atraer y sumergirnos en la hoguera del Amor Infinito, que Él nos transformará.

La esperanza, es decir, la confianza, dilata su alma y la lleva a la cima de la santidad.

La confianza, que es su punto de apoyo en la ascensión hacia la santidad, nos da firmeza.

El Espíritu Santo no despierta jamás en el alma deseos irrealizables; tiene intención de colmarlos.

Vivir en el estado de los hijos de Dios, dejarnos atraer por el espíritu, por el Espíritu de Amor.

El *nléguese a sí mismo* de nuestro Señor pide el sacrificio de cada instante, ya que las grandes ocasiones raras veces se presentan.

La única grandeza a los ojos de Dios consiste en hacer las cosas pequeñas con amor.

La verdadera grandeza a los ojos de Dios: renunciar por Dios a esa serie de insignificancias.

La renuncia es una disposición del alma, que la mueve a olvidarse de sí; de olvidarse de sí.

El "deja de mirarte a ti mismo" de San Agustín: Tal era la renuncia de Teresa.

La Santa sabe ofrecer sus pequeños sacrificios con la sonrisa en los labios y con el corazón dilatado.

"Si el Señor le introduce en el camino fácil del abandono, todas las penas, todas las dificultades le serán mil veces más llevaderas."

Confianza, humildad y amor para entregarse a la acción del Espíritu Santo.

"La grandeza verdadera está en la vida de amor".

El Evangelio es el libro del Amor. No se ha de buscar en él más que amor.

Quien se acerque al Evangelio con ese espíritu quedará iluminado.

## Turrado, Dios en el hombre

Solamente Dios es el fin verdadero de nuestros deseos; Él está en lo más profundo de nuestro corazón.

Con la fe, la esperanza y la caridad el hombre no está solo, vive en diálogo cordial con el Huésped divino.

Dios es Amor, y como todo amante encuentra sus delicias en unirse con el amado.

Dios está en el alma del justo de un modo totalmente íntimo y singular.

Un templo formado de piedras vivas, que son los justos, a su vez templos de Dios.

Una llamada ardiente para que entremos en su corazón y nos adhiramos a Él.

Si tienes caridad, llevas en ti el Espíritu de Dios, por Él es difundida la caridad en los corazones.

Acordarse de Dios es hacernos conscientes de su presencia en nosotros.

Él actúa en nuestro ser aun sin percatarnos de ello.

Dios es la luz de nuestro corazón; el pan que nutre nuestra alma.

Para nosotros se trata de encontrar a Dios. Conocimiento y amor radicales.

Tú habitas en Dios para ser contenido; Dios habita en ti para conocerte.

La inhabitación divina nos convierte en su cielo y nos inserta en su familia de adopción.

Llevar a Cristo en nuestro corazón es el más valioso parentesco que podemos contraer con Él.

Templo vivo: mira lo que haces, adórnalo; que no se convierta en ruinas.

El alma del justo, oasis delicioso, en medio del desierto del mal.

La gracia reforma, es luz para el entendimiento y fuerza para nuestra voluntad.

La gracia cura nuestras heridas, hasta la sanación completa.

Fue Cristo, médico humilde de nuestras llagas, quien nos mereció la gracia.

Se aproxima uno a Dios por la vía de la purificación.

Dios nos acerca a Él después de la purificación por el dolor. Confianza.
Dios, presente en todo, no habita en todos, sino solo en aquellos en quienes hace su templo: "Si alguno me ama…"
Dios lleva la iniciativa y nos proporciona la savia vital.
Todo nos viene de Dios, pero sin tu voluntad no estará en ti la justicia de Dios.
Dios se convierte para el alma en una dulce posesión sin egoísmos.
Te buscaré para que viva mi alma; así como mi cuerpo vive de mi alma, así mi alma vive de Ti. San Agustín.
Reconquistar mi alma alejándola de los sentidos para poder entregarme, purificado, a Dios.
Este renacer para Dios: convertirnos en hombres nuevos, después de despojarnos del hombre viejo.
Por la Comunión entramos en el Amor; en el corazón de Jesucristo.


## 23.- Cántico de las Criaturas de San Francisco de Asís
**Lerga**
**Arintero**
**Kempis**
**Retiros**
**Pieter**

(El Cántico de las Criaturas es una versión de León Felipe que se usa en la liturgia)
Omnipotente, altísimo, bondadoso Señor,
tuyas son la alabanza, la gloria y el honor;
tan sólo tú eres digno de toda bendición,
y nunca es digno el hombre de hacer de ti mención.
Loado seas por toda criatura, mi Seño r,
y en especial loado por el hermano sol,
que alumbra, y abre el día, y es bello en su esplendor,
y lleva por los cielos noticia de su autor.
Y por la hermana luna, de blanca luz menor,
y las estrellas claras, que tu poder creó,
tan limpias, tan hermosas, tan vivas como son,
y brillan en los cielos: ¡loado, mi Señor!
Y por la hermana agua, preciosa en su candor,
que es útil, casta, humilde: ¡loado, mi Señor!
Por el hermano fuego, que alumbra al irse el sol,
y es fuerte, hermoso, alegre: ¡loado mi Señor!
Y por la hermana tierra, que es toda bendición,
la hermana madre tierra, que da en toda ocasión

las hierbas y los frutos y flores de color,
y nos sustenta y rige: ¡loado, mi Señor!
Y por los que perdonan y aguantan por tu amor
los males corporales y la tribulación:
¡felices los que sufren en paz con el dolor,
porque les llega el tiempo de la consolación!
Y por la hermana muerte: ¡loado, mi Señor!
Ningún viviente escapa de su persecución;
¡ay si en pecado grave sorprende al pecador!
¡Dichosos los que cumplen la voluntad de Dios!
¡No probarán la muerte de la condenación!
Servidle con ternura y humilde corazón.
Agradeced sus dones, cantad su creación.
Las criaturas todas, load a mi Señor. Amén.

**Lerga. -**
Para conocer a Dios. Hay que "degustarlo" amando, porque Él es vino de
Amor.
Como el pez, cortos de vista los hombres solemos ser; vivimos en Dios
inmersos.
Navidad es siempre, un día infinito en que Dios florece dando su cariño.
Muy cercano y bueno es Dios, pues sólo un corazón limpio descifra en clave
de amor.
Crece aquí dentro de mí aquel otro yo divino, que germina en las entrañas
del que es el Amor infinito.
"Ya ves que nunca estás solo, que vamos juntos los dos".
"El camino nunca es largo, si al lado va un buen amigo".
"¡Ay, qué tarde te encontré, antigua y nueva belleza!
 Mas ¿cómo, si estabas dentro, podía encontrarte fuera?"
Pues sé de quién me fié; su palabra está en la vida, si uno la sabe leer.
Dios es como el sol y el fuego, porque su ser es amor.
Para todo aquel que busca el tesoro de verdad, Dios se hace el encontradizo
en cualquier tiempo y lugar.
Si Tú nos muestra tu rostro, no hay en la vida tinieblas.
Si Tú nos muestras tu rostro, en gozo acaban las penas.
El cielo es patria de todos, casa paterna y hogar.
Que yo ya sólo soy, si eres conmigo.
Que allá arriba, tras las nubes, siempre brilla el sol de Dios.
Él sopla allí donde quiere, libre como una canción.
Si de modelos se habla, sería un niño que jugando a Dios busca porque es
su amigo.
Si en él vivimos inmersos como en un río sagrado, en sus aguas gustaremos
sabores.
Que al final, en la cosecha, haya llantos de alegría y sonrisas en las penas.
Cambio es tan sólo la muerte para vivir de otra forma en el mismo mar de
siempre.
Si en Dios está ya mi vida, donde El vivo está, yo estoy.

Si Dios te ha dado unas alas, querrá que vueles con ellas.
¡Limpia, pues, el corazón, tira todo eso y haz fiesta!
La vida se hace camino de vuelta al hogar paterno y el morir ya no es la muerte, es rezar "¡Padre, ya vuelvo"!

**Arintero**
El ideal cristiano implica la oración contemplativa.
Esta continua mortificación es del todo indispensable para reformarnos.
Aceptar con amor trabajos y cruces.
Redimir el tiempo evitando pensamientos vanos.
Indiferencia total y abandono en las manos de Dios.
Completa fidelidad a las inspiraciones de Dios.
Lo fino de la contemplación es que sea muy subida resulta imperceptible.
Si recordamos al Espíritu Santo nos veremos pronto recompensados con el progreso espiritual. P. Weis
Va Él tomando plena posesión del alma y reservándose su magisterio y dirección.
Las meditaciones… como leña para conservar o encender el fuego del amor divino.
La vida mística debemos desearla y aun procurarla cuanto está de nosotros. Desearla como fuete de agua viva donde todas las almas fervientes puedan refrescar sus labios.
Los toques son una sensación real y espiritual, por la cual el alma siente a Dios en lo íntimo.
La mística es deseable: con su nobleza hace felices a quienes la poseen, implica un alto grado de unión con Dios.
Nadie merece subir aquí; lo hace quien está dado a Dios.

Desear la contemplación, avivar el deseo para mejor cumplir
Abrasándonos en su amor nos atrae en pos de Sí y nos introduce en su cámara, en su santuario.
Apareja, Señor, una agradable morada para Ti en mí; para que vengas y reposes en mí. (Venerable Granada)
Los cuatro grados con que el alma a gusta las dulzuras divinas: suavidad, avidez, saciedad, mística embriaguez.
Debéis amar con tanto ardor que vengáis sentir los apretados abrazos de la eterna caridad de Dios.

¡Oh fuego, que siempre ardes y nunca te apagas, enciéndeme!
¡Oh luz, que siempre luces y nunca te oscureces, ilumíname!
¡Oh fuego santo, qué dulcemente ardes, qué secretamente luces, qué deseablemente abrasas!
¡Ay de aquellos que no arden con este fuego…
que no son alumbrados con esta luz…
que son tan ciegos que no os ven! San Agustín.
No os escondáis de mí: pues sabéis mi necesidad y que sois verdadera medicina de mi alma. Teresa de Jesús

Conocimiento experimental de las tres divinas personas, como un anticipado gusto de la vida eterna.

A los que tienen ardentísimo deseo de amar a Cristo, se les hace encontradizo con todos sus dones.
Levantaos a lo más alto de vuestro corazón y será ensalzado Dios en vosotros. San Bernardo.
Recibiremos a su tiempo la visita de Dios, si de ella no nos hacemos indignos por nuestra infidelidad.
Andar recogidos en la presencia de Dios, procurando traerle de continuo en el corazón.
Importan los divinos consuelos para atraernos a su servicio.
Oh divino Corazón, que sea arrebatado en el fuego de tu amor.
Andar en el Espíritu es andar más en Dios que en sí mismo. Granada.
Nuestro Señor la mete dentro de su corazón y se comunica a ella.
El Corazón de Cristo es horno de amor que abrasa al alma que habita en Él.
El espíritu enamorado penetra hasta lo profundo el secreto de Dios.
Viva el alma toda embebida, empapada, anegada, escondida, elevada, transformada, en su Dios.
Penetrar en sus adorables misterios y participar de los tesoros de su infinita sabiduría.

Arrojar en todo tiempo unas oraciones abrasadas y palabras amorosas a Dios. Padre Rodríguez.
Orad hasta que seáis oídos, que lo seréis, que Dios oye toda buena oración.
Todos estos bienes vienen al hombre por comunicar conmigo en la oración.
Que ore, pues, el cristiano, pero con toda paz, aguardando el efecto de su oración.
Lograr el don infuso de la continua presencia de Dios.
Vivir en un continuo estado de contemplación sobrenatural.
Oración, en una disposición constante de amor a Dios.
Encontramos en Él un refugio de dulce morada y perpetua paz.
El Espíritu Santo tira, insta y atrae sin cesar a los suyos.
El Espíritu Santo envía su luz al centro del alma y lo conduce a la esfera de la Divinidad.
El Padre celestial vive en el centro de nuestra alma como en sí mismo.
Que tu entendimiento calle en su presencia y solo el corazón hable.
Debe estar siempre unido a Él, y siempre atento a escucharle dentro de sí mismo.

La soledad del corazón es la cosa que más me agrada y que más amo. Sor Isabel.
Vuestro Salvador quiere ser enteramente vuestro con tal de que seáis enteramente de Él.
Si queréis que Dios os abra los ojos para contemplar sus bellezas, cerradlos a las criaturas. (Padre Nouet S.J.)

Si queréis gozar de las consolaciones divinas, sed enemigos de las sensuales.

Para la contemplación valen más los ejercicios interiores que los exteriores: Los fervientes deseos con que el alma se dirige a Él;

no por imágenes sino de un modo sobrenatural para unirse con Dios íntimamente. Blosio

Con la contemplación se hará más provecho a sí mismo y a otros en un mes que sin ella en diez años. Padre Lallemant

Cuando el alma se hallare en esta unión, alégrese mucho y dele gracias. Manténgase continuamente en un dulce y afectuoso recuerdo de Dios.

En la tolerancia y el amoroso abrazo de las cruces que en cada hora se digna enviarnos, entran las purgaciones pasivas.

Negar a Dios algo con el pretexto de que es una nonada, es faltarle al amor. (Padre Grou)

Vaciaos de todo y Él os llenará.

Dádselo todo, y Él os hará hallarlo todo en su divino Corazón. (Santa Margarita).

Yo deseo poseer su alma entera; para eso y para esto la rodeo de cruces. (Santa Margarita).

Para poder gozar con Cristo reinante, hay que configurarse con Cristo paciente. (Santa Ángela de Foligno).

Nuestro Señor desea unirse a las almas, ya por luces, ya por contrición, ya por llamamientos interiores. Santa Verónica Juliani.

Cuando este divino amor toma posesión del alma trae una paz divina, una confianza inquebrantable,

Una fidelidad absoluta y un perfecto reposo.

El amor entonces se define en esta alma afortunada y la hace centro de sus divinos favores. De sor Benigna Consolata.

Habiendo muerto y resucitado con Cristo, solo sienten y desean lo que el mismo Jesucristo.

Unidos y configurados con Él, inspirados en sus sentimientos, para perpetuar en la Tierra su divina misión.

Tener tan larga y profunda oración que baste para traer el corazón en recogimiento.

Vivir en el espíritu en todas las cosas, cuando es en nosotros el Espíritu Santo el principio de todo. (M. Olier)

El Espíritu Santo discurre en los justos y consume como fuego sus vicios e imperfecciones.

Al arrepentido, como hijo pródigo, el Señor después le suele colmar de consuelo.

Los dones de entendimiento y sabiduría influyen mucho en la contemplación.

La mística se aprende con afectos amorosos de la voluntad. (Granada)

La mística procede el sentimiento de la presencia de Dios en lo más íntimo del alma.

El camino para alcanzar la sabiduría es tratar siempre con Dios y conversar día y noche con Él.

Predominen en nosotros los dones del Espíritu Santo, vivirlos, estamos así en estado místico.
Él es agua viva: por su impulso nos hace saltar hacia la vida eterna.
Todo nuestro bien consiste en adherirnos a Dios, hasta hacernos uno con Él.
Serle verdaderamente dóciles: no contristéis al Espíritu Santo.
El misterio de la Encarnación obra en nosotros la gracia de destruir todo interés y amor propio.
La crucifixión nos da gracia para crucificar nuestros miembros y unirnos a la pasión de Cristo.
La sepultura de Jesús nos ayuda a hacer desaparecer en nosotros y olvidarnos de nuestro amor propio.
Muerte al mundo, sin temer sus desprecios, burlas o persecuciones.
Saber privarnos, no amando nada fuera de nuestro Dios.
Un arranque del corazón; una simple mirada al Cielo, un reconocimiento de amor en medio de la prueba.

Quedarse en la presencia de Dios, sin turbar la paz.
Ponga en el Señor los ojos, como un pobre pidiendo limosna o un enfermo pidiendo alivio.
Deje el corazón solo, hable en silencio con un corazón mudo.
El Espíritu Santo se constituye como perpetuo director y maestro.
Estarse a solas y en silencio, conscientes de que están con Dios, rendidos a su voluntad.
Acabar siempre la oración con actos de abandono y sumisión.
En Dios, con una amorosa atención, con paz interior y quietud de potencias.
Parecía que dentro del alma había un horno de fuego donde se purificaba todo. Ágreda.
Deificación del alma sumergida y perdida en Dios.

### Arintero. La evolución mística

El Espíritu Santo es el amigo fiel, dispuesto a abrir siempre que llamamos a su puerta.
Permaneced humildes y pequeños, y al mismo tiempo confiados.
Convertirse en afinadísimo instrumento músico, de donde el Espíritu Santo arranca melodías divinas. San Gregorio Nacianceno.
Abrir mi corazón a lo sobrenatural: irradiación del amor infinito de Dios.
El amor abrasa; y hace superar los obstáculos.
El Espíritu Santo nos moldea, penetrando hasta lo más profundo del corazón.
El Espíritu Santo nos unge, sella y nos da prenda de la gloria eterna.
El Espíritu Santo nos compenetra hasta lo más íntimo y nos transforma.
El Espíritu Santo es Luz que vuelve luminosas nuestras almas.
El Espíritu Santo tratándonos familiarmente nos hace amigos suyos.

El Espíritu Santo se deja sentir por los santos, pero no hallan fórmulas para expresarlo.

El Espíritu Santo nos purifica y reforma y produce en nosotros la obra de santificación.

El Espíritu Santo nos ayuda a que nuestra conversación esté en los cielos.

Cada Persona nos imprime su propiedad y nos hace participar de algo suyo.

El Padre dándonos su Ser divino.

El Espíritu Santo derrama su caridad en nuestros corazones y santifica.

El Hijo directamente desposado con nuestra naturaleza en la Encarnación.

La relación mística con Cristo nos lleva a conformarnos con Él y estar en armonía con los demás.

La reparación propia puede ser por temor; por otros siempre es por amor.

Viviendo en Dios, podemos ya tener toda nuestra conversación en los cielos.

La reparación propia puede ser por temor; por otros siempre es por amor.

Él está en nosotros como prenda viva de vida eterna.

Dios está tan íntimo en nosotros como nuestra propia alma.

Habita en el centro de nuestra alma.

Es familiar nuestro, pero lo tratamos como extraño. (Eckhart)

La comunicación con el Espíritu Santo puede y debe ir siempre en aumento.

Si correspondemos, ni con la muerte se romperá este vínculo; antes se consolidará eternamente.

Unión íntima y pura que excede ampliamente la matrimonial.

Agua viva que sacia, refrigera, lava, purifica, renueva, da vigor y lozanía.

El Verbo, uniéndose a nuestras almas, nos hace obrar como hijos de Dios.

Nos hace conocer que permanecemos en Dios y que Dios mora en nosotros.

Santidad, piedad y mansedumbre son frutos de su presencia en lo íntimo del alma.

Nos ayuda en nuestra flaqueza, consuela en nuestras aflicciones: está con nosotros hasta la bienaventuranza.

Él nos unge y convierte en ungidos de Dios, verdaderos Cristos: nos sella.

Si extraviado, es dócil a sus insinuaciones, vivificará su alma con el calor de la caridad.

El divino Espíritu penetra en nuestras potencias como luz que alumbra, como óleo que suaviza nuestras articulaciones.

El Consolador remedia nuestra flaqueza, suple nuestras deficiencias, corrige nuestras ignorancias.

El Espíritu nos aconseja, alienta, obra en nosotros y con nosotros: nos enseña a orar.

No hay época en la vida, ni estado, ni condición humana que pueda pasar sin sus dones e influencia.

Nada mejor puede hacer nuestra voluntad que dejarse hacer de aquel que no puede hacer nada mal. (Agustín).

Las *inspiraciones del Espíritu Santo están en nosotros en estado habitual, como* nuestra razón.

El alma sigue con sumo placer la moción de Dios, porque todo su gusto es seguirla.

El alma justa se halla poseída e informada por el Espíritu septiforme.

Los dones se manifiestan muy pronto, en forma de ocultos instintos que nos llevan adonde no llega la razón.

Si tu corazón está desconsolado y llamas al Espíritu y no viene, es porque no perseveras en el deseo. (Ávila)

Con el recogimiento, la guarda de los sentidos y el despego, llegamos a oír lo que nos habla el Señor.

Empieza el Espíritu Santo a tomar en nosotros la rienda de nuestro gobierno.

El Espíritu Santo es fuente vivificante de agua que mana en nuestros corazones y nos llena de vigor.

Abnegarnos, de modo que venga todo a ser gobernado por Dios.

Seguir el impulso del Espíritu que derrama en nosotros su caridad y nos abrasa en el amor.

La humillación nos hace reconocer el vacío de nuestra nada; bien acogida nos hace más abnegados.

El trato con personas fervorosas y llenas de Dios es como luz del mundo y sal de la tierra.

La palabra del hombre ferviente da realce y vigor a su prédica.

Esforzarse con paz por llegar a la presencia de Dios.

Conocido el don de Dios, nos toca pedirle nos dé del agua viva.

Todo el proceso de la vida sobrenatural consiste en despojarnos del hombre viejo y revestirnos del nuevo.

La iluminación a veces es tan repentina que el alma solo se da cuenta de sus saludables efectos.

Toques de vida eterna que hacen morir los gustos del mundo para vivir en Cristo.

El justo vive alegre y consolado en medio de las amarguras.

Me recojo en lo interior y conozco que somos una cosa con Dios.

Perseverar en solicitar vivir en unión con Dios.

Aceptar con fervor las mil distintas pruebas que nos sobrevienen para purificarnos.

Desprenderse más de sí mismo y penetrar más íntimamente en Dios.

Renunciar a nuestros intereses, caprichos y comodidades sin tener otro querer que el divino.

De tal manera se complace Dios en un alma abnegada que permanece unido a ella.

Huir del mundanal ruido, del tumulto de pasiones y hasta de sí mismo para alcanzar a Dios.

Y si algo tenemos de bueno es por la divina misericordia.

Pruébame, Señor, y que entre yo por el camino recto.

Hallar nuestras delicias en buscar al único Amado y fiel Amador de las almas.
Acostumbrarse a amar a Dios con el amor más puro y sin buscar nada sensible.
Hay que padecer con Él para ser con Él glorificado.
Acompañarle en todos los caminos para gozar de su intimidad.
Esperar silencioso y resinado con el corazón puesto en el Señor, que puede sanar.
Con indiferencia para los consuelos y penas, sin buscar otra cosa que agradar a Dios.
Si se os quita el fervor sensible sed tan asiduos a la oración y la acción, como en los días de fervor.
Ve al Señor no ya junto a ella, sino dentro de ella y como Señor absoluto de ella.
Serás iluminada y abrasada ahora y siempre ardiendo de amor. (A Foligno)
Amar con un amor intenso, puro y desinteresado, solo porque Dios merece todo su amor.

La oración no tenga tiempo limitado: ella es mi vida.
Dios ocupe todo mi pensamiento y corazón:
Y me duermo sin haberme separado de su compañía.
Que me traten bien o mal; que Dios me tenga en consuelo o desolación: mi voluntad, la de Dios.
Si le preocupa la salvación, no es por interés sino por puro amor divino.
Dios embiste con luz vivísima y penetrante que alumbra hasta los últimos pliegues del corazón.
Se configura con Jesucristo, recibiendo el divino sello con gran dolor y consuelo.

Al recogimiento se junta a veces una admiración deleitosa que ensancha el alma de gozo.
Cuando la voluntad es cautivada, empieza la oración de quietud e incluso la embriaguez de amor.
Se siente gozo por la dulzura de Dios, se prorrumpe en cánticos de alabanza.
Eres fuego que siempre ardes: lleno de alegría, gozo y suavidad.
Desde ahora quedas transformado en mí yo en Ti.
El alma queda como sepultada en la misma inmensidad divina.
Se acercó a mí y me arrancó todas las malezas de mi corazón, dejándolo limpio.

El sensus fidei para percibir los misterios de la vida de Jesús; y apreciar los dones que nos comunica.
Este sentido desarrolla las excitaciones de la gracia del Espíritu Santo y con nuestra libre cooperación.
Este sentido es espiritual y divino; y presenta cierta analogía con los sentidos corporales.

Nos permite sentir cierta impresión de lo sobrenatural.
Sentir los suaves toques del Espíritu Santo, los males del prójimo, la ruina de los pecadores.
El alma que ha gustado la verdad divina reconoce su olor y sabe de quién proviene.
Podrá oír la voz del Amado y se ordena la caridad con embriaguez de amor.
Nos acercamos a Dios para escuchar su voz pacífica que se dirige a las almas interiores.
Y el alma desfallece al escuchar su voz.
Vacar por largo tiempo a la contemplación, purificarnos bien y morir completo al mundo.

Las almas fervorosas buscan a Dios, deseando sentir su amorosa presencia.
La gracia cautiva y embriaga los sentidos y los sana para que se aficiones a Dios.
Se siente el contacto de otras almas por la comunión de los santos e incluso el del mismo Dios.
Se deshacían y anonadaban entre afectos de amor, confusión y agradecimiento.
Gustar ya en silencio de la vida eterna.
El misterio de la Trinidad repercute y se reproduce en el alma.
Verdaderamente sienten, gustan, ven y oyen al mismo Dios inefable.
Un fruto de la comunicación de mi esencia es una suerte de desaparición de la fe. (M. de Pazzis).
Dichosa el alma que se ejercita en la introversión, renuncia al amor propio... merece acercarse Dios más y más. (Blosio)
Busquemos a Dios dentro de nosotros mismos, seguros de hallarle. (s. Agustín)
Santa introversión suspirando por Dios con jaculatorias y piadosos deseos.
La sana oración debe ser humilde, reverente, cariñosa, confiada y perseverante. Nunca impaciente. (Grou)
Sentir el vacío penoso de la ausencia y la ardiente sed de amor.
Sentir la fealdad de las propias flaquezas ante la oculta luz divina que las descubre.
Místicos que aman sin entender; y es que el amor va más allá del propio entendimiento.
Esta sensación de lo divino nos hace sentirnos solidarios de todos los fieles.
A medida que crece la perfección de un cristiano, crece su caridad y solidaridad con todos.
Contemplamos los secretos del reino de Dios si de Verdad renunciamos a nosotros mismos.
Adhiérete a Aquel que es la verdad misma y todo lo santifica.

**Kempis**
**Imitación de Cristo. Kempis. -**

Bendice y santifica mi alma con bendición celestial, para que sea morada santa tuya.

Mírame según la grandeza de tu bondad, y según la multitud de tus misericordias.

El negarse interiormente, causa la unión con Dios.

¡Oh, cuánta confianza tendrá en la muerte aquel que no tiene afición a cosa alguna de este mundo!

Deseo el gozo de la paz; la paz de tus hijos pido, que son recreados por Ti en la luz de la consolación.

Debes tú entrar en el secreto de tu corazón, pidiendo con eficacia el socorro divino.

Ten presente a Dios, y no contiendas con palabras de queja.

Hijo, no puedes poseer libertad perfecta, si no te niegas del todo a ti mismo.

Hijo, no te enojes si algunos tuvieren mala opinión de ti, y dijeren lo que no quisieras oír.

Dame fortaleza para resistir, paciencia para sufrir, constancia para perseverar

Dame paciencia, Señor, también en este trance.

Ayúdame, Dios mío, y no temeré por más atribulado que me halle.

Dígnate, Señor, librarme; porque yo, pobre, ¿qué puedo hacer, y adónde iré sin Ti?

Y lo que Dios no es, nada es, y por nada se debe contar Dios mío, amor mío, Tú todo mío, y yo todo tuyo.

El amador todas las dádivas estima menos que el amado.

El amador noble no descansa en el don, sino en Mí sobre todo don

Porque el principal consuelo del alma fiel, mientras peregrina, es acordarse frecuentemente de su Dios.

Si vas a buscar la verdad que siempre vive, no te entristecerás por el amigo que se fuere o se muriere.

Y aunque nos dé penas y castigos, se lo debemos agradecer, que siempre es para nuestra salud.

Haga oración continua, para que le sea tornada, y sea cauto y humilde.

Abrazar de buena voluntad por el amado todo lo duro y amargo, y no apartarse de Él.


Los bienaventurados aman a Dios con amor de benevolencia.

Se complacen en sus perfecciones y en su felicidad.

Jesús, cuando se ofreció en el Calvario, lo hizo con todos sus miembros del Cuerpo Místico de Cristo.

Procurar una gran docilidad con el Espíritu Santo, que habita en nosotros.

Escuchar sus insinuaciones "Te llevaré a la soledad".

Amar esa soledad. Vivir en silencio y esperanza.


Señor, Tú sabes lo que es mejor: haz esto o aquello, según te agradare.

Da lo que quisieres, y cuanto quisieres, y cuando quisieres.

Haz conmigo como sabes, y como más te agradare, y fuere mayor honra tuya.

Ponme donde quisieres, dispón de mi libremente en todo.

En tu mano estoy, vuélveme y revuélveme a la redonda.

Estar fundado en verdadera humildad y lleno de caridad divina, en buscar siempre pura y enteramente la honra de Dios.

Reputarse a sí mismo por nada… y en desear más ser abatido y despreciado, que honrado de otros.

Que pongas tu deseo totalmente en sola mi voluntad, y seas afectuoso celador de lo que a Mí me agrada.

Deléitate en el Señor, y te dará lo que le pidiere tu corazón.


El verdadero paciente cualquier adversidad que le venga… la recibe de buena gana, como de la mano de Dios.

Muchas veces nos quejamos de que el mundo es engañoso y vano; mas no por eso lo dejamos fácilmente.

Que descanse en Ti sobre todas las cosas criadas;

sobre toda salud y hermosura; sobre toda gloria y honra;

sobre todo poder y dignidad.

¡Oh verdadero Dios! hazme permanecer uno contigo en caridad perpetua.

El humilde conocimiento de ti mismo es más cierto camino para ir a Dios, que escudriñar la profundidad de la ciencia.

Teníanse por nada cuanto a sí mismos, y para con el mundo eran despreciados;

Mas en los ojos de Dios eran muy preciosos y amados.

Descansa en la pasión de Cristo y habita gustosamente en sus grandes llagas.

Que te conviene morir viviendo; y cuanto más muere cada uno a sí mismo, tanto más comienza vivir para Dios.

El soberbio y el avariento nunca están quietos: el pobre y humilde de espíritu vive en mucha paz.

Haz lo que puedas y Dios favorecerá tu buena voluntad.

Si tuvieres algo bueno, piensa que son mejores los otros, porque así conserves la humildad.

Continua paz tiene el humilde; mas en el corazón del soberbio hay emulación y saña frecuente.

Ama a Jesús y tenle por amigo, que, aunque todos te desamparen, Él no te desamparará ni te dejará perecer en el fin.

Si, en todo, buscas a Jesús, hallarás de verdad a Jesús:

mas si te buscas a ti mismo, también te hallarás, pero para tu daño.

Estar sin Jesús es grave infierno: estar con Jesús es dulce paraíso.

Los que están fundados y confirmados en Dios, en ninguna manera pueden ser soberbios.

No está la salud del alma, ni la esperanza de la vida eterna, sino en la cruz.

Tanto más grave cruz hallará muchas veces, porque la pena de su destierro crece más por el amor.

Porque Tú, oh dulcísimo Señor, haces conmigo mucho más de lo que merezco y más de lo que me atrevo a esperar y pedir.
Vuélvenos a Ti para que seamos agradecidos, humildes y devotos; pues Tú eres nuestra salud, virtud y fortaleza.

## Kempis de Alfonso Gil

Ya no eres esclavo, sino hijo; no dejando tu casa en desvalijo.
Que estar junto a Jesús en "las tres tiendas" es preludio de paz y armonía.
Tuya sea la gloria que mereces, y del hombre la deuda a tus bondades.
A solas con Jesús, en el retiro que busca el corazón enamorado, allí te encontrarás.
Si antaño me llamaste, haz que avance hacia Ti confiado y, reverente.
Tú sólo cabe Mí, en mi regazo, donde el Bien y la Paz son tu comida,
Oveja soy, Señor, que en tu manada añora verse, al fin, esclarecido.
Darte quiero los frutos de mi huerta, de árboles de amor y entrega hecha, que sean de tu silo los más bellos.

No permitas rellene la carencia de mi alma con goces engañados,
Ni se duerma en malsana indiferencia.
Hacer su Voluntad es el talante de quien "sólo en amar tiene su oficio".
Que nada para mí valga la pena como vale el deseo de abrazarte
Pues sea su amistad en que ponemos todo gusto y todo sueño, que sólo de su amor vivir debemos.
Tu único deleite verdadero: la gracia de Jesús santificante;
El beso de la cruz glorificante;
El último, si quieres ser primero:

## De Retiros. -
Vivir con esa igualdad con la verdadera libertad.
Las agitaciones de aquí abajo no han de conseguir alterar nuestro espíritu.
Vivir en esta paz profunda de Dios. Sobrepuja a los sentidos.
Morar en Dios, dándole gloria.
Él lo hará en nosotros dándonos su paz.
Dejar el camino abierto. Es aceptar lo que Él manda. Si no lo hago, me cierro.
Es más difícil aceptar bien el consuelo que el dolor. Nos agarramos demasiado al gozo y al placer.
En el silencio encontramos a Dios. Un secreto entre Dios y nosotros.
Huir de la cárcel del propio yo.
Los días malos serán los mejores, pues encontraremos la ocasión de ejercitar las virtudes.
Dios me puede llevar por caminos de consolación o desolación. Normalmente se suelen alternar.
Los consuelos de Dios son brisa en medio de la aridez y de la oscuridad.

Amor a Dios Padre y verse inundado de su presencia.

Ha de ponerse en la órbita de la fe: abandonarse en la divina Providencia.

Acrecentar el hambre de Dios.

Dios nunca se cansa de enviarnos su gracia.

Es preciso corresponder, hacer caso a las llamadas del Señor.

La penitencia es algo que brota en nuestro corazón como agradecimiento al perdón que el Señor nos ofrece.

Conocimiento en grado eminente de lo sagrado y de la teología, sin haber estudiado.

El justo casi ignora su humildad, e incluso la esconde.

El espíritu de compunción proporciona al alma gran paz, humildad, purificación.

El espíritu de compunción es muy propio de todos los santos.

Se sentían pecadores delante de Dios.

La santidad consiste en participar de la vida divina: la Eucaristía es esencial.

La santa Misa sea el centro de nuestra vida. Prepararnos para ella.

Hemos de estar atentos. El Espíritu Santo nos empuja hacia el bien; estar alerta.

Dios aparece en nosotros como sabrosa realidad. El Ser de bondad inmensa y real.

Tenemos conciencia de recibir del mismo Dios esta gran experiencia inefable.

Nos sentimos como investidos de Cristo.

Notamos la presencia de Dios en nuestras vidas de una manera inefable.

Una atracción por lo sobrenatural. Viene de Dios, como las llamas en un incendio.

La vida entera está envuelta y penetrada por el amor de Dios.

Poner en todo momento en Dios nuestro corazón. Como la llama que busca la altura.

Sea Dios nuestra principal ocupación y preocupación.

Levantarnos a punto, como Mateo del telorio.

Cuidar de las cosas de Dios.

Sedientos de Jesús, como la flor, del rocío.

El secreto de la felicidad está aceptar la voluntad de Dios.

Vivir el momento presente, no el pasado.

"Ved los lirios del campo…" "No estéis ansiosos".

El pasado, ya fue. El futuro, está en la Providencia.

Aceptar las cruces que el Señor nos impone en la enfermedad o cuando buscamos la salud.

Que no me llegue a inquietar nada sino perderte, nada desear más que amarte, en nada gozar más que en la posesión de tu amor.

Como el sol ilumina y entra por todas las ventanas, así también lo hace Dios dentro de nuestras almas.

Ser dóciles para seguir sus impulsos.

Llamamos vida entregada a la fe que se vive en todas sus consecuencias.

Llamamos a Dios, en su Tercera persona, "El Dulce Huésped del alma".

Ven Espíritu Santo.

Llamamos inspiraciones a todos los movimientos que el Espíritu Santo nos envía.

Para alentarnos, animarnos, confortarnos o guiarnos hacia el bien.

Dios aparece en nosotros como sabrosa realidad.

El Ser de bondad inmensa y real.

Experimentamos en el alma un amor a Dios consciente y nos da toda la sensación de ser algo infuso.

Tenemos conciencia de recibir del mismo Dios esta gran experiencia inefable.

Nos sentimos como investidos de Cristo.


Notamos la presencia de Dios en nuestras vidas de una manera inefable.

La atracción por lo sobrenatural viene de Dios, como las llamas en un incendio.

La vida entera está envuelta y penetrada por el amor de Dios.

Vivir amando a Dios tanto en la vida interior como en la exterior.

Buscar todo dentro de los planes de Dios.

Poner en todo momento en Dios nuestro corazón. Como la llama que busca la altura.

Sea Dios nuestra principal ocupación y preocupación.

Levantarnos a punto, como Mateo del telorio.

Las flores del campo viven y mueren solo para Dios. ¿Y yo?

Dejarnos llevar por su voluntad de beneplácito, por los acontecimientos de la vida.

Aceptar las contrariedades que vienen y unirnos a la pasión de Jesús.

Con el tiempo se impone la segunda conversión.

Suele precederla una crisis más o menos profunda.

Pensemos siempre en Dios sin que ni siquiera el trabajo intelectual nos aparte de Él.

Jesucristo nos convoca.

Nos elige a ser uno con Él por el bautismo. Nos ama.

Dilatar el corazón como el de Jesucristo para amar a todos.


**Espiritualidad rusa.**

El alma solo busca el silencio y se sumerge en la humildad.

**San Serafín de Sarov.**

Meta de la vida cristiana, asegurarse la posesión del Espíritu Santo.

Jesús nos procura la aureola de la verdad en la vida futura.

Conseguir el Espíritu Divino es verdadera meta. Ven Espíritu Santo.

Ven entra en nosotros, purifícanos de toda suciedad y salva nuestras almas.

Acumulad el caudal de las gracias superabundantes.

La inteligencia hecha de amor al prójimo prepara a los hombres para la salvación.

Viendo que el espíritu divino permanecía en ellos, barruntan que su obra era agradable a Dios.

Dad gracias a Dios por su inefable bondad.

La gracia de Dios consuela nuestro corazón en pena.

La paz que siento en el alma no se puede expresar con palabras.

Esta dulzura llena nuestros corazones es concedida por Dios mismo: paz divina.

A quienes habéis llorado en vuestra vida, ved cómo os consuela el Señor.

Dios busca un corazón lleno de amor por Dios y por el prójimo.

### Macario de Óptima.

Basta que quieran andar, Él los toma gozosamente en sus brazos.

La medicina, humildad y sencilla humillación de sí mismo.

La humildad es la única arma que rechaza los ataques del maligno.

### Juan de Kronstad.

La oración es el sentimiento constante de nuestra pobreza, delante de Dios.

Es la enmienda de la vida, madre de sincera contrición y lágrimas.

El alma, si es digna de Su santidad, se llena de gozo y paz.

La oración es agua viva que apaga la sed del alma.

El mundo es grande, Dios es más grande y llena todas las cosas en cualquier parte.

Cuando estamos en oración delante de Dios, nuestro espíritu es calentado por el Sol Divino.

Los mejores instantes de la tierra, cuando sentimos las cosas celestiales.

Que nuestras necesidades se conviertan en un motivo para volvernos a Él.

Concédeme, Señor, un corazón sencillo, dócil, abierto, amante y generoso.

La esperanza es la respiración de la oración.

Dios nos escucha cuando oramos, igual que escucha su propia Palabra.

Soy receptáculo, Señor, lléname de los dones del Espíritu Santo.

Soy tu nave, Señor, lléname de la carga de obras buenas.

Si Él ve que tu oración respira amor, escuchará inefablemente el deseo de tu corazón.

Adhiriéndome con Dios en la oración, me hago un espíritu con Él.

Que pueda contemplar tu gracia derramada sobre el mundo por los méritos de Jesucristo.

Lo principal de la oración es la proximidad del corazón a Dios.

El Espíritu de Dios visita de improviso el cuerpo, aposento del alma.

Él obra inmediatamente en nosotros y nos sentimos ligeros.

La soledad del alma se abre como un lirio, a la venida del Señor dentro del corazón.

¡Cómo agradan el Señor nuestros balbuceos que salen directamente del corazón fiel!

**Silvano del Monte Atos**.

Toda nuestra lucha debe tender a adquirir la humildad.
Espera en el Señor firmemente y dile: soy el peor de todos.
Sin vigilancia sobre nuestra mente es imposible mantener la paz interior.
Aconsejo a quien dude que diga estas palabras: "Señor, si eres Tú, ilumíname".
Los santos luchaban, ayunaban y oraban y vencían al enemigo con humildad.
¿Qué hacer para alcanzar la paz? Amar a todos los hombres como a nosotros mismos...
El humilde está contento con su suerte, porque Dios es su riqueza y su gloria.
Eres semejante a un jardín de flores, en cuyo centro hay una hermosa casa donde habita Dios.
Mi corazón sufre por los hombres que no conocen a Dios.
Habita la paz en aquel que vive con humildad y amor.
El alma sabe humillarse si ha gustado la dulzura del amor de Dios.
Como el sol da luz y vida a las flores del campo, así el Espíritu Santo ilumina el alma.
El Señor nos ha creado para estar eternamente con Él en el Cielo, en el amor.
Para poder orar con pureza, debes ser humilde y manso.
Quien ama de verdad a Dios, ora sin intermisión.
Quien vive según la voluntad de Dios, no se preocupa de nada.
Si le aflige una enfermedad piensa: me es necesaria.
Quien ha aprendido a abandonarse en la voluntad de Dios, vive solo en Dios.
El alma, llena de la paz del Espíritu Santo, irradia esta paz sobre los demás.
Es necesario orar por nuestros enemigos, si queremos conservar la gracia.
Quien ha saboreado el amor de Dios, no puede pensar en cosas terrenas.
Quien ha reconocido el amor de Dios, ama a todo el mundo.
El Espíritu Santo desciende a nuestras almas a fin de que alabemos al Creador con plena conciencia.

## Häring

Ver con humildad nuestra propia miseria y la necesidad del divino auxilio.
Cambiar el sentimiento de corazón y la actitud interior.
Aceptación incondicional del dominio de Dios.
Conversión: espíritu nuevo, espíritu de verdad, cambio de ideas.
Conversión: obra de Dios, acto libre de hombre para aceptarla.
Conversión: Dios llama a cada uno; lo llama por una solicitud de la gracia.
Conversión: transformación interior, nuevo nacimiento.
Conversión: encuentro personal con Cristo mediante la fe y la confianza.
Conversión: la inteligencia abraza la fe; el corazón rectifica sus afectos, la voluntad se fortifica.

Conversión: Cristo toma posesión del convertido.
Conversión: los pasos, humildad, humildad, humildad. (Agustín)
Conversión: impone una nueva forma de vida.

El propósito ha de nacer de la contrición.
El cristiano no está solo en su penitencia, siempre se pone a la sombra de la cruz.
Asimilación sacramental a Cristo paciente.
Aceptación pronta y con espíritu reparador de las pruebas que Dios nos envía.
Vivir virtuosamente: asimilados por el espíritu de Cristo.
El mejor cultivo de la prudencia es el crecimiento en el amor de Dios.
El primer requisito para obtener la confianza es contemplar a Dios.
La purificación radical del hombre solo es posible en la escuela del sufrimiento.
Dios derrama el fuego purificador; esperanza.
La humildad es la respuesta el hombre ante la elección de Dios.
La humildad del cristiano lo relaciona mejor con Cristo.
Humildad: yo pecador, frente al Santo de los santos.
La humildad abre el corazón al amor de Dios y al amor al prójimo.

Solo Dios puede dar las virtudes teologales: el hombre, prepara su alma.
La fe dirige el oído hacia Cristo: y nos lo hace recibir como Maestro.
La fe presupone un alma sensible al amor.
La fe salvífica es activa en el amor.
El de sabiduría nos lleva a contemplar a Dios con ojos enamorados.
Llamamiento amoroso de Cristo a ir en su seguimiento.
Es a Cristo a quien debemos nuestros méritos sobrenaturales.
Cristo nuestra esperanza: quiere salvarnos.
Esperanza, primer paso hacia el amor y manifestación del amor de Cristo.
Esperanza, constante compañera del amor y su fruto más noble.
Esperanza, camino hacia el amor; y el amor camino hacia esperanza fuerte.
Cristo, nuestra esperanza = podemos contar con el amor de Cristo.
Esperanza: seguridad de que Cristo cumplirá sus promesas.
Con la esperanza, incompatibles los sentimientos que alejan de Dios.

El carácter sacramental distingue, dispone, asemeja y obliga.
Por el sacramento participamos en el ser de Cristo.
Bajo la oración mística, más activo con Dios.
Dios, yo, relación amorosa.
Descansar en el amor de Dios, dominados por la cercanía de Dios.
En Cristo nos ofrece Dios un tesoro de gracia para la salvación.
Llamamiento personal de Dios que se traduce en talento y energía recibidos.
Redimidos: vivimos a la sombra de Dios; conocemos y amamos su voluntad.
Estar en Cristo Jesús: ser miembro y ciudadano de su Reino.
Que el motivo de amor se reanime con suficiente frecuencia.
Que el motivo divino llegue a animar todas nuestras obras.

Quien recibe el maná Eucarístico debe arder en el mismo deseo que movió a Cristo en el sacrificio.

El confirmado debe ser un luchador por el Reino de Dios y la salvación del prójimo.

Los miembros del Cuerpo Místico de Cristo deben aceptar los sufrimientos del prójimo.

Sufrir las penalidades en reparación de los pecados propios y ajenos.

Sufrir las contrariedades con alegría y esperanza ante la vida eterna.

### Quintín Huarte

El máximo acto de culto que puedo dar a Dios es mi propia santidad.

La misión del sacerdote es muy parecida a la de María, hacer bajar a Cristo.

En medio de tu incansable actividad sea Dios incansablemente tu descanso.

Como alimento me has dado tu Sagrado Cuerpo y como Luz, me has dado tu Palabra Divina.

La misión del silencio es hacer que el hombre sea capaz de escuchar a Dios"

### Hermana Teresa Azpíroz

Hermanas tenemos una asignatura pendiente, el amor fraterno.

Tengamos amplitud de criterio y anchura de corazón

Lo único que tenemos que hacer es dedicarnos totalmente a alcanzar la santidad.

Cuando se llega a entender que la perfección es el amor... se ha encontrado el camino de la santidad.

Todo es pensar como pensaba Jesús.

### Beato Newman

Querido Jesús, ayúdame a esparcir Tu fragancia por dondequiera que vaya.

Inunda mi alma con Tu Espíritu y Vida.

Penetra y posee todo mi ser tan completamente que mi vida sólo sea un resplandor de la Tuya.

¡Permite que ellos al mirarme no me vean a mí, sino solamente a Jesús!

Quédate conmigo y entonces podré comenzar a brillar como Tú brillas.

La luz, oh Jesús, vendrá toda de Ti; nada de ella será mía.

Serás Tú quien brille sobre los demás a través de mí.

Permíteme así alabarte de la manera que Tú más amas,

Permíteme predicarte sin predicar, no con palabras, sino con mi ejemplo, con la fuerza que atrapa,

Permíteme predicarte con la influencia compasiva de lo que hago,

Permíteme predicarte con la evidente plenitud del amor que mi corazón siente por Ti. Amén.

**Nota:** En libro aparte estoy elaborando  Versículos del Nuevo Testamento que he meditado con más frecuencia

**Publicado el día 1 de junio del año 2023 fiesta de Jesucristo Sumo y Eterno Sacerdote**

# Fin

Made in the USA
Las Vegas, NV
19 October 2024

10054560R00195